Schade, L. Krisenfrüherkennung und Krisenmanagement der GmbH-Geschäftsführung nach dem StaRUG

KTS **Schriften** zum Insolvenzrecht

Herausgegeben von

Reinhard Bork · Rolf Stürner

Band 75

Carl Heymanns Verlag 2026

Krisenfrüherkennung und Krisenmanagement der GmbH-Geschäftsführung nach dem StaRUG

Von Lena Katharina Schade

Carl Heymanns Verlag 2026

Zitiervorschlag: *Schade, L.*, Krisenfrüherkennung und Krisenmanagement der GmbH-Geschäftsführung nach dem StaRUG (KTS Bd. 75), S. 1

Bibliografische Information der Deutschen Nationalbibliothek
Die Deutsche Nationalbibliothek verzeichnet diese Publikation in der Deutschen Nationalbibliografie; detaillierte bibliografische Daten sind im Internet über http://dnb.d-nb.de abrufbar.

ISBN 978-3-452-30617-3

www.wolterskluwer.com

Umschlagkonzeption: Martina Busch, Grafikdesign, Homburg Kirrberg
Satz: R. John + W. John GbR, Köln
Druck und Weiterverarbeitung: SDK Systemdruck Köln GmbH & Co. KG

Gedruckt auf säurefreiem, alterungsbeständigem und chlorfreiem Papier.

Vorwort

Das StaRUG hat die Pflichten der GmbH-Geschäftsführung ab dem Zeitpunkt der drohenden Zahlungsunfähigkeit verändert. Die Arbeit untersucht den Pflichteninhalt des § 1 Abs. 1 StaRUG unter Bezugnahme auf die zugrunde liegende Restrukturierungsrichtlinie.

Die Dissertation beruht maßgeblich auf dem Gedanken, dass § 1 Abs. 1 S. 2 StaRUG ab dem Zeitpunkt drohender Zahlungsunfähigkeit bis zum Eintritt von materieller Insolvenz einen neuen zweistufigen Pflichtenmaßstab der GmbH-Geschäftsführung bestimmt. Anhand eines 5-Stufen-Modells lässt sich verdeutlichen, welche Sanierungsmöglichkeiten der Geschäftsführung aufgrund dieses neuen Pflichtenmaßstabes in der Tendenz zur Verfügung stehen. Abschließend befasst sich die Arbeit mit den Anforderungen an Sanierungsbemühungen und den möglichen Haftungstatbeständen für die GmbH-Geschäftsführung

Die Juristische Fakultät der Gottfried Wilhelm Leibniz Universität Hannover nahm die Arbeit im Sommersemester 2025 als Dissertation an.

Mein besonderer Dank gilt meinem Doktorvater, Herrn Professor Dr. *Bernd H. Oppermann*, LL.M. (UCLA), Prof. h.c. (UMCS), Dr. h.c. (Rouen) für die Betreuung der Arbeit und die Zeit als Wissenschaftliche Mitarbeiterin an seinem Lehrstuhl.

Gefördert wurde die Fertigstellung der Arbeit auch durch die Möglichkeit an dem Doktoranden-Workshop in Berlin von Professor Dr. *Stephan Madaus* teilnehmen zu dürfen. Frau Professorin Dr. *Petra Buck-Heeb* danke ich für die zügige Erstellung des Zweitgutachtens und Herrn Professor *Sascha Ziemann* für die angenehme Atmosphäre während der Disputation. Den Herausgebern Professor Dr. *Rolf Stürner* und Professor Dr. *Reinhard Bork* sei Dank für die Aufnahme meiner Arbeit in diese Schriftenreihe.

Die Graduiertenakademie der Leibniz Universität Hannover gewährte mir ein finanzielles Abschluss-Stipendium und erlaubte es mir, mich zum Schluss gänzlich auf meine Arbeit zu konzentrieren, wofür ich sehr dankbar bin. Meinem Doktorvater und Herrn Professor Dr. *Stephan Madaus* danke ich für die Unterstützung bei der Beantragung des Stipendiums.

In unterschiedlicher Form, insbesondere durch ihre ständige Diskussionsbereitschaft, habe ich erhebliche Unterstützung erfahren durch Dr. *Anna Berghoff* und Dr. *Katharina Lakisa*, sowie *Alexander Völker* und *Sara Ludwig*. Ganz besonderer Dank gilt meinen Eltern, auf deren vorbehaltlose Unterstützung ich immer zählen kann. Widmen möchte ich diese Arbeit meinem Mann *Philipp Schade*.

Braunschweig, im September 2025 — *Lena Katharina Schade*

Inhaltsübersicht

Inhalt

Einleitung

A. Gegenstand der Untersuchung

§ 1 des Stabilisierungs- und Restrukturierungsgesetzes[1] (nachfolgend: StaRUG), das am 1.1.2021 in Kraft trat, hat die Pflichten der GmbH-Geschäftsleitung[2] ab dem Zeitpunkt des Eintritts von drohender Zahlungsunfähigkeit des Unternehmens erheblich verändert.

Auf nationaler Gesetzgebungsebene gab es zuvor immer wieder Bestrebungen, Sanierungsanreize für die Geschäftsleitung zu setzen. Denn die Insolvenzquote lag in Insolvenzverfahren in der Regel im einstelligen Prozentbereich, sodass der Insolvenzverwalter die Gläubiger gar nicht oder nur zu einem sehr geringen Anteil befriedigen konnte.[3] Das Gesetz zur weiteren Erleichterung der Sanierung von Unternehmen (nachfolgend: ESUG)[4] vom 7.12.2011 hat zwar den Anwendungs- und Regelungsbereich des Insolvenzplans erweitert,[5] aber keine Sanierungsinstrumente außerhalb der InsO geschaffen.[6] Die im Zeitraum von 2012 bis 2017 durchgeführte Evaluation des ESUG kam unter anderem zu dem Ergebnis, dass das Schutzschirmverfahren die Erwartungen nicht erfüllte.[7] Das Stigma der Insolvenz blieb.[8] Die erhofften Sanierungsanreize fehlten.[9] Der Ausblick auf weiteren Reformbedarf sah deswegen eine passgenaue Ergänzung des deutschen Insolvenzrechts mit vorinsolvenzlichen Sanierungsinstrumenten vor.[10]

Deshalb blieben die insolvenzrechtlichen Sanierungsmöglichkeiten in Deutschland auch mit dem ESUG erheblich hinter denen des europäischen Auslands bestehenden Regelungen zurück. So bot beispielsweise Großbritannien vor dem Brexit mit dem *scheme of arrangement* eine wesentlich unternehmensfreundlichere Sanierungspraxis.[11] Die deutschen Sanierungsmöglichkeiten waren im Rechtsvergleich »nicht sanierungsfreundlich«[12] genug und damit für betroffene Unternehmen um einiges unattraktiver.

1 BGBl. I, S. 3256–3280.
2 Wenn möglich, wird eine neutrale Personenbezeichnung genutzt. Darüber hinaus wird aus Gründen der Lesbarkeit und im Einklang mit den verwendeten Gesetzestexten die männliche Form gewählt. Es sind jedoch immer alle anderen Geschlechter mitgemeint.
3 BT-Drs. 19/24181, S. 105; *d'Avoine/Michels*, NZI 2022, 1; *Schülke*, DStR 2021, 621 (622).
4 BGBl. I, S. 2582–2591.
5 BGBl. I, S. 2583 f., vgl. §§ 217 S. 2, 225a InsO.
6 BT-Drs. 17/7511, S. 4; *Madaus*, NZI 2017, 329 (333); *Madaus*, NZI-Beilage 2019, 59 (59 f.); *Müller*, ZGR 2018, 56 (57).
7 BT-Drs. 19/4880, S. 16, 26, 337.
8 *Madaus*, KTS 2015, 115 (121); *Müller*, ZGR 2018, 56 (85).
9 *Eidenmüller*, KTS 2014, 401 (403) »hat seine Ziele weitgehend verfehlt«; vgl. *Madaus*, NZI 2017, 329 (332); *Müller*, ZGR 2018, 56 (57) »Der Erfolg ist wohl eher zweifelhaft.«.
10 BT-Drs. 19/4880, S. 26, 340 f.
11 Vgl. *Müller*, ZGR 2018, 56 (57); vgl. *Sax/Swiercok*, ZIP 2016, 1945.
12 *Bork*, ZIP 2010, 397.

Unternehmen des deutschen Mittelstandes, wie beispielsweise die Deutsche Nickel AG,[13] Hans Brochier[14] und Schefenacker,[15] sahen sich deshalb gezwungen, eine Sanierung ihres Unternehmens in Großbritannien anzustreben.[16] Jene Gesellschaften verlegten ihren *centre of main interest* nach Großbritannien. Sie fielen dann gem. Art. 3 EU-InsVO unter die Regelungen des englischen Gesetzgebers und konnten die dortigen Sanierungsinstrumente in Anspruch nehmen.[17] Dieses sog. *forum shopping* war für die europäischen Mitgliedstaaten Grund genug, einen attraktiveren Sanierungsrahmen zu schaffen beziehungsweise diesen dem EU-Ausland anzugleichen.[18]

Erwägungen zur Einführung vorinsolvenzlicher Sanierungsinstrumente wurden auf europäischer Ebene bereits in einer Mitteilung der Europäischen Kommission Ende 2012[19] deutlich. Sie wurden erneut in einer Empfehlung für einen neuen Ansatz im Umgang mit unternehmerischem Scheitern und Unternehmensinsolvenzen 2014[20] aufgegriffen und mündeten Ende 2016 in einem Richtlinienvorschlag[21] der Kommission. Am 26.6.2019 haben das Europäische Parlament und der Rat dann die sogenannte Restrukturierungsrichtlinie 2019/1023[22] (nachfolgend: RRL) über präventive Restrukturierungsrahmen, über Entschuldung und über Tätigkeitsverbote sowie über Maßnahmen zur Steigerung der Effizienz von Restrukturierungs-, Insolvenz und Entschuldungsverfahren und zur Änderung der Richtlinie 2017/1132/EU verabschiedet. Das Ziel der RRL ist nach ErwG 1 S. 1 unter anderem eine Angleichung der gesetzlichen Vorschriften der Mitgliedstaaten im Bereich von Restrukturierung sowie Insolvenz und eine Stärkung des Binnenmarktes innerhalb der Europäischen Union.

13 Vgl. unveröffentlicht High Court of Justice London, Court Case number 2771/2005.

14 High Court of Justice London, Beschl. v. 15.6.2006 – No. 5618/06, NZI 2007, 187; High Court of Justice London, Beschl. v. 8.12.2006 – No. 6211/06, NZI 2007, 187 f.

15 Vgl. unveröffentlicht High Court of Justice London, Court Case number 07-11482.

16 Vgl. *Bork*, ZIP 2010, 397; *Bork*, ZRI 2021, 345; *Feser*, in: Betriebsfortführung, § 3, Rn. 58; *Graf-Schlicker*, in: Flöther, StaRUG, Einl., Rn. 2; vgl. *Kranz*, Die Rescue Culture in Großbritannien, S. 250; vgl. *Madaus*, NZI-Beilage 2019, 59; vgl. *Vallender*, NZI 2007, 129 (131 f.).

17 Vgl. *Andres/Grund*, NZI 2007, 137 (138); vgl. *Klöhn/Franke*, ZEuP 2022, 44 (57).

18 *Klöhn/Franke*, ZEuP 2022, 44 (60). Zur Trendumkehr seit Inkrafttreten des StaRUG *Tresselt/Wernicke*, NWB Sanieren 2024, 180 (180 f.).

19 *Europäische Kommission*, Mitteilung an das EU-Parlament, den Rat und den Europäischen Wirtschafts- und Sozialausschuss, COM(2012) 742 final, insbesondere S. 9 f.

20 *Europäische Kommission*, Empfehlung für einen neuen Ansatz im Umgang mit unternehmerischem Scheitern und Unternehmensinsolvenzen (2014/135/EU), Abl. L 74/65.

21 *Europäische Kommission*, Vorschlag für eine Richtlinie des Europäischen Parlaments und des Rates über präventive Restrukturierungsrahmen, die zweite Chance und Maßnahmen zur Steigerung der Effizienz von Restrukturierungs-, Insolvenz- und Entschuldungsverfahren und zur Änderung der Richtlinie 2012/30/EU, COM(2016) 723 final.

22 Richtlinie (EU) 2019/1023 des Europäischen Parlaments und des Rates vom 20. Juni 2019 über präventive Restrukturierungsrahmen, über Entschuldung und über Tätigkeitsverbote sowie über Maßnahmen zur Steigerung der Effizienz von Restrukturierungs-, Insolvenz- und Entschuldungsverfahren und zur Änderung der Richtlinie (EU) 2017/1132 (Richtlinie über Restrukturierung und Insolvenz), Abl. L 172/18.

Deutschland setzte die europäische RRL in bemerkenswerter Schnelligkeit, nämlich innerhalb von knapp vier Monaten,[23] durch das Gesetz zur Fortentwicklung des Sanierungs- und Insolvenzrechts (nachfolgend: SanInsFoG)[24] am 1.1.2021 um. Die Eile erklärt sich durch die damals bestehende COVID-19-Pandemie und der sich daraus ergebenden erheblichen wirtschaftlichen Einschränkungen.[25] Außerdem hat sich ein Reformbedarf ohnehin aus der auf nationaler Ebene durchgeführten ESUG-Evaluation ergeben.[26]

Kernbestandteil des SanInsFoG ist das StaRUG in Art. 1, das ein umfassend neues Restrukturierungsverfahren geschaffen hat.[27] Sinn und Zweck der Reform war es, die Regelungslücke zwischen einer nicht geregelten außergerichtlichen Sanierung, die zwingend die Einigkeit aller Beteiligten voraussetzt, und einer Sanierung im Insolvenzverfahren, unter den strikten Vorschriften der InsO, zu schließen.[28] Begrifflich handelt es sich bei einer Sanierung oder Restrukturierung eines Unternehmens um Maßnahmen, die die finanzielle Erholung einer in die Notlage geratenen Gesellschaft betreffen, um das jeweilige Unternehmen wieder auf Dauer finanziell ertragsfähig führen zu können.[29] Ziel ist der Fortbestand des Unternehmens als selbstständige wirtschaftliche Einheit in der Hand seines Rechtsträgers.[30]

Der Restrukturierungsplan, als eines der neuen Instrumente im Rahmen des StaRUG, bildet das »Herzstück«[31] des Stabilisierungs- und Restrukturierungsrahmens. Vergleichbar mit dem Insolvenzplanverfahren nach §§ 217–269 InsO ermöglicht er durch Mehrheitsentscheidungen Eingriffe in Gläubiger- und Gesellschafterrechte.[32] Im Gegensatz zum Insolvenzplan besteht im Restrukturierungsplan die Möglichkeit, nur einen Teil der von den wirtschaftlichen Schwierigkeiten des Schuldners Betroffenen in den Plan einzubeziehen. Die Auswahl der Planbetroffenen hat nach sachgerechten Kriterien zu erfolgen, vgl. § 8 S. 1 StaRUG. Diese Planbetroffenen werden dann nach § 9 StaRUG in Gruppen eingeteilt. Für die Annahme des Restrukturierungsplans müssen

23 *Gehrlein*, BB 2021, 66 »Rekordzeit«; *Schäfer*, FS Gehrlein, 491 »Sturzgeburt«; *Scholz*, ZIP 2021, 219 »dreieinhalb Monate«.

24 BGBl. I, S. 3256–3298.

25 BT-Drs. 19/24181, S. 1, 85; *Campos Nave,* NWB Sanieren 2021, 14; *Wolgast*, in: Wolgast/Grauer, StaRUG Online, § 1, Rn. 4.

26 *Bieg/Borchardt/Frind*, in: Unternehmenssanierung und Betriebsfortführung, Teil 1 A., Rn. 6; *Thole*, NZI-Beilage 2019, 61 (61 f.).

27 *Brinkmann*, ZIP 2020, 2361.

28 BT-Drs. 19/24181, S. 1; *Hirte/Vallender/Zipperer*, in: Uhlenbruck, InsO, Band 2, Vorb. StaRUG, Rn. 56; *Morgen*, in: Morgen, StaRUG, Einl., Rn. 8.

29 Vgl. BFH, Urt. v. 25.10.1963 – I 359/60 S, BFHE 78, 308, juris Rn. 6; BFH, Urt. v. 14.07.2010 – X R 34/08, BFHE 229, 502, juris Rn. 31; vgl. *Bork*, ZIP 2010, 397 (399); *Bork*, ZIP 2011, 101; *Tresselt/Lochmann*, in: HambKomm, StaRUG, Vorb. § 1, Rn. 3 sowie Anhang 1 Abschnitt 1, Rn. 10.

30 *Cranshaw/Portisch*, ZInsO 2020, 2561.

31 *Birnbreier*, NZI-Beilage 2021, 25; *Brinkmann*, in: Gesellschaftsrecht in der Diskussion 2020, 93 (96, Rn. 6); *Brinkmann*, ZIP 2020, 2361 (2362); *Brünkmans*, ZInsO 2021, 1 (2); *Deppenkemper*, ZIP 2020, 595 (599); *Müller*, ZGR 2018, 56 (68); *Thole*, ZIP 2017, 101 (107); *Thole*, ZIP 2020, 1985 »Herz des Vorschlags«; *Veil/Baumann*, ZIP 2022, 1301 (1303).

32 *Brinkmann*, in: Gesellschaftsrecht in der Diskussion 2020, 93 (96, Rn. 6).

die zustimmenden Gruppenmitglieder jeder Gruppe nach § 25 Abs. 1 StaRUG mindestens drei Viertel der Stimmrechte ausmachen. Abzustellen ist auf eine Summenmehrheit, also eine Mehrheit nach der Höhe der Forderungen.[33] Eine Kopfmehrheit ist im Gegensatz zum Insolvenzplanverfahren nicht erforderlich, um Schwierigkeiten bei strategisch aufgespalteten stimmrechtstragenden Forderungen und Rechten zu verhindern.[34] Unter den Voraussetzungen des § 26 StaRUG kann zudem die Zustimmung einer den Restrukturierungsplan ablehnenden Gruppe fingiert werden (sog. *cross-class cram-down*). Unter diesen Voraussetzungen kann nach § 2 Abs. 3 StaRUG auch ein *debt-to-equity-swap*[35] gegen den Willen der Gesellschafter erfolgen.[36] Eine Beteiligung des Gerichts erfolgt entweder bereits bei der Abstimmung über den Restrukturierungsplan. Sie kann aber auch im Rahmen einer Planbetroffenenversammlung erfolgen oder erst bei der Bestätigung des Restrukturierungsplans durch das Gericht, vgl. § 60 Abs. 1 StaRUG.

B. Gang der Untersuchung

Gegenstand dieser Arbeit sind die aus § 1 Abs. 1 StaRUG resultierenden Veränderungen für die Pflichten und Haftung der GmbH-Geschäftsleitung bei drohender Zahlungsunfähigkeit unter Zugrundelegung der europarechtlichen Vorgaben der RRL. Durch eine Gegenüberstellung der Rechtslagen vor und nach Inkrafttreten des StaRUG untersucht die Arbeit in Kapitel 1, inwiefern die GmbH-Geschäftsführung nach der RRL und dem StaRUG einer Überwachungspflicht unterliegt. Kapitel 2 konkretisiert den Entscheidungsspielraum der GmbH-Geschäftsführung für die Pflicht aus § 1 Abs. 1 S. 2 StaRUG in Bezug auf die Wahrung von Gläubiger- und Gesellschafterinteressen bei drohender Zahlungsunfähigkeit. Es setzt sich insbesondere mit der Frage auseinander, ob die GmbH-Geschäftsführung von einem Gesellschafterbeschluss abhängig ist, wenn sie Sanierungsmaßnahmen einleiten will. Darüber hinaus geht es um die Frage, ob die Geschäftsführung zum Zeitpunkt der drohenden Zahlungsunfähigkeit vorrangig die Gläubigerinteressen oder die Gesellschafterinteressen zu berücksichtigen hat, oder ob sie ihre Handlungen an einem neuen Maßstab auszurichten hat, der sich nicht nur anhand der Interessen der Beteiligten, sondern am Wohl der Gesellschaft orientiert. Da § 1 StaRUG selbst keine Rechtsfolgen für etwaige Pflichtverletzungen vorsieht, setzt sich Kapitel 3 mit den Anforderungen an Sanierungsbemühungen und möglichen Haftungstatbeständen auseinander.

Im Fokus der Arbeit liegt die GmbH. Auf die Rechtsform der AG wird nur an ausgewählten Stellen eingegangen, um die Unterschiede zur GmbH herauszuarbeiten.

33 *Deppenkemper*, in: MüKo, StaRUG, § 25, Rn. 5; *Herzig*, in: Braun, StaRUG, § 25, Rn. 3; *Spahlinger*, in: BeckOK, StaRUG, § 25, Rn. 11; *Westpfahl/Knapp*, in: Flöther, StaRUG, § 25, Rn. 3.

34 BT-Drs. 19/24181, S. 127; *Deppenkemper*, in: MüKo, StaRUG, § 25, Rn. 4 f.; *Westpfahl/Knapp*, in: Flöther, StaRUG, § 25, Rn. 3.

35 Umwandlung von Fremd- in Eigenkapital.

36 *Brinkmann*, in: Gesellschaftsrecht in der Diskussion 2020, 93 (96, Rn. 7).

Kapitel 1 Krisenfrüherkennungspflicht nach § 1 Abs. 1 S. 1 StaRUG

§ 1 Abs. 1 S. 1 StaRUG regelt die Pflicht zur Krisenfrüherkennung der Geschäftsleitung. Sie ist von der Pflicht zum Krisenmanagement in § 1 Abs. 1 S. 2 StaRUG abzugrenzen.[37] Die Krisenfrüherkennung verpflichtet die GmbH-Geschäftsführung rechtzeitig eine finanzielle Krise des Unternehmens zu erkennen. Die Einführung des § 1 Abs. 1 S. 2 StaRUG beruht auf den Vorgaben der europäischen RRL. Die Richtlinie löste bezüglich der Pflicht zur Krisenfrüherkennung für das nationale Recht insgesamt nur einen geringen Umsetzungsbedarf aus. Denn das nationale Recht kannte inhaltlich schon viele Pflichten, die es der Geschäftsleitung möglich machten, eine Krise früh zu erkennen. In Bezug auf diese schon bestehenden Pflichten schafft § 1 Abs. 1 S. 1 StaRUG daher vor allem Rechtsklarheit und bündelt viele verstreute Pflichten in einer Norm. Die unionsrechtlichen Vorgaben der RRL geben auch die Pflicht der Geschäftsleitung vor, ein Überwachungssystem einzurichten. In Bezug auf die Geschäftsführung von kleinsten und kleinen GmbHs bleibt ein Umsetzungsbedarf hinsichtlich dieser unionsrechtlichen Pflicht unerfüllt, den es durch eine richtlinienkonforme Auslegung zu schließen gilt.

A. Anforderungen der RRL

Ein Hauptaspekt der RRL ist, dass Unternehmen finanzielle Schwierigkeiten und Krisen früh erkennen. Neben der grundsätzlichen Herleitung der Pflicht der Unternehmensleitung, Maßnahmen zu treffen, um eine wahrscheinliche Insolvenz zu erkennen, bedürfen der Beginn dieser Pflicht, der zu überwachende Zeitraum, der Umfang und die konkrete Ausgestaltung von Maßnahmen einer näheren Bestimmung. Ebenso ist zu beantworten, wer für die Pflichterfüllung zuständig ist und ob kleinst- und kleine GmbHs[38] von der Pflicht zur Einrichtung eines Überwachungssystems ausgenommen werden müssen.

I. Abgrenzung der Adressaten

Die Richtlinie richtet sich an zwei unterschiedliche Adressaten. Zum einen geht es der Richtlinie um Pflichten, die die Unternehmensleitung eines Unternehmens trifft. Sie leiten sich maßgeblich aus Art. 19 lit. b RRL her und finden ihre nationale Umsetzung

37 *Fritz*, in: Mönning, Betriebsfortführung, § 45, Rn. 76. Zu den inhaltlichen Anforderungen an die Pflicht zum Krisenmanagement aus § 1 Abs. 1 S. 2 StaRUG siehe Kapitel 2 ab S. 65.

38 Siehe zu den Größenmerkmalen, ab wann eine GmbH als klein oder kleinst einzuordnen ist unten auf S. 46 f.

in § 1 Abs. 1 S. 1 StaRUG. Davon zu unterscheiden ist zum anderen die Pflicht der Mitgliedstaaten aus Art. 3 Abs. 1 UAbs. 1 RRL, Schuldnern »Zugang zu einem oder mehreren klaren und transparenten Frühwarnsystemen« zur Verfügung zu stellen. Sie findet ihre nationale Umsetzung maßgeblich in § 101 StaRUG. Die unterschiedlichen Adressaten lassen sich auch anhand der systematischen Stellung der Normen verdeutlichen. Art. 3 RRL steht im ersten Titel unter der Überschrift »Allgemeine Bestimmungen«. Dagegen steht Art. 19 RRL im zweiten Titel unter Kapitel fünf mit der Überschrift »Pflichten der Unternehmensleitung«. Wäre die Einführung der Frühwarnsysteme gemäß Art. 3 Abs. 1 UAbs. 1 RRL eine Pflicht der Unternehmensleitung, wäre es fraglich, warum sie nicht im fünften Kapitel des zweiten Titels steht.

1. Pflicht der Mitgliedstaaten zur Bereitstellung eines Zugangs zu Frühwarnsystemen

Gem. Art. 3 Abs. 1 UAbs. 1 RRL stellen die Mitgliedstaaten sicher, dass Schuldner Zugang zu einem oder mehreren klaren und transparenten Frühwarnsystemen haben. Bei den Frühwarnsystemen handelt es sich vorrangig um eine Leistung des Staates, die dieser den Schuldnern zur Verfügung stellt. Das lässt sich beispielhaft aus Art. 3 Abs. 2 lit. a RRL schließen, welcher einen möglichen Inhalt eines Frühwarnsystems beschreibt. Danach besteht ein solcher Inhalt darin, Schuldner zu benachrichtigen, wenn diese Zahlungen nicht tätigen. Die Erfassung von Nichtzahlungen in lit. a wird in ErwG 22 S. 3 RRL konkretisiert. Darunter können beispielsweise Warnmechanismen fallen, die anzeigen, wenn der Schuldner seine Steuern und Sozialversicherungsbeträge nicht zahlt. Art. 3 Abs. 2 lit. b RRL schlägt flankierend vor, neben privaten auch öffentliche Organisationen zur Beratung von Schuldnern einzusetzen. Die Frühwarnsysteme müssen sich jedoch nicht darin erschöpfen, Leistungen des Staates anzubieten. Der Staat kann gleichzeitig Dritte einsetzen, um den Schuldner zu warnen. So schlägt Art. 3 Abs. 2 lit. c RRL vor, privaten Dritten Anreize zu setzen, den Schuldner auf negative Entwicklungen aufmerksam zu machen. Art. 3 Abs. 1 UAbs. 2 RRL legt den Mitgliedstaaten nahe, für die Frühwarnsysteme Informationstechnologien einzusetzen. Insgesamt listet Art. 3 Abs. 2 RRL nur Beispiele auf und ist keine abschließende[39] Beschreibung von Frühwarnsystemen.

So viel Freiheit die Richtlinie den Mitgliedstaaten bei der Ausgestaltung der Frühwarnsysteme lässt, so eindeutig ist die grundsätzliche Pflicht zur Einrichtung eines solchen Systems. Der Wortlaut von Art. 3 Abs. 1 UAbs. 1 RRL lässt den Mitgliedstaaten keinen Umsetzungsspielraum, ob überhaupt irgendeine Form eines Frühwarnsystems einzuführen ist. Einzig wegen ErwG 70 RRL, der die »Nutzung von Frühwarnsystemen, soweit vorhanden« normiert, wäre dem ersten Anschein nach denkbar, dass dem nationalen Gesetzgeber ein Handlungsspielraum im Hinblick auf die Umsetzung der Pflicht zur Einrichtung eines Frühwarnsystems zukommt. Das Zusammenspiel anderer Erwägungsgründe macht im Ergebnis jedoch deutlich, dass den Mitgliedstaaten kein Umsetzungsspielraum hinsichtlich des »ob« zusteht: Nach ErwG 17 S. 5 RRL »sollten Frühwarnsysteme eingerichtet werden, die Schuldner warnen, wenn Handeln dringend

39 BT-Drs. 19/24181, S. 185; *Frind*, BB 2019, 2381 (2384); *Fritz/Scholtis*, BB 2019, 2051 (2054); *Rennar*, NWB-BB 2021, 309.

erforderlich ist«. ErwG 22 S. 2 RRL spricht sogar von »ein oder mehreren Frühwarnsysteme[n] [...], die für Schuldner einen Anreiz bieten, bei beginnenden finanziellen Schwierigkeiten frühzeitig zu handeln«. ErwG 22 S. 5 und Art. 3 Abs. 4 RRL konkretisieren, dass die Mitgliedstaaten die Informationen über die Verfügbarkeit des Zugangs zu Frühwarnsystemen öffentlich online zur Verfügung stellen sollten, sodass diese insbesondere für kleine und mittlere Unternehmen (KMU) leicht zugänglich sind. Insoweit gehört die Einrichtung eines transparenten Frühwarnsystems zur Mindestharmonisierung.[40]

2. Pflicht der Unternehmensleitung zur Krisenfrüherkennung

Von der Pflicht eines Mitgliedstaates zur Einführung von Frühwarnsystemen sind solche Pflichten zu unterscheiden, die die Unternehmensleitung treffen. Art. 19 RRL enthält keine ausdrückliche Pflicht der Unternehmensleitung, Maßnahmen zur Krisenfrüherkennung zu ergreifen. Sie ergibt sich jedoch mittelbar aus den Pflichten, die Art. 19 RRL der Unternehmensleitung auferlegt. Nach Art. 19 lit. b RRL stellt der Mitgliedstaat sicher, dass die Unternehmensleitung bei einer wahrscheinlichen Insolvenz die Notwendigkeit berücksichtigt, Schritte einzuleiten, um diese abzuwenden. Um eine Insolvenz bewusst und zielgerichtet zu verhindern, muss diese zuerst erkannt werden. Daher ist über den ausdrücklichen Wortlaut des Art. 19 lit. b RRL hinaus konkludent auch Pflicht der Unternehmensleitung, Maßnahmen zu treffen, um eine wahrscheinliche Insolvenz festzustellen. Diese Auslegung ist vom Wortlaut der Norm her nicht zwingend. Es wäre denkbar, dass die Norm nur die Pflicht enthält, eine Insolvenz zu verhindern, sobald diese erkannt ist und auf eine Pflicht verzichtet, Maßnahmen zur frühen Erkennung der wahrscheinlichen Insolenz einzuführen.

Gegen eine solche Auslegung spricht jedoch der Zweck von Art. 19 RRL, der auch in den Erwägungsgründen zum Ausdruck kommt. Art. 19 RRL dient dem Hauptzweck der Richtlinie, gemäß ErwG 1 S. 2 RRL sowie ErwG 3 S. 5 RRL bestandsfähige Unternehmen zu restrukturieren und dadurch vor der Insolvenz zu bewahren. Zu diesem Zweck soll die Richtlinie es der Unternehmensleitung gemäß ErwG 70 S. 1 RRL erleichtern, »vertretbare Geschäftsentscheidungen zu treffen oder vertretbare wirtschaftliche Risiken einzugehen, vor allem wenn dies die Aussichten auf eine Restrukturierung potenziell bestandsfähiger Unternehmen verbessert.« Es geht gemäß ErwG 70 S. 2 RRL beispielsweise darum, bei finanziellen Schwierigkeiten des Unternehmens Schritte einzuleiten, um Verluste zu minimieren, die Frühwarnsysteme des Staates in Anspruch zu nehmen, Vermögenswerte zu schützen und die Bestandsfähigkeit zu prüfen. Diese Schritte haben dann die größte Wirkung, wenn sie möglichst früh ansetzen. In ErwG 22 geht die Richtlinie davon aus, dass die »Wahrscheinlichkeit, dass eine wahrscheinliche Insolvenz abgewendet wird,« desto höher ist, »[j]e früher ein Schuldner seine finanziellen Schwierigkeiten erkennen und geeignete Maßnahmen treffen kann«. Daher ergibt sich aus den Erwägungsgründen und aus dem Zweck der Richtlinie eine Auslegung des Art. 19 lit. b RRL, die der Unternehmensleitung konkludent auch die Pflicht auferlegt, eine wahrscheinliche Insolvenz möglichst früh zu erkennen.

40 *Klöhn/Franke*, ZEuP 2022, 44 (62 f.).

Aus dem gleichen Grund lässt sich diese Pflicht auch mittelbar auf Art. 19 lit. a RRL stützen. Die Norm schreibt der Unternehmensleitung vor, im Zeitpunkt der wahrscheinlichen Insolvenz die Interessen verschiedener Beteiligter zu berücksichtigen. Damit dies der Unternehmensleitung möglich ist, muss sie vorher die wahrscheinliche Insolvenz erkennen. Daher ist es schlüssig, wenn die Unternehmensleitung auch der Pflicht unterliegt, Maßnahmen zur Erkennung der wahrscheinlichen Insolvenz zu treffen.

II. Abgrenzung der Verantwortungsbereiche

Die Richtlinie enthält keine ausdrückliche Bestimmung darüber, in welcher Art und Weise der Mitgliedstaat und die Unternehmensleitung Maßnahmen zu treffen haben, um den Eintritt der wahrscheinlichen Insolvenz früh zu erkennen. Es ist also lediglich das »ob« der Überwachung geregelt, wohingegen hinsichtlich des »wie« ein Ausgestaltungsermessen besteht.[41] Auch wenn die Richtlinie keine konkreten Vorgaben enthält, lassen sich die umzusetzenden Pflichten des Mitgliedstaats und der Unternehmensleitung eingrenzen. ErwG 70 RRL zählt zahlreiche Maßnahmen auf, die die Unternehmensleitung im Zeitpunkt finanzieller Schwierigkeiten vornehmen können soll. Das zeigt die Komplexität der Herausforderung, eine wahrscheinliche Insolvenz früh zu erkennen. Dieser Aufgabe wird sie am ehesten gerecht, wenn hierfür im Unternehmen feste Strukturen errichtet sind. Daher ist aus der Richtlinie abzuleiten, dass die Unternehmensleitung nicht einfach die wirtschaftliche Lage mehr oder weniger frei überwachen, sondern dass sie ein durchdachtes System zur Überwachung des Eintritts einer wahrscheinlichen Insolvenz schaffen muss – ein sogenanntes Überwachungssystem. Dies verringert die Gefahr, dass die Effektivität der Krisenfrüherkennung von der Fähigkeit der Individuen abhängig ist und steigert die Wahrscheinlichkeit, dass eine Unternehmensleitung die wahrscheinliche Insolvenz erkennt. Die Frühwarnsysteme des Staates können hierzu immer nur eine administrative Hilfestellung bieten, deren Wirksamkeit von Anfang an begrenzt ist. Denn der Staat kann nur allgemeingültige Frühwarnsysteme schaffen, die nicht die Eigenheiten jedes Unternehmens berücksichtigen können. In Bezug auf die Erkennung einer wahrscheinlichen Insolvenz des Unternehmens ist die jeweilige Unternehmensleitung näher an der Quelle. Daher ist es schlüssig, zu einer wirksamen Erkennung einer wahrscheinlichen Insolvenz mindestens vergleichbare Anforderungen an die Unternehmensleitung wie an den Staat, bei der Erstellung eines allgemeinen Frühwarnsystems, zu stellen.

Neben der Richtlinie finden sich auch in der betriebswirtschaftlichen Literatur Anhaltspunkte, die als Ausgangspunkt für die rechtliche Pflicht zur Einrichtung eines

41 Vgl. *d'Avoine/Michels*, NZI 2022, 1 (2, 5); *Brünkmans*, ZInsO 2021, 1 (2); *Gerig*, in: Morgen, StaRUG, § 1, Rn. 16; *Goetker*, in: Flöther, StaRUG, § 1, Rn. 33, 36; *Harig/Fauser*, RFamU 2022, 456 (457); *Hirte*, in: Uhlenbruck, Band 2, StaRUG, § 1, Rn. 13; *Kühne/Lienhard*, SanB 2020, 144 (145); *Schmidt*, NWB Sanieren 2022, 68; *Seibt*, in: Seibt/Westpfahl, StaRUG, § 1, Rn. 22; *Seibt/Bulgrin*, DB 2020, 2226 (2229); *Thole*, in: Jacoby/Thole, StaRUG, § 1, Rn. 11; *Weitzmann*, in: Pannen/Riedemann/Smid, StaRUG, § 1, Rn. 12; *Wolgast*, in: Wolgast/Grauer, StaRUG Online, § 1, Rn. 18. Pauschal ein unternehmerisches Ermessen ablehnend *Mock*, BeckOK StaRUG, § 1, Rn. 38.

Überwachungssystems heranzuziehen sind. Im Prüfungsstandard (PS) 340 definiert das Institut für Wirtschaftsprüfer (IDW) Risiken als Entwicklungen oder Ereignisse, die zu einer für das Unternehmen negativen Zielabweichung führen können.[42] Das IDW ist eine private Organisation ohne gesetzgeberische Legitimation.[43] Die Rechtswissenschaft versteht den IDW PS 340 deswegen als *best practice*, der über das juristisch Erforderliche hinausgeht.[44] Trotzdem kommt ihm Signalwirkung zu und er dient somit den Gerichten als Rechtserkenntnisquelle.[45] Davon ausgehend lassen sich allgemeingültige Phasen aufstellen, die darauf gerichtet sind, gewisse Symptome einer wahrscheinlichen Insolvenz zu erkennen. Überwiegend sind hierbei vier Phasen zu unterschieden.[46] Die Phasen beschreiben und strukturieren den Prozess, der einer Früherkennung zugrunde liegt. Die Phasenbeschreibung bildet dabei noch keine Pflichtkonkretisierung, sondern stellt die *best practice* dar. Inwiefern ein Zurückbleiben hinter den aus dieser Beschreibung folgenden Handlungspflichten eine rechtliche Konsequenz nach sich zieht, ist erst nach näherer Darlegung der Regelungen im StaRUG[47] zu untersuchen. Die Phasen dienen der Umschreibung der betriebswirtschaftlichen Notwendigkeit, auf die die gesetzlichen Regelungen aufsetzen.

1. Risikoidentifikation

Zunächst muss die Unternehmensleitung ein Risiko für den Eintritt einer möglichen Zahlungsunfähigkeit identifizieren.[48] Identifikation meint dabei ein vollständiges, richtiges, aktuelles, systematisches, wirtschaftliches, wesentliches, flexibles und durch die Mitarbeitenden akzeptiertes Überwachungsverfahren zur Erkennung der Unternehmensrisiken.[49] Im Konkreten ist eine dauernde langfristige Prüfung der Vermögens-,

42 *IDW*, Die Prüfung des Risikofrüherkennungssystems, IDW PS 340, S. 3, Rn. 8 a.

43 BGH, Beschl. v. 29.9.2015 – II ZB 23/14, BGHZ 207, 114–135, juris Rn. 45; OLG, Beschl. v. 5.11.2013 – 20 W 4/12, NZG 2014, 140, juris Rn. 80; *Dreher/Hoffmann*, ZGR 2016, 445 (453 f.); *Fischer/Schuck*, NZG 2021, 534 (540); *Fleischer*, AG 2022, 377 (384, Rn. 33); *Ott*, ZGR 2017, 149 (167).

44 *Dreher/Hoffmann*, ZGR 2016, 445 (455); *Fleischer*, AG 2022, 377 (383, Rn. 29); vgl. *Goetker*, in: Flöther, StaRUG, § 1, Rn. 35; *Schülke*, IDW Standards und Unternehmensrecht, S. 271; *Seibt*, in: Seibt/Westpfahl, StaRUG, § 1, Rn. 22; *Thole*, in: Jacoby/Thole, StaRUG, § 1, Rn. 14. A.A. *Gleißner/Nickert/Nickert*, DB 2023, 1489 (1491), die in Bezug auf IDW PS 340 und DIIR Revisionsstandard Nr. 2.1 von einem »gebotene[n] Maß« sprechen.

45 *Fleischer*, AG 2022, 377 (384, Rn. 33); *Gleißner/Nickert/Nickert*, DB 2023, 1489 (1491); vgl. *Spindler*, in: MüKo, AktG, § 91, Rn. 35.

46 *Cranshaw/Portisch*, ZInsO 2020, 2617; *Fleischer*, AG 2022, 377 (379); *Gleißner/Nickert/Nickert*, DB 2023, 1489 (1491); *Kunz*, in: Neues RestrukturierungsR, § 3, Rn. 83–87; *Wolke*, Risikomanagement, S. 5. Weitergehender *IDW*, Die Prüfung des Risikofrüherkennungssystems, IDW PS 340, S. 5 f., Rn. 12–21, die das Risikomanagementsystem in acht Phasen gliedern.

47 Siehe dazu ab S. 49.

48 *IDW*, Die Prüfung des Risikofrüherkennungssystems, IDW PS 340, S. 5, Rn. 17.

49 *Fleischer*, AG 2022, 377 (379); vgl. *Vanini/Rieg*, Risikomanagement, S. 200. Nicht ausreichend wäre der Abschluss einer Warenkreditversicherung, s. dazu *Bender/Koch*, Die VersicherungsPraxis 2023, 3 (4).

Ertrags- und Finanzlage sowie der kurzfristigen Liquidität erforderlich.[50] Eine Liquiditätsprüfung beinhaltet insbesondere eine Erfassung der aktuell verfügbaren liquiden Mittel, Ein- und Auszahlungen anhand der offenen Posten auf den Debitoren- und Kreditorenkonten unter Einbeziehung der entsprechenden Fälligkeiten, eine Auftragsliste bzw. einen Businessplan mit entsprechenden Zahlungszielen, wiederkehrende Auszahlungen für Dauerschuldverhältnisse, Steuerverbindlichkeiten, Personalkosten, Sozialversicherungen, notwendige Investitionen sowie sonstige Ein- und Auszahlungen.[51] Die Prüfung von negativen und positiven Abweichungen in den Planungen kann im Ausgangspunkt durch die Kennzahlenanalyse erfolgen.[52] Die wichtigsten Kennzahlen sind hierbei die Eigenkapitalquote, der Verschuldensgrad, der Liquiditätsgrad, die Gesamtrentabilität sowie der Cash-Flow.[53] Die Unternehmensleitung kann aus der Kennzahlenanalyse unter anderem Rückschlüsse auf die Bonität des Unternehmens, seine Finanzierungsstruktur und die Gewinnerzielungskraft ziehen – Faktoren, die je nachdem, ob sie sich positiv oder negativ entwickeln, die Krisenfestigkeit des Unternehmens widerspiegeln.[54]

Um das einer Früherkennung innewohnende prognostische Element in das System zu implementieren und Aussagen über künftige Risiken und Entwicklungen treffen zu können, sollte die Unternehmensleitung die Kennzahlen auch für zurückliegende Jahre berechnen und branchenspezifische Vergleichswerte bestimmen.[55] Wenn dies nicht möglich ist, da sich das Unternehmen noch in der Start-Up-Phase befindet, muss die Start-Up-Unternehmensleitung die ermittelten Werte monatlich oder sogar wöchentlich gegenüberstellen, um Entwicklungstendenzen zu erkennen.[56] Darüber hinaus hat eine kurzfristige operative und eine langfristige strategische Unternehmensplanung (inkl. Absatz-, Produktions- und Investitionsplanung) zu erfolgen.[57] Daneben kann einerseits eine Darstellung in Extremszenarien (*best case/worst case*) und ihre Auswirkungen auf das Unternehmen wirtschaftliche »Überraschungen« verhindern.[58] Andererseits kann das Unterschreiten oder Überschreiten von Schwellenwerten bei Frühindikatoren, wie zum Beispiel Rohstoffpreise, Lagerbestände, Fehlzeiten der Mit-

50 *Kleindiek*, in: Lutter/Hommelhoff, GmbHG, § 43, Rn. 33; *Nickert/Nickert*, GmbHR 2021, 401 (405, Rn. 38); *Steffan/Poppe/Roller*, INDat Report 2021, 46 (49).

51 *d'Avoine/Michels*, NZI 2022, 1 (3); für ein Fallbeispiel siehe *Steffan/Poppe/Roller*, INDat Report 2021, 46 (52–54).

52 *Beissenhirtz*, ZInsO 2020, 1673 (1686); *Giesen*, NWB Sanieren 2021, 296 (298).

53 *d'Avoine/Michels*, NZI 2022, 1 (4); vgl. *Ederer*, BC 2010, 196; *Rieser*, in: Beck'sches HdB GmbH, § 17, Rn, 41.

54 *d'Avoine/Michels*, NZI 2022, 1 (4).

55 *d'Avoine/Michels*, NZI 2022, 1 (4). Für einen Überblick zum Einsatz und der Entwicklung von Prognosetechniken in unterschiedlichen Bereichen siehe *Beissenhirtz* ZInsO 2020, 1673 (1676–1681).

56 Vgl. *Conradi/Schader*, NWB 2021, 116 (117). Zu den betriebswirtschaftlichen Problemen bei der Entwicklung von Risikomanagementsystemen bei Start-Ups siehe auch *Schulte/Wagenknecht*, ZfKE 2022, 243 (246–251).

57 *d'Avoine/Michels*, NZI 2022, 1 (3); *Wöhe*, Allgemeine BWL, S. 74, 79.

58 *d'Avoine/Michels*, NZI 2022, 1 (5); *Bea/Dressler*, NZI 2021, 67 (70) »Extrem-Szenarien«; *Giesen*, NWB Sanieren 2021, 296 (300), der allgemein von »Szenarioanalysen« spricht; *Rieser*, in: Beck'sches HdB GmbH, § 17, Rn. 45 »Szenario-Analyse«; *Wilden*, in: Buth/Hermanns, Restrukturierung, Sanierung, Insolvenz, § 2, Rn. 54 »Szenario-Analyse«.

arbeitenden, Einschätzung von Experten, das Erreichen von Projektzielen, auf eine wahrscheinliche Insolvenz hindeuten.[59] Das Überwachungssystem sollte außerdem regeln, wer in den einzelnen Unternehmensbereichen organisatorisch für die Weiterleitung der erkannten Krisensignale an die Unternehmensleitung zuständig ist.[60]

2. Risikobewertung

Die Identifikation einzelner nicht gefährdender Risiken führt nicht zwangsläufig dazu, dass die Bestandsgefährdung eines Unternehmens insgesamt abzulehnen ist.[61] In einem nächsten Schritt muss die Unternehmensleitung die Risiken analysieren und klassifizieren, um ein Gesamtrisiko zu ermitteln.[62] Daneben ist die Risikotragfähigkeit des Unternehmens festzustellen, um einzuschätzen, ab wann die Risiken in einem Unternehmen zur Bestandsgefährdung führen.[63] Letztere bestimmt sich zum einen anhand der wirtschaftlichen Lage, aber zum anderen auch an rechtlichen und regulatorischen Rahmenbedingungen. Darunter fallen zum Beispiel der Wegfall eines Patentschutzes oder das Auslaufen einer Betriebslizenz.[64]

3. Risikosteuerung

Die Risikosteuerung behandelt die Beeinflussung der Risiken durch geeignete aktive oder passive Maßnahmen.[65] Aktiv sind solche Maßnahmen, die die Vermeidung, Verminderung oder Diversifikation des Risikos zum Ziel haben.[66] Risikolimitierung, -überwälzung sowie -vorsorge fallen unter die passiven Maßnahmen.[67]

4. Risikoüberwachung

Bei der letzten Phase betrifft eine regelmäßige Evaluierung des etablierten Systems, um die Treffgenauigkeit zu bewerten, an rechtliche Anforderungen anzupassen, konti-

59 *Giesen*, NWB Sanieren 2021, 296 (298 f.).
60 *d'Avoine/Michels*, NZI 2022, 1 (3 f.); vgl. *Rieser*, in: Beck'sches HdB GmbH, § 17, Rn. 47.
61 Vgl. *Gleißner*, WPg 2017, 158 (160); *Nickert/Nickert*, GmbHR 2021, 401 (403, Rn. 19).
62 Vgl. *Fleischer*, AG 2022, 377 (379); *Nickert/Nickert*, GmbHR 2021, 401 (404, Rn. 28); *Wöhe*, Allgemeine BWL, S. 74, 79. Zur Berechnung der Gefährdungswahrscheinlichkeit durch Risikoaggregation siehe auch *Gleißner/Haarmeyer*, ZInsO 2024, 173 (175), die den Einsatz der vorausschauenden Monte-Carlo Simulation befürworten. Diese fasst alle Chancen und Risiken zu einem Erwartungswert zusammen. *Nickert*, KTS 2021, 183 (192–194), verlangt zum Schutz der Gläubiger zusätzlich die Hinzurechnung eines Sicherheitspuffers für die insolvenzrechtliche Prognose.
63 *Berger/Ernst/Gleißner/u.a.*, DB 2021, 2709 (2713); *Nickert/Nickert*, GmbHR 2021, 401 (409, Rn. 66); *Steffan/Poppe/Roller*, KSI 2022, 53 (56); vgl. *Vanini/Rieg*, Risikomanagement, S. 323.
64 *IDW*, Die Prüfung des Risikofrüherkennungssystems, IDW PS 340, S. 17, Rn. A5; *Steffan/Poppe/Roller*, KSI 2022, 53 (56).
65 *Vanini/Rieg*, Risikomanagement, S. 317; vgl. *Wöhle*, Allgemeine BWL, S. 205.
66 *Vanini/Rieg*, Risikomanagement, S. 317; vgl. *Wöhle*, Allgemeine BWL, S. 205.
67 *Vanini/Rieg*, Risikomanagement, S. 319; vgl. *Wöhle*, Allgemeine BWL, S. 205.

nuierlich zu verbessern und ein Organisationsverschulden zu verhindern.[68] In Betracht kommt dafür beispielsweise das von Thyssenkrupp genutzte *Three-Lines-of-Defense*-Modell, das aufzeigt, auf welcher Ebene welche Zuständigkeiten für das Risikomanagement im Unternehmen liegen.[69] Die erste Abwehrlinie überträgt und führt nach internen und externen Leitlinien die Tätigkeiten und den Einsatz von Ressourcen zur Erreichung der vorgegebenen Ziele.[70] Die zweite Abwehrlinie gestaltet verbindliche interne Richtlinien für das Risikomanagementsystem.[71] Die dritte Abwehrlinie dient als Überwachung der ersten und zweiten Abwehrlinie, indem unabhängige Prüfungen zur Angemessenheit und Wirksamkeit durchgeführt werden.[72] Das Überwachungssystem sollte klarstellend eine Regelung zur Dokumentation sämtlicher Maßnahmen enthalten, um unternehmensinterne Handlungsabläufe zu optimieren[73] und die Erfüllung der Anforderungen des Art. 19 lit. b RRL nachzuweisen.

III. Zeitlicher Anknüpfungspunkt und zu überwachender Zeitraum

Neben einer genaueren Eingrenzung, was ein Überwachungssystem für Maßnahmen erfordert, ist zu bestimmen, ab welchem Zeitpunkt die Unternehmensleitung diese Maßnahmen zu treffen hat und welcher Zeitraum zu überwachen ist. Zeitlich knüpft das Überwachungssystem an die Vorphase des Restrukturierungszeitraums an.[74] Einerseits lässt sich dies wieder mittelbar aus Art. 19 lit. b RRL ableiten. Wenn die Unternehmensleitung verpflichtet ist, Gegenmaßnahmen ab der wahrscheinlichen Insolvenz zu treffen, muss sie letztere vorher erkennen.

Andererseits lässt sich dies aus den Erwägungsgründen und weiteren Artikeln der RRL herleiten. In ErwG 22 RRL beschreibt unter anderem, dass die Unternehmensleitung die vom Staat zur Verfügung gestellten Frühwarnsysteme nutzen können soll. Dabei führt der ErwG aus, dass »keine Haftung für potenzielle Schäden aufgrund von Restrukturierungsverfahren eingeführt werden [sollte], die durch Frühwarnsysteme ausgelöst werden«. Aus dem Verb »ausgelöst« folgt, dass die Frühwarnsysteme zwingend vor der Einleitung eines Restrukturierungsrahmens bestehen müssen. Nach ErwG 24 RRL sollte der Restrukturierungsrahmen »zur Verfügung stehen, bevor ein Schuldner nach nationalem Recht insolvent wird«. Gem. Art. 1 Abs. 1 lit. a RRL und

68 *Bea/Dressler*, NZI 2021, 67 (70); vgl. *Beissenhirtz*, ZInsO 2020, 1673 (1686); vgl. *Fleischer*, AG 2022, 377 (379, Rn. 11).
69 *Thyssenkrupp AG*, Erklärung zur Unternehmensführung, S. 3. Darauf hinweisend *Kettelhake/Hahn*, CCZ 2022, 42 (43).
70 *Thyssenkrupp AG*, Erklärung zur Unternehmensführung, S. 3.
71 *Thyssenkrupp AG*, Erklärung zur Unternehmensführung, S. 3.
72 *Thyssenkrupp AG*, Erklärung zur Unternehmensführung, S. 3.
73 *Gleißner/Nickert/Romeike*, BOARD 2024, 21 (23); *Nickert/Nickert*, GmbHR 2021, 401 (405, Rn. 34). Zur Dokumentationspflicht eines Risikofrüherkennungssystems des Vorstands einer AG siehe auch LG München I, Urt. v. 5.4.2007 – 5 HK O 15964/06, BB 2007, 2170 (2172).
74 So in Bezug auf die Pflicht der Mitgliedstaaten zur Sicherstellung des Zugangs zu Frühwarnsystemen *Rennar*, NWB-BB 2021, 309. Richtigerweise gilt das aber auch für die Pflicht der Unternehmensleitung zur Einrichtung von Überwachungssystemen.

Art. 4 Abs. 1 RRL soll der Restrukturierungsrahmen bei einer »wahrscheinlichen Insolvenz« zur Verfügung stehen. Art. 2 Abs. 2 lit. b RRL legt fest, dass dieser Begriff ebenfalls im Sinne des jeweiligen nationalen Rechts zu verstehen ist. Frühwarnsysteme sollen wiederum gem. Art. 3 Abs. 1 RRL »Umstände erkennen können, die zu einer wahrscheinlichen Insolvenz führen können«. ErwG 22 S. 2 RRL spricht insofern von »beginnenden finanziellen Schwierigkeiten«. Aus der Zusammenschau der Erwägungsgründe und Artikel der RRL folgt daher, dass die Unternehmensleitung die Überwachungspflicht vor dem Eintritt der wahrscheinlichen Insolvenz zu erfüllen hat.

Keine nähere Eingrenzung der wahrscheinlichen Insolvenz lässt sich durch die Anforderungen an die Frühwarnsysteme des Staates gewinnen. Diese Systeme können gemäß Art. 3 Abs. 2 lit. a RRL beispielsweise Zahlungsausfälle als Indiz für eine Krise heranziehen.[75] Ein solcher Zeitpunkt eignet sich aufgrund des Zwecks der RRL, frühzeitig fortbestandsfähigen Unternehmen die Abwendung der Insolvenz zu ermöglichen, nicht zur näheren Konkretisierung der wahrscheinlichen Insolvenz. Denn bei Zahlungsausfällen befindet sich das Unternehmen bereits in Liquiditätsschwierigkeiten und daher nicht mehr an einem frühen Zeitpunkt der Krise. Ähnlich sieht das für die Hinweispflichten Dritter in Art. 3 Abs. 2 lit. a RRL aus. Auch die Hinweispflichten Dritter, wie beispielsweise diejenigen der Steuerberater in der Jahresabschlusserstellung, erfolgen nur jährlich und werden zudem erst zu einem späten Zeitpunkt der Krise, womöglich sogar erst dann, wenn das Unternehmen bereits insolvenzreif ist, in der Lage sein, auf die Krise hinzuweisen.[76] Damit ist auch diese Möglichkeit für eine Früherkennung nicht am besten geeignet, weil das Kontrollintervall zu groß und der zeitliche Anknüpfungspunkt zu spät ist.

Unmittelbar gibt die Richtlinie daher nur vor, dass die Unternehmensleitung erstens durch ihr Überwachungssystem die wahrscheinliche Insolvenz erkennen können muss. Zweitens gibt sie vor, dass die wahrscheinliche Insolvenz zeitlich vor der eingetretenen Insolvenz liegt. Drittens soll grundsätzlich das nationale Recht die beiden Begriffe bestimmen. Auch wenn die konkrete Bestimmung der »wahrscheinlichen Insolvenz« und der »Insolvenz« durch das nationale Recht erfolgen soll, liegen der Richtlinie gewisse Vorstellungen zugrunde, welchen Zweck die Bestimmung der Zeiträume verfolgt. Es geht gemäß ErwG 1 S. 2 RRL und dem Umkehrschluss aus ErwG 3 S. 5 RRL darum, bestandsfähigen Unternehmen zu helfen, Insolvenzen abzuwenden. Die Unternehmensleitung soll durch die Regelungen eine Sanierung des Unternehmens besser durchführen können. Um eine Bestandsgefährdung des Unternehmens möglichst früh zu erkennen und eine Sanierung einzuleiten, hat sich in der Betriebswirtschaft ein Modell herausgebildet, das sechs[77] verschiedene Stadien unterscheidet: die Stakeholder-

75 Siehe dazu bereits oben S. 6.

76 *Exler/Werner*, KSI 2020, 53 (54); *Haffa*, NWB 2021, 92 (93).

77 Ältere Veröffentlichungen wie *Böckenförde*, Unternehmenssanierung, S. 19; *Kraus*, in: Buth/Hermanns, HdB Restrukturierung, Sanierung, Insolvenz, 4. Aufl. 2014, § 4, Rn. 8 und *Müller*, Krisenmanagement in der Unternehmung, S. 54 differenzieren nur zwischen drei Krisenstadien, namentlich der Strategiekrise, der Erfolgs- bzw. Ergebniskrise und der Liquiditätskrise. Die Aufspaltung in neueren Veröffentlichungen in sechs Krisenstadien ist zu folgen, weil sie eine differenziertere Ursachenanalyse ermöglicht.

krise, die Strategiekrise, die Produkt- und Absatzkrise, die Erfolgskrise,[78] die Liquiditätskrise sowie zuletzt die Insolvenzreife.[79] Sie dienen dazu, den zeitlichen Rahmen der Überwachung zu beschreiben und die restrukturierungsrechtlichen Unternehmensleitungspflichten anzustoßen.

1. Stakeholderkrise

Zu den Stakeholdern, also den verschiedenen Interessengruppen eines Unternehmens,[80] zählen unter anderem Gesellschafter, Geschäftsführung, Arbeitnehmer, Überwachungsorgane sowie Gläubiger.[81]

Symptome einer Stakeholderkrise sind auftretende Konflikte zwischen den Interessengruppen, die zu Blockaden in der Leitungs- und Überwachungsebene des Unternehmens führen.[82] Erforderliche Entscheidungen bleiben aus.[83] Teilweise wendet das Management pflichtwidrig erhebliche Kraft auf, um die Stakeholder davon zu überzeugen, es läge keine Krise vor.[84] Vorgelagert kann aber auch das Problem liegen, dass die Unternehmensleitung mangels ausreichender Informationsgrundlage zunächst selbst den Eintritt einer Krise übersieht und sie dadurch unbeabsichtigt verschleppt.[85] Durch den eintretenden Glaubwürdigkeitsverlust der verantwortlichen Personen nehmen die Bedenken der Stakeholder im Hinblick auf die Führungsqualitäten der Leitungspersonen zu.[86] In diesem Zusammenhang ist auch von einer »Vertrauenskrise« die Rede.[87] Die Folge kann der Verlust des Leitbilds des Unternehmens sowie ein

78 Die Erfolgskrise ist bei *Weitzmann*, in: Pannen/Riedemann/Smid, StaRUG, § 1, Rn. 91 sowie *Weitzmann*, BB 2019, 521 (522, Abb. 1) und *Weitzmann*, ZInsO 2019, 1627 (1628, Abb. 1) als Ertrags- und Finanzierungskrise betitelt. Inhaltlich umfassen beide Bezeichnungen dasselbe.

79 *IDW*, Anforderungen an Sanierungskonzepte, IDW S 6, S. 10, Rn. 31 und S. 17, Rn. 62; ebenso auch bei *Hess/Groß*, in: Hess, SanierungsHdB, Kap. 2, Rn. 64; *Rieser*, in: Beck'sches HdB GmbH, § 17, Rn. 29–33; *Sinz*, in: K. Schmidt/Uhlenbruck, GmbH in Krise, Restrukturierung und Insolvenz, § 1, Rn. 1.2; *Steffan*, in: Oppenländer/Trölitzsch, PraxisHdB GmbH-Geschäftsführung, § 37, Rn. 37.

80 *Niemann*, in: Bork/Hölzle, HdB InsolvenzR, Kap. 28, Rn. 15.

81 *Hess/Groß*, in: Hess, SanierungsHdB, Kap. 2, Rn. 1; *IDW*, F & A zu IDW S 6, S. 29 f.; *Sinz*, in: K. Schmidt/Uhlenbruck, GmbH in Krise, Restrukturierung und Insolvenz, § 1, Rn. 1.4.

82 *Exler/Ehrentraut*, KSI 2020, 231 (234); *IDW*, F & A zu IDW S 6, S. 30; *Steffan*, in: Oppenländer/Trölitzsch, PraxisHdB GmbH-Geschäftsführung, § 37, Rn. 37. Insofern anschaulich dargelegt von *Grau/Pohlmann/Radunz*, NZI 2021, 522 (523), die sich auf die Restrukturierungssache AG Hamburg, Beschl. v. 12.4.2021 – 61a RES 1/21 beziehen.

83 *Exler/Ehrentraut*, KSI 2020, 231 (234); *IDW*, F & A zu IDW S 6, S. 30; *Grau/Pohlmann/Radunz*, NZI 2021, 522 (523); *Steffan*, in: Oppenländer/Trölitzsch, PraxisHdB GmbH-Geschäftsführung, § 37, Rn. 37.

84 *Kraus*, in: Buth/Hermanns, HdB Restrukturierung, Sanierung, Insolvenz, 4. Aufl. 2014, § 4, Rn. 8; *Seibt*, BB 2019, 2563 (2565).

85 Zu einem psychologischen Erklärungsversuch s. *Veit*, SanB 2022, 5 (6), die die fünf Phasen der Verarbeitung schwieriger Situationen, begründet durch die Forschung von *Dr. Elisabeth Kübler-Ross* an Sterbenden, auf den Erkenntnisprozess der Unternehmensleitung in einem kriselnden Unternehmen überträgt.

86 *IDW*, F & A zu IDW S 6, S. 30.

87 *IDW*, F & A zu IDW S 6, S. 30.

Rückgang an Leistungsbereitschaft durch die Mitarbeitenden sein.[88] Im Ergebnis entsteht so ein Nährboden für schädigende Handlungen in Form von Täuschungen und den daraus resultierenden Vermögensschäden im Unternehmen.[89] Obwohl die Auswirkungen in der Zusammenschau erheblich sein können, erkennt die Unternehmensleitung die angehende Krise in diesem frühen Stadium oftmals nicht.[90]

Von den Symptomen des jeweiligen Krisenstadiums sind die zugrundeliegenden Ursachen abzugrenzen. Nur, wenn die Unternehmensleitung neben den Krisenanzeichen auch deren Ursachen erkennt und ihnen abhilft, kann eine Sanierung erfolgreich sein.[91] Im Allgemeinen sind unternehmensexterne (exogenen) Ursachen und unternehmensinterne (endogenen) Ursachen zu unterscheiden.[92] Die Grundlage externer Ursachen bilden veränderte Umweltbedingungen.[93] Hierunter fallen beispielsweise ein verändertes Marktverhalten, konjunkturelle Schwankungen, Naturkatastrophen und rechtliche Reformen.[94] Unter die unternehmensinternen Ursachen fallen vor allem Führungs- und Organisationsfehler, Personalmissmanagement, Fehlinvestitionen, mangelnde Innovationen oder eine ungenügende Finanzplanung.[95]

Bezogen auf die Stakeholderkrise können die Ursachen konkret in einem fehlenden Bewusstsein oder mangelnder Akzeptanz der Stakeholder für nötige Veränderungen im Unternehmen oder einer dahingehenden mangelhaften Kommunikation liegen.[96] Daneben kann aber auch die Pflichtvergessenheit der führenden Personen auf einen inneren Zersetzungsprozess im Unternehmen hinauslaufen.[97] Insgesamt handelt es sich um ausschließlich unternehmensinterne Ursachen, die aufgrund des frühen Stadiums beziehungsweise branchenspezifischer Unterschiede eher abstrakt bleiben.

Da sich die Stakeholderkrise noch nicht in den Kennzahlen des Unternehmens niederschlägt, ist fraglich, anhand welcher Instrumentarien eine Früherkennung überhaupt

88 *IDW*, F & A zu IDW S 6, S. 30; *Steffan*, in: Oppenländer/Trölitzsch, PraxisHdB GmbH-Geschäftsführung, § 37, Rn. 37.
89 *IDW*, F & A zu IDW S 6, S. 30.
90 *Crone*, in: Crone/Werner, Modernes Sanierungsmanagement, 2.4, S. 18; *Henke*, KSI 2021, 213 (214); *Niemann*, in: Bork/Hölzle, HdB InsolvenzR, Kap. 28, Rn. 17; *Oberle*, in: Münchener HdB des GesR, Band 3, § 66, Rn. 8; *Sinz*, in: K. Schmidt/Uhlenbruck, GmbH in Krise, Restrukturierung und Insolvenz, § 1, Rn. 1.4.
91 *Kraus*, in: Buth/Hermanns, HdB Restrukturierung, Sanierung, Insolvenz, 4. Aufl. 2014, § 4, Rn. 4; *Veit*, SanB 2022, 5.
92 *Crone*, in: Crone/Werner, Modernes Sanierungsmanagement, 2.3, S. 17; *IDW*, F & A zu IDW S 6, S. 34; *Kraus*, in: Buth/Hermanns, HdB Restrukturierung, Sanierung, Insolvenz, 4. Aufl. 2014, § 4, Rn. 5; *Sinz*, in: Schmidt/Uhlenbruck, GmbH in Krise, Restrukturierung und Insolvenz, § 1, Rn. 1.31, 1.34–1.36. Diese Einteilung geht zurück auf *Fleege-Althoff*, Notleidende Unternehmung, S. 85 f.
93 *Böckenförde*, Unternehmenssanierung, S. 27; *Steffan*, in: Oppenländer/Trölitzsch, PraxisHdB GmbH-Geschäftsführung, § 37, Rn. 36.
94 *Sinz*, in: K. Schmidt/Uhlenbruck, GmbH in Krise, Restrukturierung und Insolvenz, § 1, Rn. 1.35; vgl. *Steffan*, in: Oppenländer/Trölitzsch, PraxisHdB GmbH-Geschäftsführung, § 37, Rn. 36.
95 *Sinz*, in: K. Schmidt/Uhlenbruck, GmbH in Krise, Restrukturierung und Insolvenz, § 1, Rn. 1.36; vgl. *Steffan*, in: Oppenländer/Trölitzsch, PraxisHdB der GmbH-Geschäftsführung, § 37, Rn. 37.
96 *IDW*, F & A zu IDW S 6, S. 30; *Köstens*, SanB 2020, 118 (119).
97 *Groß*, WPg-Sonderheft 2003, 128 (129).

möglich sein soll.[98] Die Unternehmensleitung könnte anonyme Befragungen durchführen oder Checklisten in unterschiedlichen Stakeholdergruppen bereitstellen durch die sie Aspekte wie Innovationen, Investitionsprojekte, Expansionen, Outsourcing und Nachhaltigkeit analysiert.[99] Des Weiteren könnten Unternehmensstresstests, wie dies in der Banken- und Versicherungsbranche üblich ist, erfolgen.[100] Dazu gehört auch eine kontinuierliche Verbesserung und Weiterentwicklung des Unternehmenskonzepts, die Überwachung möglicher Planverfehlungen sowie ein stetiges und engmaschiges Berichtswesen.[101] Überwachungsorgane sollten das Verhalten der Unternehmensleitung beobachten und prüfen. Ziel dabei ist, Verhaltensänderungen wahrzunehmen und darauf basierende Fehleinschätzungen zum einen zu vermeiden und zum anderen bereits jene fehlerhaft getroffenen Entscheidungen durch eine rechtzeitige Kurskorrektur abzumildern.[102] Insgesamt ist eine Früherkennung in diesem ersten Stadium mangels eindeutig erkennbarer Warnzeichen aber eher schwierig und wenig erfolgversprechend.[103] Selbst für Unternehmensangehörige außerhalb der Organe sind die auftretenden Probleme oftmals nicht ersichtlich, weil keine unmittelbaren negativen Auswirkungen zu spüren sind.[104]

Ist der erste Schritt der Identifikation erfolgt, sind die Alternativen der möglichen Gegenmaßnahmen zahlreich. Insgesamt sollten die Maßnahmen unter den Aspekt der Verbesserung der *Corporate Governance* fallen.[105] Das bezieht sich auf unternehmensinterne Führungsgrundsätze, die als Maßstab für Überwachung und Leitung des Unternehmens dienen.[106] Hierunter kann eine vollständige Neuausrichtung der Unternehmensverfassung fallen, oder auch die Einrichtung eines *Compliance*-Managementsystems, um Fehlverhalten frühzeitig wahrzunehmen und eine Haftung der Organe zu vermeiden. Dabei sollte das Wiederherstellen einer konstruktiven kommunikativen Auseinandersetzung im Unternehmen von primärem Interesse sein. Die betroffenen Parteien sollten nicht auf einzelnen Positionen beharren, sondern die jeweiligen Interessen dahinter darlegen.[107] In diesem Fall kann die Vermittlung durch eine unabhängige dritte Partei, zum Beispiel in Form einer Mediatorin bzw. eines Mediators,[108] zum Ziel führen. Abgesehen von der direkten Behebung der kommunikativen Hindernisse

98 *Sämisch*, ZInsO 2021, 169 (170); die Möglichkeit einer Früherkennung in der Stakeholderkrise verneinend: *Hermanns*, ZInsO 2018, 2273 (2277).

99 *Sämisch*, ZInsO 2021, 169 (170); zur Herstellung und Aufrechterhaltung einer guten Kommunikationsebene auch *Exler/Ehrentraut*, KSI 2020, 231 (232).

100 *Sämisch*, ZInsO 2021, 169 (170); *Stefan*, ZInsO 2020, 933 (935). Ein solcher Stresstest findet sich beispielsweise auf der Website des *Deutschen Instituts für angewandtes Insolvenzrecht e.V.*, Stresstest für Unternehmer.

101 *Exler/Ehrentraut*, KSI 2020, 231 (233).

102 *Veit*, SanB 2022, 5 (6).

103 *Conradi/Schader*, NWB 2021, 116; *Sämisch*, ZInsO 2021, 169 (170).

104 *Groß*, WPg-Sonderheft 2003, 128 (129); *Niemann*, in: Bork/Hölzle, HdB InsolvenzR, Kap. 28, Rn. 17.

105 *Groß*, WPg 2010, 119 (126); *IDW*, F & A zu IDW S 6, S. 47.

106 *Koch*, AktG, § 76, Rn. 114; *Stephan/Tieves*, in: MüKo, GmbHG, § 37, Rn. 38.

107 Dieser Gedanke geht auf *Fisher/Ury*, Getting To Yes, Kap. 3 S. 42–57 zurück.

108 So auch ein Vorschlag von *Groß*, WPg-Sonderheft 2003, 128 (136). Zu einem mediationsanalogen Ansatz zur nachhaltigen Krisenüberwindung s. *Teerling/Harnack*, ZRI 2023, 1044.

kann auch die Stärkung der Organisationsstrukturen zu einer Auflösung oder zumindest einer Besserung des Konflikts beitragen.[109] Bestenfalls kann die Unternehmensleitung die Grundlage einer konstruktiven Kommunikationsbasis wiederherstellen, um darauf aufbauend die notwendigen Entscheidungen zu treffen. Wenn dies hingegen mit den derzeitig beschäftigten Führungspersonen gar nicht mehr möglich ist, wird eine Neubesetzung empfohlen.[110]

2. Strategiekrise

Wenn die Unternehmensleitung während der Stakeholderkrise keine oder unzureichende Gegenmaßnahmen trifft, kann dies in eine Strategiekrise überleiten. Dieses zweite Krisenstadium ist für die beteiligten Personen ebenfalls nur schwer feststellbar, denn das Unternehmen realisiert seine Ertragsziele noch. In der betriebswirtschaftlichen Auswertung, also in der turnusmäßigen Mitteilung der wirtschaftlichen Lage eines Unternehmens mit einem Fokus auf der temporären Ertragslage,[111] ist die Krise aufgrund der zunächst weiteren Erwirtschaftung von Gewinnen noch nicht zu erkennen.[112]

Dieses Krisenstadium ist durch ein Divergieren der Unternehmensstrategie mit dem Marktumfeld beziehungsweise den Ressourcen gekennzeichnet.[113] Es äußert sich beispielsweise in einer ungenügenden Produktvielfalt (strategische Lücke) oder einer zu weitreichenden Fertigungstiefe (strukturelles Defizit).[114] Wenn das Unternehmen mit seinen Konkurrenten nicht mehr mithalten kann, kann dies in einem Verlust von Marktanteilen zu sehen sein.[115] Die Wettbewerbsposition verschlechtert sich. Zu den weiteren Symptomen zählen steigende Beschwerden und Verzögerungen bei der Auslieferung, ebenso Probleme im Produktionsprozess und eine Abnahme der Lagerumschlagshäufigkeit, die wiederum zu negativen Medienberichten führen können.[116] Unternehmensintern können steigende Krankenstände und Kündigungen, verspätete Bereitstellung von Reporting-Unterlagen, unangekündigte Abwesenheiten und gleichzeitig höhere Gehaltsforderungen des Managements schleichende Signale einer Strategiekrise darstellen.[117]

Bei der Strategiekrise liegen, wie auch bei der vorangegangenen Stakeholderkrise, in der Regel endogene, das heißt unternehmensinterne Ursachen vor. Ein Grund dafür

109 *Groß*, WPg 2010, 119 (126); *IDW*, F & A zu IDW S 6, S. 47.
110 Vgl. *IDW*, F & A zu IDW S 6, S. 47; *Groß*, WPg 2010, 119 (126).
111 *Haas/Schmidt*, DStR 2017, 1840 (1841); *Meyer-Pries*, Stbg 2015, 405.
112 *Crone*, in: Crone/Werner, Modernes Sanierungsmanagement, 2.4.2, S. 23; *Bundesministerium für Wirtschaft und Klimaschutz*: Existenzgründungsportal des BWMK, Strategiekrise; *Bundesministerium für Wirtschaft und Energie*, GründerZeiten 13, Krisenmanagement, S. 2.
113 *Bea/Dressler*, NZI 2021, 67 (69).
114 *IDW*, F & A zu IDW S 6, S. 30; *Niemann*, in: Bork/Hölzle, HdB InsolvenzR, Kap. 28, Rn. 20.
115 *Bea/Dressler*, NZI 2021, 67 (69); *IDW*, F & A zu IDW S 6, S. 30; *Kühne/Lienhard*, SanB 2020, 144 (146); vgl. *Rieser*, in: Beck'sches HdB GmbH, § 17, Rn. 30; *Wieland-Blöse/Oberle*, in: Sanierung und Insolvenz, A, Rn. 18.
116 *Groß*, WPg-Sonderheft 2003, 128 (130).
117 *Exler/Ehrentraut*, KSI 2020, 231 (234).

können sich schon länger angestaute Innovationsrückstände sein. Sie resultieren daraus, dass die Unternehmensleitung erforderliche Investitionen nicht tätigte oder auf ein verändertes Konsumverhalten nicht zeitnah einging.[118] Das schließt als Folgeursache an die Stakeholderkrise an. Denn so sind die notwendigen Unternehmensentscheidungen überfällig und das Unternehmen kann in dessen Folge nicht angemessen auf eintretende Marktveränderungen reagieren. Ebenso fallen eine fehlerhafte Wahl des Standortes, eine unpassende Produktionstechnik oder die unzureichende Qualifikation der Mitarbeitenden hierunter.[119] Ursächlich können auch ein unterschiedlicher Wissensstand von Kapitalgeber, Gesellschafter und Unternehmensleitung oder unterschiedliche Erwartungen im Hinblick auf die Unternehmensentwicklung sein.[120]

Weitzmann geht davon aus, dass die strategische Krise das erste Krisenstadium sei.[121] Dies ist, wie sich anhand der Ursachen der Strategiekrise zeigt, unzutreffend.[122] Erst ein bestehender Konflikt zwischen den einzelnen Stakeholdern, wie er für das erste Stadium charakteristisch ist,[123] führt dazu, dass die Unternehmensleitung notwendige Unternehmensentscheidungen mangels Kommunikation nicht oder nur verspätet trifft. Dies hat dann wiederum negative Auswirkungen auf die taktische Vorgehensweise des Unternehmens und leitet in das nachfolgende Stadium der Strategiekrise über.

Um die Strategiekrise zu identifizieren, ist die branchenspezifische Wettbewerbsposition des Unternehmens zu den einschlägigen Konkurrenten am Markt zu untersuchen.[124] Nur so kann die Unternehmensleitung Marktentwicklungen frühzeitig wahrnehmen, um eine angemessene Reaktion oder sogar Aktionen im Unternehmen vorzubereiten. Dies kann einerseits durch eine Analyse der eigenen Marktposition mittels bereits etablierter Systeme erfolgen. Hierunter fallen beispielsweise die SWOT-Analyse,[125] die Wettbewerbsanalyse, die Branchenstrukturanalyse und die Portfolio-Analyse.[126] Im privatwirtschaftlichen Bereich hat die Boston Consulting Group andererseits die Marktanteils- und Marktwachstums-Matrix entwickelt (sog. BCG-Matrix), um so Potenziale und Risikofelder zu benennen.[127] Nachteilig hieran sind jedoch die erforderliche analytische Komplexität und der finanzielle Aufwand, die nötig sind, um

118 *Bundesministerium für Wirtschaft und Klimaschutz*: Existenzgründungsportal des BWMK, Strategiekrise; *Rieser*, in: Beck'sches HdB GmbH, § 17, Rn. 30; vgl. *Bundesministerium für Wirtschaft und Klimaschutz*, Checkliste Signale für eine Strategiekrise.

119 *Weitzmann*, in: Pannen/Riedemann/Smid, StaRUG, § 1, Rn. 87; *Rieser*, in: Beck'sches HdB GmbH, § 17, Rn. 30; *Wieland-Blöse/Oberle*, in: Sanierung und Insolvenz, A, Rn. 18.

120 *Exler/Ehrentraut*, KSI 2020, 231 (234); *Exler/Werner*, KSI 2020, 53 (60).

121 *Weitzmann*, in: Pannen/Riedemann/Smid, StaRUG, § 1, Rn. 85 Abb. 6, Rn. 87; *Weitzmann*, BB 2019, 521 (522, Abb. 1); *Weitzmann*, ZInsO 2019, 1627 (1628, Abb. 1).

122 *Bea/Dressler*, NZI 2021, 67 (69 f.); *Rieser*, in: Beck'sches HdB GmbH, § 17, Rn. 30; *Steffan*, in: Oppenländer/Trölitzsch, PraxisHdB GmbH-Geschäftsführung, § 37, Rn. 37 f.

123 Siehe dazu ausführlich S. 14–17.

124 Vgl. *IDW*, F & A zu IDW S 6, S. 31; *Rieser*, in: Prinz/Winkeljohann, Beck'sches HdB GmbH, § 17, Rn. 30.

125 SWOT steht für *Strengths*, *Weaknesses*, *Opportunities* und *Threats*. Siehe dazu etwa *Bundeministeriums für Wirtschaft und Klimaschutz*, Früherkennung; *Scherer*, CCZ 2012, 201 (205).

126 *Harmann*, ZInsO 2019, 1701 (1708); *Sämisch*, ZInsO 2021, 169 (171).

127 *Hermanns*, ZInsO 2018, 2273 (2277 f.); *Sämisch*, ZInsO 2021, 160 (171).

zu gewünschten Ergebnissen zu kommen.[128] Das ist gerade für kleine und mittlere Unternehmen (KMU) kaum umsetzbar. Intern wird ein strukturierter Informationsaustausch zwischen den Organen des Unternehmens empfohlen.[129]

Kann die Unternehmensleitung bereits im Stadium einer Strategiekrise, also zu einem noch sehr frühen Zeitpunkt, Schwierigkeiten im Unternehmen aufdecken, sind die Chancen hoch, dass sie in der Lage ist, die bestandsgefährdenden Entwicklungen[130] abzuwehren.[131] Ziel ist es, das Unternehmen wieder in die Wettbewerbsfähigkeit und die nachhaltige Renditefähigkeit zu führen.[132] Dafür werden die Vornahme einer Kurskorrektur und eine strategische Neuausrichtung am vorher festgelegten Leitbild des Unternehmens unter einer gleichzeitigen Stärkung des Kerngeschäfts vorgeschlagen.[133] Erfolgsversprechend sei in diesem Zusammenhang insbesondere die Orientierung am Kundeninteresse,[134] um den Verlust von Marktanteilen durch einen Anstieg der Nachfrage rückgängig zu machen.

Wenn die Unternehmensleitung die konkreten Ursachen erst einmal aufdeckt, kann sie diesen systematisch entgegensteuern. Beispielsweise kann sie einzelne Produkt-Markt-Bereiche im Unternehmen, die keinen Erfolg versprechen, aufgeben, um gegebenenfalls innovative Entwicklungen möglichst schnell und optimiert, im Hinblick auf Qualität, Kosten und Zeit,[135] voranzutreiben.[136] Produziert das Unternehmen etwa an einem fehlerhaften Standort, könnte ein neuer Sitz mit günstigeren Bedingungen die Situation verbessern. In diesem Zusammenhang wird auch eine internationale Ausrichtung oder eine Kooperation mit anderen Unternehmen vorgeschlagen.[137]

Zusammenfassend lässt sich feststellen, dass die Handlungsalternativen in einer Strategiekrise noch vielseitig sind, solange sie nur unter dem Vorzeichen von Geschäftsfeldplanung, Neuerung der Ressourcen sowie dem Entwurf einer Unternehmensstrategie stehen.[138] Insofern käme auch eine Restrukturierung des Unternehmens in Betracht, die schwerpunktmäßig eine Verbesserung der Effektivität, Steigerung der Effizienz, und eine Erhöhung des Wachstums und der Liquidität zum Ziel hat.[139]

128 *Hermanns*, ZInsO 2018, 2273 (2278, 2280).

129 *Exler/Ehrentraut*, KSI 2020, 231 (234).

130 Zu dem Begriff der »bestandsgefährdenden Entwicklungen« ab S. 33.

131 *Bundesministerium für Wirtschaft und Klimaschutz*: Existenzgründungsportal des BMWK, Kurskorrektur: Neun Wege aus der Strategiekrise.

132 *Groß*, WPg 2010, 119 (126); *Niemann*, in: Bork/Hölzle, HdB InsolvenzR, Kap. 28, Rn. 41.

133 *Bundesministerium für Wirtschaft und Energie*: GründerZeiten 13, Krisenmanagement, S. 2; *IDW*, F & A zu IDW S 6, S. 44 f.; vgl. *Frings*, SanB 2022, 7 (8); *Groß*, WPg 2010, 119 (126); *Niemann*, in: Bork/Hölzle, HdB InsolvenzR, Kap. 28, Rn. 41, 43.

134 *IDW*, F & A zu IDW S 6, S. 44 f.; *Niemann*, in: Bork/Hölzle, HdB InsolvenzR, Kap. 28, Rn. 41.

135 *Niemann*, in: Bork/Hölzle, HdB InsolvenzR, Kap. 28, Rn. 41.

136 Vgl. *Bundesministerium für Wirtschaft und Klimaschutz*: Existenzgründungsportal des BMWK, Kurskorrektur: Neun Wege aus der Strategiekrise.

137 Vgl. *Bundesministerium für Wirtschaft und Klimaschutz*: Existenzgründungsportal des BMWK, Kurskorrektur: Neun Wege aus der Strategiekrise.

138 Zu den einzelnen möglichen Optionen s. die Auflistung bei *Niemann*, in: Bork/Hölzle, HdB InsolvenzR, Kap. 28, Rn. 43.

139 *Frings*, SanB 2022, 7 (8).

3. Produkt- und Absatzkrise

Aus der Strategiekrise kann bei mangelnder Entdeckung oder unzureichenden Gegenmaßnahmen eine Produkt- und Absatzkrise erwachsen. Ausschlaggebend für dieses Stadium sind ein anfänglicher Stillstand[140] und schließlich ein anhaltender Rückgang der Kaufkraft von Hauptumsatz- und -erfolgsträgern.[141] Die Produkte, die zuvor noch den Kern des Unternehmensumsatzes ausgemacht haben, fallen nun überwiegend weg. Daraus können stetig weiter aufbauende Vorratsbestände folgen, die wiederum zu einem Anstieg der Kapitalbindung und im Umkehrschluss zu einem Verlust an Liquidität führen.[142] Als Kettenreaktion dazu kann es zu Ergebnisrückgängen aufgrund mangelnder Auslastung der Produktionskapazität kommen.[143] Diese Symptome können sich auch in den Zahlen des Unternehmens niederschlagen, sodass sie in einer Bilanzanalyse durch Kennzahlen und Zeitreihenanalysen erkennbar sind.[144]

Für eine Produkt- und Absatzkrise können sowohl unternehmensinterne, als auch -externe Faktoren ursächlich sein. Zu den unternehmensinternen Umständen kann an dieser Stelle zuallererst ein unzureichendes Entgegenwirken in den beiden vorherigen Stadien zählen.[145] Dazu können ein nicht den Anforderungen genügendes Marketing- und Vertriebskonzept, Probleme mit der Qualität von Produkten, Dienstleistungen und dem Service, Schwächen in der Produktvielfalt und der Liefertreue oder ein falsches Kalkulieren der Preise kommen.[146]

Unter die unternehmensexternen Faktoren kann als ein konkretes Beispiel die COVID-19 Pandemie mit dem darauffolgenden Nachfrageeinbruch in mehreren Branchen fallen.[147] In der ersten Phase dieser Pandemie kam es zu weitreichenden vorübergehenden Betriebsschließungen und verzögert ausgezahlter sog. »Soforthilfen«, die viele Unternehmen erheblich trafen und zu signifikanten Umsatzeinbußen führten. Ein weiteres aktuelles Beispiel sind die durch den Ukraine-Krieg gestiegenen Rohstoffpreise, die als exogener Faktor den Markt beeinflusst haben und eine Produkt- und Absatzkrise weiter verschärfen können.[148]

Am besten lasse sich dieses Stadium durch die stetige unternehmensinterne Überwachung der Lager- und Umsatzentwicklung, der Auftragslage und den Kundenbeanstandungen erkennen.[149] Die betriebswirtschaftlichen Untersuchungen weisen darauf hin, dass hierfür, je nach Größe des Unternehmens, ein eigener Zuständigkeitsbereich

140 *Beck*, WPg 2009, 264 (266).
141 *IDW*, F & A zu IDW S 6, S. 31; *Niemann*, in: Bork/Hölzle, HdB InsolvenzR, Kap. 28, Rn. 23.
142 *IDW*, F & A zu IDW S 6, S. 31; *Niemann*, in: Bork/Hölzle, HdB InsolvenzR, Kap. 28, Rn. 23.
143 *IDW*, F & A zu IDW S 6, S. 31; *Steffan*, in: Oppenländer/Trölitzsch, PraxisHdB GmbH-Geschäftsführung, § 37, Rn. 37.
144 *Niemann*, in: Bork/Hölzle, HdB InsolvenzR, Kap. 28, Rn. 23.
145 *Niemann*, in: Bork/Hölzle, HdB InsolvenzR, Kap. 28, Rn. 23.
146 *IDW*, F & A zu IDW S 6, S. 31; *Niemann*, in: Bork/Hölzle, HdB InsolvenzR, Kap. 28, Rn. 23.
147 *Bea/Dressler*, NZI 2021, 67 (69 f.); *Harig/Fauser*, RFamU 2022, 456.
148 *Harig/Fauser*, RFamU 2022, 456; vgl. *Spiekermann*, NJW 2022, 1775.
149 *Exler/Ehrentraut*, KSI 2020, 231 (233); *Harmann*, ZInsO 2019, 1701 (1707); *Hermanns*, ZInsO 2018, 2273 (2278); *Sämisch*, ZInsO 2021, 169 (171).

zu schaffen sei, der die Informationen aus den einzelnen Abteilungen zusammenführt.[150] Damit erhalte die Unternehmensleitung einen Überblick über die Gesamtsituation des Unternehmens.[151] Nachteilig sei, dass diese Betrachtung nur eine zeitverzögerte Analyse des Unternehmens ermögliche, da die Kennzahlen zunächst einmal zu erfassen seien und damit in der Regel in der Vergangenheit lägen.[152] Für eine Früherkennung seien diese Zahlen plausibel und aufbauend auf den existierenden Zahlen fortzuentwickeln, um eine Prognose zu gewähren. Darüber hinaus bringe eine Analyse der wettbewerbsrechtlichen Position des betroffenen Unternehmens am Markt Klarheit über die konkret zugrundeliegenden Ursachen.[153]

Zur nachhaltigen Überarbeitung des Marketing- und Vertriebskonzepts sei die Qualität der Produkte, Dienstleistungen und der Service wiederherzustellen und die Kalkulation der Preise neu aufzustellen.[154] Wenn unternehmensexterne Faktoren, wie in den Jahren 2020 und 2021 die COVID-19 Pandemie, ausschlaggebend für die Krise sind, seien grundlegendere Änderungen geboten.[155] Darunter fällt zum Beispiel eine komplette Produktumstellung. Auch in diesem Krisenstadium sei das Unternehmen üblicherweise noch breit aufgestellt im Hinblick auf die Handlungsalternativen.[156] Eine Förderung durch Außen- und Innenfinanzierung sei zu Beginn der Produkt- und Absatzkrise in der Regel noch ohne größere Probleme möglich.[157] Hiermit einher gehe auch die Option einer kurzfristigen Überbrückung durch Kurzarbeit, sofern es sich, wie bei der COVID-19 Pandemie, nur um eine vorübergehende Phase handelt.[158]

In diesem Stadium kann außerdem externe Hilfe nützlich sein. Dies könne in Form von kostenpflichtigen Unternehmensberatern erfolgen oder durch die Inanspruchnahme kostenfreier Krisenberatung, wie beispielsweise durch das durch die EU geförderte und mehrfach ausgezeichnete gemeinnützige Krisenberatungsunternehmen »Team U«.[159] Letzteres Konzept diente in Verbindung mit der Initiative »Early Warning Denmark«[160] und »Dyzo, Belgium«[161] als Vorlage für die Schaffung des europaweiten Netzwerks »Early Warning Europe«[162]. Das Netzwerk hat die Implementierung einer frühen und kostenfreien Unternehmenshilfe in Krisensituationen und den regen Austausch hierüber zum Ziel.[163] »Team U« überprüft zuerst kursorisch die Ist-Situation

150 *Sämisch*, ZInsO 2021, 169 (171).
151 *Sämisch*, ZInsO 2021, 169 (171).
152 *Harmann*, ZInsO 2019, 1701 (1708); *Hermanns*, ZInsO 2018, 2273 (2278); *Nickert*, in: Kübler/Bork/Prütting, HRI I, § 5, Rn. 54; *Sämisch*, ZInsO 2021, 169 (171); *Wilden*, in: Buth/Hermanns, HdB Restrukturierung, Sanierung, Insolvenz, § 2, Rn. 22.
153 *Rieser*, in: Beck'sches HdB GmbH, § 17, Rn. 31. Siehe dazu bereits oben S. 18.
154 *IDW*, F & A zu IDW S 6, S. 43 f.; *Rieser*, in: Beck'sches HdB GmbH, § 17, Rn. 31.
155 *IDW*, F & A zu IDW S 6, S. 44.
156 *Groß*, WPg 2010, 119 (129).
157 *Groß*, WPg 2010, 119 (129).
158 *IDW*, F & A zu IDW S 6, S. 43; *Groß*, WPg 2010, 119 (126); *Niemann*, in: Bork/Hölzle, HdB InsolvenzR, Kap. 28, Rn. 38.
159 *Team U – Restart gGmbH*, Die Lotsen aus der Krise.
160 *Early Warning Europe*, Early Warning Denmark.dk. Hierauf auch hinweisend *Paulus*, NZI 2020, 659 (662); *Sämisch*, ZInsO 2021, 169 (172).
161 *Early Warning Europe*, Dyzo, Belgium.
162 *Early Warning Europe*, About Early Warning Europe.
163 *Early Warning Europe*, Early Warning Denmark.dk; *Team U– Restart gGmbH*, FAQ.

des Unternehmens im Hinblick auf eine Überlebenschance und strebt bei einer positiven Bewertung mit Hilfe erfahrener Berater eine Umstrukturierung des Unternehmens an.[164] Wenn die Erstbewertung dagegen negativ ausfällt, prüft ein Insolvenzrechtler, ob eine Sanierung oder Restrukturierung Aussicht auf Erfolg verspricht oder nur noch die Liquidation des Unternehmens in Betracht kommt.[165] Gerade für KMU kann das Konzept eine hilfreiche und vor allem kostengünstige Möglichkeit für eine frühzeitige Sanierung darstellen.

4. Erfolgskrise

Die vierte Phase einer Krise, bezeichnet als Erfolgskrise, steht der Insolvenz erheblich näher. Denn nun zeigen sich negative Effekte in der betriebswirtschaftlichen Auswertung des Unternehmens.[166]

Bei Dritten, wie Abschlussprüfer oder Steuerberater, besteht auch in diesem Stadium das Risiko, dass sie die Krise erst mit Verzögerung erkennen. Betriebswirtschaftlichen Untersuchungen zufolge könne die Unternehmensleitung durch zum Teil beschönigende Darstellung im Jahresabschluss die dramatischen Zahlen des betroffenen Unternehmens verbergen.[167] Deswegen könnten nötige Maßnahmen nicht zeitnah getroffen werden.[168] Die Folge dessen könne eine Verschlimmerung der Lage sein, in der das Unternehmen das Eigenkapital vollständig aufbrauche und sich die Situation zu einer bilanziellen Überschuldung zuspitze.[169] Es ist möglich, dass sich dies in einem Renditeverfall äußere, der wiederum dazu führen könne, dass das Unternehmen die Eigenkapitalkosten nicht mehr erziele.[170] Auch die Deckungsbeiträge bei umsatzstarken Produkten könnten rückläufig sein, was den Effekt verstärke.[171]

Eine Erfolgskrise kann auf einem Rückgang der Nachfrage, Preisverfall oder einem Kostenzuwachs pro verkaufte Einheit beruhen.[172] Auch wenn es oftmals im Unternehmen den Anschein haben kann, dass ein ganz bestimmtes Geschehen, wie beispielsweise ein Markteinbruch aufgrund einer überraschenden Gesetzesänderung,[173] die Erfolgskrise ausgelöst hat, können dem tiefgreifendere Umstände zugrunde liegen, insbesondere eine vorangegangene und unentdeckt gebliebene Stakeholder-, Strategie- und/oder Produkt- und Absatzkrise.[174]

164 *Early Warning Europe*, Early Warning Denmark.dk; *Team U– Restart gGmbH*, Krisenhilfe.
165 *Team U– Restart gGmbH*, Krisenhilfe.
166 *Krystek/Evertz*, DB 2020, 2361 (2365).
167 Vgl. *Steffan*, in: Oppenländer/Trölitzsch, PraxisHdB GmbH-Geschäftsführung, § 37, Rn. 38.
168 *Steffan*, in: Oppenländer/Trölitzsch, PraxisHdB GmbH-Geschäftsführung, § 37, Rn. 38.
169 Vgl. *IDW*, F & A zu IDW S 6, S. 32; *Steffan*, in: Oppenländer/Trölitzsch, PraxisHdB GmbH-Geschäftsführung, § 37, Rn. 38.
170 *IDW*, F & A zu IDW S 6, S. 32; *Rieser*, in: Beck'sches HdB GmbH (2021), § 17, Rn. 32.
171 *Niemann*, in: Bork/Hölzle, HdB InsolvenzR, Kap. 28, Rn. 24.
172 *IDW*, F & A zu IDW S 6, S. 32; *Kühne/Lienhard*, SanB 2020, 144 (146); *Rieser*, in: Beck'sches HdB GmbH, § 17, Rn. 32.
173 *Niemann*, in: Bork/Hölzle, HdB InsolvenzR, Kap. 28, Rn. 24.
174 *IDW*, F & A zu IDW S 6, S. 32.

In diesem Stadium der Krise ist nicht mehr von »Früherkennung« zu sprechen, da sie bereits wesentlich fortgeschritten ist. Wie in den vorherigen Stadien erfolgt auch hier die Identifizierung über die Kennzahlenanalyse spätestens bei Erstellung des Jahresabschlusses.[175]

In dem Stadium der Erfolgskrise gehe es um das Wiedererreichen der Gewinnfähigkeit durch Optimierung der Kostenstruktur und Forcieren der Umsatzerlöse.[176] Das sei aber nur nachhaltig dadurch zu erreichen, dass die Unternehmensleitung insbesondere vorgelagerte, möglicherweise unentdeckt gebliebene Krisenstadien aufdecke und die Ursachen analysiere. Da es sich hierbei um komplexe Analysen handele, sei externe professionelle Beratung empfehlenswert oder *de lege ferenda* sogar verpflichtend.[177]

Wenn das Unternehmen bereits kreditunwürdig ist, sei eine Sanierung ohne Kapitalzufuhr aufgrund des Ertragsmangels nicht mehr möglich.[178] Selbst wenn die Zahlungsfähigkeit vorübergehend durch eine dementsprechend geschickte Liquiditätsdarstellung aufrecht zu erhalten sei, schade dem Unternehmen dieser Schein mehr als er ihm nütze, weil die notwendigen Mittel spätestens für eine Sanierung fehlten.[179] Stattdessen schlagen Betriebswirtschaftler neben der Erarbeitung eines umfangreichen betriebswirtschaftlichen Plans die Schließung einzelner Produktionszweige und eine Kürzung des Sortiments vor, um die Ausgaben zu senken und die Gewinne wieder anhaltend zu erhöhen.[180]

5. Liquiditätskrise

Während Informationsinsider auch in den vorherigen Stadien die Krise identifizieren können, ist diese für die weiteren Betroffenen oftmals erst in dem Stadium der Liquiditätskrise erkennbar.[181] Im Übergang von der Erfolgskrise in diese nächste Phase nimmt die Liquidität im Unternehmen kontinuierlich ab.[182] Die Liquiditätskrise ist endgültig erreicht, wenn die unmittelbare Gefahr der Zahlungsunfähigkeit besteht.[183]

Die Symptome der Zahlungsunfähigkeit des Unternehmens lassen sich betriebswirtschaftlichen Untersuchungen zufolge oftmals in drei Phasen untergliedern. In der ersten Phase könne es dazu kommen, dass das in die Krise geratene Unternehmen auf das

175 *Sämisch*, ZInsO 2021, 169 (172).
176 *Groß*, WPg 2010, 119 (126).
177 *Sämisch*, ZInsO 2021, 169 (172).
178 *IDW*, F & A zu IDW S 6, S. 32; *Steffan*, in: Oppenländer/Trölitzsch, PraxisHdB GmbH-Geschäftsführung, § 37, Rn. 38; vgl. *Kraus*, in: Buth/Hermanns, HdB Restrukturierung, Sanierung, Insolvenz, 4. Aufl. 2014, § 4, Rn. 10.
179 *IDW*, F & A zu IDW S 6, S. 32; *Niemann*, in: Bork/Hölzle, HdB InsolvenzR, Kap. 28, Rn. 26.
180 Vgl. *IDW*, F & A zu IDW S 6, S. 43; *Niemann*, in: Bork/Hölzle, HdB InsolvenzR, Kap. 28, Rn. 36.
181 *Weitzmann*, ZInsO 2019, 1627.
182 *Niemann*, in: Bork/Hölzle, HdB InsolvenzR, Kap. 28, Rn. 27.
183 *Knops/Karabulut*, in: Recht der Sanierungsfinanzierung, § 6, Rn. 19; *Kraus*, in: Buth/Hermanns, HdB Restrukturierung, Sanierung, Insolvenz, 4. Aufl. 2014, § 4, Rn. 10; *Niemann*, in: Bork/Hölzle, HdB InsolvenzR, Kap. 28, Rn. 27; *Weitzmann*, in: Pannen/Riedemann/Smid, StaRUG, § 1, Rn. 92, 104.

gewährte Skonto verzichtet und es die Rechnungen nicht mehr fristgerecht bezahlt.[184] In der zweiten Phase müsse der Gläubiger erst letztmalig mahnen oder sogar gerichtliche Schritte androhen, damit Zahlungen erfolgen.[185] Während der dritten Phase nehme das Unternehmen die überfälligen Zahlungen erst nach gerichtlichen Anordnungen vor.[186]

Hauptursache der Liquiditätskrise kann eine unregelmäßige Finanzierungsstruktur sein.[187] Diese könne auf einer Divergenz zwischen dem Geschäftsmodell und einer ungünstigen Eigenkapitalsituation beruhen.[188] Ebenso können unübersichtliche Relationen mit Finanzgebern, die wiederum verschiedenartige Interessen am Unternehmen verfolgen,[189] zu einer stark eingeschränkt handlungsfähigen Unternehmensleitung beitragen und die Krise verschärfen. Da dieses Stadium auch für Außenstehende ersichtlich ist, nimmt der externe Druck zu. Denn die Wahrscheinlichkeit steigt, dass Banken Kredite kündigen, Lieferanten Bezahlungen im Vorhinein verlangen oder aber auch die Obergrenze von Kreditlinien kürzen, schlimmstenfalls sehen sogar Kunden vom Kauf des Produkts ab.[190] Hierbei handelt es sich um externe Ursachen, die wiederum ihrerseits auf einem vorangegangenen Missmanagement innerhalb des Unternehmens beruhen können. Unternehmensintern kann die Kündigung wichtiger und kompetenter Mitarbeiter die Lage zusätzlich verschlechtern.[191] Fehlende finanzielle Mittel und ein erheblicher Zeitdruck können dazu führen, dass die verantwortlichen Personen unter einem enormen Handlungsdruck bei gleichzeitig fehlenden Handlungsalternativen stehen.[192] Um einen größeren Handlungsspielraum zum Ergreifen von Gegenmaßnahmen zu schaffen, kann kurzfristiges Aufbringen von Liquiditätsreserven entlastend sein.[193] Das Unternehmen könnte die Zahlungsunfähigkeit durch eine Überarbeitung des Mahnwesens, Factoring von Forderungen sowie verbessertes Lager- und Einkaufsmanagement wiederherstellen.[194]

184 *Kühne/Lienhard*, SanB 2020, 144 (146); *Niemann*, in: Bork/Hölzle, HdB InsolvenzR, Kap. 28, Rn. 27; *Sinz*, in: K. Schmidt/Uhlenbruck, GmbH in Krise, Restrukturierung und Insolvenz, § 1, Rn. 1.8.
185 *Niemann*, in: Bork/Hölzle, HdB InsolvenzR, Kap. 28, Rn. 27; *Sinz*, in: K. Schmidt/Uhlenbruck, GmbH in Krise, Restrukturierung und Insolvenz, § 1, Rn. 1.8.
186 *Niemann*, in: Bork/Hölzle, HdB InsolvenzR, Kap. 28, Rn. 27; *Sinz*, in: K. Schmidt/Uhlenbruck, GmbH in Krise, Restrukturierung und Insolvenz, § 1, Rn. 1.8.
187 *Crone*, in: Crone/Werner, Modernes Sanierungsmanagement, 2.4.5, S. 25; *Sinz*, in: K. Schmidt/Uhlenbruck, GmbH in Krise, Restrukturierung und Insolvenz, § 1, Rn. 1.8.
188 *IDW*, F & A zu IDW S 6, S. 32.
189 *IDW*, F & A zu IDW S 6, S. 32.
190 *Kraus*, in: Buth/Hermanns, HdB Restrukturierung, Sanierung, Insolvenz, 4. Aufl. 2014, § 4, Rn. 10.
191 *Groß*, WPg 2010, 119 (126).
192 *Weitzmann*, in: Pannen/Riedemann/Smid, StaRUG, § 1, Rn. 104.
193 *IDW*, F & A zu IDW S 6, S. 42; *Niemann*, in: Bork/Hölzle, HdB InsolvenzR, Kap. 28, Rn. 34 f. Für einen Beispielsfall siehe *Crone/Kreide*, NWB Sanieren 2022, 302.
194 Vgl. *Buth/Hermanns*, in: Buth/Hermanns, HdB Restrukturierung, Sanierung, Insolvenz, § 8, Rn. 56; *Niemann*, in: Bork/Hölzle, HdB InsolvenzR, Kap. 28, Rn. 35.

Ebenso wie bei der Erfolgskrise ist auch im Stadium der Liquiditätskrise nicht mehr ernsthaft von einer »Früherkennung« zu sprechen. Nichtsdestotrotz ist eine solche ebenfalls, nun auch leichter, über die Kennzahlenanalyse zu erkennen.[195]

In diesem späten Krisenstadium ist das Unternehmen kaum noch fähig, die Krise aus eigener Kraft abzuwenden.[196] Es ist auf die Unterstützung durch die Stakeholder, wie Gesellschafter, Mitarbeitende, Lieferanten und Banken, angewiesen.[197] Unterstützungshandlungen sind in Form der Bereitstellung liquider Mittel von außen, aber auch durch Stundungsvereinbarungen oder Zahlungsmoratorien mit den Gläubigern möglich.[198] Die Stakeholder sichern ihre Mitwirkung im Regelfall erst dann zu, wenn das Unternehmen einen ernsthaften und erfolgsversprechenden Sanierungsplan[199] vorlegt.[200]

6. Insolvenzreife

Wenn die in den Stadien davor getroffenen Gegenmaßnahmen keine Besserung versprechen und das Unternehmen bis zu diesem Punkt gar keine Gegenmaßnahmen getroffen hat, führt die Liquiditätskrise zu einer Insolvenzreife des labilen Unternehmens. In diesem Stadium ist eine bevorstehende von einer eingetretenen Insolvenz abzugrenzen.[201] Richtigerweise ist die eingetretene Insolvenz nicht als letzte Phase einer Krise zu bezeichnen. Es handelt sich nun nicht mehr um eine Gefährdung des Unternehmens, denn die Gefahr ist eingetreten. Eine Früherkennung erübrigt sich zu diesem Zeitpunkt.[202] Die Abgrenzung erfolgt über die Insolvenzantragspflicht nach § 15a InsO. Wenn sich das Unternehmen noch in der drei- bzw. sechs-Wochen-Frist des § 15a Abs. 1 S. 2 InsO befindet und die Unternehmensleitung oder etwaige Gläubiger bisher keinen Insolvenzantrag gestellt haben, hat die Unternehmensleitung noch einen sehr kurzen zeitlichen Spielraum, um zumindest potenziell Gegenmaßnahmen zu ergreifen. Wenn dagegen die Unternehmensleitung oder ein Gläubiger schon Insolvenzantrag aufgrund von Zahlungsunfähigkeit gem. § 17 InsO oder Überschuldung gem. § 19 InsO gestellt haben, besteht keine Möglichkeit mehr, außergerichtliche Gegenmaßnahmen einzuleiten. In dieser letzten Phase einer Unternehmenskrise kann es notwendig sein, einen qualifizierten Berater hinzuziehen.[203] Eine Insolvenzantragspflicht nach § 15a InsO ist in aller Regel nur bei dem Insolvenzantragsgrund der Über-

195 *Exler/Werner*, KSI 2020, 53 (55); Zur Kennzahlenanalyse siehe auch *Müller-Stewens*, Früherkennungssysteme, in: Handwörterbuch der Betriebswirtschaft, S. 560–564.
196 *Kraus*, in: Buth/Hermanns, HdB Restrukturierung, Sanierung, Insolvenz, 4. Aufl. 2014, § 4, Rn. 10; *Steffan*, in: Oppenländer/Trölitzsch, PraxisHdB GmbH-Geschäftsführung, § 37, Rn. 38; *Steffan*, WPg 2009, 273 (281).
197 *Kraus*, in: Buth/Hermanns, HdB Restrukturierung, Sanierung, Insolvenz, 4. Aufl. 2014, § 4, Rn. 10; *Steffan*, WPg 2009, 273 (282).
198 Vgl. *Groß* WPg 2010, 119 (126, Abb. 3); *Niemann*, in: Bork/Hölzle, HdB InsolvenzR, Kap. 28, Rn. 34; *Steffan*, WPg 2009, 273 (280).
199 Siehe dazu ausführlich Kapitel 3 ab S. 159.
200 *Kraus*, in: Buth/Hermanns, HdB Restrukturierung, Sanierung, Insolvenz, 4. Aufl. 2014, § 4, Rn. 10.
201 Vgl. *Groß*, WPg 2010, 119 (126, Abb. 3).
202 *Sämisch*, ZInsO 2021, 169 (172).
203 *Rieser*, in: Beck'sches HdB GmbH, § 17, Rn. 33.

schuldung und nur dadurch abzuwenden, dass das Unternehmen eine positive Fortbestehensprognose durch das umgehende Einleiten erfolgsversprechender Schritte wieder erreicht.[204] Denn dadurch kann es die Gründe zur Insolvenzantragstellung beseitigen.[205] In diesem Fall können Rangrücktritte bei bestehenden Forderungen oder sogar vollständige Forderungsverzichte hilfreich sein.[206] Das Unternehmen kann so nicht mehr zwingend betriebsnotwendiges Realvermögen verkaufen oder Fremd- in Eigenkapital umwandeln.[207] Wenn die Unternehmensleitung oder eine externe Beratung eine außergerichtliche Sanierung in Betracht ziehen, ist in der Regel trotzdem parallel die Insolvenzantragstellung vorzubereiten.[208] Falls das Unternehmen keine positive Fortbestehensprognose mehr erreichen kann, bleibt nur noch eine Sanierung in der Insolvenz. Als Optionen kommen ein Insolvenzplanverfahren gem. §§ 217–269 InsO oder ein Eigenverwaltungsverfahren gem. §§ 270–285 InsO infrage. Sofern auch eine Sanierung des Unternehmens nicht mehr möglich ist, bleibt nur noch die Liquidation im Rahmen des Regelinsolvenzverfahrens gem. §§ 11–216 InsO.

7. Übertragung auf die RRL

Die einzelnen Stadien dienen als theoretische Anhaltspunkte für den zeitlichen Ablauf einer Unternehmenskrise. In der Praxis können die Symptome auch gleichzeitig oder sich überschneidend eintreten.[209] In den weiter fortgeschrittenen Stadien kann die Unternehmensleitung in aller Regel nicht mehr jedes Stadium separat beurteilen, sondern hat, ausgehend von dem identifizierten Stadium, die vorgelagerten Stadien und deren Ursachen mit zu berücksichtigen.[210] Wenn sie nur den Ursachen im jeweiligen späten Stadium (zum Beispiel in der Erfolgs- oder Liquiditätskrise) abhilft, können die Ursachen der vorangegangenen Stadien fortwirken, sodass kein endgültig erfolgreicher Weg aus der Krise möglich ist.[211] Die konkret zu ergreifenden Maßnahmen der geschäftsführenden Person bestimmen sich nach dem jeweiligen Krisenstadium und verdichten sich bereits bei den ersten Symptomen einer solchen Krise.[212] Die sechs Krisenstadien kategorisieren und konkretisieren die Maßnahmen, die zur Sicherung des Bestands des Unternehmens nötig sind. Zusammenfassend lässt sich feststellen: Je weiter fortgeschritten die Krise ist, desto eher ist sie zwar erkennbar, umso schwieriger

204 *IDW*, F & A zu IDW S 6, S. 33; *Niemann*, in: Bork/Hölzle, HdB InsolvenzR, Kap. 28, Rn. 30 f.; siehe dazu ausführlich ab S. 166.

205 *IDW*, F & A zu IDW S 6, S. 33; *Niemann*, in: Bork/Hölzle, HdB InsolvenzR, Kap. 28, Rn. 30 f.; *Rieser*, in: Beck'sches HdB GmbH, § 17, Rn. 38.

206 *Beck*, WPg 2009, 264 (268).

207 *Beck*, WPg 2009, 264 (268).

208 Vgl. *IDW*, Anforderungen an Sanierungskonzepte, IDW S 6, S. 20, Rn. 72; *Niemann*, in: Bork/Hölzle, HdB InsolvenzR, Kap. 28, Rn. 30.

209 *Crone*, in: Crone/Werner, Modernes Sanierungsmanagement, 2.4, S. 20; *Hess/Groß*, in: Hess, Sanierungshandbuch, Kap. 2, Rn. 64; *Kühne*, in: Kübler/Bork/Prütting, HRI I, § 2, Rn. 3; *Niemann*, in: Bork/Hölzle, HdB InsolvenzR, Kap. 28, Rn. 11; *Spiekermann*, NJW 2022, 1775 (1779, Rn. 36).

210 *IDW*, Anforderungen an Sanierungskonzepte, IDW S 6, S. 10 f., Rn. 32, S. 14 , Rn. 45.

211 *Hess/Groß*, in: Hess, Sanierungshandbuch, Kap. 2, Rn. 64; *IDW*, Anforderungen an Sanierungskonzepte, IDW S 6, S. 17 f., Rn. 62.

212 *Veit*, SanB 2022, 5.

ist es für die Gesellschaft aber auch die Krise zu überwinden, weil sich der erforderliche Aufwand aufgrund des Verlusts an Handlungsalternativen[213] erhöht.[214]

Fraglich ist, wie diese betriebswirtschaftlichen Krisenstadien nun auf das von der RRL vorgegebene und von der Unternehmensleitung einzurichtende Überwachungssystem übertragbar sind. Grundsätzlich sind die vorgenannten Symptome das, was die RRL unter »Umstände, die zu einer wahrscheinlichen Insolvenz führen« versteht. Gleichzeitig ist es auch das, was ein Überwachungssystem bestenfalls erkennbar machen sollte. Dabei gibt es erhebliche Abstufungen in der Erkennbarkeit der einzelnen Symptome. Die Symptome der Stakeholder- und Strategiekrise, die überwiegend unternehmensintern verursacht wurden und sich noch nicht in den Kennzahlen niederschlagen, sind noch derart schwach, dass ein Überwachungssystem sie kaum kenntlich machen kann. Andererseits sind die Symptome einer Erfolgs- und Liquiditätskrise[215] schon derart stark, dass sie für das Überwachungssystem zwar leicht erkennbar sind, gleichzeitig aber auch einen hohen Aufwand an Gegenmaßnahmen erfordern, weil bereits eine bilanzielle Überschuldung oder sogar eine Zahlungsunfähigkeit unmittelbar bevorstehen. Es handelt sich dann nicht mehr um Umstände, die zu einer wahrscheinlichen Insolvenz führen, denn die Insolvenz steht unmittelbar bevor. Das eigentliche Ziel des Überwachungssystems, beginnende finanzielle Schwierigkeiten zu erkennen und diesen frühzeitig entgegenzuhandeln, wie dies ErwG 22 S. 2 RRL fordert, ist damit im Grunde nicht mehr zu erreichen. Aus dieser Negativabgrenzung folgt, dass das Überwachungssystem spätestens die Symptome der Produkt- und Absatzkrise sicher erkennen müsste, um den Anforderungen der RRL zu genügen.[216] Die Symptome dieser Krise spiegeln sich in den Unternehmenszahlen wider, sodass ein Überwachungssystem sie erkennen kann. Zugleich sind die Gegenmaßnahmen solche, die der Restrukturierungsrahmen abdecken will. Nämlich eine außergerichtliche Beratung durch den Restrukturierungsbeauftragten oder den Sanierungsmoderator als mildeste mögliche Maßnahmen. Weitergehend können die Instrumente des Restrukturierungsrahmens das Unternehmen dann auch finanziell restrukturieren. Eine richtlinienkonforme Umsetzung muss daher innerhalb des von der RRL eingeräumten Spielraums bei der Bestimmung des Begriffs »wahrscheinliche Insolvenz« berücksichtigen, dass die Produkt- und Absatzkrise ein entscheidender Zeitpunkt ist, um den Fortbestand des Unternehmens zu sichern. Gleichzeitig handelt es sich bei der Pflicht zur Erkennung der wahrscheinlichen Insolvenz um eine Dauerpflicht, die ihrerseits von der Gründung des Unternehmens an besteht und keinen eigenen Auslöser mehr braucht. Die Unternehmensleitung muss daher von Beginn an ein Überwachungssys-

213 *d'Avoine/Michels*, NZI 2022, 1; *Giesen*, NWB Sanieren 2021, 296 (297); *Hess/Groß*, in: Hess, Sanierungshandbuch, Kap. 2, Rn. 67; *Kraus/Simon*, in: Buth/Hermanns, HdB Restrukturierung, Sanierung, Insolvenz , § 5, Rn. 6, Abb. 1; *Spiekermann*, NJW 2022, 1775 (1779, Rn. 36).

214 Vgl. *Weitzmann* BB 2019, 521 (522, Abb. 1); sowie die identische Abbildung auch bei *Weitzmann*, in: Pannen/Riedemann/Smid, StaRUG, § 1, Rn. 85, Abb. 6.

215 Das gilt erst recht für das Stadium der Insolvenzreife, das nach hiesigem Verständnis kein Stadium einer Krise mehr darstellt, sondern die eingetretene Krise bezeichnet.

216 *Goetker*, in: Flöther, StaRUG, § 1, Rn. 35 stellt dagegen auf den Eintritt der strategischen Krise oder der Ergebniskrise, ab. *Thole*, in: Jacoby/Thole, StaRUG, § 1, Rn. 13, stellt auf die Stakeholder-, Strategie-, Produkt- oder Ertragskrise ab.

tem einführen und dieses dauerhaft unterhalten, um den Eintritt einer wahrscheinlichen Insolvenz so früh wie möglich zu erkennen.

IV. Zwischenfazit

Die Richtlinie verpflichtet die Mitgliedstaaten gemäß Art. 19 RRL dazu, eine Pflicht für die Unternehmensleitung von Unternehmen einzuführen, durch die sie den Eintritt einer wahrscheinlichen Insolvenz dauerhaft prüfen und möglichst früh erkennen. Der europäische Gesetzgeber sieht dafür die Einrichtung eines Überwachungssystems für erforderlich an. Er flankiert diese Pflicht der Unternehmensleitung durch die an die Mitgliedstaaten gerichtete Pflicht gemäß Art. 3 RRL, administrative Frühwarnsysteme als Hilfestellung für die Unternehmensleitung leicht zugänglich zu machen.

Ziel des von der Unternehmensleitung einzurichtenden Überwachungssystems ist es, bestandsfähigen Unternehmen zu erleichtern, eine Insolvenz abzuwenden, gegebenenfalls indem die Geschäftsleitung erkennt, dass sie den Restrukturierungsrahmen in Anspruch nehmen kann. Da dessen Instrumente bei wahrscheinlicher Insolvenz eingreifen können, muss das Überwachungssystem diesen Zeitpunkt erkennen. Die Richtlinie bestimmt nicht ausdrücklich, wie ein solches Überwachungssystem ausgestaltet sein muss und überlässt auch die Bestimmung der wahrscheinlichen Insolvenz den Mitgliedstaaten. Daher verbleibt den Mitgliedstaaten ein Umsetzungsspielraum. Dieser erfährt eine gewisse Eingrenzung, indem die einzuführende Pflicht der Unternehmensleitung anhand des Zwecks der RRL auszulegen ist. Die RRL dient dazu, die Insolvenz bestandsfähiger Unternehmen abzuwenden. Dabei ist es sinnvoll, eine Krise möglichst früh zu erkennen. Daraus folgt vor allem für den Begriff der wahrscheinlichen Insolvenz, dass diese einer Produkt- und Absatzkrise nicht deutlich nachgelagert sein darf, weil ab diesem Zeitpunkt die Abwendung einer Insolvenz deutlich schwieriger wird.[217]

B. Nationale Umsetzung

Die Richtlinie enthält die Pflicht für den Mitgliedstaat, die Unternehmensleitung von Unternehmen zur Einführung und Unterhaltung eines Frühwarnsystems zu verpflichten. § 1 Abs. 1 S. 1 StaRUG dient laut der Entwurfsbegründung zur Umsetzung der Pflichten der Unternehmungsleitung aus Art. 19 RRL.[218] Gleichzeitig bestanden auch schon vor Geltung der Richtlinie nach nationalem Recht Pflichten für die GmbH-Geschäftsführung, die die Führung des Unternehmens betrafen. Die Richtlinie löst für das deutsche Recht daher keinen Umsetzungsbedarf aus, wenn die bis zur Richtlinie geltende Rechtslage den Umsetzungsbefehl schon erfüllt.[219]

217 So auch *Krüger*, Insolvenzbezogene Pflichten, S. 68; *Lange/Swierczok*, BB 2019, 514 (516).

218 BT-Drs. 19/24181, S. 103.

219 *Nettesheim*, in: GHN, Recht der EU, AEUV, Art. 288, Rn. 46; *Ruffert*, in: Caliess/Ruffert, AEUV, Art. 288, Rn. 83.

I. Vor der Richtlinie bestehende gesetzliche Einzelregelungen für die GmbH

Eine ausdrückliche Pflicht zur Risikobeobachtung war vor dem Inkrafttreten des StaRUG für die GmbH-Geschäftsführung nicht normiert. Allerdings trafen sie eine Vielzahl vereinzelter Pflichten. Denkbar ist, aus deren Summe im Zusammenspiel schon eine Pflicht der Geschäftsführung zur Einführung eines Überwachungssystems anzunehmen.[220]

1. Bereichsspezifische Regelungen

GmbHs, die die Voraussetzungen von § 1 Abs. 1 LkSG erfüllen, trifft aus § 4 Abs. 1 LkSG (Lieferkettensorgfaltspflichtengesetz) die Pflicht, ein »Risikomanagement zur Einhaltung der Sorgfaltspflichten (§ 3 Absatz 1) ein[zu]richten.« Ein weiteres Beispiel findet sich in § 26 Abs. 1 S. 2 VAG (Versicherungsaufsichtsgesetz). Demzufolge müssen Versicherungsunternehmen ein Risikomanagementsystem etablieren, das die Strategien, Prozesse und internen Meldeverfahren umfasst. Bei den Risikoüberwachungssystemen aus dem LkSG und dem VAG handelt es sich um bereichsspezifische Systeme. Diese sind inhaltlich von dem hier zu behandelnden »Krisen-«Überwachungssystem zu unterscheiden. Der Begriff des Überwachungssystems wird in diesem Kapitel im Zuschnitt auf die Richtlinie als ein System zur Überwachung der finanziellen Lage eines Unternehmens verstanden, das keinen bereichsspezifischen Einschränkungen unterliegt und bei der finanziellen Lage des Unternehmens insbesondere den Eintritt der wahrscheinlichen Insolvenz überprüft. Daher folgt aus dem LkSG und dem VAG noch keine umfassende Pflicht der Geschäftsführung zur Einführung eines Überwachungssystems.

2. Einberufungspflicht der Versammlung aus § 49 Abs. 3 GmbHG

Eine weitere relevante Vorschrift ist der § 49 Abs. 3 GmbHG.[221] Dieser konkretisiert die allgemeine Sorgfaltspflicht aus § 43 Abs. 1 GmbHG. Er sieht eine unverzügliche Einberufungspflicht der Gesellschafterversammlung vor, wenn sich aus der Jahresbilanz oder aus einer im Laufe des Geschäftsjahres aufgestellten Bilanz ergibt, dass die Hälfte des Stammkapitals verloren ist. Der BGH urteilte 1995, dass § 49 Abs. 3 GmbHG nicht so missverstanden werden dürfe, dass die GmbH-Geschäftsführung erst tätig werden soll, wenn sich aus der Jahresbilanz oder einer im Laufe des Geschäftsjahres aufgestellten Zwischenbilanz ergibt, dass das Stammkapital nur noch zur Hälfte gedeckt ist.[222] Stattdessen folge daraus, in Verbindung mit der allgemeinen Sorgfaltspflicht aus § 43 Abs. 1 GmbHG, auch die Pflicht, die wirtschaftliche Lage des Unternehmens laufend zu beobachten und bei Anhaltspunkten für eine krisenhafte Entwick-

220 Vgl. *Korch*, ZGR 2019, 1050 (1053).

221 *Brandes/Rabenau*, ZIP 2021, 2374; *Paulus*, NZI 2020, 659; *Sämisch*, ZInsO 2021, 169 (170); *Weitzmann*, ZInsO 2019, 1627 (1630).

222 BGH, Urt. v. 20.2.1995 – II ZR 9/94, ZIP 1995, 560, juris Rn. 6.

lung, Gegenmaßnahmen zu ergreifen.[223] Nur so könne die GmbH-Geschäftsführung ihre Pflicht aus § 49 Abs. 3 GmbHG erfüllen.[224] Ähnliches deutet der BGH bereits in einem Urteil aus dem Jahr 1994 an.[225] Danach sei die GmbH-Geschäftsführung verpflichtet »die wirtschaftliche Lage des Unternehmens laufend zu beobachten«.[226] Allerdings verdeutlicht dieses Urteil noch nicht hinreichend, ab wann diese Pflicht greift und wie die Überwachung genau auszugestalten ist. Der BGH spricht lediglich davon, dass die Geschäftsführung »bei Anzeichen einer Krise« einen Vermögensstatus aufstellen müsse, um sich einen Überblick über den Vermögensstand zu verschaffen.[227] Insofern hätte man noch im Jahr 1994, entgegen den Formulierungen aus dem 1995 ergangenen Urteil, darauf schließen können, dass diese Einberufungspflicht der Versammlung erst in einem bereits wirtschaftlich kritischen Zustand des Unternehmens greift. Selbst wenn man in die Urteile eine abstrakte Pflicht der Geschäftsführung zur Überwachung der finanziellen Lage »reinläse«, folgte aus dieser vage ausformulierten Pflicht noch nicht die Pflicht zur Einrichtung eines strukturierten Überwachungssystems.[228]

3. Sorgfaltspflicht aus § 43 Abs. 1 GmbHG

Wesentlich deutlicher scheint das OLG Nürnberg in einem Anfang 2022 ergangenen Urteil zu sein.[229] Demnach müsse die GmbH-Geschäftsführung ihr Unternehmen so organisieren, dass sie zu jeder Zeit eine Übersicht über die finanzielle und wirtschaftliche Situation des Unternehmens habe.[230] Dafür sei gegebenenfalls ein Überwachungssystem erforderlich, das Risiken für den Unternehmensfortbestand erfasse und kontrolliere.[231] Das folge bereits aus der Sorgfalt einer ordentlichen Geschäftsführung gem. § 43 Abs. 1 GmbHG.[232] Das OLG Nürnberg zitiert in diesem Zusammenhang zum einen das BGH-Urteil aus dem Jahr 1995, das ebenfalls auf § 43 Abs. 1 GmbHG abstellt.[233] Zum anderen beruft es sich aber auch auf die Kommentierung zu § 43 GmbHG von *Beurskens*.[234] Ihm zufolge leitet sich diese konkrete Unternehmensorganisationspflicht nicht aus § 43 GmbHG, sondern aus dem neu geschaffenen § 1 Abs. 1

223 BGH, Urt. v. 20.2.1995 – II ZR 9/94, ZIP 1995, 560, juris Rn. 6; zuletzt bestätigt durch BGH, Versäumnisurt. v. 19.6.2012 – II ZR 243/11 = ZIP 2012, 1557–1559, juris Rn. 13. Die Literatur spricht insoweit von der Pflicht der Geschäftsführung zur beständigen wirtschaftlichen Selbstprüfung: *Drenckhan*, Gläubigerschutz in der Krise, S. 48 »wirtschaftliche Eigenprüfung«; *Fleischer*, in: MüKo, GmbHG, § 43, Rn. 75; *Haas*, Geschäftsführerhaftung und Gläubigerschutz, S. 128; *Ziemons*, in: MHLS, GmbHG, § 43, Rn. 93.
224 BGH, Urt. v. 20.2.1995 – II ZR 9/94, ZIP 1995, 560, juris Rn. 6.
225 BGH, Urt. v. 6.6.1994 – II ZR 292/91 = BGHZ 126, 181–201, juris Rn. 32.
226 BGH, Urt. v. 6.6.1994 – II ZR 292/91 = BGHZ 126, 181–201, juris Rn. 32.
227 BGH, Urt. v. 6.6.1994 – II ZR 292/91 = BGHZ 126, 181–201, juris Rn. 32.
228 So auch *Hommelhoff*, FS Sandrock, 373 (378).
229 OLG Nürnberg, Urt. v. 30.3.2022 – 12 U 1520/19 = GmbHR 2022, 752–762.
230 OLG Nürnberg, Urt. v. 30.3.2022 – 12 U 1520/19 = GmbHR 2022, 752–762, juris Rn. 99.
231 OLG Nürnberg, Urt. v. 30.3.2022 – 12 U 1520/19 = GmbHR 2022, 752–762, juris Rn. 99.
232 OLG Nürnberg, Urt. v. 30.3.2022 – 12 U 1520/19 = GmbHR 2022, 752–762, juris Rn. 99.
233 OLG Nürnberg, Urt. v. 30.3.2022 – 12 U 1520/19 = GmbHR 2022, 752–762, juris Rn. 99.
234 OLG Nürnberg, Urt. v. 30.3.2022 – 12 U 1520/19 = GmbHR 2022, 752–762, juris Rn. 99.

S. 1 StaRUG ab.[235] Das bedeutet, das OLG Nürnberg stützt die Überwachungspflicht in seinem Urteil auf § 43 Abs. 1 GmbHG, zitiert dabei aber eine Quelle, die die Pflicht zur Einrichtung eines Überwachungssystems aus dem im Jahr 2021 neu geschaffenen § 1 Abs. 1 S. 1 StaRUG ableitet. Das Urteil besitzt folglich eine beschränkte Aussagekraft zur alten Rechtslage, da es schon unter Einfluss der neuen steht. Sofern sich das Urteil zumindest mittelbar auf § 1 Abs. 1 S. 1 StaRUG bezieht, betrifft es damit nicht die Rechtslage, die vor Geltung der Richtlinie galt. Bezogen auf die alte Rechtslage dürfte dem Urteil dennoch zu entnehmen sein, dass es unter Umständen eine Pflicht für Geschäftsführungen geben kann, ein Überwachungssystem einzuführen. Eine ausnahmslose Pflicht zur Einführung eines Überwachungssystems lässt sich dem Urteil dagegen nicht entnehmen, weil es die Pflicht selbst durch ein »ggf.« relativiert.

4. Weitere vereinzelte Pflichten

Weitere Pflichten treffen die Geschäftsführung einer GmbH unter anderem aus dem Insolvenzrecht. Sie trifft eine fortwährende Überwachungspflicht der Insolvenzreife aus § 15a InsO[236] beziehungsweise der anzustellenden Prognose in §§ 17 Abs. 2 S. 2, 19 Abs. 2 S. 1 InsO.[237] Zudem findet sich im HGB eine Form der Fortführungsprognose in § 252 Abs. 1 Nr. 2 HGB (sog. *Going concern*), die die Geschäftsführung bereits vor Inkrafttreten einer »Krise« einzuhalten hat.[238] Außerdem deutet die Buchführungspflicht des § 41 GmbHG i.V.m. §§ 238 ff. HGB auf eine Krisenfrüherkennungspflicht hin.[239] Weiter bestehen nach §§ 30 Abs. 1 S. 1, 43 Abs. 3, 43a GmbHG zum Schutz der Erhaltung des Stammkapitals bei Unterkapitalisierung Informationspflichten und Auszahlungsverbote der Geschäftsführung gegenüber den Gesellschaftern.[240] Trotz fehlender ausdrücklicher Regelung leitet eine Literaturansicht aus der Summe dieser Einzelpflichten und insbesondere aus der Insolvenzantragspflicht und den Kapitalerhaltungspflichten sowie den Auszahlungsverboten eine Pflicht zur Einrichtung eines umfassenden Überwachungssystems her.[241] Dem ist nicht zu folgen. Erstens fehlte es dafür bis Ende 2020 an einer ausdrücklichen Normierung.[242] Aus diesem Grund hatte bereits 2006 die wirtschaftliche Abteilung des 66. Deutschen Juristentags empfohlen, eine entsprechende Regelung in das GmbH-Gesetz aufzunehmen, um eine Signalwirkung zu erzeugen.[243] Dies ist im Nachgang nicht erfolgt. Zweitens deckt keine der

235 *Beurskens*, in: Noack/Servatius/Haas, GmbHG, § 43, Rn. 29. In der Vorauflage *Beurskens*, in: Baumbach/Hueck, GmbHG, 22. Aufl. 2019, § 43, Rn. 29, spricht der Autor zwar ebenfalls bereits von dem Erfordernis eines Überwachungssystems, schränkt dessen Einführungspflicht aber noch mit einem »ggf.« ein.

236 *Haas/Kolmann/Kurz*, in: Insolvenzrechts-HdB, § 90 Rn. 11; *Paulus*, NZI 2020, 659 (660).

237 *Paulus*, NZI 2020, 659 (661).

238 *Hübert*, Sorgfaltskonforme Prognosen, S. 269; *Paulus*, NZI 2020, 659 (659, Fn. 5).

239 *Korch*, ZGR 2019, 1050 (1053).

240 Auf dieses bestehende System hinweisend *Paulus*, NZI 2020, 659; *Schluck-Amend*, in: MAH GmbH-Recht, § 23, Rn. 7.

241 *Korch*, ZGR 2019, 1050 (1053); wohl auch *Bork*, ZIP 2011, 101 (102); *Thiele*, ZInsO 2014, 1882 (1892 f.).

242 Eine aufgrund der mangelnden Kodifizierung bestehende Unsicherheit feststellend auch schon *Thiele*, ZInsO 2014, 1882 (1888).

243 *DJT*, Beschlüsse der Abteilung Wirtschaftsrecht des 66. DJT, P 291, Ziff. 13.

Einzelvorschriften den vom Gesetzgeber geforderten notwendigen Prognosezeitraum für ein Überwachungssystem ab. Denn der Gesetzgeber entschied sich dafür, die wahrscheinliche Insolvenz als drohende Zahlungsunfähigkeit zu verstehen, § 29 StaRUG i.V.m. § 18 InsO.[244] Dort beträgt der Prognosezeitraum nun in der Regel zwei Jahre und bezieht sich auf die Zahlungsfähigkeit des Unternehmens.[245] Keine der anderen einzelnen Pflichten deckt diesen Zeitraum ab. Insbesondere § 252 Abs. 1 Nr. 2 HGB (sog. *Going concern)* betrifft nur das auf den Abschlussstichtag folgende Geschäftsjahr.[246]

5. Zwischenfazit

Die Geschäftsführung einer GmbH unterlag somit auch schon vor Einführung der Richtlinie vielen einzelnen Pflichten, die sich unter anderem auf die Überwachung gewisser finanzieller Aspekte bezogen. Es war daher auch schon vor der RRL sinnvoll, zur Einhaltung all dieser Pflichten ein übersichtliches und strukturiertes Überwachungssystem zu unterhalten, welches die verschiedenen Pflichten gebündelt erfüllt. Aus einer Gesamtschau der Pflichten der GmbH-Geschäftsführung kann man, insbesondere aus § 43 Abs. 1 GmbHG i.V.m. § 49 Abs. 3 GmbHG, allenfalls eine unspezifische Pflicht zur Beobachtung der wirtschaftlichen Lage ableiten. Eine nähere Bestimmung, die sich insbesondere auf den aus § 18 InsO relevanten Zeitraum bezieht, fehlt aber und lässt sich auch nicht aus dem Urteil des OLG Nürnberg gewinnen. Aus den spezifisch die GmbH betreffenden Normen lässt sich daher für den Zeitraum vor Geltung der Richtlinie noch keine allgemeine Pflicht zur umfassenden systematischen Überwachung der finanziellen Lage ableiten.

II. Pflicht zur Einführung eines Überwachungssystems aus § 91 Abs. 2 AktG

An einem Umsetzungsbedarf der Richtlinie könnte es jedoch fehlen, wenn § 91 Abs. 2 AktG schon für die Aktiengesellschaft anordnet, ein Überwachungssystem einzurichten und diese Pflicht auch auf die GmbH ausstrahlt. Dafür spricht vor allem die Gesetzesgenese des § 1 Abs. 1 S. 1 StaRUG. Denn der Regierungsentwurf zum SanInsFoG verweist in seiner Begründung zu § 1 StaRUG auf die »Ausstrahlungswirkung« des § 91 Abs. 2 AktG. Dort heißt es wortwörtlich:

»Eine Pflicht zur Risikoüberwachung wird für den Vorstand einer Aktiengesellschaft in § 91 Absatz 2 AktG normiert. Infolge einer »Ausstrahlungswirkung« dieser Vorschrift ist sie aber auch für die Geschäftsleitungsorgane von Unternehmensträgern anderer Rechtsform anzunehmen [...]. Insofern beschränkt sich die Vorschrift darauf, das geltende Recht im Interesse an Rechtsklarheit für die Rechtsanwender einer positiven Regelung zuzuführen.«[247]

244 BT-Drs. 19/24181, S. 90.
245 BT-Drs. 19/24181, S. 94.
246 BGH, Urt. v. 26.1.2017 – IX ZR 285/14, BGHZ 213, 374–394, juris Rn. 24; *Kliem/Büssow*, in: Beck-BilKomm, HGB, § 252, Rn. 16; *Nonnenmacher*, FS Clemm, 261 (267 f.); *Schulze-Osterloh*, DStR 2007, 1006 (1007); *Tiedchen*, in: BeckOGK, HGB, § 252, Rn. 24.
247 BT-Drs. 19/24181, S. 103.

Der Entwurfsbegründer ging daher davon aus, § 1 Abs. 1 S. 1 StaRUG schreibe nur ausdrücklich fest, was im Wege einer »Ausstrahlungswirkung« des § 91 Abs. 2 AktG sowieso schon gelte. Der Gesetzgeber wollte deswegen im Interesse der Rechtsklarheit das geltende Recht nur einer positiven Regelung zuführen und Mindestanforderungen festlegen.[248] Die Anlehnung des § 1 Abs. 1 S. 1 StaRUG an § 91 Abs. 2 AktG zeigt sich an dem Wortlaut der Normen, der sich an den relevanten Stellen überschneidet:

§ 1 Abs. 1 S. 1 StaRUG	**§ 91 Abs. 2 AktG**
»Die Mitglieder des zur Geschäftsführung berufenen Organs einer juristischen Person (Geschäftsleiter) wachen fortlaufend über **Entwicklungen, welche den Fortbestand der juristischen Person gefährden können.**«	»Der Vorstand hat geeignete Maßnahmen zu treffen, insbesondere ein Überwachungssystem einzurichten, damit den **Fortbestand der Gesellschaft gefährdende Entwicklungen** früh erkannt werden.«

1. Inhalt des § 91 Abs. 2 AktG für Aktiengesellschaften

§ 91 Abs. 2 AktG wurde im Jahr 1998 durch das Gesetz zur Kontrolle und Transparenz im Unternehmensbereich (nachfolgend: KontraG)[249] im AktG aufgenommen. Entsprechend der Norm hat der Vorstand geeignete Maßnahmen zu treffen und insbesondere ein Überwachungssystem einzurichten, damit er den Fortbestand der Gesellschaft gefährdende Entwicklungen früh erkennt. Der Gesetzesbegründung des § 91 Abs. 2 AktG zufolge fallen unter die Formulierung der »bestandsgefährdenden Entwicklungen« solche risikobehafteten Prozesse und Veränderungen in der Gesellschaft, die sich in der Vermögens-, Finanz- und Ertragslage der Gesellschaft oder des Konzerns negativ niederschlagen.[250] Das Schrifttum fügt dem als zusätzliche Voraussetzung das Bestehen der Gefahr einer Gesellschaftsinsolvenz hinzu.[251] Bei der Aktiengesellschaft droht im Falle der Eröffnung eines Insolvenzverfahrens nach § 262 Abs. 1 Nr. 3 AktG die Auflösung der Gesellschaft. Eine fortbestandsgefährdende Entwicklung ist daher an das Vorliegen der drei möglichen Insolvenzeröffnungsgründe nach §§ 17–19 InsO zu knüpfen.[252] Der Gesetzgeber zum KonTraG verfolgte damit das Ziel, dass der Vorstand der Aktiengesellschaft negative Entwicklungen und potenzielle Risiken möglichst frühzeitig erkennt, sodass er rechtzeitig Gegenmaßnahmen ergreifen

248 BT-Drs. 19/24181, S. 103; ebenso *Desch*, BB 2020, 2498 (2500); *Ehret*, in: Braun, StaRUG, § 1, Rn. 2; *Gehrlein*, BB 2021, 66 (67); *J. Schmidt*, in: MüKo, StaRUG, § 1, Rn. 9, 11; *Weitzmann*, in: Pannen/Riedemann/Smid, StaRUG, § 1, Rn. 4; *Seibt/Bulgrin*, DB 2020, 2226 (2229).

249 V. 27.04.1998, BGBl. I, S. 786–794.

250 BT-Drs. 13/9712, S. 15.

251 *Fleischer*, in: BeckOGK, AktG, § 91 Rn. 33; *Grigoleit/Tomasic*, in: Grigoleit, AktG, § 91, Rn. 6; *Koch*, AktG, § 91, Rn. 7; *Spindler*, in: MüKo, AktG, § 91, Rn. 21.

252 *Justenhoven/Küster/Deicke*, in: Beck-BilKomm, HGB, § 317, Rn. 113; a.A. *Spindler*, in: MüKo, AktG, § 91, Rn. 21, der nur auf Zahlungsunfähigkeit und Überschuldung abstellt.

und eine Insolvenz verhindern kann.[253] Dabei können einzelne Risiken eine Bestandsgefährdung auslösen.[254] Gleiches gilt für mehrere einzelne Risiken, die zwar jede für sich nicht gefährlich sind, aber kumulativ dem Unternehmensfortführungsziel entgegenstehen.[255] Darunter fallen zum Beispiel das Eingehen risikobehafteter Geschäfte oder Verstöße gegen Rechnungslegungsvorschriften und die Verletzung von *Covenants*.[256]

§ 91 Abs. 2 AktG konkretisiert die Pflicht zum Erkennen fortbestandsgefährdender Entwicklungen mit dem Einschub, dass hierzu »insbesondere ein Überwachungssystem einzurichten« sei.[257] Dieses Überwachungssystem verdichtet rechtlich den Kerngehalt der aus betriebswirtschaftlicher Sicht[258] sinnvollen Maßnahmen.[259] Die Einrichtungspflicht geht auf das KonTraG zurück und wurde durch die Umsetzung des Bilanzrechtsmodernisierungsgesetzes[260] (nachfolgend: BilMoG) sowie das Gesetz zur Stärkung der Finanzmarktintegrität[261] (nachfolgend: FISG) verschärft.

a) KonTraG

In der Gesetzesbegründung zum KonTraG heißt es, dass es sich um eine gesetzliche Hervorhebung der allgemeinen Leitungsaufgabe des Vorstands aus § 76 AktG handele.[262] Die konkrete Ausgestaltung sei dem Unternehmen anzupassen und hänge insbesondere von dessen Größe, Branche, Struktur und Kapitalmarktzugang ab.[263] Damit falle das »Wie« der Einrichtung und Ausgestaltung eines solchen Systems in den Anwendungsbereich von § 93 Abs. 1 S. 2 AktG und unterliege einem Ermessensspielraum des Vorstands.[264] § 91 Abs. 2 AktG diente insofern als Reaktion auf diverse Unternehmenskrisen und -skandale der 1990er Jahre.[265] Teilweise wurde ein umfassendes

253 BT-Drs. 13/9712, S. 15.

254 *Gleißner/Nickert/Nickert*, DB 2023, 1489 (1492); *IDW*, Die Prüfung des Risikofrüherkennungssystems, IDW PS 340, S. 2, Rn. 3 und S. 4, Rn. 11; *Nickert/Nickert*, GmbHR 2021, 401 (403, Rn. 17–19); *Thole*, in: Jacoby/Thole, StaRUG, § 1, Rn. 13.

255 *Gleißner/Nickert/Nickert*, DB 2023, 1489 (1492); *IDW*, Die Prüfung des Risikofrüherkennungssystems, IDW PS 340, S. 2, Rn. 3 und S. 4, Rn. 11; *Nickert/Nickert*, GmbHR 2021, 401 (403, Rn. 17–19); *Thole*, in: Jacoby/Thole, StaRUG, § 1, Rn. 13.

256 Vgl. *Nickert/Nickert*, GmbHR 2021, 401 (403, Rn. 16); *Thole*, in: Jacoby/Thole, StaRUG, § 1, Rn. 12; vgl. *Weitzmann*, in: Pannen/Riedemann/Smid, StaRUG, § 1, Rn. 53.

257 Für eine ausführliche Darstellung des Umfangs der Pflicht aus § 91 Abs. 2 AktG siehe *Jakobus*, Vorstandspflicht zum Risikomanagement, S. 113–115.

258 Siehe dazu ausführlich oben ab S. 8.

259 Zu den Unterschieden der juristischen und ökonomischen Betrachtungsweise siehe *Jakobus*, Vorstandspflicht zum Risikomanagement, S. 104–113.

260 BGBl. I 2009, S. 1102–1137.

261 BGBl. I 2021, S. 1557.

262 BT-Drs. 13/9712, S. 15.

263 BT-Drs. 13/9712, S. 15.

264 *Fleischer*, in: BeckOGK, AktG, § 91, Rn. 34; *Spindler*, in: MüKo, AktG, § 91, Rn. 17.

265 *Bockslaff*, NVersZ 1999, 104 (105) »große wirtschaftliche Schwierigkeiten bei der Metallgesellschaft, dem Immobilienunternehmer Schneider und auch dem Skandal Balsam/Procedo«; *Drygala/Drygala*, ZIP 2000, 297 (298); *Fleischer*, AG 2022, 377 (380); *Fleischer*, in: BeckOGK, AktG, § 91, Rn. 29; *Hoffmann-Becking*, ZGR 1998, 497 (513); *Spindler*, in: MüKo, AktG, § 91, Rn. 15; siehe ausführlich zu den einzelnen Unternehmenskrisen *Lohse*, Unternehmerisches Ermessen, S. 10–26.

betriebswirtschaftliches Risikomanagementsystem mit Risikobewältigungsmaßnahmen gefordert.[266] Die herrschende Gegenansicht verlangte nur ein Früherkennungs- und Überwachungssystem, ohne das Erfordernis zum Ergreifen von Gegenmaßnahmen.[267] Letzteres sei aber in die allgemeine Leitungs- und Sorgfaltspflicht nach §§ 76, 93 AktG hineinzulesen.[268] Im Rahmen der Jahresabschlussprüfung ist nach § 317 Abs. 4 HGB auch die Einhaltung der Pflicht aus § 91 Abs. 2 AktG zu überprüfen.[269] Für die Einrichtung und Überwachung des Systems ist die Gesamtheit des Vorstandes verantwortlich, die diese Aufgabe nicht haftungsbefreiend an eine einzelne Person der Geschäftsleitung oder an Mitarbeitende weiterdelegieren kann.[270] Wesentliche Bestandteile eines Überwachungssystems seien Risikokultur, -identifikation, -kommunikation und -bewertung.[271] Als Orientierung diene der IDW PS 340.[272]

b) BilMoG

Eine weitere Vertiefung der Pflicht erfolgte durch das am 26. Mai 2009 in Kraft getreten BilMoG.[273] Das Gesetz führte erstens den § 289 Abs. 5 HGB (§ 289 Abs. 4 HGB n.F.) neu ein, wonach kapitalmarktorientierte Kapitalgesellschaften im Lagebericht die wesentlichen Merkmale des internen Kontroll- und Risikomanagementsystems bezüglich des Rechnungslegungsprozesses erläutern sollen.[274] Daneben normierte es zweitens in § 107 Abs. 3 S. 2 AktG, dass der Aufsichtsrat einen Prüfungsausschuss bestellen könne, der sich unter anderem mit der Überwachung des internen Kontrollsystems und des Risikomanagementsystems befasst.[275] Drittens führte das Gesetz den § 171 Abs. 1 S. 2 AktG ein, dem zufolge der Abschlussprüfer dem Aufsichtsrat oder dessen Prüfungsausschuss über wesentliche Schwächen des internen Kontroll- und Risikomanagementsystems, bezogen auf den Rechnungslegungsprozess, zu berichten hat.[276] Für die

266 *Berg*, AG 2007, 271 (275); vgl. *Lück*, DB 1998, 1925 (1926–1928); *Säcker*, NJW 2008, 3313 (3315).

267 Vgl. OLG Celle, Urt. v. 28.5.2008 – 9 U 184/07, AG 2008, 711–713, juris Rn. 39; *d'Avoine/Michels*, NZI 2022, 1 (2); *Brandes/Rabenau*, ZIP 2021, 2374 (2377); *Fleischer*, in: BeckOGK, AktG, § 91, Rn. 35; vgl. *Koch*, AktG, § 91, Rn. 10; *Seibert*, FS Bezzenberger, 427 (437 f.).

268 *d'Avoine/Michels*, NZI 2022, 1 (2); *Spindler*, in: MüKo, AktG, § 91, Rn. 30.

269 Vgl. *Brandes/Rabenau*, ZIP 2021, 2374 (2378); *Koch*, AktG, § 91, Rn. 1; *Spindler*, in: MüKo, AktG, § 91, Rn. 15.

270 BT-Drs. 13/9712, S. 15; *Nickert/Nickert*, GmbHR 2021, 401 (404, Rn. 33; 405, Rn. 36); a.A. *Dreher* ZGR 2010, 496 (526); *Spindler*, in: MüKo, AktG, § 91, Rn. 34.

271 *Brandes/Rabenau*, ZIP 2021, 2374 (2378); vgl. *Fleischer*, in: BeckOGK, AktG, § 91, Rn. 37; *IDW*, Die Prüfung des Risikofrüherkennungssystems, IDW PS 340, S. 5 f., Rn. 13–21. Siehe dazu vertiefend oben ab S. 8.

272 *d'Avoine/Michels*, NZI 2022, 1 (2); *Brandes/Rabenau*, ZIP 2021, 2374 (2378); *Goetker*, in: Flöther, StaRUG, § 1, Rn. 35. Zum IDW PS 340 siehe bereits oben S. 9.

273 BGBl. I 2009, S. 1102–1137.

274 BT-Drs. 16/10067, S. 11.

275 BT-Drs. 16/10067, S. 22.

276 BT-Drs. 16/10067, S. 22.

Definition des internen Kontrollsystems verwendete die Regierungsbegründung die des IDW PS 261,[277] ohne darauf ausdrücklich hinzuweisen:[278]

»Das interne Kontrollsystem umfasst die Grundsätze, Verfahren und Maßnahmen zur Sicherung der Wirksamkeit und Wirtschaftlichkeit der Rechnungslegung sowie zur Sicherung der Ordnungsmäßigkeit der Rechnungslegung sowie zur Sicherung der Einhaltung der maßgeblichen rechtlichen Vorschriften.«[279]

Erläuterungen zum Risikomanagementsystem fehlten.[280]

Diese Neuregelungen standen vor allem deshalb in der Kritik, weil die darin enthaltenen Überwachungspflichten erheblich über den Pflichtenrahmen des Vorstands aus § 91 Abs. 2 AktG hinausgingen.[281] Es sei widersprüchlich, dem Vorstand einerseits nur die Überwachung fortbestandsgefährdender Entwicklungen vorzuschreiben, andererseits dann aber den Überwachungsorganen, wie beispielsweise dem Prüfungsausschuss des Aufsichtsrats, nach § 107 Abs. 3 S. 2 AktG unter anderem die Befassung mit der Wirksamkeit des internen Kontrollsystems, des Risikomanagementsystems und des internen Revisionssystems aufzutragen.[282] Mittelbar habe der Gesetzgeber dadurch die Organisationspflicht des Vorstands ausgeweitet, sodass sich das System nicht nur auf bestandsgefährdende Risken beschränke, sondern umfassender sei.[283]

c) FISG

Das am 3.6.2021 in Kraft getretene FISG ergänzte, als Reaktion auf den Wirecard-Skandal,[284] in § 91 AktG den Abs. 3.[285] Danach seien börsennotierte Gesellschaften nun zusätzlich zur Einrichtung eines Überwachungssystem nach Abs. 2 zur Einrichtung eines angemessenen und wirksamen Kontroll- und Risikomanagementsystems verpflichtet.[286]

aa) Risikomanagementsystem

Im Gegensatz zu § 91 Abs. 2 AktG, der die Einrichtung eines Überwachungssystems normiert, verwendet § 91 Abs. 3 AktG die Begriffe »Kontrollsystem« und »Risikomanagementsystem«. Unter Risikomanagement ist die systematische Erfassung und zielorientierte Gestaltung betrieblicher Risiken zu verstehen.[287] Die Einführung des Abs. 3

277 *IDW*, Feststellung und Beurteilung von Fehlerrisiken und Reaktionen des Abschlussprüfers auf die beurteilten Fehlerrisiken, IDW PS 261, 2006, Rn. 19; insoweit unverändert in IDW PS 261, Stand: 15.9.2017, S. 8, Rn. 19 übernommen.

278 *Dreher/Hoffmann*, ZGR 2016, 445 (471); *Fleischer*, AG 2022, 377 (381, Rn. 21).

279 BT-Drs. 16/10067, S. 77.

280 *Dreher/Hoffmann*, ZGR 2016, 445 (483); *Fleischer*, AG 2022, 377 (381, Rn. 21).

281 *Spindler*, in: MüKo, AktG, § 91, Rn. 24.

282 *Spindler*, in: MüKo, AktG, § 91, Rn. 24.

283 *Spindler*, in: MüKo, AktG, § 91, Rn. 24.

284 *Fleischer*, AG 2022, 377 (381, Rn. 22); *Hopt/Kumpan*, AG 2021, 129; *Koch*, AktG, § 91, Rn. 15; *Schilha/Gaßner*, DB 2021, 1661.

285 BGBl. I 2021, S. 1557.

286 BT-Drs. 19/26966, S. 114 f.

287 *Schulte/Wagenknecht*, ZfKE 2022, 243 (244); *Trips*, NVwZ 2003, 804 (805).

sei erforderlich gewesen, weil § 91 Abs. 2 AktG lediglich den Teil eines ganzheitlichen Risikomanagementsystems abdeckte,[288] nämlich ein Früherkennungs- und Überwachungssystem hinsichtlich bestandsgefährdender Entwicklungen.[289] Die Einrichtung eines umfassenden Risikomanagementsystems sollte die Pflicht aus Abs. 2 ergänzen. Insofern wurde die unter dem BilMoG kritisierte mittelbare Ausweitung der Vorstandspflichten durch die Veränderung der Abschlussprüferpflichten nun ausdrücklich in das Gesetz aufgenommen.

Wenn börsennotierte Unternehmen die Anforderungen des § 91 Abs. 3 AktG erfüllen, kommen sie in der Regel auch ihrer Pflicht aus § 91 Abs. 2 AktG nach. In diesem Fall erübrigt sich die Einrichtung eines solchen zusätzlichen Früherkennungs- und Überwachungssystems.[290] Wie ein Risikomanagementsystem konkret auszugestalten ist, bleibt offen und steht nach §§ 76 Abs. 1, 93 Abs. 1 S. 2 AktG im Leitungsermessen des Vorstands.[291] Der Vorstand erfüllt die Anforderungen eines »Systems«, wenn er klare Organisationsstrukturen und Verantwortungsbereiche definiert, die er intern durch ein Regelungswerk sowie eine unmissverständliche Kommunikation absichert.[292] Einzelne punktuelle Maßnahmen genügen dagegen nicht.[293]

bb) Kontrollsystem

Unter Bezugnahme auf die Begründung zum Regierungsentwurf des BilMoG definiert das FISG das interne Kontrollsystem nach dem Vorbild des IDW PS 261.[294] Unter das Kontrollsystem fallen alle Grundsätze, Verfahren und Maßnahmen zur Sicherung der Wirksamkeit und Wirtschaftlichkeit der Geschäftstätigkeit, der Ordnungsmäßigkeit der Rechnungslegung und der Einhaltung der maßgeblichen rechtlichen Vorschriften.[295] Davon ist auch ein internes Revisionssystem umfasst, das den Geschäftsablauf durch eine autonome und objektive Prüfung und Beratung optimieren soll.[296]

Zunächst war unklar, ob das Kontrollsystem auch ein *Compliance-Management*-System umfasse. Unter dem Begriff »*Compliance*« oder auch »*Corporate Compliance*«

288 BT-Drs. 19/26966, S. 115.

289 *Fischer/Schuck*, NZG 2021, 534 (536); *Fleischer*, AG 2022, 377 (380, Rn. 18); *Fleischer*, in: BeckOGK, AktG, § 91, Rn. 35; *Jakobus*, Vorstandspflicht zum Risikomanagement, S. 111–113; *Koch*, AktG, § 91, Rn. 10.

290 BT-Drs. 19/26966, S. 115.

291 Vgl. BT-Drs. 19/26966, S. 115.

292 *Fischer/Schuck*, NZG 2021, 534 (538).

293 *Fischer/Schuck*, NZG 2021, 534 (538).

294 BT-Drs. 19/26966, S. 115 unter Bezugnahme auf BT-Drs. 16/10067, S. 77; so bereits *IDW*, Feststellung und Beurteilung von Fehlerrisiken und Reaktionen des Abschlussprüfers auf die beurteilten Fehlerrisiken, IDW PS 261, 2006, Rn. 19; insoweit unverändert in IDW PS 261, Stand: 15.9.2017, S. 8, Rn. 19 übernommen.

295 BT-Drs. 19/26966, S. 115 unter Bezugnahme auf BT-Drs. 16/10067, S. 77; so bereits *IDW*, Feststellung und Beurteilung von Fehlerrisiken und Reaktionen des Abschlussprüfers auf die beurteilten Fehlerrisiken, IDW PS 261, 2006, Rn. 19; insoweit unverändert in IDW PS 261, Stand: 15.9.2017, S. 8, Rn. 19 übernommen.

296 *Fischer/Schuck*, NZG 2021, 534 (537); *Jakobus*, Vorstandspflicht zum Risikomanagement, S. 204 bezeichnet das interen Revisionssystem als ein »zentrale[s] Element des Internen Überwachungssystems«.

wird die »rechtlich ordnungsgemäße systematische Organisation eines Unternehmens mit dem Ziel, eine zivil- oder sogar strafrechtliche Haftung des Unternehmens und seiner Organe zu vermeiden«,[297] verstanden. Dieses Vorgehen umfasst die Einhaltung von Gesetzen, Verordnungen sowie internen Regelungen.[298] Im Referentenentwurf sollte die *Compliance*-Funktion noch dem unternehmerischen Ermessen des Vorstands unterfallen.[299] Dieser Passus wurde in dem Regierungsentwurf gestrichen[300] und dafür die Formulierung aufgenommen, dass im internen Kontrollsystem auch die »Sicherung der Einhaltung der maßgeblichen rechtlichen Vorschriften« mit inbegriffen sei.[301] Daraus ist zu schlussfolgern, dass das interne Kontrollsystem auch ein *Compliance-Management*-System umfasst.[302] Andernfalls unterfällt die Einrichtungspflicht eines *Compliance-Management*-Systems bei größeren, nicht zwingend börsennotierten, Unternehmen ohnehin der allgemeinen Sorgfaltspflicht aus § 93 Abs. 1 S. 1 AktG.[303] Das bedeutet, dass Art. 91 Abs. 3 AktG neben dem internen Revisionssystem nun auch die Einrichtung eines *Compliance-Management*-Systems erfasst.

cc) Angemessenheit und Wirksamkeit

Die Adjektive »angemessen« und »wirksam« in § 91 Abs. 3 AktG konkretisieren die Anforderungen an das interne Kontrollsystem und das Risikomanagementsystem. Der Gesetzesbegründung zufolge sei das Adjektiv »wirksam« erfüllt, wenn die Systeme zur Aufdeckung, Steuerung und Bewältigung aller wesentlichen Risiken geeignet seien.[304] Aus der Verwirklichung einzelner Risiken ist nicht auf die Unwirksamkeit des Systems nach § 91 Abs. 3 AktG zu schließen.[305] »Angemessen« bedeutet, dass die Systeme erforderlich und zumutbar sein müssen.[306] Je nach Risikolage, Art, Umfang und Komplexität des Unternehmens sind unterschiedliche Anforderungen an das Risikomanagement- und Kontrollsystem zu stellen, sodass der Geschäftsleitung ein Entscheidungsspielraum zukommt.[307] Gleichzeitig begrenzt dies den Pflichtenumfang der Geschäftsleitung, weil das Gesetz nur ein angemessenes und kein allumfassendes System fordert.[308] Ein solches Kontroll- und Risikomanagementsystem sei in den meisten

297 *Groh*, in: Weber, Rechtswörterbuch, Compliance.
298 *Wilden*, in: Buth/Hermanns, HdB Restrukturierung, Sanierung, Insolvenz, § 2, Rn. 131; *DCGK*, Grundsatz 5, S. 5.
299 Bundesministerium der Finanzen und Bundesministerium der Justiz und für Verbraucherschutz RefE FISG, S. 116.
300 Auf die Streichung hinweisend *Hopt/Kumpan*, AG 2021, 129 (132 f., Rn. 8).
301 BT-Drs. 19/26966, S. 115.
302 *Fischer/Schuck*, NZG 2021, 534 (537 f.); *Hopt/Kumpan*, AG 2021, 129 (133, Rn. 8); *Koch*, AktG, § 91, Rn. 28; *Scheffler*, AG 2021, R42; *Schilha/Gaßner*, DB 2021, 1661.
303 Bundesministerium der Finanzen und Bundesministerium der Justiz und für Verbraucherschutz RefE FISG, S. 116.
304 BT-Drs. 19/26966, S. 115.
305 BT-Drs. 19/26966, S. 115.
306 *Fleischer*, AG 2022, 377 (382, Rn. 25); *Fleischer*, in: BeckOGK, AktG, § 91, Rn. 58.
307 *Fischer/Schuck*, NZG 2021, 534 (538); *Koch*, AktG, § 91, Rn. 36.
308 *Fischer/Schuck*, NZG 2021, 534 (538).

börsennotierten Unternehmen ohnehin schon implementiert, sodass die Vorschrift kaum praktische Auswirkungen habe.[309]

dd) Zwischenfazit

Nach dem durch das KonTraG eingeführten § 91 Abs. 2 AktG sind fortbestandsgefährdende Entwicklungen solche risikobehafteten Prozesse und Veränderungen in der Gesellschaft, die sich in der Vermögens-, Finanz- und Ertragslage der Gesellschaft negativ niederschlagen und die Gefahr einer Gesellschaftsinsolvenz verursachen. Für ein frühzeitiges Erkennen dieser Entwicklungen hat der Vorstand ein Überwachungssystem einzurichten, dessen konkrete Ausgestaltung von Unternehmensgröße, -branche und Kapitalmarktzugang abhängt. Diese Vorstandspflicht wurde zunächst mittelbar durch die Änderung der Abschlussprüferpflichten (u.a. §§ 107 Abs. 3 S. 2, 171 Abs. 1 S. 2 AktG) unter dem BilMoG ausgeweitet. Dann wurde sie durch das FISG in Art. 91 Abs. 3 AktG ausdrücklich aufgenommen. Zu der Einrichtungspflicht eines Früherkennungs- und Überwachungssystems aus Abs. 2 ist für die börsennotierte Aktiengesellschaft ein ganzheitliches Risikomanagementsystem mit internem Kontrollsystem hinzugekommen, das der Vorstand wirksam und angemessen umzusetzen hat. Schon § 91 Abs. 2 AktG erfasste die Pflicht, die drohende Zahlungsunfähigkeit als Insolvenzeröffnungsgrund durch ein Überwachungssystem zu erkennen. § 91 Abs. 3 AktG hat diese Pflicht nur um zusätzliche Systeme erweitert.

Damit erfüllte § 91 Abs. 2 AktG schon vor Geltung der RRL den Umsetzungsbefehl, weshalb sie in Bezug auf Aktiengesellschaften keinen Umsetzungsbedarf auslöste. Für Aktiengesellschaften hat daher auch § 1 Abs. 1 S. 1 StaRUG keine Änderung herbeigeführt.

2. Pflicht zur Einführung eines Überwachungssystems für GmbHs wegen einer Ausstrahlungswirkung aus § 91 Abs. 2 AktG

Das gleiche würde für die GmbH gelten, wenn § 91 Abs. 2 AktG von Anfang an auf die GmbH ausstrahlte und daher auch sie ein Überwachungssystem unterhalten musste, um die Insolvenzeröffnungsgründe, mitunter die drohende Zahlungsunfähigkeit nach § 18 InsO, zu erkennen. § 91 Abs. 2 AktG gilt, durch seine systematische Positionierung im Aktienrecht, grundsätzlich nur für den Vorstand einer Aktiengesellschaft, unabhängig davon, ob sie börsennotiert ist oder nicht.[310] In der Gesetzesbegründung zum KonTraG heißt es:

»In das GmbHG soll keine entsprechende Regelung aufgenommen werden. Es ist davon auszugehen, daß für Gesellschaften mit beschränkter Haftung je nach ihrer Größe, Komplexität ihrer Struktur usw. nichts anderes gilt und die Neuregelung Ausstrahlungswirkung auf den Pflichtenrahmen der Geschäftsführer auch anderer Gesellschaftsformen hat.«[311]

309 *Fleischer*, AG 2022, 377 (381 f., Rn. 22); *Pott/Heilmann/Freches*, BB 2021, 1835 (1836); *Wellerdt*, ZIP 2022, 356 (358).
310 Im Gegensatz dazu gilt § 91 Abs. 3 AktG nur für börsennotierte Aktiengesellschaften. Insofern geht es nachfolgend auch ausschließlich um eine Ausstrahlungswirkung des § 91 Abs. 2 AktG auf die GmbH.
311 BT-Drs. 13/9712, S. 15.

Diese Gesetzesbegründung könnte indizieren, dass seit Inkrafttreten der Norm unter anderem auch die Geschäftsführung einer GmbH die Pflicht zur Überwachung fortbestandsgefährdender Entwicklungen, vor allem durch die Einrichtung eines Überwachungssystems, hat.[312] Die Konsequenz dessen wäre wiederum, dass § 1 Abs. 1 S. 1 StaRUG in Verbindung mit dem Verweis in § 1 Abs. 3 StaRUG in Bezug auf diese Pflicht nur klarstellende Wirkung hätte.[313]

Eine generelle Pflicht zur Einrichtung eines Risikofrüherkennungssystems für die GmbH lässt sich nicht direkt aus der allgemeinen Sorgfaltspflicht aus § 43 Abs. 1 GmbHG herleiten. Denn der Gesetzgeber hat mit § 91 Abs. 2 AktG neben der allgemeinen Sorgfaltspflicht aus § 93 Abs. 1 S. 1 AktG für das Recht der Aktiengesellschaft eine eigene Vorschrift aufgenommen. Im GmbHG fehlt eine vergleichbare Norm.[314] Im Einklang mit dem Willen des Gesetzgebers kommt eine Einrichtungspflicht eines Überwachungssystems, wie sie in § 91 Abs. 2 AktG für die AG normiert ist, für die GmbH daher nur in Betracht, wenn die Vorschrift tatsächlich in das GmbHG ausstrahlt.

a) Ausstrahlungswirkung im Allgemeinen

Der Begriff der Ausstrahlungswirkung wird nicht nur im Aktienrecht, sondern auch in anderen Rechtsgebieten verwendet. Prominentestes Beispiel ist die Ausstrahlungswirkung der Grundrechte über unbestimmte Rechtsbegriffe.[315] Juristisch ist nicht eindeu-

312 So BGH, Urt. v. 20.2.1995 – II ZR 9/94, ZIP 1995, 560–563, juris Rn. 6 »wirtschaftliche Lage des Unternehmens laufend zu beobachten«; bestätigt durch BGH, Versäumnisurt. v. 19.6.2012 – II ZR 243/11, ZInsO 2012, 1536–1538, juris Rn. 13; *Altmeppen*, GmbHG, § 43, Rn. 25; *Fleischer*, in: BeckOGK, AktG, § 91, Rn. 41; *Fleischer*, in: MüKo, GmbHG, § 43, Rn. 73; *Merkt*, ZIP 2014, 1705 (1713); *Michalke*, StV 2011, 245 (248); *Schluck-Amend*, in: K. Schmidt/Uhlenbruck, GmbH in Krise, Restrukturierung, Insolvenz, § 2, Rn. 2.141; *Spindler*, in: MüKo, AktG, § 91, Rn. 104; *Veil*, ZGR 2006, 374 (377 f.); *Ziemons*, in: MHLS, GmbHG, § 43, Rn. 169.

313 So BT-Drs. 19/24181, S. 103; *Bea/Dressler*, NZI 2021, 67 (68); *Binder*, FS Smid, 469 (471); *Eckert*, FS Smid, 483 (495); *Eckert/Holze/Ippen*, NZI 2021, 153 (156); *Gehrlein*, BB 2021, 66 (67); *Gerig*, in: Morgen, StaRUG, § 1, Rn. 4; *Gleißner/Nickert/Nickert*, DB 2023, 1489 (1490) »in Bezug auf die Früherkennung deckungsgleich mit § 91 Abs. 2 AktG«; *Kühne/Lienhard*, SanB 2020, 144 (145); *Sander*, ZHR 2024, 8 (24) »konkretisiert die allgemeine Leitungsaufgabe«; *Schäfer*, FS Gehrlein, 491 (499, 501 f.); *Steffan/Poppe/Roller*, KSI 2022, 53 (53 f.); *Thole*, BB 2021, 1347 (1348); *Wolgast*, in: Wolgast/Grauer, StaRUG Online, § 1, Rn. 12. Zum Regierungsentwurf: *Brünkmans*, ZInsO 2021, 1 (2); *Desch*, BB 2020, 2498 (2500); *Poertzgen*, ZInsO 2020, 2509 (2510). Zum Referentenentwurf: *Seibt/Bulgrin*, DB 2020, 2226 (2229); *Thole*, ZIP 2020, 1985 (1986). Zur RRL: *Korch*, ZGR 2019, 1050 (1053). A.A. *Brinkmann*, ZRI 2024, 781; *Jungmann*, ZRI 2021, 209 (214), geht von einer Ausdehnung des Pflichtenkanons aus; *Scholz*, ZIP 2021, 219 (229 f.), darf »nicht als verbandübergreifende Pflicht zur Einrichtung eines Überwachungssystems verstanden werden«; *Schwintowski*, NZG 2021, 901 (905) »Diese Überwachungsaufgabe für die Mitglieder der Geschäftsleitung ist neu.«.

314 *Merkt*, ZIP 2014, 1705 (1712); *Schaefer/Baumann*, NJW 2011, 3601.

315 *Bialluch*, Ausstrahlungswirkungen im Unternehmensrecht, S. 5 unter Verweis auf das Grundsatzurteil BVerfG, Urt. v. 15.1.1958 – 1 BvR 400/51, BVerfGE 7, 198–230, juris Rn. 26 – »Lüth-Urteil«.

tig geklärt, was unter einer Ausstrahlungswirkung zu verstehen ist und welche Konsequenzen diese hat.[316] *Buck-Heeb* bezeichnet die Wirkung als »dogmatisch nebulös«.[317] *Canaris* ist in seiner Wertung noch härter und spricht von »bildhafte[r] Wendung aus der Umgangssprache«, die »keinen juristischen Begriff« darstelle.[318]

Fischer definiert den Begriff anhand der bankaufsichtsrechtlichen Ausstrahlungswirkung.[319] Danach sei erstens eine – in Abgrenzung zur Analogie – planvolle Lücke, beispielsweise durch unbestimmte Rechtsbegriffe und Generalklauseln, erforderlich.[320] Zweitens muss die Norm, deren Inhalt auf die andere Norm ausstrahlt (Ausstrahlungsnorm) gegenüber der Norm, auf die sie einwirkt (Aufnahmenorm), einen höheren Detailgrad aufweisen und die beiden Normen müssten sich drittens inhaltlich nahestehen oder sogar eine teleologische Kongruenz aufweisen.[321] Im Ergebnis weist er der Ausstrahlungswirkung zutreffend eine beschreibende Funktion zu und versteht sie als Resultat einer Normauslegung.[322]

Auch wenn *Fischers* Definitionen in einem anderen Rechtsgebiet ergangen sind, sind sie auf die vorliegende Fragestellung übertragbar. Dies gilt vor allem deshalb, weil *Fischer* von der Ausstrahlungswirkung ohne normativen Anhaltspunkt spricht. Dagegen legt der Gesetzgeber in der hier zugrundeliegenden Problematik über die Entwurfsbegründung selbst fest, dass der § 91 Abs. 2 AktG Ausstrahlungswirkung

316 Diverse Monographien versuchen den Begriff der »Ausstrahlungswirkung« zu konturieren. Zu nennen sind hier unter anderem *Bialluch*, Ausstrahlungswirkungen im Unternehmensrecht, S. 221, der die Ausstrahlungswirkung als »Ergebnis eines als Methode verstandenen Denkprozesses« versteht; *Duplois*, Beeinflussung aktienrechtlicher Corporate Governance durch das Bankaufsichtsrecht, S. 103 f., dem zufolge sich die widerspruchsvermeidende Ausstrahlungswirkung einer Norm über die systematisch-teleologische Auslegung einer anderen Norm ergibt; *Fischer*, Ausstrahlungswirkungen im Recht, S. 196 f., der faktische und normative Ausstrahlungen unterscheidet und Rahmenbedingungen einer Ausstrahlung festlegt; *Porsch*, Die Qualifikation der Aufsichtsratsmitglieder, S. 277–285, 291, versteht die Ausstrahlung als rechtsmethodisches Phänomen und arbeitet Voraussetzungen für ihre Praktikabilität heraus, die ähnlich zu denen von *Fischer* sind; *F. Schmidt*, Die Ausstrahlung aufsichtsrechtlicher Corporate Governance auf das Aktienrecht, S. 15, bezeichnet die Ausstrahlung als »Übertragung rechtlicher Wertungen mit dem Ziel einer konkretisierenden Auslegung über die klassischen Fächer- und Methodengrenzen hinweg.«; *Thaten*, Die Ausstrahlung des Aufsichts- auf das Aktienrecht, S. 174 f., definiert die Ausstrahlung nicht und beschäftigt sich stattdessen mit der Verfassungsgemäßheit der Ausstrahlung. *Thaten* bejaht diese, wenn sie nur Verhaltens-, nicht aber Strukturnormen betrifft und die Rechtsdurchsetzung weiterhin privaten Akteuren vobehalten bleibt.

317 *Buck-Heeb*, WM 2014, 1601 (1604).

318 *Canaris*, Grundrechte und Privatrecht, S. 30.

319 *Fischer*, Ausstrahlungswirkungen im Recht, S. 117, 125–128.

320 *Fischer*, Ausstrahlungswirkungen im Recht, S. 117; *Porsch*, Die Qualifikation der Aufsichtsratsmitglieder, S. 277 bezeichnet diese Voraussetzung als »Der Grundsatz der Vorfindlichkeit eines allgemeinen Prinzips«.

321 *Fischer*, Ausstrahlungswirkungen im Recht, S. 119, 125, 128. Ebenso verlangt auch *Porsch*, Die Qualifikation der Aufsichtsratsmitglieder, S. 279–281 eine Vergleichbarkeit der Interessenlagen.

322 *Fischer*, Ausstrahlungswirkungen im Recht, S. 147; so im Ausgangspunkt auch *Duplois*, Beeinflussung aktienrechtlicher Corporate Governance durch das Bankaufsichtsrecht, S. 103.

besitze.[323] Für die Frage, ob eine Ausstrahlungswirkung in Betracht kommt, können daher die drei genannten Kriterien herangezogen werden. Liegen die Voraussetzungen vor, ist der Umfang der Ausstrahlungswirkung noch separat zu prüfen, weil dieser vom Inhalt der Ausstrahlungsnorm abhängt.

b) Voraussetzungen einer Ausstrahlungswirkung auf die GmbH

Nach *Fischer* ist Voraussetzung für eine Ausstrahlungswirkung zunächst eine planvolle Lücke. Diese ist, anders als eine planwidrige Lücke in der Analogie, eine vom Normgeber bewusste, nicht ausdrückliche Regelung. Planvoll ist die Lücke im GmbH-Recht insofern, als dass der Gesetzgeber bewusst auf eine dem § 91 Abs. 2 AktG vergleichbare Regelung verzichtet hat.[324] Deswegen kommt eine analoge Anwendung der Norm auf die GmbH nicht infrage.[325] Als Aufnahmenorm dient die in § 43 Abs. 1 GmbHG normierte auslegungsbedürftige allgemeine Sorgfaltspflicht eines ordentlichen Geschäftsmannes. Die Ausstrahlungsnorm des § 91 Abs. 2 AktG gibt dem Vorstand einer Aktiengesellschaft konkret vor, »insbesondere ein Überwachungssystem einzurichten, damit den Fortbestand der Gesellschaft gefährdende Entwicklungen früh erkannt werden«. Letztere weist damit einen höheren Detaillierungsgrad als die Aufnahmenorm auf. Zuletzt müssten sich die Normen noch inhaltlich nahestehen. Eine dem § 43 Abs. 1 GmbHG vergleichbare Regelung findet sich eigentlich in § 93 Abs. 1 S. 1 AktG und nicht in § 91 Abs. 2 AktG. Im Gesetzgebungsprozess zu § 91 Abs. 2 AktG wurde der neu eingefügte Absatz aber bewusst nicht in § 93 AktG aufgenommen, weil die Überwachungspflicht Teil der Gesamtverantwortung des Vorstands sei und § 93 AktG nur von den einzelnen Vorstandsmitgliedern spricht.[326] Im Hinblick auf § 43 Abs. 1 GmbHG stellt dies kein Problem dar, da die Norm auf »die Geschäftsführer« abstellt. Damit ist sie im Hinblick auf den persönlichen Anwendungsbereich weiter formuliert als § 93 Abs. 1 S. 1 AktG. Insofern regeln sowohl § 91 Abs. 2 AktG als auch § 43 Abs. 1 GmbHG die ordnungsgemäße Führung der Gesellschaft, legen damit Pflichten der Gesamtgeschäftsleitung fest und stehen sich inhaltlich nahe.

323 BT-Drs. 13/9712, S. 15; *Porsch*, Die Qualifikation der Aufsichtsratsmitglieder, S. 278 nennt den § 91 Abs. 2 AktG explizit als Beispiel für eine Konkretisierung eines allgemeinen Prinzips. Letzteres ist ihmzufolge eine notwendige Voraussetzung einer Ausstrahlung.

324 BT-Drs. 13/9712, S. 15 »In das GmbHG soll keine entsprechende Regelung aufgenommen werden.«.

325 *Bork*, ZIP 2011, 101 (105); *Drenckhan*, Gläubigerschutz in der Krise, S. 59 f.; zumindest in der Pauschalität des Gesetzesentwurfs eine Analogie ablehnend *Hommelhoff*, FS Sandrock, 373 (377 f.); a.A. *Altmeppen*, ZGR 1999, 291 (301); *Kießling/Kießling*, WM 2003, 513 (523), da eine vergleichbare Interessenlage vorliegt und die Verpflichtung aus § 43 Abs. 1 GmbHG die Einrichtung eines effektiven Frühwarnsystems indiziert, allerdings beschränken sie ihre Ausführungen auf Kreditinstitute; *Scharpf*, DB 1997, 737, wendet die Norm »entsprechend« auf die GmbH an; *Schulz*, Sanierungsgeschäftsführung, S. 203; *Terlau*, in: MAH GmbH-Recht, § 10, Rn. 72.

326 BT-Drs. 13/9712, S. 15.

c) Umfang der Ausstrahlung auf das GmbHG

In einem nächsten Schritt ist die Frage aufzuwerfen, in welchem Umfang der § 91 Abs. 2 AktG auf § 43 Abs. 1 GmbHG ausstrahlt. Vor allem, ob für die GmbH-Geschäftsführung dadurch auch die Pflicht zur Einrichtung eines Überwachungssystems besteht. Nach dem Willen des Gesetzgebers hänge die Tiefe der Ausstrahlungswirkung unter anderem von der Größe und der Komplexität der Struktur der Gesellschaft ab.[327] Die Entwurfsbegründung selbst nimmt daher keine pauschale Ausstrahlungswirkung an, sondern stellt Abhängigkeiten auf. Sie äußert sich nicht ausdrücklich dazu, in welchem Verhältnis die Ausstrahlungswirkung der Norm von der Größe und Komplexität der GmbH abhängt. Gemeint ist vermutlich, dass die Norm auf GmbHs ausstrahlen soll, die von der Größe und Komplexität ihrer Struktur mit einer Aktiengesellschaft vergleichbar sind.[328] Insoweit sind zwischen einer typisierten GmbH und einer typisierten AG erhebliche Unterschiede auszumachen.

aa) Größe des Geschäftsbetriebs

§ 91 Abs. 2 AktG gilt für Aktiengesellschaften. Die dort niedergelegte Überwachungspflicht bezieht sich daher auf Gesellschaften, die notwendigerweise gewisse Größe und Komplexität in der Struktur besitzen. Fraglich ist, ob § 91 Abs. 2 AktG nur auf solche Gesellschaften ausstrahlen kann, die ähnlich wie Aktiengesellschaften eine solche »gewisse Größe und Komplexität in der Struktur besitzen«. Bei der GmbH wären nicht alle erfasst, sondern nur solche, die von ihrer Größe und Struktur trotz gewisser Unterschiede mit der einer Aktiengesellschaft vergleichbar sind. Dies ist auch sachlich angemessen. Kostspielige Investitionen, wie die Einrichtung eines umfassenden Überwachungssystems, würden Kleinst- und Kleinunternehmer die im Bereich des GmbH-Rechts, anders als im Bereich der Aktienrechts, keine Ausnahmeerscheinung sind, besonders schwer treffen.[329] Die Pflicht zur Einrichtung eines Überwachungssystems, und damit die volle Ausstrahlungswirkung des § 91 Abs. 2 AktG, ist aber jedenfalls dann erreicht, wenn der Geschäftsbetrieb der GmbH mit dem einer Aktiengesellschaft vergleichbar ist.[330] Das kann einerseits der Fall sein, wenn die GmbH am Kapitalmarkt tätig ist, also beispielsweise Schuldverschreibungen oder Genussscheine an der Börse handelt.[331] Dann überwiegt der Schutz der Anleger und die Geschäftsführung muss ein mit den gesetzlichen Anforderungen übereinstimmendes Risikokontrollsystem einrichten, das wiederum auch der Überprüfung durch die Börsenzulassungsstelle unterliegt.[332]

Andererseits nähern sich die organisatorischen Strukturen der GmbH und der AG an, wenn die GmbH einen Aufsichtsrat einrichten muss.[333] Beschäftigt eine GmbH in

327 BT-Drs. 13/9712, S. 15.

328 Insofern rechtsformspezifische Unterschiede zugestehend *Jungmann*, ZRI 2021, 209 (214).

329 Vgl. *Deppenkemper*, ZIP 2020, 595 (596); *Drygala/Drygala*, ZIP 2000, 297 (301); *Steffan/Poppe/Roller*, INDat Report 2021, 46 (48).

330 *Schulz*, Sanierungsgeschäftsführung, S. 205; *Thiele*, ZInsO 2014, 1882 (1887).

331 *Hommelhoff*, FS Sandrock, 373 (379); vgl. *Schulz*, Sanierungsgeschäftsführung, S. 205.

332 *Hommelhoff*, FS Sandrock, 373 (379).

333 *Hommelhoff*, FS Sandrock, 373 (379).

der Regel mehr als 500 bzw. 2.000 Arbeitnehmende (vgl. § 1 Abs. 1 Nr. 3 DrittelbG bzw. § 6 Abs. 1 MitbestG i.V.m. § 1 Abs. 1 MitbestG), ist eine solche Ähnlichkeit zur AG gegeben, dass dies auch die Einrichtung eines Risikokontrollsystems erfordert.[334] Unterschiede in der Detailtiefe des Überwachungssystems ergeben sich dann gestaffelt nach unten für eine mittelgroße GmbH, eine kleine GmbH mit satzungsgemäßer Vorgabe und eine kleine GmbH mit einem Aufsichtsrat aber ohne satzungsgemäße Vorgabe.[335] Je kleiner die GmbH, desto geringer muss der Umfang des Überwachungssystems sein. Bei kleinen und mittleren Unternehmen (KMU) ohne Aufsichtsrat ist dagegen, allein schon wegen der geringen Größe, ein Überwachungssystem nicht erforderlich.[336] Dafür spricht auch, dass für KMUs ebenfalls in anderen Bereichen Ausnahmeregelungen gelten. So können sie zum Beispiel bei der Bilanzierung auf einige Entlastungen zurückgreifen, indem sie keinen Lagebericht erstellen müssen und den Jahresabschluss später aufstellen können, vgl. § 264 Abs. 1 HGB.[337] Letzterer unterliegt auch nicht der Jahresabschlussprüfung.[338]

bb) Unterschiede in der Organstruktur

Fraglich ist, ob die Ausstrahlungsform, über die vom Gesetzgeber genannten Voraussetzungen hinaus, auch davon abhängig ist, dass die konkrete Organstruktur der GmbH mit der einer AG vergleichbar ist. Diese Frage ist relevant, sofern die Strukturen auseinanderfallen.

Die Organe der AG setzen sich zusammen aus dem Vorstand, als leitendem Organ nach § 76 Abs. 1 AktG,[339] dem Aufsichtsrat, als überwachendem Organ nach § 111 Abs. 1 AktG,[340] und der Hauptversammlung, als kontrollierendem Organ nach § 119 AktG.[341] Die GmbH setzt sich aus den Gesellschaftern und der Geschäftsführung zu-

334 *Claussen/Korth*, FS Lutter, 327 (341); *Hommelhoff*, FS Sandrock, 373 (379).

335 *Claussen/Korth*, FS Lutter, 327 (340 f.).

336 *Gleißner/Stein/Wiedemann*, ZfKE 2022, 197 (198), sprechen insofern besonders bei mittelständischen Unternehmen, in den Rechtsformen der GmbH und GmbH & Co. KG, von einer Freiwilligkeit zur Einrichtung eines Krisen- und Risikomanagementsystems vor Inkrafttreten des StaRUG; *Fiege*, Risikomanagement- und Überwachungssystem nach KonTraG, S. 28, Fn. 134; *Hillebrand*, Früherkennungs- und Überwachungssystem bei Kapitalgesellschaften, S. 97, 99; *Schulz*, Sanierungsgeschäftsführung, S. 204; *Wanner*, GmbH in der Krise, S. 67 f. A.A. *Weilep*, Risikomanagementsystem als Führungssystem, S. 183. Uneindeutig *Jürgensen*, Pflichten und Haftung des Geschäftsführers einer GmbH, S. 158, der eine Entscheidung offen lässt, weil in jedem Fall eine schematische Übertragung der aktienrechtlichen Ansätze ausgeschlossen werde.

337 *Nickert/Nickert*, GmbHR 2021, 401 (409, Rn. 72).

338 *Nickert/Nickert*, GmbHR 2021, 401 (409, Rn. 72).

339 *Dauner-Lieb*, in: Henssler/Strohn, GesR, AktG, § 76, Rn. 1; *Fleischer*, in: BeckOGK, AktG, § 76, Rn. 4; *Koch*, AktG, § 76, Rn. 6; *Langenbucher*, Aktien- und Kapitalmarktrecht, § 4, Rn. 1; *Weber*, in: Hölters/Weber, AktG, § 76, Rn. 1 f.

340 *Grigoleit/Tomasic*, in: Grigoleit, AktG, § 111, Rn. 1; *Koch*, AktG, § 76, Rn. 6; *Langenbucher*, Aktien- und Kapitalmarktrecht, § 5, Rn. 1 f.

341 *Hoffmann*, in: BeckOGK, AktG, § 119, Rn. 2; *Langenbucher*, Aktien- und Kapitalmarktrecht, § 6, Rn. 1, 3; *Liebscher*, in: Henssler/Strohn, GesR, AktG, § 119, Rn. 1.

sammen.[342] Die aus der Gesamtheit der Gesellschafter bestehende Gesellschafterversammlung bestellt und kontrolliert als oberstes Willensorgan die Geschäftsführung.[343] Die Pflicht zur Einrichtung eines Aufsichtsrats besteht bei der GmbH nach § 6 Abs. 1 i.V.m. § 1 Abs. 1 MitbestG erst dann, wenn sie mehr als 2.000 Arbeitnehmende beschäftigt bzw. nach § 1 Abs. 1 Nr. 3 DrittelbG bei in der Regel mehr als 500 Arbeitnehmenden. Das heißt in der GmbH fehlt es, unterhalb der Beschäftigungsschwelle von 500 bzw. 2.000 Arbeitnehmenden, an einem Äquivalent zum überwachenden Organ des Aufsichtsrats in der AG. § 42a GmbHG schreibt zwar die Vorlage des Jahresabschlusses und des Lageberichts durch die Geschäftsführung an die Gesellschafter vor. Eine darüber hinausgehende Prüfverpflichtung ist dort aber nicht normiert.

Die AG und die GmbH sind daher in ihren Strukturen durchaus unterschiedlich. Diese Unterschiede sind aber für die Frage der Ausstrahlungswirkung nicht relevant, weil sich diese an die Geschäftsleitung richtet und eine solche sowohl bei der AG als auch bei der GmbH besteht. Ein Aufsichtsrat beispielsweise ist vollständig irrelevant für die Etablierung eines Überwachungssystems. Er dient vielleicht dazu, dass das Überwachungssystem insgesamt wirksamer ist, weil es einer zusätzlichen Prüfung unterliegt. Die Geschäftsführung benötigt dagegen keinen Aufsichtsrat, um überhaupt ein Überwachungssystem einzurichten. Die grundsätzlichen Unterschiede in der Organstruktur wirken sich daher nicht auf die Tiefe der Ausstrahlungswirkung aus.

d) Zwischenfazit

Die von der Ausstrahlungswirkung erfassten GmbHs unterliegen somit aus § 91 Abs. 2 AktG der gleichen Pflicht zur Einführung eines Überwachungssystems wie die Aktiengesellschaften. Da dieses auch den Eintritt der Insolvenzverfahrenseröffnungsgründe, darunter auch die drohende Zahlungsunfähigkeit nach § 18 InsO, erfasst, erfüllte das deutsche Recht in Bezug auf solche GmbHs schon vor Geltung der RRL den durch diese ausgelösten Umsetzungsbedarf. Auch insoweit enthält § 1 Abs. 1 S. 1 StaRUG nur klarstellende Wirkung. An den ohnehin schon geltenden Pflichten der Geschäftsführung einer entsprechend großen GmbH hat § 1 Abs. 1 S. 1 StaRUG deswegen nichts geändert.

III. Pflicht zur Einführung eines Überwachungssystems für KMU durch § 1 Abs. 1 S. 1 StaRUG?

Die Ausstrahlungswirkung von § 91 Abs. 2 AktG wirkt sich nicht auf KMU aus. Nach nationalem Recht ergibt sich dies aus dem übermäßigen Kostenaufwand, den diese Unternehmen für die Unterhaltung eines umfänglichen Überwachungssystems ausgeben müssten. Insofern könnte die RRL einen Umsetzungsbedarf auslösen, wenn sie die Einführung eines Überwachungssystems ausnahmslos für GmbHs aller Größen verlangen sollte.

342 *Altmeppen*, GmbHG, § 35, Rn. 1; *Oetker*, in: Henssler/Strohn, GesR, GmbHG, § 35, Rn. 1; *Wicke*, GmbHG, § 35, Rn. 1.

343 *Oetker*, in: Henssler/Strohn, GesR, GmbHG, § 35, Rn. 2; *Stephan/Tieves*, in: MüKo, GmbHG, § 35, Rn. 13; *Wicke*, GmbHG, § 35, Rn. 1.

1. Ausnahme für KMU nach Unionsrecht?

Nach ErwG 17 der RRL sind 99 % aller Unternehmen in der Union kleine und mittlere Unternehmen. Fraglich ist, ob die RRL für diese KMUs eine Ausnahme von der Pflicht zur Einrichtung eines Überwachungssystems vorsieht, weil eine solche Einrichtungspflicht diese Unternehmen vor einen unverhältnismäßigen Verwaltungsaufwand stellen könnte. Die RRL geht auf die Unterschiede zwischen größeren Unternehmen und KMU wiederholt ein.[344] Insofern erkennt sie an, dass zwischen den Unternehmensgrößen zu unterscheiden ist.

Für die Definition eines KMU verweist ErwG 18 der RRL sowohl auf die Richtlinie 2013/34/EU[345] vom 26. Juni 2013 als auch auf die Empfehlung der Kommission[346] vom 6. Mai 2003. Nach Art. 3 Abs. 3 der Richtlinie 2013/34/EU handelt es sich um ein mittleres Unternehmen, wenn zwei der drei folgenden Merkmale nicht überschritten sind. Das Unternehmen hat bis zu 250 Beschäftigte, der Jahresumsatz überschreitet 40 Mio. Euro nicht oder es hat eine Jahresbilanzsumme von maximal 20 Mio. Euro. Um ein Kleinstunternehmen handelt es sich nach Art. 3 Abs. 1 der Richtlinie 2013/34/EU, wenn ebenfalls zwei der drei Größenmerkmale nicht überschritten sind: eine Jahresbilanzsumme von 350.000 €, Nettoumsatzerlöse von 700.000 € und eine durchschnittliche Zahl der während des Geschäftsjahres Beschäftigten von zehn.

Die Empfehlung der Kommission setzt dagegen andere Schwellenwerte an. Nach deren Art. 2 Abs. 1 handelt es sich um ein mittleres Unternehmen, wenn dieses weniger als 250 Personen beschäftigt und wenn es entweder ein Jahresumsatz von höchstens 50 Mio. Euro erwirtschaftet oder die Jahresbilanzsumme höchstens 43 Mio. Euro beträgt. Ein Kleinstunternehmen liegt nach Art. 2 Abs. 3 der Empfehlung der Kommission vor, wenn im Unternehmen weniger als zehn Personen arbeiten und der Jahresumsatz bzw. die Jahresbilanz 2 Mio. Euro nicht überschreitet.

Das bedeutet der Schwellenwert der zu beschäftigende Personenzahl ist zwar in beiden Rechtsgrundlagen identisch. Die konkreten Zahlenwerte in Bezug auf die Jahresbilanzsumme unterscheiden sich dagegen, bewegen sich aber in einem ähnlichen Rahmen.

Die RRL geht in ErwG 17 auf die Unterschiede zwischen größeren Unternehmen und KMU ein. Sie bekräftigt in ErwG 17 S. 2 RRL, dass KMU unverhältnismäßig höhere Kosten zu tragen haben als größere Unternehmen. Trotzdem geht aus ErwG 17 S. 5 RRL hervor, dass gerade für KMU die Einrichtung eines Überwachungssystems notwendig ist. Einer der Kerngedanken der wissenschaftlichen Empfehlungen zur präventiven Restrukturierung auf europäischer Ebene war die Begründung von Krisen- und Risikofrüherkennungssystemen auch bei den mittelständischen GmbHs.[347] Es wäre widersprüchlich genau diese nun von der Pflicht zur Einrichtung eines Überwachungs-

344 Siehe dazu ausführlich auf S. 47, Fn. 349.

345 Richtlinie (EU) 2013/34/EU des Europäischen Parlaments und des Rates vom 26.6.2013 über den Jahresabschluss, den konsolidierten Abschluss und damit verbundene Berichte von Unternehmen bestimmter Rechtsformen und zur Änderung der Richtlinie 2006/34/EG des Europäischen Parlaments und des Rates und zur Aufhebung der Richtlinien 78/660/EWG und 83/349/EWG des Rates, ABl. L 182/19 vom 29.6.2013.

346 Empfehlung der Kommission vom 6. Mai 2003 betreffend die Definition der Kleinstunternehmen sowie der kleinen und mittleren Unternehmen (2003/261/EG), ABl. L 124/36 vom 20.5.2003.

347 *Gleißner/Nickert/Nickert*, DB 2023, 1489 (1490).

systems wieder auszunehmen. Damit verlangt die RRL, dass auch die Geschäftsleitungen von KMU ein Überwachungssystem einrichten sollen.[348] Nach dem Unionsrecht sollen zwar die den KMU nur begrenzt zur Verfügung stehenden Mittel Beachtung finden. Für KMU gilt nach den Vorgaben der RRL aber keine grundsätzliche Ausnahme von der Pflicht zur Einrichtung eines Überwachungssystems.

2. Umsetzung durch § 1 Abs. 1 S. 1 StaRUG

Die Ausstrahlungswirkung von § 91 Abs. 2 AktG erfasste KMU nicht. Die Richtlinie löste daher für KMU einen Umsetzungsbedarf aus, den § 1 Abs. 1 S. 1 StaRUG erfüllt haben könnte. Während die RRL auf das besondere Bedürfnis von kleinen und mittleren Unternehmen als Schuldner an 13 Stellen eingeht,[349] werden diese in der Gesetzesbegründung zum StaRUG nur noch fünfmal erwähnt[350] und im StaRUG selbst nur noch einmal in § 16 StaRUG in Bezug auf die Checkliste für Restrukturierungspläne. Das bedeutet, im Laufe des Gesetzgebungsprozesses sind auf nationaler Ebene die Besonderheiten, die der europäische Gesetzgeber für KMU gesehen hat, zumindest quantitativ in den Hintergrund gerückt.

a) Schwellenwerte für das Vorliegen der KMU

Der Regierungsentwurf zum StaRUG erwähnt zwar an einer Stelle ausdrücklich KMUs, definiert diese aber nur über die maximale Anzahl von 249 Beschäftigten.[351] Grenzwerte für kleinst und kleine Unternehmen werden nicht genannt. Ebenso wenig legt die RRL fest, ob auf die Empfehlung der Kommission aus 2003 oder auf die Richtlinie aus 2013 abzustellen ist. Das StaRUG selbst nennt an mehreren Stellen die kleinst, kleinen und mittleren Unternehmen, definiert aber keine Schwellenwerte.[352] Die RRL verweist in Art. 2 Abs. 2 lit. c RRL darauf, dass die Begriffe »Kleinstunternehmen sowie kleine und mittlere Unternehmen« im Sinne des nationalen Rechts zu verstehen seien. § 267 Abs. 1 und 2 HGB definieren die Merkmale für kleine und mittelgroße Kapitalgesellschaften sowie § 276a Abs. 1 S. 1 HGB solche für Kleinstkapitalgesellschaften. §§ 267, 267a HGB sehen dieselben Schwellenwerte vor, wie sie die Richtlinie 2013/34/EU bestimmt. Damit ist auf die Normen im HGB abzustellen, die sich mit den Schwellenwerten der Richtlinie 2013/34/EU decken. Die Grenzwerte in der Empfehlung der Kommission aus Mai 2003 bleiben außer Betracht.[353]

348 A.A. *Krüger*, Insolvenzbezogene Pflichten, S. 272.

349 ErwG 7, ErwG 17, ErwG 29, ErwG 45, ErwG 58, ErwG 59, ErwG 93, Art. 3 Abs. 4, Art. 4 Abs. 8, Art. 8 Abs. 2, Art. 9 Abs. 4 UAbs. 3, Art. 11 Abs. 1 UAbs. 2 und Art. 12 Abs. 3.

350 § 18 (S. 19), S. 92, S. 104, S. 150, S. 183.

351 BT-Drs. 19/24181 S. 186.

352 §§ 8 Nr. 2, 31 Abs. 2 S. 2, 73 Abs. 1 Nr. 1 StaRUG.

353 A.A. *Sander*, ZHR 2024, 8 (27). Die Diskussion um die konkreten Schwellenwerte ist insofern wieder relevant, als dass die Kommission am 7.12.2022 einen Vorschlag einer Richtlinie zur Harmonisierung bestimmter Aspekte des Insolvenzrechts (COM(2022) 702) vorgelegt hat, in dessem Art. 2 lit. j Kleinstunternehmen nach der Empfehlung 2003/361/EG der Kommission zu verstehen seien. Wird diese Richtlinie so umgesetzt, müsste Deutschland seinen § 276a HGB nachbessern und es würden die von der Kommission 2003 festgelegten Grenzwerte gelten.

b) Auslegung des § 1 Abs. 1 S. 1 StaRUG nach nationalem Auslegungskanon

Im StaRUG ist die Pflicht zur Krisenfrüherkennung rechtsformneutral in § 1 Abs. 1 S. 1 StaRUG geregelt, der als einziger Paragraf im ersten Teil steht. Aus dieser Norm könnte für GmbHs jeder Größe die Pflicht zur Einrichtung und zur Unterhaltung eines Überwachungssystems folgen. Dafür müsste das Verb »wachen« in dem entsprechenden Sinne ausgelegt werden. Der Wortlaut spricht aber nicht eindeutig von der Einrichtungspflicht eines Überwachungssystems. Lediglich das Adjektiv »fortlaufend« könnte eine solche Pflicht anzeigen, könnte sich gleichzeitig aber auch nur auf die turnusmäßige Überwachungspflicht beziehen.[354] Aus der Entwurfsbegründung zu § 1 StaRUG folgt, dass der Gesetzgeber über einen Verweis auf die Gesetzesbegründung zum KonTraG davon ausging, dass die Geschäftsleitung einer jeden juristischen Person bereits vorher die Pflicht zur Risikoüberwachung im Sinne des § 91 Abs. 2 AktG treffe, mithin insbesondere die Pflicht, ein Überwachungssystem einzurichten.[355]

Der Verweis auf die Begründung zum KonTraG ist jedoch perplex. Denn die Entwurfsbegründung zum KonTraG macht die Ausstrahlungswirkung des § 91 Abs. 2 AktG gerade von der Größe und Komplexität des Unternehmens abhängig und ordnet sie nicht pauschal für alle Unternehmen an. Insofern unterliegt die Entwurfsbegründung zum StaRUG einem Irrtum. Sie verweist für den Umfang der Überwachungspflicht auf die Gesetzesbegründung des KonTraG zum § 91 Abs. 2 AktG. Die Norm strahlt jedoch nicht auf alle GmbHs aus, weshalb insbesondere für die Geschäftsführung von kleinst und kleinen Unternehmen die Einrichtung eines Überwachungssystems nicht erforderlich ist.[356]

Daher hat § 1 Abs. 1 S. 1 StaRUG, im Gegensatz zur Vorstellung der Entwurfsbegründung des StaRUG, keine Rechtsklarheit geschaffen. Aus dem Wortlaut der Norm geht nicht eindeutig hervor, dass die Geschäftsleitung zur Einrichtung eines umfassenden »Überwachungssystems« verpflichtet werden soll.[357] Ob § 1 Abs. 1 S. 1 StaRUG vor diesem Hintergrund für KMU eine Pflicht zur Einführung eines Überwachungssystems anordnet, ist eine methodische Frage. Denn die Entwurfsbegründung zum StaRUG geht davon aus, die Norm ändere an der bestehenden Rechtslage nichts.[358]

354 Als turnusmäßige Aktualisierung der umgesetzten Früherkennungspflicht auslegend *Gleißner/Nickert/Romeike*, BOARD 2024, 21 (22 f.).

355 BT-Drs. 19/24181, S. 103.

356 *Claussen/Korth*, FS Lutter, 327 (340); *Drygala/Drygala*, ZIP 2000, 297 (302); *Hommelhoff*, FS Sandrock, 373 (377–379); *Merkt*, ZIP 2014, 1705 (1713); *Schaefer/Baumann*, NJW 2011, 3601.

357 *Fritz*, in: Mönning, Betriebsfortführung, § 45, Rn. 80; *Gleißner/Stein/Wiedemann*, ZfKE 2022, 197 (208); *Goetker*, in: Flöther, StaRUG, § 1, Rn. 34; *Hirte*, in: Uhlebruck, Band 2, StaRUG, § 1, Rn. 13; *Mock*, in: BeckOK, StaRUG, § 1, Rn. 37.1; *Pospiech/Noack*, NJW-Spezial 2021, 207; *Scholz*, ZIP 2021, 219 (229); *Tresselt/Lochmann*, in: HambKomm, StaRUG, § 1, Rn. 7. A.A. *Cranshaw/Portisch*, ZInsO 2020, 2617 (2618); *Gleißner/Nickert/Nickert*, DB 2023, 1489 (1490); *Nickert*, KTS 2021, 183 (185 f.); *Nickert/Nickert*, GmbHR 2021, 401 (402, Rn. 11); *Nickert/Nickert*, DStR 2021, 883 (884); *Schwintowski*, NZG 2021, 901 (905), die bereits nach dem Wortlaut des § 1 Abs. 1 S. 1 StaRUG davon ausgehen, dass die Geschäftsleitung nun dazu verpflichtet ist, ein Frühwarnsystem einzurichten.

358 BT-Drs. 19/24181, S. 103 »das geltende Recht im Interesse an Rechtsklarheit für die Rechtsanwender einer positiven Regelung zuzuführen«.

Dann gäbe es für KMU keine Pflicht, ein Überwachungssystem zu unterhalten. Gleichzeitig unterliegt die Entwurfsbegründung einem Irrtum über die Rechtslage. Denn sie bringt zum Ausdruck, dass sie davon ausgeht, dass diese Pflicht schon besteht und auch KMU ein Überwachungssystem unterhalten müssen.

Denkbar wäre, dem irrtumsbedingten Willen der Entwurfsbegründung dergestalt Rechnung zu tragen, dass § 1 Abs. 1 S. 1 StaRUG die Pflicht zur Einführung eines Überwachungssystems für alle juristischen Personen unabhängig von deren Größe und Komplexität der Struktur, von deren Geltung die Entwurfsbegründung für KMU fehlerhaft ausging, normierte. Dadurch führte die Norm den Rechtszustand herbei, von dem die Entwurfsbegründung ausgeht und der gelten soll. Folglich müssten nach § 1 Abs. 1 S. 1 StaRUG alle juristischen Personen, die diese Pflicht nicht schon durch den ausstrahlenden § 91 Abs. 2 AktG trifft, ein Überwachungssystem einführen. Die konkrete Ausgestaltung des Überwachungssystems wäre Auslegungssache, wobei für KMU geringere Anforderungen gelten würden.

Überzeugender ist es dagegen, die Entwurfsbegründung zu § 1 Abs. 1 S. 1 StaRUG beim Wort zu nehmen. Sie ist wegen des perplexen Verweises auf die Entwurfsbegründung zum KonTraG widersprüchlich. Wegen dieser Widersprüchlichkeit kommt ihr für die Normauslegung eine geringe Bedeutung zu. Die Norm wiederum verlangt ihrem Wortlaut nach nur die fortlaufende Überwachung. Im Vergleich zu § 91 Abs. 2 AktG wird hier gerade nicht die Einführung eines umfassenden Überwachungssystems verlangt. Vor diesem Hintergrund ist es abzulehnen, aus § 1 Abs. 1 S. 1 StaRUG nach den nationalen Auslegungsmethoden eine Pflicht für KMU herzuleiten, ein umfangreiches Überwachungssystem einzurichten.[359]

Etwas anderes könnte sich aber ergeben, wenn man § 1 Abs. 1 S. 1 StaRUG vor dem Hintergrund der RRL auslegt. Der Gesetzgeber wollte durch § 1 StaRUG den Art. 19 lit. b RRL umsetzen.[360] Art. 19 lit. b RRL gilt auch für KMU. Das Unionsrecht erkennt zwar die Besonderheiten, die KMU von großen Unternehmen unterscheiden und berücksichtigt diese wertend in den Erwägungsgründen und an mehreren weiteren Stellen.[361] Trotz dieser Spezifizierung enthält das Unionsrecht aber auch eine Pflicht für KMU, ein Überwachungssystem zu etablieren. Da der nationale Gesetzgeber mit § 1 StaRUG gerade Art. 19 lit. b RRL umsetzen wollte,[362] ist es sachgemäß, § 1 StaRUG richtlinienkonform auszulegen. Denn ansonsten kennt das nationale Recht zwar für größere Unternehmen mit § 91 Abs. 2 AktG eine richtlinienkonforme innerstaatliche Regelung, nicht aber für kleinere GmbHs. Für diese kann sich die Pflicht zur Einführung eines Überwachssystems nur aus § 1 Abs. 1 S. 1 StaRUG ergeben, sodass hier die richtlinienkonforme Auslegung ansetzen muss.

c) Konkretisierung der Pflicht aus § 1 Abs. 1 S. 1 StaRUG

Aus § 1 StaRUG ergibt sich nicht unmittelbar, ab welchem Zeitpunkt die Unternehmen ein Überwachungssystem einführen müssen. Denkbar wäre die Pflicht an das Vorliegen der Voraussetzung des § 29 StaRUG, der die materiellen Zugangsvorausset-

359 So auch *Termath*, Der »shift of duties« bei wahrscheinlicher Insolvenz, S. 237.

360 Vgl. BT-Drs. 19/24181, S. 103.

361 Siehe dazu die Nachweise oben S. 47, Fn. 349.

362 Vgl. BT-Drs. 19/24181, S. 103.

zungen für das Restrukturierungsverfahren regelt, anzuknüpfen. Dem steht ein systematisches Argument entgegen. § 1 StaRUG steht als einzelner Paragraf in Teil 1. Aufgrund dieser »Vor-die-Klammer-gezogenen«-Stellung hat er auch unabhängig von der Inanspruchnahme des Stabilisierungs- und Restrukturierungsrahmens Geltung.[363] § 29 StaRUG ist dagegen in Teil 2 normiert. Indem § 29 StaRUG und § 1 StaRUG in unterschiedlichen Teilen normiert sind und § 1 StaRUG allgemeingültige Regeln der Geschäftsleitung bestimmt, kann aus systematischen Gründen die drohende Zahlungsunfähigkeit, auf die sich insbesondere § 29 Abs. 1 StaRUG bezieht, nicht automatisch auch für § 1 Abs. 1 S. 1 StaRUG gelten. Auch der Sinn des Überwachungssystems spricht für eine frühzeitige Einführung. Die Pflicht aus § 1 Abs. 1 S. 1 StaRUG muss daher insbesondere auf die Zeit vor dem Eintritt der drohenden Zahlungsunfähigkeit Anwendung finden.364 Sie erfüllt nur den Zweck der Ermöglichung einer »Frühwarnung« des Unternehmens, wie es die RRL vorsieht, wenn sie zeitlich durchgehend greift. Es handelt sich um eine Dauerpflicht,[365] die, abgesehen von der Eintragung der Gesellschaft in das Handelsregister, keinen anfänglichen zeitlichen Einschränkungen unterliegt.[366] Die Geschäftsleitung muss daher gemäß § 1 Abs. 1 S. 1 StaRUG dauerhaft über den Fortbestand des Unternehmens »wachen«. Aus einer Auslegung anhand des Zwecks der Richtlinie muss das Verb »wachen« hier im Sinne der Einrichtung und Unterhaltung eines umfänglichen Überwachungssystems verstanden werden. Die Geschäftsleitung muss für strukturelle Prüfungen der finanziellen Lage sorgen, die die Wahrscheinlichkeit erhöhen, eine den Fortbestand des Unternehmens gefährdende Entwicklung zu erkennen und die Wahrscheinlichkeit des Erkennens einer solchen Entwicklung möglichst wenig von Individualversagen abhängig machen. Darüber hinaus hängen die Anforderungen an das Überwachungssystem von den typisierten Gegebenheiten des in Rede stehenden Unternehmens ab.

363 *Goetker*, in: Flöther, StaRUG, § 1, Rn. 10, 24; *Seibt,* in: Seibt/Westpfahl, StaRUG, § 1, Rn. 2.

364 *Goetker*, in: Flöther, StaRUG, § 1, Rn. 10; *Hirte*, in: Uhlenbruck, InsO, Band 2, StaRUG, § 1, Rn. 2; *Sander*, ZHR 2024, 8 (25); *Schluck-Amend*, in: K. Schmidt/Uhlenbruck, GmbH in Krise, Restrukturierung, Insolvenz, § 2, Rn. 2.141, 2.216; *Sikora*, BBK 2023, 502 (503 f.); *Thole*, in: Jacoby/Thole, StaRUG, § 1, Rn. 13. In Bezug auf die vom Bundesministerium der Justiz und für Verbraucherschutz bereitzustellenden Informationen zu den Frühwarnsystemen in § 101 StaRUG stellt die Regierungsbegründung auf die »Vorphase des Restrukturierungszeitraums« ab, BT-Drs. 19/24181, S. 185.

365 *Commandeur/Römer*, NZG 2022, 491 (493); *Gleißner/Nickert/Romeike*, BOARD 2024, 21 (23); *Hölzle*, FS Gehrlein, 261 (264); *Roth/Hagmann-Steinbach*, KSI 2022, 253 (254); *Seibt,* in: Seibt/Westpfahl, StaRUG, § 1, Rn. 21; *Sikora*, BBK 2023, 502 (503 f.); *Skauradszun/Amort*, DB 2021, 1317 (1318); *Skauradszun/Harnack*, ZGR 2023, 71 (76); *Wolgast*, in: Wolgast/Grauer, StaRUG Online, § 1, Rn. 20.

366 *Commandeur/Römer*, NZG 2022, 491 (493); *Hölzle*, FS Gehrlein, 261 (264); *Mock*, in: BeckOK, StaRUG, § 1, Rn. 40; *Nickert/Nickert*, GmbHR 2021, 401 (401, Rn. 3); *Roth/Hagmann-Steinbach*, KSI 2022, 253 (254); *Sander*, ZHR 2024, 8 (40). A.A. *Cranshaw/Portisch*, ZInsO 2020, 2617 (2618 f.), die zu dem Schluss kommen, dass die Krisenfrüherkennung an die drohende Zahlungsunfähigkeit zu knüpfen ist, kritisieren aber im nächsten Schritt, dass dies ein zu später Zeitpunkt sei.

aa) Zeitlicher Anknüpfungspunkt

Außerdem bedarf es der Bestimmung, welchen Zeitpunkt das Überwachungssystem genau erfassen muss. Um eine unter Umständen an die Pflicht zur Krisenfrüherkennung anknüpfende Haftung der Geschäftsleitung nicht ausufern zu lassen, und vor dem Hintergrund, dass die Prognosefähigkeit abnimmt, je weiter sie in der Zukunft liegt,[367] bedarf es einer zeitlichen Einschränkung der Krisenfrüherkennung nach hinten. Überschuldung nach § 19 InsO und Zahlungsunfähigkeit nach § 17 InsO kommen hierfür nicht in Betracht. Denn liegt bereits ein Insolvenzeröffnungsgrund vor, hat die Geschäftsleitung die Pflicht, nach § 15a Abs. 1 S. 1 InsO einen Insolvenzantrag zu stellen. Ab diesem Zeitpunkt, zumindest sofern das Gericht den Antrag nicht gem. § 26 Abs. 1 S. 1 InsO mangels Masse abweist und es sich nicht um ein Eigenverwaltungsverfahren gem. § 270 Abs. 1 S. 1 InsO handelt, wird ein Insolvenzverwalter bestellt, der dafür Sorge zu tragen hat, dass er durch die Verwaltung und Verfügung des zur Insolvenzmasse gehörenden Vermögens, § 80 Abs. 1 InsO, die Gläubiger bestmöglich befriedigt, § 1 S. 1 InsO. Er nimmt also die Position der Geschäftsleitung ein.[368] Daraus folgt im Umkehrschluss, dass die ursprüngliche Geschäftsleitung selbst nicht mehr handlungsbefugt ist. Der Krisenfrüherkennung in § 1 StaRUG knüpft dagegen an die Geschäftsleitung an, sprich die Mitglieder des zur Geschäftsführung berufenen Organs einer juristischen Person. Damit kommen für eine nähere Ausgestaltung der Krisenfrüherkennung Überschuldung und Zahlungsunfähigkeit nicht in Betracht. Außerdem läuft bei diesen verpflichtenden Insolvenzantragsgründen nach § 15a Abs. 1 S. 2 InsO eine drei- bzw. eine sechs-Wochen-Frist zur Insolvenzantragstellung,[369] sodass nicht genügend Zeit für Gegenmaßnahmen bliebe.

Näher liegt es daher auf den 24-Monate-Prognosezeitraum der drohenden Zahlungsunfähigkeit aus § 18 Abs. 2 S. 2 InsO abzustellen.[370] Dann müsste das Überwachungssystem dauerhaft einen Zeitraum von 24 Monaten prognostizieren und eine drohende Zahlungsunfähigkeit in dieser Zeitspanne erkennen.

367 BT-Drs. 19/24181, S. 196.

368 *Hirte*, in: Uhlenbruck, InsO, Band 1, § 11, Rn. 118; vgl. *Vuia*, in:, MüKo, InsO, § 80, Rn. 111.

369 *Knops*, in: Derleder/Knops/Bamberger, HdB BankR, § 18, Rn. 12; *Schluck-Amend*, in: MAH GmbH-Recht, § 23, Rn. 2, 5.

370 *d'Avoine/Michels*, NZI 2022, 1 (3); *Bea/Dressler*, NZI 2021, 67 (70), aber ohne auf den Insolvenzeröffnungsgrund der drohenden Zahlungsunfähigkeit abzustellen; *Brinkmann*, KTS 2021, 303 (310); *Brinkmann*, ZRI 2024, 781 (782); *Fischer/Habermann/Burger*, KSI 2021, 279 (282), »mindestens zwei Jahre«, aber ebenfalls ohne den Verweis auf § 18 Abs. 2 S. 2 InsO; *Girotto/Czernay*, NZI-Beilage 2021, 66 (68); *Gleißner/Kamarás/Wolfrum*, ZfRM 2023, 116 (117), »mindestens zwei, möglichst drei Planjahre«; *Haghani*, NZI-Beilage 2021, 15 (16); *Reifeld*, NZI-Beilage 2023, 12 (13) »in der Regel 24 Monate [...] mindestens zwölf Monate«; *Schäffler/Stopper*, SpuRt 2021, 134 (136 f.); *Schulz*, NZI 2020, 1073 (1076); *Sikora*, BBK 2023, 502 (504); *Steffan/Poppe/Roller*, INDat Report 2021, 46 (49); *Steffan/Poppe/Roller*, KSI 2022, 53 (54, 58); *Thole*, BB 2021, 1347 (1348), »Bestandsgefährdende Entwicklungen [...] sind nicht zwingend mit drohender Zahlungsunfähigkeit gleichzusetzen« aber »werden [...] häufig zusammenfallen«; *Timmermann/Ulrich*, DB 2024, 1289 (1291) »Mindestzeitraum«; *Wolgast*, in: Wolgast/Grauer, StaRUG Online, § 1, Rn. 16 (»mindestens 12, längstens 24 Monate«).

Dem halten andere Stimmen in der Literatur entgegen, dass der Prognosezeitraum gerade nicht auf den Prognosezeitraum der drohenden Zahlungsunfähigkeit beschränkt sei, da die Überwachung an der nachhaltigen Entwicklung des Unternehmens zu orientieren sei, damit vom Geschäftsmodell abhänge und deutlich über den 24 Monaten der drohenden Zahlungsunfähigkeit liegen könne.[371] Das folge systematisch aus § 14 Abs. 1 StaRUG, dem zufolge dem Restrukturierungsplan nicht nur die Beseitigung der drohenden Zahlungsunfähigkeit sondern auch eine Erklärung zur Wiederherstellung der Bestandsfähigkeit beizufügen sei.[372]

Genau gegenteilig wird argumentiert, dass insbesondere Kleinunternehmen die Möglichkeit haben sollen, von dem 24-Monatszeitraum nach unten abzuweichen, um beispielsweise den Pflichtenrahmen einer Ein-Personen-GmbH nicht überzustrapazieren.[373] Deswegen solle bereits eine rollierende 13-Wochen-Liquiditätsplanung den Mindestanforderungen des § 1 Abs. 1 S. 1 StaRUG genügen.[374] Dafür spreche insbesondere der Gesetzeswortlaut von § 18 Abs. 2 S. 2 InsO, nachdem »in aller Regel« ein Prognosezeitraum von 24 Monaten zugrunde zu legen sei, sodass hiervon auch Abweichungen zuzulassen sind.[375]

Die hier präferierte Anknüpfung an die drohende Zahlungsunfähigkeit hat dagegen verschiedene systematische Vorteile. Denn der Eintritt der drohenden Zahlungsunfähigkeit stellt gemäß § 29 Abs. 1 StaRUG die materielle Zugangsvoraussetzung zum Restrukturierungsrahmen dar.[376] Außerdem erreicht man so einen gewissen Gleichlauf zwischen der materiellen Zugangsvoraussetzung zum Restrukturierungsrahmen und zum Insolvenzverfahren wegen drohender Zahlungsunfähigkeit. Es handelt sich dann um einen einheitlichen Prognosezeitraum.[377] Ein Prognosezeitraum von zwei Jahren stellt überdies einen handhabbaren Vorhersagerahmen dar, der in Bezug auf eine mögliche Haftung der Geschäftsleitung, beziehungsweise deren Vermeidung, Rechtssicher-

371 *Brandes/Rabenau*, ZIP 2021, 2374 (2375); *Cranshaw/Portisch*, ZInsO 2020, 2617 (2619); *Hölzle*, FS Gehrlein, 261 (265); *Hölzle*, Praxisleitfaden SanInsFoG, § 1, Rn. 7, »starre Zeitgrenzen […] verbieten [sich]«; *Nickert*, KTS 2021, 183 (186); *Nickert*, in: Kübler/Bork/Prütting, HRI I, § 5, Rn. 48, lässt einen konkreten Beobachtungszeitraum offen, lehnt eine Begrenzung auf die kommenden 24 Monate aber klar ab; *Nickert/Nickert*, ZInsO 2023, 1797; *Roth/Hagmann-Steinbach*, KSI 2022, 253 (254); *Sander*, ZHR 2024, 8 (25 f.); *Weitzmann*, in: Pannen/Riedemann/Smid, StaRUG, § 1, Rn. 32.

372 *Nickert*, in: Kübler/Bork/Prütting, HRI I, § 5, Rn. 48.

373 *Wolgast*, in: Wolgast/Grauer, StaRUG Online, § 1, Rn. 27.

374 *Brünkmans*, ZInsO 2021, 1 (2); *Goetker*, in: Flöther, StaRUG, § 1, Rn. 37; *Rieger/Schmitz*, in: Nerlich/Römermann, StaRUG § 1, Rn. 17; *Schluck-Amend/Faude*, Pflicht zur Krisenfrüherkennung und zum Krisenmanagement nach § 1 StaRUG v. 22.2.2024.

375 BT-Drs. 19/24181, S. 196; *Bitter*, ZIP 2021, 312 (323); *Brünkmans*, ZInsO 2021, 1 (4); *Haffa/Schuster*, in: Braun, StaRUG, § 29, Rn. 13; *Reifeld*, NZI-Beilage 2023, 12 (13); *Schröder*, in: HambKomm, StaRUG, § 29, Rn. 6; *Wolfer*, in: BeckOK, InsO, § 18, Rn. 23; *Wolgast*, in: Wolgast/Grauer, StaRUG Online, § 1, Rn. 27.

376 AG Hannover, Beschl. v. 14.3.2023 – 951 RES 1/23 – 1, ZInsO 2023, 312–319, juris Rn. 31; *Gehlein*, BB 2021, 66 (72); *Hoffmann/Braun*, in: Flöther, StaRUG, § 29, Rn. 2; *Kramer*, in: BeckOK, StaRUG, § 29, Rn. 8; *Schröder*, in: HambKomm, StaRUG, § 29, Rn. 2; *Weitbrecht/Wienberg*, in: InsolvenzR in der Gestaltungspraxis, § 1, Rn. 237.

377 Vgl. *d'Avoine/Michels*, NZI 2022, 1 (3); *Goetker*, in: Flöther, StaRUG, § 1, Rn. 37; *Thole*, in: Jacoby/Thole, StaRUG, § 1, Rn. 16.

heit schafft, sodass eine grundsätzliche Übertragung der 24 Monate des § 18 Abs. 2 S. 2 InsO auf die Krisenfrüherkennung des § 1 Abs. 1 StaRUG als Mindestüberwachungszeitraum zuzustimmen ist. Dass im Einzelfall auch ein längerer Vorhersagezeitraum aufgrund der Branche angebracht sein kann,[378] steht dem nicht entgegen. Ganz grundsätzlich eine Krisenbeobachtungspflicht über die zwei Jahre hinaus aus § 14 Abs. 1 StaRUG zu folgern, überzeugt nicht, weil die Norm Anforderungen an den Restrukturierungsplan stellt, also zu einem Zeitpunkt greift, in dem eine drohende Zahlungsunfähigkeit bereits festgestellt wurde und es nun um die Beseitigung durch geeignete Gegenmaßnahmen geht. Insofern lässt sich hieraus kein systematisches Argument für den Zeitraum der vorgelagerten Krisenfrüherkennung ableiten. Eine rollierende 13-Wochen-Liquiditätsplanung stellt hingegen einen so kurzen Überwachungszeitraum dar, dass nicht von einer angemessenen Krisenfrüherkennung zu sprechen ist.[379]

Im Ergebnis umfasst die Krisenfrüherkennung damit grundsätzlich einen zu überwachenden Zeitraum von 24 Monaten. Dieser Zeitraum ermöglicht es, Umstände zu erkennen, die zu einer Zahlungsunfähigkeit führen, sodass, entsprechend den Vorgaben der RRL, die Geschäftsleitung frühzeitig die drohende Zahlungsunfähigkeit erkennt und Gegenmaßnahmen ergreifen kann.

bb) Zuständigkeit der Geschäftsleitung als Gesamtheit

Für die Frage der Zuständigkeit in Bezug auf die Pflicht zur Einrichtung eines Frühwarnsystems kann zum einen § 91 Abs. 2 AktG herangezogen werden.[380] Auf diesen nimmt die Gesetzesbegründung zu § 1 StaRUG explizit Bezug.[381] Dessen Grundgedanke fungierte als Vorbild für den § 1 StaRUG.[382] Für die Pflicht aus § 91 Abs. 2 AktG ist anerkannt, dass diese zu den Kernaufgaben des Vorstandes zählt, die nicht delegierbar ist und damit in die Gesamtverantwortung fällt.[383] Zum anderen spricht für eine Gesamtverantwortung der Wortlaut von § 1 Abs. 1 StaRUG,[384] der den Plural von »Mitglied« verwendet. Die Pflicht zur Früherkennung bestandsgefährdender Entwicklung durch die Einrichtung eines die finanzielle Lage des Unternehmens beobachtenden Frühwarnsystems ist derart essenziell, dass sie in den Kernbereich der Aufgaben

378 *Obersteiner*, Einführung einer allgemeinen Pflicht zur Unternehmensplanung für haftungsbeschränkte Unternehmen durch das StaRUG, stellt auf einen Planungszeitraum von mindestens drei, tendenziell eher fünf Jahren ab; *Sander*, ZHR 2024, 8 (26).

379 *Sikora*, BBK 2023, 502 (507); a.A. *Rieger/Schmitz*, in: Nerlich/Römermann, StaRUG, § 1, Rn. 17.

380 So auch *Gleißner/Nickert/Nickert*, DB 2023, 1489 (1495); *Nickert/Nickert*, ZInsO 2023, 1797 (1798, Fn. 9).

381 BT-Drs. 19/24181, S. 103.

382 BT-Drs. 19/24181, S. 103.

383 BT-Drs. 13/9712, S. 15, »die Bestimmung [ist] nicht in § 93, sondern in § 91 eingestellt worden, da die Überwachungspflicht Teil der Gesamtverantwortung des Vorstands ist.«; LG Berlin, Urt. v. 3.7.2002 – 2 O 358/01, AG 2002, 682–684, juris Rn. 31; *Fleischer*, in: BeckOGK, § 91, Rn. 38; *Koch*, AktG, § 91, Rn. 4; vgl. *Spindler*, in: MüKo, AktG, § 91, Rn. 19.

384 »Die Mitglieder des zur Geschäftsführung berufenen Organs einer juristischen Person […]«.

der Geschäftsleitung fällt. Solche Aufgaben kann die Geschäftsleitung nicht delegieren und auch nicht nur durch eine einzelne geschäftsführende Person erfüllen, wenn sich die Geschäftsleitung durch mehrere geschäftsführende Personen zusammensetzt.

IV. Empfehlung zur Nachbesserung

Auch wenn der Umsetzungsbefehl der Richtlinie für einen gewissen Bereich des Gesellschaftsrechts schon erfüllt war und § 1 Abs. 1 S. 2 StaRUG den Umsetzungsbedarf für die KMU mit Hilfe einer richtlinienkonformen Auslegung im Ergebnis erfüllen kann, wäre es aus Gründen der Rechtsklarheit wünschenswert, wenn der Gesetzgeber dem aus Art. 3 und Art. 19 lit. b RRL folgenden Umsetzungsbedarf ausdrücklich nachkommt.

1. Ausdrückliche Normierung der Pflicht zur Einführung eines Überwachungssystems

Aus Gründen der Rechtsklarheit empfiehlt es sich, die Pflicht zur Einführung eines Überwachungssystems in § 1 Abs. 1 S. 1 StaRUG ausdrücklich festzuschreiben. Der Gesetzgeber sollte auf die bisher genutzte Verweisungsmechanik innerhalb der Entwurfsbegründungen verschiedener Gesetze verzichten. Gerade KMU arbeiten mit begrenzten finanziellen Ressourcen und haben nicht immer ohne Weiteres juristischen Sachverstand zur Seite. Daher ist es praktisch, wenn das Gesetz die Pflichten für solche Unternehmen möglichst bestimmt und verständlich normiert und sie sich nicht nur durch eine Auslegung der Normtexte anhand der Entwurfsbegründungen ergeben. Darüber hinaus bietet es sich in diesem Zuge an, zwischen KMU und großen Unternehmen zu unterscheiden. Das kann durch einen zweiten Absatz geschehen. Der könnte anordnen, dass das Überwachungssystem der Größe und der Komplexität der Struktur des Unternehmens entsprechen muss. Eine denkbare Regelung könnte daher etwa wie folgt lauten:

(1) [1]Das Geschäftsleitungsorgan einer juristischen Person wacht dauerhaft über Entwicklungen, welche den Fortbestand der juristischen Person gefährden können, indem es insbesondere ein angemessenes und wirksames Überwachungssystem einrichtet, das einer regelmäßigen Kontrolle unterliegt. [2]Das Überwachungssystem muss mindestens die kommenden 24 Monate abdecken, verstärkt auf die Symptome einer Produkt- und Absatzkrise achten und die drohende Zahlungsunfähigkeit im Sinne des § 18 InsO erkennen.

(2) Die konkrete Ausgestaltung des Überwachungssystems hängt von der Größe und Komplexität der Struktur des Unternehmens ab.

Dadurch würde die Pflicht zur Einrichtung eines Überwachungssystems eindeutig normiert und die Auslegungsschwierigkeiten beseitigt. Zudem gewährleisten die Adjektive »angemessen« und »wirksam« einen Entscheidungsspielraum. Damit wird die Geschäftsleitung von Kleinst- und Kleinunternehmen nicht überlastet. Spätestens Absatz 2 räumt kleineren Unternehmen Freiheit ein, indem er die Anforderungen senkt. Insofern ist die Einrichtung des »Systems« weit gefasst. Für die Auslegung des unbestimmten Rechtsbegriffs »wirksam« ist im Ausgangspunkt auf die Literatur zu § 91 Abs. 3 AktG sowie § 107 Abs. 3 S. 2 AktG zurückzugreifen, wonach der Abschlussprüfer unter anderem die Wirksamkeit eines Risikomanagementsystems zu überprüfen hat und hierfür bereits Kriterien festgehalten sind.[385] Das Adjektiv »angemessen« indiziert wiederum einen Entscheidungsspielraum, der auf die Größe, Struktur und Branche des Unternehmens abstellt und somit auch hier eine übermäßige Inanspruchnahme der Geschäftsleitung verhindert.

Um die Pflicht zu erfüllen, muss die Geschäftsleitung eines Kleinstunternehmens zumindest nachweisen, dass sie einen Liquiditätsplan für die kommenden 24 Monate aufgestellt hat und in regelmäßigen Abständen die eingetretenen Kennzahlen mit den prognostizierten Zahlen vergleicht. Außerdem sind nicht einzelne Mitglieder der Geschäftsleitung zur Früherkennung fortbestandsgefährdender Entwicklungen und die Einrichtung eines Überwachungssystems verpflichtet, sondern das Geschäftsleitungsorgan in seiner Gesamtheit, um die herausragende Pflicht hervorzuheben.

Wenn der Gesetzgeber § 1 StaRUG dementsprechend ändert, geht der § 91 Abs. 2 AktG vollständig in der rechtsformneutral formulierten Norm auf, sodass er den Absatz streichen kann. Über den Verweis in § 1 Abs. 3 StaRUG bleiben spezialgesetzliche Regelungen für Risikomanagementsysteme, wie beispielsweise in § 91 Abs. 3 AktG, §§ 25a Abs. 1, 25b Abs. 1 KWG, §§ 28, 29 KAGB, dem Rundschreiben der BaFin zu Mindestanforderungen an das Risikomanagement (MaRisk)[386], § 26 VAG und § 80 Abs. 1 WpHG, unberührt und in den einzelnen Sektoren weiter anwendbar. Für die Auslegung des Begriffs »Überwachungssystem« können die oben dargestellten, in der Betriebswirtschaft entwickelten Krisenstadien als Auslegungshilfe herangezogen werden, sodass ein etwaiges Risiko zunächst identifiziert, im Anschluss bewertet, dann gesteuert und zuletzt zu überwachen ist.[387]

2. Konkretisierung der zur Verfügung gestellten Frühwarnsysteme

Eine weitere Empfehlung betrifft die Frühwarnsysteme, deren Zugang der Staat den Schuldnern nach der Richtlinie zur Verfügung stellen soll. Den Mitgliedstaat trifft aus Art. 3 RRL die Pflicht, Schuldnern Zugang zu Frühwarnsystemen zu verschaffen. Die Umsetzung der Frühwarnsysteme finden sich in § 101 StaRUG.[388] Nach § 101 StaRUG hat das Bundesministerium der Justiz und für Verbraucherschutz unter seiner Internetadresse www.bmjv.de Informationen über die Verfügbarkeit der von öffentlichen Stellen bereitgestellten Instrumentarien zur frühzeitigen Identifizierung von Krisen bereitzustellen. Dem ist das Ministerium erst gut anderthalb Jahre nach Inkrafttreten des StaRUG nachgekommen.[389] Auf der Website wird durch weitergehende Verlinkungen unter anderem auf das Existenzgründungsportal des Bundesministeriums für

385 Siehe hierzu beispielsweise *Dauner-Lieb*, in: Henssler/Strohn, GesR, AktG, § 91, Rn. 12; *Dreher/Hoffmann*, ZGR 2016, 445 (487–501); *Fischer/Schuck*, NZG 2021, 534 (538 f.); *Fleischer*, in: BeckOGK, AktG, § 91, Rn. 58 f.; *Koch*, AktG, § 91, Rn. 36 f.

386 *BaFin*, Rundschreiben 06/2024, Mindestanforderungen an das Risikomanagement – MaRisk.

387 Siehe dazu oben ab S. 9 und zu den Krisenstadien ab S. 14.

388 BT-Drs. 19/24181, S. 185–187.

389 *Bundesministerium der Justiz*, Frühwarnsysteme nach § 101 StaRUG.

Wirtschaft und Klimaschutz verwiesen.[390] Auf diesem Existenzgründungsportal findet sich unter dem Reiter »Früherkennung« neben der Checkliste für eine SWOT-Analyse, eine Früherkennungstreppe, ein Crashtest für »Schwachstellen- Früherkennung«, ein Fragebogen zur Vorbereitung auf eine Krisenberatung und Praxishilfen zur Berechnung von Unternehmenskennzahlen.[391] Weitere Verlinkungen betreffen ein Förderprogramm, Informationen für junge Unternehmensgründende in der Krise, den INQA-Unternehmenscheck[392] und Hilfs- und Beratungsangebote der örtlichen Industrie- und Handelskammern.[393]

Die bereitgestellten Tests und Unterlagen bleiben aufgrund ihres Zuschnitts, nämlich auf eine Vielzahl sehr unterschiedlicher Unternehmen anwendbar sein zu müssen, sehr oberflächlich und sind deshalb lediglich dazu geeignet, sich einen Überblick über die aktuelle Unternehmenssituation zu verschaffen und können ggf. als Vorbereitung zur Inanspruchnahme von Hilfe Dritter dienen.[394] Dadurch bergen diese Checklisten aber auch die Gefahr einer Scheinsicherheit durch reines Abhaken der aufgelisteten Kriterien.[395] Auch die Wirksamkeit der in § 102 StaRUG geregelten Hinweis- und Warnpflichten der Steuerberater, Steuerbevollmächtigten, Wirtschaftsprüfer, Rechtsanwälte und anderer ist begrenzt. Sie haben zumindest keinen befreienden Einfluss auf die Pflicht der Geschäftsleitung zur Krisenfrüherkennung.[396]

Zwar steht die Umsetzung des § 101 StaRUG im Einklang mit Art. 3 RRL. Sie verpasst aber die Chance, gerade für KMU kompetente Hilfe zur Seite zu stellen, die diese nutzen könnten, um ihre finanzielle Lage dauerhaft und präzise einzuschätzen. Denkbar wäre beispielsweise, dass der Staat eine eigene Software entwickelt, die den Überblick über die finanzielle Entwicklung erleichtert. Der Staat gerät dadurch immer stärker zum kostenlosen Dienstleister der freien Wirtschaft. Dies beruht in diesem Fall jedoch im Ausgangspunkt auf einer europarechtlichen Pflicht, sodass die Entscheidung des »ob« dem Staat gar nicht zur Verfügung steht.

3. Streichung des Begriffs »Krise«

Zuletzt ist dem Gesetzgeber zu empfehlen, den Begriff der »Krise« aus dem Gesetz zu streichen. Der Gesetzgeber des StaRUG verwendet in mehreren Vorschriften, so auch in Bezug auf die Pflicht zur Einrichtung eines Überwachungssystems in § 1 StaRUG, den Begriff der »Krise«. Die Empfehlung der Streichung stützt sich auf folgende drei Argumente. Erstens ist der Begriff der Krise für sich genommen sprachlich unscharf (a)). Weiter hat der Begriff im GmbHG eine wechselvolle Geschichte, die seine gerin-

390 So bereits BT-Drs. 19/24181, S. 186.

391 *Bundeministeriums für Wirtschaft und Klimaschutz*, Früherkennung.

392 INQA steht für »Neue Qualität der Arbeit«, die das Bundesministerium für Arbeit und Soziales als gemeinsame Initiative von Bund, Ländern, Sozialversicherungsträgern, Gewerkschaften, Stiftungen und Arbeitgebern fördert, vgl. *Bundesministerium für Arbeit und Soziales*, INQA – Neue Qualität der Arbeit.

393 *Bundesministerium der Justiz*, Frühwarnsysteme nach § 101 StaRUG.

394 Vgl. *Giesen*, NWB Sanieren 2021, 296 (300); *Harig/Fauser*, RFamU 2022, 456 (459); *Kunz*, in: Neues RestrukturierungsR, § 3, Rn. 78.

395 *Schülke*, DStR 2021, 621 (623).

396 *Mock*, in: BeckOK, StaRUG, § 102, Rn. 13 f.; *Sander*, ZHR 2024, 8 (29).

ge Eignung als Tatbestandsmerkmal belegt (b)) und schließlich wird der Begriff im StaRUG wiederholt mit jeweils unterschiedlichem Inhalt verwendet (c)).

a) Unscharfer Begriff

Bei dem Begriff der Krise handelt es sich um ein plakatives Nomen, das schon vom Sprachgebrauch her sehr unbestimmt ist.

Eine einheitliche fachunspezifische Definition der Krise gibt es nicht.[397] Das Nomen »Krise« geht auf das altgriechische »krisis« zurück und bezeichnete dort eine sich zuspitzende Handlung im antiken Drama beziehungsweise, im medizinischen, eine Verschlechterung des Krankheitszustandes,[398] an die sich zwangsläufig eine Entscheidungssituation knüpft.[399] Nähert man sich dem Begriff aus der psychosozialen Perspektive, so wird hierunter die für einen Menschen subjektiv allein nicht zu bewältigende Auseinandersetzung mit Geschehnissen oder Umständen verstanden, in deren Folge er seelisch ins Ungleichgewicht gerät.[400] Ausgehend von einer umfassenden Analyse der bestehenden betriebswirtschaftlichen Definitionsversuche einer Krise und unter Herausarbeitung der einzelnen notwendigen Merkmale definiert *Krystek* eine Unternehmenskrise weit[401], nämlich als:

> *»ungeplante und ungewollte Prozesse von begrenzter Dauer und Beeinflußbarkeit sowie mit ambivalentem Ausgang. Sie sind in der Lage den Fortbestand der gesamten Unternehmung substantiell und nachhaltig zu gefährden oder sogar unmöglich zu machen. Dies geschieht durch die Beeinträchtigung bestimmter Ziele (dominanter Ziele), deren Gefährdung oder gar Nichterreichung gleichbedeutend ist mit einer nachhaltigen Existenzgefährdung oder Existenzvernichtung der Unternehmen als selbstständig und aktiv am Wirtschaftsprozeß teilnehmender Einheit mit ihren bis dahin gültigen Zweck- und Zielsetzungen.«*[402]

Wesentliche Elemente der Unternehmenskrise sind demnach das Merkmal der Existenzbedrohung und der ungewisse Ausgang als Zukunftselement der Definition, sodass die Chance der Krisenabwendung besteht.[403] Umgekehrt ist nach dem IDW PS 270 von einem »gesunden Unternehmen«[404] auszugehen, wenn folgende drei Bedingungen kumulativ erfüllt sind: das Unternehmen muss erstens in der Vergangenheit nachhaltige Gewinne erzielt haben, zweitens leicht auf finanzielle Mittel zurückgreifen können und es darf drittens keine bilanzielle Überschuldung drohen.[405] Liegen diese Voraus-

397 *Reuter*, BB 2003, 1797; *Sinz*, in: K. Schmidt/Uhlenbruck, GmbH in Krise, Restrukturierung und Insolvenz, § 1, Rn. 1.10.

398 *Sinz*, in: K. Schmidt/Uhlenbruck, GmbH in Krise, Restrukturierung und Insolvenz, § 1, Rn. 1.1.

399 *Niemann*, in: Bork/Hölzle, HdB InsolvenzR, Kap. 28, Rn. 2.

400 *Cullberg*, Krise als Entwicklungschance, S. 16; *Pajonk/Poloczek/Schmitt*, Notfall und Rettungsmedizin 2000, 363 (364).

401 *Knops/Karabulut*, in: Recht der Sanierungsfinanzierung, § 6, Rn. 6.

402 *Krystek*, Unternehmungskrisen, S. 6 f.

403 *Beutel/Sistermann*, in: Lüdicke/Sistermann, UnternehmensteuerR, § 18, Rn. 3; *Wilden*, in: Buth/Hermanns, HdB Restrukturierung, Sanierung, Insolvenz, § 2, Rn. 5 f.

404 *Groß*, WPg-Sonderheft 2003, 128 (129).

405 *IDW*, Beurteilung der Fortführung der Unternehmenstätigkeit im Rahmen der Abschlussprüfung, IDW PS 270 S. 20, A8.

setzungen vor, befindet sich das Unternehmen mit einer hohen Wahrscheinlichkeit nicht in einer Krise.

Diesen genannten Krisenmerkmalen steht wiederum eine im allgemeinen Sprachgebrauch[406] genutzte Definition der Krise gegenüber. Danach ist die Krise eine sich dynamisch entwickelnde existenzgefährdende Bedrohungslage, die an ihrem für sie charakteristischen Höhe- und Wendepunkt entweder in einen Gefahreintritt mündet, oder durch geeignete Maßnahmen von außen abgewendet wird.[407] Obwohl der Begriff der Krise im allgemeinen Sprachgebrauch eher negativ konnotiert ist, kann das frühzeitige Erkennen jener auch eine erhebliche Chance für das Unternehmen bedeuten.[408] Insofern stellt der Schriftsteller *Max Frisch* zutreffend fest: »Krise kann ein produktiver Zustand sein, man muss ihr nur den Beigeschmack der Katastrophe nehmen.«[409] Übertragen auf die Unternehmenskrise geht es sinnbildlich um das »Überleben« der Gesellschaft, die nicht seelisch, aber finanziell ins Ungleichgewicht geraten ist und nunmehr durch externe Maßnahmen, wie einer Sanierung, Restrukturierung oder zuletzt einem Insolvenzverfahren, bestenfalls gestärkt werden soll, sodass der Untergang der Gesellschaft abgewendet werden kann. Dieses Begriffsverständnis besitzt zwar einen nachvollziehbaren Kern, ist in seinem Randbereich, dem sogenannten Begriffshof, aber zu unbestimmt, um die Aufgabe zu erfüllen, die Tatbestandsmerkmalen zukommt, insbesondere eine trennscharfe Unterscheidung zu ermöglichen.

b) Wechselvolle Geschichte des Krisenbegriffs im Gesellschaftsrecht

Die Betrachtung der »Krise« aus gesellschaftsrechtlicher Perspektive hat sich im Laufe mehrerer Gesetzesänderungen des GmbHG gewandelt. Das GmbHG kannte früher den Begriff der »Krise« und kennt ihn nun nicht mehr, weil er zu große Subsumtionsschwierigkeiten verursacht hat.

aa) Rechtslage nach dem Inkrafttreten des KonTraG

Das GmbHG sah erstmals in § 32a Abs. 1 S. 1 a.F.,[410] in der durch das KonTraG geänderten Fassung, eine Legaldefinition für die »Krise der Gesellschaft« vor:[411]

»(1) [1]Hat ein Gesellschafter der Gesellschaft in einem Zeitpunkt, in dem ihr die Gesellschafter als ordentliche Kaufleute Eigenkapital zugeführt hätten (Krise der Gesellschaft), statt dessen ein Darlehen gewährt, so kann er den Anspruch auf Rückgewähr des Darlehens im Konkurs über

406 *Tresselt/Lochmann*, in: HambKomm, StaRUG, Vorb. § 1, Rn. 2 sowie Anhang 1, Abschnitt 1, Rn. 7.

407 Vgl. *Schluck-Amend*, in: Römermann, MAH GmbH-Recht, § 23, Rn. 2; vgl. *Weitzmann*, in: Pannen/Riedemann/Smid, StaRUG, § 1, Rn. 34.

408 *Müller*, Krisenmanagement in der Unternehmung, S. 622; *Tresselt/Lochmann*, in: HambKomm, StaRUG, Anhang 1, Abschnitt 1, Rn. 7.

409 Zitiert nach *Bauer*, GmbH in der Krise, § 1, Rn. 5.

410 Eingeführt durch das Gesetz zur Änderung des Gesetzes betreffend die Gesellschaften mit beschränkter Haftung und anderer handelsrechtlicher Vorschriften v. 04.06.1980, BGBl. I 1980, S. 836–850, S. 838.

411 *Sinz*, in: K. Schmidt/Uhlenbruck, GmbH in Krise, Restrukturierung und Insolvenz, § 1, Rn. 1.10.

das Vermögen des Gesellschaft oder im Vergleichsverfahren zur Abwendung des Konkurses nicht geltend machen.«[412]

Dieser Paragraf regelte die Rückgewähr von Gesellschafterdarlehen im Insolvenzverfahren, sofern diese in der Krise der Gesellschaft gewährt wurden. Ausgehend von der inhaltlichen Einordnung lag danach immer dann eine Krise vor, wenn die Gesellschafter als ordentliche Kaufleute der Gesellschaft statt benötigtem Eigenkapital Fremdkapital, in Form eines Darlehens, zuführten.[413] Das in diesem Stadium gewährte Eigenkapital des Gesellschafters hatte zur Folge, dass in einer anschließend eingetretenen Insolvenz des Unternehmens die Darlehensforderung des Gesellschafters im gleichen Rang neben die Forderungen weiterer Gläubiger trat und dadurch die Masse zulasten jener weiteren Gläubiger erheblich geschmälert wurde.[414] Hätte der Gesellschafter hingegen richtigerweise der Gesellschaft an dem relevanten Zeitpunkt eine Einlage geleistet, hätte er diese zugunsten jener Gläubiger nicht zurückfordern können.[415] Diese Benachteiligung der übrigen Gläubiger, in Form der Masseschmälerung durch die Rückforderungen der Gesellschafter, wurde vom Gesetzgeber missbilligt. Deswegen sah § 32a Abs. 1 S. 1 GmbHG a.F. vor, ein solches Darlehen wie eine nachrangige Einlage zu behandeln.[416] Nur so war sicherzustellen, dass das Haftkapital der Gesellschaft erhalten blieb und die Befriedigungsgrundlage der Gesellschaftsgläubiger gesichert war.[417] Die Krise hat im Gegensatz zu den oben definierten betriebswirtschaftlichen Krisenstadien[418] nicht mehr nur den finanziellen Zustand des Unternehmens zum Gegenstand, sondern auch das Gefahrtragungsverhältnis zwischen den Gesellschaftern und den Gläubigern.[419] Nach der Wertung des Gesetzgebers überwog in der »Krise der Gesellschaft« der Schutz der Gläubiger und das finanzielle Ausfallrisiko trugen die Gesellschafter.

Diese Legaldefinition der Krise in § 32a Abs. 1 S. 1 GmbHG a.F. als Zeitpunkt, ab dem ordentliche Kaufleute der Gesellschaft Eigenkapital zugeführt hätten, brachte aber noch nicht die gewünschte Rechtsklarheit für den Begriff.[420] Deswegen wurde die Formulierung zum einen durch das in der höchstrichterlichen Rechtsprechung und dem Schrifttum entwickelte Kriterium der Kreditunwürdigkeit konkretisiert.[421] Eine

412 BGBl. I 1998, S. 786–794, S. 793.
413 BT-Drs. 8/1347, S. 39. Fälschlicherweise genau umgekehrt formuliert bei *Schluck-Amend*, in: Römermann, MAH GmbH-Recht, § 23, Rn. 11.
414 BT-Drs. 8/1347, S. 39.
415 BT-Drs. 8/1347, S. 39.
416 BT-Drs. 8/1347, S. 39; *Ulmer*, in: Hachenburg, GmbHG, § 32a, b, Rn. 8, 44, 46.
417 *Eberhard*, in: Prinz/Kahle, Beck'sches HdB Personengesellschaften, § 12, Rn. 7; *Ulmer*, in: Hachenburg, GmbHG, § 32a, b, Rn. 8, 44, 46.
418 Siehe dazu oben ab S. 14.
419 *Drenckhan*, Gläubigerschutz in der Krise, S. 35.
420 So bereits zum Regierungsentwurf *Kamprad*, GmbHR 1975, 54 (55); *Lutter/Hommelhoff*, in: Lutter/Hommelhoff, GmbHG, 16. Aufl. 2004, §§ 32a/b, Rn. 18. BT-Drs. 8/1347, S. 39, zufolge sei die Feststellung des Zeitpunkts zwar nicht einfach zu treffen, aber stoße nicht auf unüberwindliche Schwierigkeiten.
421 So in der Literatur zuerst *Ulmer*, in: Hachenburg, GmbHG, 7. Aufl. 1979, Anh § 30, Rn. 16, 72, 86. Daran anschließend BGH, Urt. v. 24.03.1980 – II ZR 213/77, BGHZ 76, 326–338, juris Rn. 15; bestätigt durch BGH, Urt. v. 21.09.1981 – II ZR 104/80, BGHZ 81, 311–322, juris Rn. 13.

Gesellschaft war danach kreditunwürdig, wenn sie nicht mehr die Möglichkeit hatte, Kredite von Dritten zu am Markt gewöhnlichen Konditionen, ohne eine etwaige Besicherung durch Gesellschafter, in Anspruch zu nehmen, sodass, ohne die zusätzliche Zufuhr von Eigenkapital oder von Gesellschafterdarlehen, die Liquidation der Gesellschaft drohte.[422] Der Tatbestand der Kreditunwürdigkeit betraf damit zwar einen Zeitraum vor Eintritt der Insolvenzreife der Gesellschaft,[423] legte aber auch keine weiteren konkretisierenden Kriterien fest.

Unabhängig von der Erfüllung des Tatbestands der Kreditunwürdigkeit war das Stadium der Krise eines Unternehmens zum anderen auch erreicht, wenn die Voraussetzungen der Insolvenzreife, also Überschuldung und Zahlungsunfähigkeit,[424] gegeben waren.[425] Mithin wurde die Krise unter dem KonTraG nicht als dynamische Entwicklung, sondern als Zustand einer kreditunwürdigen oder insolvenzreifen Gesellschaft verstanden.

bb) Rechtslage nach Inkrafttreten des MoMiG bis heute

Durch das Inkrafttreten des Gesetzes zur Modernisierung des GmbH-Rechts und zur Bekämpfung von Missbräuchen (kurz: MoMiG)[426] wurde das Kapitalersatzrecht insgesamt und damit unter anderem die Regelung zu kapitalersetzenden Gesellschafterdarlehen in § 32a GmbHG, die die Legaldefinition des unbestimmten Rechtsbegriffs der »Krise der Gesellschaft« enthielt, am 01.11.2008 gestrichen.[427] Begründet wurde dies vor allem damit, dass die Streichung den Rechtsrahmen wesentlich einfacher und verständlicher für mittelständische Unternehmen machte.[428] Die Regelung des § 32a GmbHG a.F. wurde der Sache nach in § 39 Abs. 1 Nr. 5 InsO überführt, wird dort aber unabhängig vom Zeitpunkt der Gewährung des Darlehens als nachrangige Forderung behandelt.[429] Der Gesetzgeber hat also ausdrücklich auf das Definieren des Zeitpunkts der Darlehensgewährung als »Krise« verzichtet. Nichtsdestotrotz wird das im Eigen-

422 Zuerst BGH, Urt. v. 24.03.1980 – II ZR 213/77, BGHZ 76, 326–338, juris Rn. 15; daran anschließend BGH, Urt. v. 09.10.1986 – II ZR 58/86, NJW 1987, 1080–1082, juris Rn. 9; BGH Urt. v. 13.07.1992 – II ZR 269/91, BGHZ 119, 201–216, juris Rn. 8.

423 *Habersack*, in: Ulmer/Habersack/Winter, GmbHG, 1. Aufl. 2006, §§ 32a/b, Rn. 62; *Sinz*, in: K. Schmidt/Uhlenbruck, GmbH in Krise, Restrukturierung und Insolvenz, § 1, Rn. 1.15.

424 Der Insolvenzeröffnungsgrund der drohenden Zahlungsunfähigkeit wurde erst mit dem Inkrafttreten der Insolvenzordnung, die die Konkursordnung ersetzt hat, in das Gesetz aufgenommen, s. BGBl. I 1994, S. 2866–2910, S. 2868. Ausführlich zu den Definitionen der Insolvenzeröffnungsgründe siehe ab S. 164.

425 BGH Urt. v. 14.06.1993 – II ZR 252/92, NJW 1993, 2179, juris Rn. 11; BGH Urt. v. 03.04.2006 – II ZR 332/05, ZIP 2006, 996–997, juris Rn. 7; *Habersack*, in: Ulmer/Habersack/Winter, GmbHG, 1. Aufl. 2006, §§ 32a/b, Rn. 61.

426 BGBl. I 2008, S. 2026–2947.

427 BGBl. I 2008, S. 2026–2947, S. 2029; BT-Drs. 16/6140, S. 7.

428 BT-Drs. 16/6140, S. 26, 42.

429 BT-Drs. 16/6140, S. 7, 56; *Schluck-Amend*, in: Römermann, MAH GmbH-Recht, § 23, Rn. 5.

kapitalersatzrecht entwickelte Merkmal der Kreditunwürdigkeit zur Bestimmung der Krise im gesellschaftsrechtlichen Sinn weiterhin herangezogen.[430]

Daneben kann zur Bestimmung der gesellschaftsrechtlichen Krise auch auf die Formulierung des § 49 Abs. 3 GmbHG Bezug genommen werden.[431] In Anbetracht der Risikoverteilung zwischen Gläubigern und Gesellschaftern bestimmt jener Absatz:

»(3) Insbesondere muß die Versammlung unverzüglich berufen werden, wenn aus der Jahresbilanz oder aus einer im Laufe des Geschäftsjahres aufgestellten Bilanz sich ergibt, daß die Hälfte des Stammkapitals verloren ist.«

Eine solche Sachlage wird in der Literatur als Krisensituation bzw. -signal bezeichnet.[432] Eine Unterbilanz, die vorliegt, sobald das Nettovermögen unter das Fremd- und Stammkapital der Gesellschaft absinkt,[433] ist für die Beurteilung, ob sich das Unternehmen in einer Krise befindet, nicht relevant.[434] Somit wird die Krise unter gesellschaftsrechtlicher Betrachtung, aufgrund der Streichung der Legaldefinition in § 32a Abs. 1 S. 1 GmbHG a.F., anhand der Merkmale von Kreditunwürdigkeit und dem hälftigen Verlust des Stammkapitals umschrieben. Es kommt also auch nach dieser Betrachtung nicht mehr auf das Gefahrtragungsverhältnis zwischen Gläubigern und Gesellschaftern an. Stattdessen zählt nur die finanzielle Situation des Unternehmens.

c) Krisenbegriff im StaRUG

Der Begriff der Krise wird im StaRUG an vier Stellen verwendet: in der Überschrift zum ersten Teil und dem dazugehörigen § 1 StaRUG, in § 6 Abs. 1 S. 2 StaRUG, § 31 Abs. 2 S. 1 Nr. 1 StaRUG und in § 101 StaRUG. Sowohl die Überschrift von Teil eins des StaRUG als auch die Überschrift von § 1 beinhalten das Nomen »Krise« als Präfix zu -früherkennung und -management. In Bezug auf die Pflicht zur Krisenfrüherkennung handelt es sich um eine Dauerpflicht, die das rechtzeitige Bemerken von fortbestandsgefährdenden Entwicklungen betrifft.[435] Demnach unterliegt sie, abgesehen von der Eintragung der Gesellschaft in das Handelsregister, keinen weiteren hinzutretenden Voraussetzungen und gilt schon vor dem Eintritt der drohenden Zahlungsunfähigkeit, die sie gerade erkennen soll.

Anders dagegen der § 6 Abs. 1 S. 2 StaRUG, der Anforderungen für den darstellenden Teil des Restrukturierungsplans normiert:

430 *Richter*, in: LBS, Bankrechts-Kommentar, Kap. 31, Rn. 9; *Steffan*, in: Oppenländer/Trölitzsch, PraxisHdB GmbH-Geschäftsführung, § 37, Rn. 4, die insofern aber beide lediglich ungenau von einer »rechtlichen Krise« sprechen.

431 *Schluck-Amend*, in: MAH GmbH-Recht, § 23, Rn. 5.

432 *Altmeppen*, GmbHG, § 49, Rn. 1; *Römermann*, in: MHLS, GmbHG, § 49, Rn. 8.

433 *Altmeppen*, GmbHG, § 30, Rn. 10; *Mock*, in: Uhlenbruck, InsO, Band 1, § 19, Rn. 21; *Servatius*, in: Noack/Servatius/Haas, GmbHG, § 30, Rn. 19.

434 *Sinz*, in: K. Schmidt/Uhlenbruck, GmbH in Krise, Restrukturierung und Insolvenz, § 1, Rn. 1.16; *Steffan*, in: Oppenländer/Trölitzsch, PraxisHdB GmbH-Geschäftsführung, § 37, Rn. 4.

435 Siehe dazu bereits oben S. 50 mit den Nachweisen in Fn. 365.

»Der darstellende Teil enthält alle Angaben, die für die Entscheidung der von dem Plan Betroffenen über die Zustimmung zum Plan und für dessen gerichtliche Bestätigung erheblich sind, einschließlich der Krisenursachen und der zur Krisenbewältigung vorzunehmenden Maßnahmen.«

Dieser in Teil zwei stehende Paragraf betrifft bereits den Stabilisierungs- und Restrukturierungsrahmen. Die Instrumente des StaRUG können nach § 28 Abs. 1 StaRUG aber erst in Anspruch genommen werden, wenn das Unternehmen zumindest drohend zahlungsunfähig i.S.d. § 18 InsO ist. Das bedeutet der Krisenbegriff in § 6 Abs. 1 S. 2 StaRUG betrifft einen späteren Zeitraum als der des § 1 Abs. 1 S. 1 StaRUG.

Gleiches gilt für den § 31 Abs. 2 S. 1 Nr. 1 StaRUG, der die Anzeigevoraussetzungen des Restrukturierungsvorhabens normiert:

»(2) [1]Der Anzeige sind beizufügen

1. der Entwurf eines Restrukturierungsplans oder, sofern ein solcher nach dem Stand des angezeigten Vorhabens noch nicht ausgearbeitet und ausgehandelt werden konnte, ein Konzept für die Restrukturierung, welches auf Grundlage einer Darstellung von Art, Ausmaß und Ursachen der Krise das Ziel der Restrukturierung (Restrukturierungsziel) sowie die Maßnahmen beschreibt, welche zur Erreichung des Restrukturierungsziels in Aussicht genommen werden, […]«

Auch hier geht es um den Inhalt des Restrukturierungsplans und damit um die Inanspruchnahme der Restrukturierungsinstrumente, sodass das Gesetz auch an dieser Stelle mit dem Krisenbegriff einen Zeitraum bezeichnet, der zumindest schon so weit fortgeschritten ist, dass drohende Zahlungsunfähigkeit eingetreten ist.

Anders hingegen der Krisenbegriff in § 101 StaRUG:

»Informationen über die Verfügbarkeit der von öffentlichen Stellen bereitgestellten Instrumentarien zur frühzeitigen Identifizierung von Krisen werden vom Bundesministerium der Justiz und für Verbraucherschutz unter seiner Internetadresse www.bmjv.bund.de bereitgestellt.«

Der in Teil vier des Gesetzes stehende § 101 StaRUG normiert die Informationspflicht des Bundesministeriums der Justiz zu Frühwarnsystemen und kann, ebenso wie derjenige in § 1 StaRUG, die frühzeitige Identifizierung von Krisen und damit auch den Zeitraum vor drohender Zahlungsunfähigkeit betreffen.

Im StaRUG bezeichnet das Nomen »Krise« damit einerseits einen Zeitraum, der auch vor drohender Zahlungsunfähigkeit liegt, so bei §§ 1, 101 StaRUG. Andererseits setzt der Krisenbegriff in § 6 Abs. 1 S. 2 StaRUG und § 31 Abs. 1 S. 1 Nr. 1 StaRUG zumindest eine drohende Zahlungsunfähigkeit voraus. Das bedeutet, der Begriff wird innerhalb des Gesetzes uneinheitlich behandelt. Das beeinträchtigt die Rechtsklarheit. Deswegen sollte der Gesetzgeber dem plakativen Begriff der Krise, wie dies auch im GmbHG geschehen ist, durch handhabbare und subsumierbare Umschreibungen ersetzen. Die Formulierungen sollten sich, um die unterschiedlichen Zeiträume, zum einen in §§ 1, 101 StaRUG und zum anderen in § 6 Abs. 1 S. 2 StaRUG und § 31 Abs. 2 S. 1 Nr. 1 StaRUG, zu kennzeichnen, unterscheiden. Angelehnt an die ohnehin schon verwendete Umschreibung in § 1 Abs. 1 S. 1 StaRUG, sollte der Gesetzgeber die Überschrift zu Teil eins und § 1 StaRUG in »Früherkennung und Management der drohenden Zahlungsunfähigkeit« abändern. In § 101 StaRUG sollte er die »frühzeitige Identifizierung von Krisen« durch »frühzeitige Identifizierung von drohender Zahlungsunfähigkeit« ersetzen. Da § 6 Abs. 1 S. 2 StaRUG und § 31 Abs. 2 S. 1 Nr. 1 StaRUG an einen fortgeschrittenen Zeitpunkt anknüpfen, sollte er hier die Formulierung »eingetretenen drohende Zahlungsunfähigkeit« verwenden. Konkret bedeutet das für die Änderung des Wortlauts des § 6 Abs. 1 S. 2 StaRUG dann:

»Der darstellende Teil enthält alle Angaben, die für die Entscheidung der von dem Plan Betroffenen über die Zustimmung zum Plan und für dessen gerichtliche Bestätigung erheblich sind, einschließlich ***der Ursachen der eingetretenen drohenden Zahlungsunfähigkeit und der zu ihrer Bewältigung*** *vorzunehmenden Maßnahmen.«*

§ 31 Abs. 2 S. 1 Nr. 1 StaRUG müsste der Gesetzgeber spiegelbildlich ebenfalls ändern:

»(2) [1]Der Anzeige sind beizufügen

1. der Entwurf eines Restrukturierungsplans oder, sofern ein solcher nach dem Stand des angezeigten Vorhabens noch nicht ausgearbeitet und ausgehandelt werden konnte, ein Konzept für die Restrukturierung, welches auf Grundlage einer Darstellung von Art, Ausmaß und Ursachen der ***drohenden Zahlungsunfähigkeit*** *das Ziel der Restrukturierung (Restrukturierungsziel) sowie die Maßnahmen beschreibt, welche zur Erreichung des Restrukturierungsziels in Aussicht genommen werden, […]«.*

Das Herausstreichen des zwar einprägsamen, aber rechtlich unklaren Begriffs der »Krise« aus dem StaRUG und das Einfügen des stehenden Begriffs der drohenden Zahlungsunfähigkeit führt zu einer besseren rechtlichen Handhabbarkeit, da der Gesetzesanwender für dessen Auslegung auf die in der Literatur und Rechtsprechung existierenden Kriterien[436] zurückgreifen kann. Außerdem sind so die Unterschiede zwischen §§ 1, 101 StaRUG und § 6 Abs. 1 S. 2, StaRUG beziehungsweise § 31 Abs. 2 S. 1 Nr. 1 StaRUG deutlicher.

C. Ergebnis Kapitel 1

Der Umsetzungsbefehl der Richtlinie wurde im deutschen Recht schon vor Geltung der Richtlinie in Bezug auf alle Gesellschaften erfüllt, die direkt oder im Wege einer Ausstrahlung von § 91 Abs. 2 AktG der Pflicht unterlagen, ein Überwachungssystem einzurichten und die eigene finanzielle Lage zu überwachen. Nach deutschem Recht galt dies nicht für kleine GmbHs, weil die Ausstrahlungswirkung von der Größe und Komplexität der Struktur des Unternehmens abhängig ist. Die RRL verlangt jedoch auch für solche Unternehmen die Einführung einer Pflicht, ein Überwachungssystem zu unterhalten und einzuführen. Diesen Umsetzungsbefehl erfüllte das deutsche Recht durch das Inkrafttreten des § 1 Abs. 1 S. 1 StaRUG. Dabei ergibt sich die Pflicht der KMU zur Unterhaltung eines Überwachungssystems erst aus einer richtlinienorientierten Auslegung der Norm. Denn der Gesetzgeber des StaRUG ging irrtümlicherweise davon aus, auch KMU treffe schon wegen der Ausstrahlungswirkung des § 91 Abs. 2 AktG die Pflicht, ein Überwachungssystem zu unterhalten. Dass der Gesetzgeber des KonTraG die Ausstrahlungswirkung beschränkte und von der Größe der Gesellschaft

436 So beispielsweise bei BGH, Urt. v. 5.12.2013 – IX ZR 93/11, ZIP 2014, 183–185, juris Rn. 10; *Drukarczyk*, in: MüKo, InsO, § 18, Rn. 50–56; *Leithaus*, in: Andres/Leithaus, InsO, § 18, Rn. 6; *Mock*, in: Uhlenbruck, InsO, Band 1, § 18, Rn. 18–31.

abhängig machte, übersah der Gesetzgeber des StaRUG. Für die konkrete Pflichtenbindung ändert dieser Irrtum nur den Anknüpfungspunkt. Denn der Gesetzgeber wollte in jedem Falle, dass alle Gesellschaften ein Überwachungssystem einführen müssen. Für die KMU folgt die Pflicht zur Einführung eines Überwachungssystems unmittelbar aus § 1 Abs. 1 S. 1 StaRUG und nicht schon aus einer Ausstrahlungswirkung des § 91 Abs. 2 AktG. Für die Konkretisierung eines sinnvollen Überwachungssystems kann auf die Erkenntnisse der Betriebswirtschaft ergänzend zurückgegriffen werden. Das Ziel der Entwurfsbegründung, die Rechtslage klar und ausdrücklich zu kodifizieren, ist nicht gelungen. Daher ist dem Gesetzgeber eine Nachbesserung der Norm zu empfehlen.

Kapitel 2 Krisenmanagementpflicht nach § 1 Abs. 1 S. 2 StaRUG

Neben der Pflicht zur Krisenfrüherkennung normiert § 1 Abs. 1 StaRUG in Satz 2 die Pflicht zum Krisenmanagement. Danach hat die geschäftsleitende Person geeignete Gegenmaßnahmen zu ergreifen, wenn sie fortbestandsgefährdende Entwicklungen i.S.d. § 1 Abs. 1 S. 1 StaRUG erkennt. Aus § 1 Abs. 1 S. 2 StaRUG folgt im Ergebnis die Pflicht der GmbH-Geschäftsführung, das Unternehmen zu sanieren. Schon vor Einführung der Norm erkannten die Rechtsprechung und die herrschende Literatur in gewissen Situationen eine Pflicht zur Einleitung von Sanierungsmaßnahmen an. Diese Pflicht hat sich mit der Einführung des § 1 Abs. 1 S. 2 StaRUG vor dem Hintergrund der europäischen RRL erheblich verändert. Die Veränderung betrifft die Pflichtenbindung der Geschäftsleitung zum Zeitpunkt der drohenden Zahlungsunfähigkeit. Vormals hingen Sanierungsmaßnahmen zu diesem Zeitpunkt vom Willen der Gesellschafter ab. Dies gilt seit Inkrafttreten des StaRUG nicht mehr. Die Geschäftsleitung hat nun vorrangig die Pflicht, das bestandsfähige Unternehmen zu erhalten. Dabei ist sie nicht an eine entgegenstehende Weisung der Gesellschafterversammlung gebunden. Die Geschäftsleitung hat bei mehreren zur Verfügung stehenden Sanierungsmaßnahmen diejenige zu wählen, die die geringstmögliche Eingriffsintensität in die Rechte der Gesellschafter bei einer bestmöglichen Sanierungsaussicht der Gesellschaft gewährleistet. Die Auswahl verschiedener Sanierungsmaßnahmen richtet sich nach hier vertretener Ansicht nach einem 5-Stufen-Modell.

A. Vor Inkrafttreten des StaRUG

Vor Inkrafttreten des StaRUG ergaben sich für die GmbH die Sanierungspflicht der Geschäftsführung und deren Grenzen aus den allgemeinen gesellschaftlichen Regelungen.

Die Geschäftsführung vertritt gem. § 35 Abs. 1 S. 1 GmbHG gerichtlich und außergerichtlich die solvente Gesellschaft. Sie leitet das operative Geschäft der GmbH.[437] Dazu zählen alle Rechtsgeschäfte, die den gewöhnlichen Betrieb und die damit korrespondierenden Maßnahmen eines Handelsgewerbes betreffen.[438] Die Vertretung hat gem. § 43 Abs. 1 GmbHG mit der Sorgfalt eines ordentlichen Geschäftsmannes zu erfolgen. Daraus folgte grundsätzlich auch die Pflicht, finanzielle Krisen abzuwenden

437 *Punte/Klemens*, NZG 2021, 594 (595).

438 *Punte/Klemens*, NZG 2021, 594 (595); *U. H. Schneider/S. H. Schneider*, in: Scholz, GmbHG, § 37, Rn. 12; *Wisskirchen/Zoglowek*, in: BeckOK, GmbHG, § 37, Rn. 3.

und das Unternehmen zu sanieren.[439] Diese Pflichtenbindung der Geschäftsleitung wird durch Vorgaben im Gesellschaftsvertrag und durch Beschlüsse der Gesellschafter beschränkt, vgl. § 37 Abs. 1 GmbHG. An der Schnittstelle zwischen Gesellschafts- und Restrukturierungs- beziehungsweise Insolvenzrecht ist die Einschränkbarkeit der Vertretungsbefugnis der GmbH-Geschäftsleitungen durch Beschlüsse der Gesellschafterversammlung nach § 37 Abs. 1 Alt. 2 GmbHG ausschlaggebend für die Ausrichtung der in § 43 Abs. 1 GmbHG hineinzulesenden Sanierungspflicht der Geschäftsleitung. Weisungen der Gesellschafterversammlung haben dabei grundsätzlich einen großen Einfluss auf die Ausrichtung der Geschäftsführungspflichten.

I. Weisungsbefugnis der Gesellschafterversammlung

Aufgabe der Gesellschafterversammlung ist gem. § 46 Nr. 6 GmbHG unter anderem die Prüfung und Überwachung der Geschäftsführung. Die Gesellschafterversammlung ist das oberste Kontroll- und Überwachungsorgan der GmbH.[440] Die Geschäftsleitung ist grundsätzlich an Weisungen der Gesellschafterversammlung gebunden, vgl. § 37 Abs. 1 a.E. GmbHG.[441] Wenn die Geschäftsleitung verbindliche Weisungen der Gesellschafter befolgt, kann sie sich wiederum von einer etwaigen Haftung befreien.[442] Ihre Weisungsbefugnis übt die Gesellschafterversammlung durch Beschlüsse aus. Diese können entweder negativ als Verbotsbeschlüsse ergehen und damit Entscheidungen oder Maßnahmen der Geschäftsführung verbieten oder sie können positiv Weisungen erteilen und die Entscheidungen der Geschäftsführung so in eine Richtung lenken.[443] Dabei ist grundsätzlich jeder Aufgabenbereich der Geschäftsführung offen für Wei-

439 *Bork*, ZIP 2011, 101 (106 f.); *Drenckhan*, Gläubigerschutz in der Krise, S. 66–76; *Ehrlichmann*, in: Kompendium GesR, Teil 4, J. InsolvenzR, § 2, Rn. 56; *Fleischer*, in: MüKo, GmbHG, § 43, Rn. 75 f.; *Frege*, NZI 2006, 545 (546); *Kleindiek*, FS U.H. Schneider, 617 (619); *Müller*, ZGR 2018, 56 (83); *Roßkothen*, Haftung, S. 116; *Schluck-Amend/Walker*, GmbHR 2001, 375 (376); *K. Schmidt*, ZIP 1988, 1497 (1504); *K. Schmidt*, Gutachten D zum 54. DJT, D 122; vgl. *Schulz*, Sanierungsgeschäftsführung, S. 210 f.; *Thole*, BB 2021, 1347 (1348); *Veil*, ZGR 2006, 374 (379); *Westermann*, DZWiR 2006, 485 (487). Teilweise wurden auch der § 49 Abs. 3 GmbHG und der Leitgedanke der Unternehmensleitung als Treuhänder fremden Vermögens hierfür herangezogen: *Kuss*, WPg 2009, 326 (327 f.).

440 *Berner/Werner*, in: Kübler/Prütting/Bork, HRI I, § 17, Rn. 57; *Leuring/Lubner*, NJW-Spezial 2024, 15; *Liebscher*, in: MüKo, GmbHG, § 46, Rn. 203; *Oetker*, in: Henssler/Strohn, GesR, GmbHG, § 37, Rn. 13; vgl. *Ristelhuber*, NZI 2021, 417 (420).

441 *Pöschke*, in: BeckOK, GmbHG, § 43, Rn. 79; *Wicke*, GmbHG, § 43, Rn. 15.

442 BGH, Urt. v. 14.12.1950 – II ZR 187/57, BGHZ 31, 258–279 = NJW 1960, 285, juris Rn. 47; BGH, Urt. v. 28.9.1992 – II ZR 299/91, BGHZ 119, 257–262 = NJW 1993, 193–194, juris Rn. 8; BGH, Urt. v. 10.5.1993 – II ZR 74/92, BGHZ 122, 333–342 = NJW 1993, 1922–1924, juris Rn. 10; BGH, Urt. v. 31.1.2000 – II ZR 189/99, NJW 2000, 1571–1572, juris Rn. 5; BGH, Urt. v. 26.10.2009 – II ZR 222/08, NJW 2010, 64–65, juris Rn. 10; *Altmeppen*, GmbHG, § 43, Rn. 121; *Beurskens*, in: Noack/Servatius/Haas, GmbHG, § 43, Rn. 16; *Fleischer*, in: MüKo, GmbHG, § 43, Rn. 344; *Oetker*, in: Henssler/Strohn, GesR, GmbHG, § 43, Rn. 36.

443 *Beurskens*, in: Noack/Servatius/Haas, GmbHG, § 27, Rn. 34 f.; *Stephan/Tieves*, in: MüKo, GmbHG, § 37, Rn. 123.

sungen der Gesellschafterversammlung.[444] Eine Ausnahme ergibt sich für den Alleingesellschafter-Geschäftsführer, bei dem davon auszugehen ist, dass sich das Handeln der Geschäftsführung und der Wille der Gesellschafter decken und es insofern keiner Weisungen bedarf.[445]

1. Einberufungspflicht der Geschäftsleitung

Zusätzlich zu diesem grundsätzlichen Weisungsrecht der Gesellschafterversammlung ist die Geschäftsleitung gem. § 49 Abs. 2 GmbHG in bestimmten Fällen sogar verpflichtet, die Gesellschafterversammlung einzuberufen. Nämlich dann, wenn es im Interesse der Gesellschaft erforderlich ist. Die Erforderlichkeit nach Abs. 2 liegt vor, wenn es sich um eine besonders bedeutsame Maßnahme handelt.[446] Sie ist besonders bedeutsam, wenn die Geschäftsführung unter Einhaltung ihrer Sorgfaltspflicht als ordentliche Geschäftsführung gem. § 43 Abs. 1 GmbHG davon ausgehen musste, dass die Entscheidung, aufgrund der Wesentlichkeit der Maßnahme, zwingend der vorherigen Zustimmung der Gesellschafter bedarf.[447] Die Wesentlichkeit der Maßnahme wird zum Beispiel angenommen, wenn sich die GmbH in einem Vertrag zur Übertragung des gesamten Gesellschaftsvermögens verpflichten soll[448] oder sich der Gesellschaftszweck ändert,[449] beispielsweise weil eine Betriebsstilllegung[450] infrage steht.

Die Bedeutung und das Gewicht dieser Geschäfte und Entscheidungen können einerseits daraus folgen, dass sie besonders außergewöhnlich und riskant sind oder ande-

444 Vgl. OLG Nürnberg, Urt. v. 9.6.1999 – 12 U 4408/98, NZG 2000, 154–156, juris Rn. 48; *Altmeppen*, GmbHG, § 37, Rn. 4; *Barnert*, in: Kübler/Prütting/Bork, HRI I, § 29, Rn. 86; vgl. *Belz*, in: Rowedder/Pentz, § 37, Rn. 22; *Beurskens*, in: Noack/Servatius/Haas, GmbHG, § 37, Rn. 32, 35; *Gehrlein*, WM 2018, 1865 (1867 f.); *Höhn*, Geschäftsleitung der GmbH, S. 5; *Hommelhoff*, ZGR 1978, 119 (129); *Lenz*, in: MHLS, GmbHG, § 37, Rn. 16; *Paefgen*, in: HCL, GmbHG, § 37, Rn. 29; *U. H. Schneider/S. H. Schneider*, in: Scholz, GmbHG, § 37, Rn. 86; *Stephan/Tieves*, in: MüKo, GmbHG, § 37, Rn. 71, 125. So im Grundsatz auch *Eisenhardt*, FS Pfeiffer, 839 (844–846); *Mennicke*, NZG 2000, 622 (623), die aber dennoch einen uneinschränkbaren Bereich eigenverantwortlicher Geschäftsführung anerkennen. A.A. *Geißler*, GmbHR 2009, 1071 (1074); *Goette/Goette*, GmbH, § 8, Rn. 56, 62; *Wiedemann*, GesR I, S. 336; *Zöllner*, ZGR 1977, 319 (325).

445 Vgl. BGH, Urt. v. 28.9.1992 – II ZR 299/91, BGHZ 119, 257–262 = ZIP 1992, 1734–1736, juris Rn. 8; BGH, Urt. v. 26.10.2009 – II ZR 222/08, GmbHR 2010, 85–86, juris Rn. 7; *Paefgen*, in: HCL, GmbHG, § 37, Rn. 43; *Stephan/Tieves*, in: MüKo, GmbHG, § 37, Rn. 117.

446 BGH, Urt. v. 5.12.1983 – II ZR 56/82, ZIP 1984, 310–312, juris Rn. 12; BGH, Urt. v. 8.1.2019 – II ZR 364/18, BGHZ 220, 354–377 = ZIP 2019, 701–708, juris Rn. 37; vgl. *Bayer*, in: Lutter/Hommelhoff, GmbHG, § 49, Rn. 13; *Blasche*, DB 2011, 517 (522); *Lieder*, FS Smid, 543 (547); *Lieder/Wernert*, NZG 2020, 361 (366); *Seibt*, in: Scholz, GmbHG, § 49, Rn. 22; *Wolff*, in: MHdB III, § 39, Rn. 23.

447 Vgl. *Altmeppen*, GmbHG, § 49, Rn. 14; *Liebscher*, in: MüKo, GmbHG, § 49, Rn. 51; *Lieder*, FS Smid, 543 (547); vgl. *Seibt*, in: Scholz, GmbHG, § 49, Rn. 22.

448 BGH, Urt. v. 8.1.2019 – II ZR 364/18, BGHZ 220, 354–377= ZIP 2019, 701–708, juris Rn. 37.

449 OLG München, Urt. v. 21.3.2013 – 23 U 3344/12, ZIP 2013, 1121–1125, juris Rn. 55.

450 BAG, Urt. v. 5.4.2001 – 2 AZR 696/99, NJW 2011, 3356–3358, juris Rn. 17; *Wolff*, in: MHdB III, § 39, Rn. 23.

rerseits daraus, dass sich die wirtschaftliche Situation des Unternehmens erheblich verschlechtert hat.[451] Außergewöhnlich beziehungsweise ungewöhnlich ist eine Maßnahme zum einen dann, wenn sie außerhalb des satzungsmäßigen Unternehmensgegenstandes liegt oder der festgelegten Unternehmenspolitik widerspricht.[452] Zum anderen auch dann, wenn sie besonders bedeutsam für Gesellschaft und/oder Gesellschafter ist oder aufgrund des unternehmerischen Risikos Ausnahmecharakter hat.[453] Hierbei handelt es sich um sog. Grundlagengeschäfte.[454] Sie sind keine Geschäftsführungsmaßnahmen, sondern müssen der Gesellschafterversammlung vorgelegt werden, die grundsätzlich gem. § 47 Abs. 1 GmbHG mit einfacher Mehrheit und in Ausnahmefällen mit 3/4-Mehrheit entscheidet.[455] In der Regel sind dies Maßnahmen, bei denen eine Billigung der Gesellschafterversammlung fragwürdig sein könnte.[456]

Ein Spezialfall des § 49 Abs. 2 GmbHG ist in § 49 Abs. 3 GmbHG normiert. Dieser sieht eine Einberufungspflicht der Gesellschafterversammlung vor, wenn sich aus der Jahresbilanz oder aus einer im Laufe des Geschäftsjahres aufgestellten Bilanz ergibt, dass die Hälfte des Stammkapitals verloren ist.

Aus der Zusammenschau der Fälle und dem Spezialfall in § 49 Abs. 3 GmbHG folgt, dass es sich um Geschäfte oder Entscheidungen handeln muss, die, wegen ihrer Bedeutung und ihres Gewichts für die Gesellschaft, den Gesellschaftern vorbehalten sind,[457] weil sie die wirtschaftlichen Eigentümer des Unternehmens sind. Die Durchführung einer umfänglich angelegten Sanierung des Unternehmens ist nach diesen Grundsätzen als Grundlagengeschäft anzusehen. Die Geschäftsführung unterlag vor Inkrafttreten des StaRUG daher in jedem Falle Weisungen der Gesellschafterversammlung. Sie musste die Gesellschafterversammlung bei einer angedachten Sanierung einberufen.

2. Gesellschaftsrechtliches Grundverständnis der GmbH

Aus dem umfassenden Weisungsrecht der Gesellschafterversammlung gegenüber der Geschäftsleitung und ihrer Zuständigkeit bei Grundlagengeschäften lässt sich bereits eine monistische Orientierung der Geschäftsleitungsentscheidungen an den Gesellschafterinteressen erkennen. Ein Vergleich mit den Regelungen im Aktienrecht verstärkt diesen Eindruck.

451 *Berner/Werner*, in: Kübler/Prütting/Bork, HRI I, § 17, Rn. 58; *Hillmann*, in: Henssler/Strohn, GesR, GmbHG, § 49, Rn. 9.

452 *Brinkmann*, FS Seibert, 165 (173); *Kleindiek*, in: Lutter/Hommelhoff, GmbHG, § 37, Rn. 11; *U. H. Schneider/S. H. Schneider*, in: Scholz, GmbHG, § 37, Rn. 36.

453 *Brinkmann*, FS Seibert, 165 (173); *Leinekugel/Skauradszun*, GmbHR 2011, 1121 (1124); *U. H. Schneider/S. H. Schneider*, in: Scholz, GmbHG, § 37, Rn. 38.

454 *Berner/Werner*, in: Kübler/Prütting/Bork, HRI I, § 17, Rn. 58.

455 Vgl. *Stephan/Tieves*, in: MüKo, GmbHG, § 37, Rn. 117.

456 *Kleindiek*, in: Lutter/Hommelhoff, GmbHG, § 37, Rn. 11; vgl. *Liebscher*, in: MüKo, GmbHG, § 49 Rn. 52; *Lieder*, FS Smid, 543 (547); *Wolff*, in: MHdB III, § 37, Rn. 60, § 39, Rn. 23.

457 *Berner/Werner*, in: Kübler/Prütting/Bork, HRI I, § 17, Rn. 58.

a) Regelungen im Aktienrecht

Aus einer Zusammenschau der Normen aus §§ 76 Abs. 1, 77 Abs. 1, 93 Abs. 1 S. 1 und 2, 119 Abs. 2 AktG folgt, dass der Vorstand die AG vor allem unter eigener Verantwortung leitet, vgl. § 76 Abs. 1 AktG. Die Hauptversammlung entscheidet über Fragen zur Führung der Gesellschaft nur, wenn der Vorstand es verlangt, vgl. § 119 Abs. 2 AktG. Dem Vorstand steht damit insgesamt ein erheblicher Handlungsfreiraum zur Verfügung, der sich auch in § 93 Abs. 1 S. 2 AktG, der sog. Business Judgement Rule, wiederfindet.[458] Die Bilanzierungs-, Prüfungs- und Publizitätspflichten sowie die Mindestkapitalausstattung, die die Gläubigerinteressen berücksichtigen, schränken diesen Handlungsspielraum ein.[459]

Eine weitere Einschränkung ist dem § 161 Abs. 1 S. 1 AktG zu entnehmen. Dieser normiert, dass Vorstand und Aufsichtsrat der AG jährlich erklären müssen, den Vorgaben des Deutschen Corporate Governance Kodex (nachfolgend: DCGK) zu entsprechen und falls nicht, zu erläutern, warum den Vorgaben nicht entsprochen werde. Der Kodex spricht in der Präambel von der Verpflichtung von Vorstand und Aufsichtsrat, unter Berücksichtigung der Belange der Aktionäre, der Belegschaft und der sonstigen mit dem Unternehmen verbundenen Gruppen (Stakeholder), für den Bestand des Unternehmens und seine nachhaltige Wertschöpfung zu sorgen.[460] Der Kodex stellt nicht einseitig auf die Aktionärsinteressen ab, sondern bezieht auch die Stakeholderinteressen mit ein. Bei dem DCGK handelt es sich zwar lediglich um Empfehlungen. Ihm kommt aber ein Geltungsanspruch mit Ausstiegsklausel zu, der dem sog. »*soft law*« zuzurechnen ist.[461]

Aus der Gesamtschau des DCGK folgt, dass im Aktienrecht ein interessenpluralistischer Ansatz herrscht.[462] Das heißt der Vorstand muss bei seinen Geschäftsleitungsentscheidungen die Interessen der Aktionäre, Arbeitnehmer und der Stakeholder berücksichtigen und in einen Ausgleich bringen.

458 *Fleischer*, in: BeckOGK, AktG, § 93, Rn. 80; *Hölters/Hölters*, in: Hölters/Weber, AktG, § 93, Rn. 27.

459 Vgl. *Bayat*, ZRI 2023, 385 (396).

460 *DCGK*, Präambel, S. 2.

461 *Koch*, AktG, § 161, Rn. 3; vgl. *Ulmer*, AcP 2002, 143 (168); mit Kritik an dem Begriff »soft law« *Goette*, in: MüKo, AktG, § 161, Rn. 23 »nichtssagend«.

462 BGH, Urt. v. 21.12.2005 – 3 StR 470/04, BGHSt 40, 331–346 = NJW 2006, 522–531, juris Rn. 27; OLG Frankfurt, Urt. v. 17.8.2011 – 13 U 100/10, ZIP 2011, 2008–2011, juris Rn. 23; *Dauner-Lieb*, in: Henssler/Strohn, GesR, AktG, § 76, Rn. 10 f.; *Hommelhoff*, ZGR 2001, 238 (250 f.); *Hopt*, ZGR 1993, 534 (536); *Koch*, AktG, § 76, Rn. 73; *Kort*, AG 2012, 605 (608); *Oltmanns/Quass*, in: NK-AktKapMarktR, § 76, Rn. 10; *Rönnau*, FS Amelung, 247 (261); *Schüppen*, FS Tiedemann, 749 (757 f.); *Seibt*, in: K. Schmidt/Lutter, AktG, § 76, Rn. 40, aber mit Gewichtungsvorsprung der Aktionärsinteressen. Mit Kritik an dem interessenpluralistischen Ansatz: *Fleischer*, in: BeckOGK, AktG, § 76, Rn. 28, 31–35; *Klöhn*, ZGR 2008, 110 (155) »Prinzip der Aktionärspriorität [...] [ist] vorzuziehen«; *Link*, in: Wachter, AktG, § 76, Rn. 41–47; *Spindler*, in: MüKo, AktG, § 76, Rn. 82–84; vgl. *Zöllner*, AG 2000, 145 (146 f.).

b) Wertungen im GmbHG

Solche Handlungsfreiräume fehlen im GmbHG für die GmbH-Geschäftsführung. Neben der Pflicht der Geschäftsführung zur Anwendung der Sorgfalt eines ordentlichen Geschäftsmannes in Angelegenheiten der Gesellschaft aus § 43 Abs. 1 GmbHG und der Weisungsbefugnis der Gesellschafterversammlung aus § 37 Abs. 1 GmbHG, sind die Wertungen der §§ 35 Abs. 1 S. 2, 46 Nr. 5 und 72 GmbHG heranzuziehen.

§ 35 Abs. 1 S. 2 GmbHG bestimmt, dass bei Führungslosigkeit der Gesellschaft die Gesellschafter vertretungsbefugt sind. Damit regelt die Vorschrift zwar nur den Ausnahmefall einer fehlenden Geschäftsführung, dennoch lässt sich daraus schlussfolgern, dass die Zuständigkeit für unternehmenslenkende Entscheidungen zur Not auf die Gesellschafter zurückfällt. Gemäß §§ 38 Abs. 1, 46 Nr. 5 GmbHG können die Gesellschafter die Geschäftsführung jederzeit abberufen. Das hat wiederum zur Folge, dass die Geschäftsführung zumindest faktisch einem gewissen Zwang gegenüber den Gesellschaftern unterliegt.[463] Außerdem haben die Gesellschafter gem. § 53 Abs. 1 GmbHG die Befugnis, den Gesellschaftsvertrag durch Beschluss abzuändern. Ebenso obliegt die Liquidation der Gesellschaft außerhalb des Insolvenzverfahrens den Gesellschaftern. Das folgt aus der Formulierung des § 66 Abs. 1 InsO, dem zufolge die Liquidation durch die Geschäftsführung erfolgt, wenn nicht Gesellschaftsvertrag oder Gesellschafterbeschluss etwas anderes vorsehen. § 72 GmbHG regelt die Vermögensverteilung innerhalb der GmbH. Danach wird das Vermögen der Gesellschaft auf die Gesellschafter entsprechend ihres jeweiligen Geschäftsanteils verteilt. Wirtschaftliche Eigentümer, zumindest der solventen GmbH, sind folglich ihre Gesellschafter. Aus diesen Wertungen des GmbH-Rechts und im Vergleich zu den vorgenannten Handlungsfreiräumen des Vorstands der Aktiengesellschaft folgt, dass die Geschäftsleitung einer GmbH ihre Unternehmensentscheidungen monistisch auf die Interessen der Gesellschafter auszurichten hat.[464]

II. Grenzen der Weisungsbefugnis

Die Weisungsbefugnis der Gesellschafterversammlung und die grundsätzlich monistische Ausrichtung der Geschäftsführung auf das Gesellschafterinteresse gelten aber

463 *Korch*, ZGR 2019, 1050 (1069).

464 BGH, Urt. v. 28.9.1992 – II ZR 299/91, BGHZ 119, 257–262 = ZIP 1992, 1734–1736, juris Rn. 9; BGH, Urt. v. 31.1.2000 – II ZR 189/99, NZG 2000, 544–545, juris Rn. 5; BGH, Urt. v. 7.4.2003 – II ZR 193/02, ZIP 2003, 945–947, juris Rn. 4; OLG Frankfurt, Urt. v. 7.2.1997 – 24 U 88/95, ZIP 1997, 450–452, juris Rn. 25–29; vgl. *Altmeppen*, GmbHG, § 43, Rn. 14; vgl. *Fleischer*, in: MüKo, GmbHG, § 43, Rn. 16, 19; *Klöhn*, in: Bork/Schäfer, GmbHG, § 43, Rn. 5; *Müller*, ZGR 2018, 56 (84); *Oberle*, in: MHdB III, § 66, Rn. 33; *Paefgen*, in: HCL, GmbHG, § 43, Rn. 46; *Rönnau*, FS Amelung, 247 (261); vgl. *Schall*, Kapitalgesellschaftsrechtlicher Gläubigerschutz, S. 314; vgl. *Spliedt*, FS Vallender, 613 (614). A.A. OLG Naumburg, Urt. v. 30.11.1998 – 11 U 22/98, NZG 1999, 353–355, juris Rn. 63, »Wahrung der Belange der Gesellschaftsgläubiger«; OLG Zweibrücken, Urt. v. 22.12.1998 – 8 U 98/98, NZG 1999, 506–508, juris Rn. 62 unter anderem »Berücksichtigung öffentlicher Interessen«; *Verse*, in: Scholz, GmbHG, § 43, Rn. 54; *Ziemons*, in: MHLS, GmbHG, § 43, Rn. 150, 178 »interessenpluralistisch«; *Ziemons*, Haftung der Gesellschafter, S. 86 f.

nicht uneingeschränkt. Sie finden ihre Grenzen teils durch geschriebene und teils durch ungeschriebene Grundsätze, die dem öffentlichen Interesse oder dem Schutz der Gläubiger dienen.[465] In diesen Fällen kann sich die Geschäftsleitung bei einem Verstoß gegen diese Grundsätze nicht dadurch entlasten, sie habe sich an einen Beschluss der Gesellschafterversammlung gehalten.[466] Beschlüsse, die gegen das öffentliche Interesse oder den Gläubigerschutz verstoßen, können entweder anfechtbar oder nichtig sein.[467]

1. Anfechtbare Beschlüsse

Eine Weisung in einem anfechtbaren Beschluss muss die Geschäftsleitung spätestens mit dem Eintritt der Unanfechtbarkeit befolgen.[468] Vor diesem Fristablauf besteht für die Geschäftsleitung das Risiko einer erfolgreichen Anfechtungsklage, die die entlastende Wirkung des Beschlusses entfallen lässt.[469] Es kann dann aber an einem Verschulden der Geschäftsleitung fehlen, wenn sie unter Einhaltung ihrer Sorgfalt davon ausgehen durfte, der Beschluss sei nicht anfechtbar.[470] Insofern kommt der Geschäftsleitung ein Ermessensspielraum zu.[471]

2. Nichtige Beschlüsse

Nichtige Gesellschafterbeschlüsse sind für die Geschäftsleitung hingegen grundsätzlich unverbindlich und deswegen nicht zu befolgen.[472] Sie entlasten die Geschäftsleitung bei Erkennbarkeit nicht.[473] Dabei ist gleichgültig, ob der Beschluss aus inhaltlichen oder verfahrensrechtlichen Gründen nichtig ist.[474] Analog § 241 Nr. 3 AktG ist

465 BGH, Urt. v. 18.3.1974 – II ZR 2/72, NJW 1974, 1088–1089, juris Rn. 10.
466 BGH, Urt. v. 18.3.1974 – II ZR 2/72, NJW 1974, 1088–1089, juris Rn. 10.
467 *Fleischer*, in: MüKo, GmbHG, § 43, Rn. 347; vgl. *Pöschke*, in: BeckOK, GmbHG, § 43, Rn. 83; *Ziemons*, in: MHLS, GmbHG, § 43, Rn. 100.
468 *Altmeppen*, GmbHG, § 43, Rn. 125; *Fleischer*, in: MüKo, GmbHG, § 43, Rn. 347; *Oetker*, in: Henssler/Strohn, GesR, GmbHG, § 43, Rn. 40; *Pöschke*, in: BeckOK, GmbHG, § 43, Rn. 90a; *Ziemons*, in: MHLS, GmbHG, § 43, Rn. 105.
469 *Fleischer*, in: MüKo, GmbHG, § 43, Rn. 347; *Oetker*, in: Henssler/Strohn, GesR, GmbHG, § 43, Rn. 40.
470 *Beurskens*, in: Noack/Servatius/Haas, GmbHG, § 43, Rn. 19; *Fleischer*, in: MüKo, GmbHG, § 43, Rn. 347; *Oetker*, in: Henssler/Strohn, GesR, GmbHG, § 43, Rn. 40.
471 *Altmeppen*, GmbHG, § 43, Rn. 125; *Beurskens*, in: Noack/Servatius/Haas, GmbHG, § 43, Rn. 19; *Fleischer*, in: MüKo, GmbHG, § 43, Rn. 347; *Pöschke*, in: BeckOK, GmbHG, § 43, Rn. 90; *Wicke*, GmbHG, § 43, Rn. 15; a.A. *Ziemons*, in: MHLS, GmbHG, § 43, Rn. 108.
472 *Beurskens*, in: Noack/Servatius/Haas, GmbHG, § 43, Rn. 18; *Fleischer*, in: MüKo, GmbHG, § 43, Rn. 347; *Oetker*, in: Henssler/Strohn, GesR, GmbHG, § 43, Rn. 39; *Pöschke*, in: BeckOK, GmbHG, § 43, Rn. 84; *Wicke*, GmbHG, § 37, Rn. 5; *Ziemons*, in: MHLS, GmbHG, § 43, Rn. 101.
473 *Beurskens*, in: Noack/Servatius/Haas, GmbHG, § 43, Rn. 18; vgl. *Buck-Heeb*, in: Gehrlein/Born/Simon, § 43, Rn. 71; *Fleischer*, in: MüKo, GmbHG, § 43, Rn. 347; *Wicke*, GmbHG, § 43, Rn. 15.
474 *Beurskens*, in: Noack/Servatius/Haas, GmbHG, § 43, Rn. 18; *Fleischer*, in: MüKo, GmbHG, § 43, Rn. 347; *Pöschke*, in: BeckOK, GmbHG, § 43, Rn. 85; *Schnorbus*, in: Rowedder/Pentz, GmbHG, § 43, Rn. 92; *Wicke*, in: Wicke, GmbHG, § 43, Rn. 15; *Ziemons*, in: MHLS, GmbHG, § 43, Rn. 102.

ein Beschluss vor allem dann nichtig, wenn er Vorschriften verletzt, die ausschließlich oder überwiegend zum Schutz der Gläubiger der Gesellschaft oder sonst im öffentlichen Interesse gegeben sind.[475] Gläubigerschützende Vorschriften sind vor allem solche, die der Sicherung der Kapitalaufbringung und -erhaltung dienen.[476] Vor Inkrafttreten des StaRUG hätte es daher nur dann eine vom Willen der Gesellschafter unabhängige Sanierungspflicht der Geschäftsleitung gegeben, wenn sich diese als objektiv-rechtliche Pflicht für die Geschäftsleitung aus dem Gesetz ergeben hätte. Ein wesentlicher Bestandteil des gesellschaftsrechtlichen Gläubigerschutzes ist § 43 Abs. 3 GmbHG.[477]

§ 43 Abs. 3 S. 3 GmbHG begrenzt die Weisungsbefugnis der Gesellschafterversammlung.[478] Danach ist ein Beschluss der Gesellschafterversammlung nichtig, wenn er entgegen § 30 GmbHG Zahlungen aus dem zur Erhaltung des Stammkapitals erforderlichen Vermögen vorsieht oder entgegen § 33 GmbHG eigene Geschäftsanteile der Gesellschaft erworben werden sollen, sofern dieser Ersatz zur Befriedigung der Gläubiger erforderlich ist. § 43 Abs. 3 S. 3 GmbHG sieht damit eine Ersatzpflicht der Geschäftsleitung gegenüber der Gesellschaft auch dann vor, wenn eine Weisung oder ein Beschluss das Verhalten der Geschäftsleitung legitimiert haben, aber der Ersatz für die Befriedigung der Gläubiger erforderlich ist. Es ist umstritten, ob sich die Ersatzpflicht nur auf die Erfüllung des Tatbestands aus § 43 Abs. 3 S. 1 GmbHG bezieht oder auch auf Handlungen, die gegen § 43 Abs. 2 und Abs. 1 GmbHG verstoßen.[479] Der Streit wirkt sich nur dann aus, wenn der Gläubigerschutz des § 43 Abs. 3 S. 3 GmbHG über § 43 Abs. 2 und Abs. 1 GmbHG weitergehender ist als über § 43 Abs. 3 S. 1 GmbHG.

a) Gläubigerschutz der §§ 30, 33 GmbHG

§ 30 GmbHG schützt das Gesellschaftervermögen und damit mittelbar die Interessen der Gläubiger unter zwei Voraussetzungen. Erstens muss durch die Auszahlung eine Unterbilanz entstehen oder bei Auszahlung bereits bestehen.[480] Eine Unterbilanz liegt vor, wenn das Aktivvermögen der Gesellschaft nicht mehr das Fremdkapital und das Stammkapital deckt.[481] § 30 GmbHG schützt das Vermögen, und damit auch die Interessen der Gläubiger an der Befriedigung ihrer Forderungen, also erst zu einem sehr späten Zeitpunkt, nämlich dann, wenn die Reserven des Stammkapitals betroffen sind. Zweitens muss es sich um ein Gesellschaftergeschäft handeln.[482] Verkehrsgeschäfte

475 *Pöschke*, in: BeckOK, GmbHG, § 43, Rn. 84; *Ziemons*, in: MHLS, GmbHG, § 43, Rn. 101.
476 *Pöschke*, in: BeckOK, GmbHG, § 43, Rn. 84; *Ziemons*, in: MHLS, GmbHG, § 43, Rn. 101.
477 *Beurskens*, in: Noack/Servatius/Haas, GmbHG, § 43, Rn. 18, 20; *Ziemons*, in: MHLS, GmbHG, § 43, Rn. 101 f.
478 *Oetker*, in: Henssler/Strohn, GesR, GmbHG, § 43, Rn. 38.
479 Befürwortend BGH, Beschl. v. 18.2.2008 – II ZR 62/07, NZG 2008, 314–316, juris Rn. 11; *Beurskens*, in: Noack/Servatius/Haas, GmbHG, § 43, Rn. 100; *Oetker*, in: Henssler/Strohn, GesR, GmbHG, § 43, Rn. 69. Ablehenend *Altmeppen*, GmbHG, § 32, Rn. 126, 128.
480 *Altmeppen*, GmbHG, § 30, Rn. 10; *Heidinger*, in: MHLS, GmbHG, § 30, Rn. 27.
481 *Altmeppen*, GmbHG, § 30, Rn. 10; *Fleischer*, in: Henssler/Strohn, GesR, § 30, Rn. 21.
482 *Ekkenga*, in: MüKo, GmbHG, § 30, Rn. 2; *Fleischer*, in: Henssler/Strohn, GesR, § 30, Rn. 12, wobei »Leistungen an bestimmte Dritte solchen an Gesellschafter gleichzustellen sind«.

mit Dritten werden von dem Verbot nicht erfasst.[483] Das heißt, die Schutzvorschrift des § 30 GmbHG ist in zweierlei Hinsicht eingeschränkt: sie erfasst nur Auszahlungen an Gesellschafter und diese auch nur erst dann, wenn dadurch das Stammkapital der Gesellschaft betroffen ist.

Entscheidend für die Reichweite des Gläubigerschutzes nach § 43 Abs. 3 S. 1 GmbHG i.V.m. § 30 GmbHG ist die Frage, in welchem Verhältnis Unterbilanz, drohende Zahlungsunfähigkeit, Überschuldung und Zahlungsunfähigkeit zueinander stehen. Der Tatbestand der Unterbilanz ist weitreichender als der insolvenzrechtliche Überschuldungstatbestand gem. § 19 InsO.[484] Denn letzterer erfasst im Rahmen der Fortführungsprognose nur einen Teil der Passivseite, nämlich die in den nächsten zwölf Monaten fällig werdenden Verbindlichkeiten und die ihr gegenüberstehenden Rückstellungen.[485] Das heißt grundsätzlich kann die Unterbilanz zwar vor der Überschuldung,[486] aber nicht zwingend vor drohender Zahlungsunfähigkeit eintreten.[487]

§ 43 Abs. 3 S. 1 GmbHG verweist zusätzlich auf § 33 GmbHG. Dieser sieht vor, dass die Gesellschaft eigene Geschäftsanteile, auf welche die Einlagen noch nicht vollständig geleistet sind, nicht erwerben oder als Pfand nehmen kann. Die Norm soll das gebundene Kapital schützen.[488] Denn der entgeltliche Erwerb eigener Anteile führt zu einer irregulären Teilliquidation von Gesellschaftsvermögen.[489] Das heißt auch § 33 GmbHG normiert einen Schutz der Gläubiger. Dieser Gläubigerschutz beschränkt sich aber auf das zur Deckung des Stammkapitals und der notwendigen Rücklagen erforderliche Vermögen.[490] Ähnlich, wie zuvor bei dem Tatbestand des § 30 GmbHG, werden die Gläubigerinteressen erst zu einem sehr späten Zeitpunkt geschützt, nämlich dann, wenn bereits das Stammkapital betroffen ist. Damit folgte vor Inkrafttreten des StaRUG aus § 43 Abs. 3 S. 1 GmbHG keine weisungsunabhängige Pflicht der Geschäftsleitung, zum Zeitpunkt der drohenden Zahlungsunfähigkeit das Unternehmen zu sanieren.

b) Gläubigerschutz des § 43 Abs. 1 GmbHG

Fraglich ist, ob die Pflicht aus § 43 Abs. 1 GmbHG einen weitreichenderen Gläubigerschutz vorsieht als die Tatbestände der §§ 30, 33 GmbHG. Nur dann kommt es auf den

483 Vgl. *Altmeppen*, GmbHG, § 30, Rn. 7; *Ekkenga*, in: MüKo, GmbHG, § 30, Rn. 2.

484 Vgl. *Thiessen*, in: Bork/Schäfer, GmbHG, § 30, Rn. 29 f.

485 *Thiessen*, in: Bork/Schäfer, GmbHG, § 30, Rn. 29.

486 *Thiessen*, in: Bork/Schäfer, GmbHG, § 30, Rn. 30.

487 *Götker*, Geschäftsführer in der Insolvenz, Rn. 356; *Wertenbruch*, DB 2013, 1592 (1593), »kann [...] Fälle geben, in denen die von der Bilanz unabhängige Zahlungsunfähigkeit droht, obwohl noch mehr als die Hälfte des Stammkapitals vorhanden ist.«; *Wortberg*, ZInsO 2004, 707 (710), »Notwendigerweise erfasst ist der Fall der drohenden Zahlungsunfähigkeit von § 49 Abs. 3 InsO [...] nicht«. A.A. *Leinekugel/Skauradszun*, GmbHR 2011, 1121 (1124).

488 Vgl. *Kersting*, in: Noack/Servatius/Haas, GmbHG, § 33, Rn. 1; *Roßkopf/Notz*, in: MüKo, GmbHG, § 33, Rn. 1; *Taetzner/Maul*, in: Beck'sches HdB GmbH, § 14, Rn. 19.

489 *Huber*, FS Duden, 137 (139); *Roßkopf/Notz*, in: MüKo, GmbHG, § 33, Rn. 1.

490 *Kersting*, in: Noack/Servatius/Haas, GmbHG, § 33, Rn. 1; *Roßkopf/Notz*, in: MüKo, GmbHG, § 33, Rn. 20; *Schindler*, in: BeckOK, GmbHG, § 33, Rn. 5, 7.

Streit, ob § 43 Abs. 3 GmbHG auch auf § 43 Abs. 1 GmbHG Anwendung findet, überhaupt an.

Aus dem gesellschaftsrechtlichen Grundverständnis der GmbH folgt, dass die Geschäftsleitung ihre Pflicht aus § 43 Abs. 1 GmbHG, in Angelegenheiten der Gesellschaft mit der Sorgfalt eines ordentlichen Geschäftsmannes zu handeln, erfüllt, wenn die Handlungen dem Interesse der Gesellschafter entsprechen.[491] Grundsätzliches ökonomisches Interesse der Gesellschafter ist erst einmal die dauerhafte rentable Führung des Unternehmens, um möglichst hohe erwerbswirtschaftliche Gewinne zu erzielen.[492] Wenn die Rentabilität nicht mehr gesichert werden kann, haben die Geschäftsleiter die Pflicht, geeignete Sanierungsmaßnahmen zu ergreifen. Das folgt aus § 43 Abs. 1 GmbHG.[493] Dabei bestimmt sich entsprechend dem gesellschaftsrechtlichen Grundverständnis der GmbH die Geeignetheit und damit die Auswahl der Sanierungsmaßnahmen nach dem Gesellschafterinteresse.[494] Sofern eine Fortführung oder eine Liquidation des Unternehmens im Raum stehen, muss die Geschäftsleitung einen Beschluss der Gesellschafter einholen.[495] Dabei werden ausnahmsweise mittelbar auch die Gläubigerinteressen berücksichtigt, wenn diese zufällig den Gesellschafterinteressen entsprechen.[496] Die Pflicht zur Sanierung ist jedoch in erster Linie eine Pflicht gegenüber den Gesellschaftern und nicht gegenüber den Gläubigern.[497] Diese Ausrichtung der Pflicht kippt, wenn es sich um einen existenzvernichtenden Eingriff handelt oder materielle Insolvenz eingetreten ist. Sie kippt dagegen nicht bereits ab dem Zeitpunkt der drohenden Zahlungsunfähigkeit.

aa) Existenzvernichtender Eingriff

Die Geschäftsleitung verstößt gegen § 43 Abs. 1 GmbHG, wenn sie einen Beschluss der Gesellschafterversammlung befolgt, der die Entziehung existenznotwendigen Vermögens vorsieht.[498] Sie haftet dann aus § 826 BGB gegenüber der Gesellschaft auf

491 Siehe dazu oben S. 70.

492 Vgl. *L. M. Guntermann*, WM 2021, 214 (215); vgl. *Hölck*, in: HdB zum neuen SanierungsR, Rn. 1656; vgl. *Veil*, ZGR 2006, 374 (379).

493 Siehe dazu oben S. 65 f. und die Nachweise in Fn. 439.

494 Siehe dazu oben S. 70. Vgl. *L. M. Guntermann*, WM 2021, 214 (215); *Drenckhan*, Gläubigerschutz in der Krise, S. 72 f., spricht insofern von »Eingeschränkte Sanierungspflicht des Geschäftsführers«; *Kleindiek*, in: Lutter/Hommelhoff, GmbHG, § 43, Rn. 36; *Mohaupt*, Geschäftsleiterpflichten in Unternehmenskrise, S. 171; *Veil*, ZGR 2006, 374 (380); vgl. *Westermann*, DZWiR 2006, 485 (487); *Haas*, Gutachten E zum 66. DJT, E 109; *Schweiger*, Aktive Krisenpflichten im Recht der GmbH, S. 42, 60.

495 Bei der Auflösung der Gesellschaft ist der Gesellschafterbeschluss gem. § 60 Abs. 1 Nr. 2 GmbHG mit einer 3/4-Mehrheit zu beschließen. Wenn die Gesellschaft als »unauflöslich« bezeichnet ist, ist ein einstimmiger Gesellschafterbeschluss erforderlich, vgl. *Haas*, in: Noack/Servatius/Haas, § 60, Rn. 17. Im Gesellschaftsvertrag kann auch eine geringere Mehrheit vereinbart werden, vgl. *Berner*, in: MüKo, GmbHG, § 60, Rn. 96.

496 *Bayat*, ZRI 2023, 385 (389).

497 Siehe dazu oben S. 70.

498 BGH, Urt. v. 28.4.2008 – II ZR 264/06, BGHZ 176, 204–221 = ZIP 2008, 1232–1237, juris Rn. 38 f. (»GAMMA«); vgl. BGH, Urt. v. 16.7.2007 – II ZR 3/04, BGHZ 173, 246–269 = ZIP 2007, 1552–1560, juris Rn. 16, 46 (»TRIHOTEL«).

Schadensersatz, weil eine vorsätzlich sittenwidrige Schädigung des Gesellschaftsvermögens vorliegt.[499] Die Begründung dieses Haftungskonzepts durch den BGH war notwendig, weil der Gläubigerschutz in den Vorschriften von InsO und GmbHG eine gravierende Schwachstelle hatte. Gesellschafter oder ihnen gleichzustellende Personen konnten der Gesellschaft wirtschaftliche Vermögenswerte entziehen, die für den wirtschaftlichen Fortbestand zwingend erforderlich waren und deren Entzug die Schuldendeckung in der Insolvenz oder Liquidation beeinträchtigte.[500] Weder die §§ 30, 31 GmbHG[501] noch die §§ 15a, 15b InsO fingen solche Eingriffe auf, für die die Gesellschaft noch nicht materiell insolvent sein musste. Sie verursachten die materielle Insolvenz hingegen erst.[502]

Existenzvernichtende Maßnahmen liegen folglich vor, wenn die Geschäftsführung oder ein Gesellschafter der Gesellschaft Vermögenswerte entzieht und ihr nicht gleichzeitig einen Gegenwert zuführt oder wenn das Risiko der Geschäfte in einem derartigen Ungleichgewicht zu den Unternehmensvermögenswerten steht, dass ein Scheitern des Geschäfts ausschließlich zulasten der Gläubiger ginge.[503] Es handelt sich konkret um eine Entnahmesperre für bilanziell nicht erfassbare Vermögensbeeinträchtigungen, wie das Nichtergreifen von Geschäftschancen, die Erhöhung von Schulden beispielsweise durch die Verschmelzung mit einer überschuldeten Gesellschaft sowie ein kompensationsloser Einzug von Forderungen oder Leistungen der Gesellschaft.[504]

Erhält die Geschäftsführung eine Weisung der Gesellschafterversammlung, der Gesellschaft Vermögen zu entziehen, die die Existenz der Gesellschaft maßgeblich beeinträchtigen könnte und die Gesellschaft mit überwiegender Wahrscheinlichkeit in die Insolvenz führen würde,[505] darf die Geschäftsleitung eine solche Weisung nicht ausführen. Sie würde nach § 826 BGB wegen eines existenzvernichtenden Eingriffs auf Schadensersatz gegenüber der Gesellschaft haften. Das bedeutet an derartige Weisungen ist die Geschäftsführung nicht gebunden. In diesen Fällen überwiegt das Gläubigerinteresse das Gesellschafterinteresse. Es handelt sich aber um einen Schutz des Gläubigerinteresses zu einem sehr späten Zeitpunkt. Nämlich dann, wenn die Gesellschaft durch den Eingriff zusammenbricht und die Gläubiger nicht mehr vollständig

499 Dieses Haftungskonzept wurde in der TRIHOTEL-Entscheidung BGH, Urt. v. 16.7.2007 – II ZR 3/04, BGHZ 173, 246–269 = ZIP 2007, 1552–1560 entwickelt. Zur Anspruchsgrundlage siehe Rn. 17.

500 *Bayer*, in: Lutter/Hommelhoff, GmbHG, § 13, Rn. 26; *Fastrich*, in: Noack/Servatius/Haas, GmbHG, § 13, Rn. 57, 69.

501 *Fastrich*, in: Noack/Servatius/Haas, GmbHG, § 13, Rn. 57; *Heckschen*, in: InsolvenzR in der Gestaltungspraxis, § 4, Rn. 942; *Willhelmi*, in: BeckOK, GmbHG, § 13, Rn. 73.

502 BGH, Urt. v. 16.7.2007 – II ZR 3/04, BGHZ 173, 246–269 = ZIP 2007, 1552–1560, juris Rn. 33; *Fastrich*, in: Noack/Servatius/Haas, GmbHG, § 13, Rn. 68; *Heckschen*, in: InsolvenzR in der Gestaltungspraxis, § 4, Rn. 941.

503 *Thole*, BB 2021, 1347 (1349); vgl. *Beurskens*, in: Noack/Servatius/Haas, GmbHG, § 43, Rn. 20.

504 *Fastrich*, in: Noack/Servatius/Haas, GmbHG, § 13, Rn. 64 m.w.N., weitere Beispiele in Rn. 72; Beispiele für eine Negativabgrenzung auflistend *Heckschen*, in: InsolvenzR in der Gestaltungspraxis, § 4, Rn. 943a.

505 BGH, Urt. v. 16.7.2007 – II ZR 3/04, BGHZ 173, 246–269 = ZIP 2007, 1552–1560, juris Rn. 28; *Fastrich*, in: Noack/Servatius/Haas, GmbHG, § 13, Rn. 66; *Kleindiek*, in: Lutter/Hommelhoff, GmbHG, § 37, Rn. 18.

befriedigt werden könnten.[506] Die Gesellschaft wäre dann materiell insolvent, also überschuldet oder sogar zahlungsunfähig.

bb) Materielle Insolvenz

Die Geschäftsleitung kann sich, neben solchen existenzvernichtenden Eingriffen, auch dann nicht mehr durch eine Weisung der Gesellschafterversammlung von einer eventuellen Haftung befreien, wenn der ihr zugrundeliegende Beschluss gegen §§ 15a und 15b InsO verstößt. Besteht eine Insolvenzantragspflicht nach § 15a Abs. 1 InsO, ist die GmbH also materiell insolvent, kommt es zu einem Wandel der Strukturprinzipien der GmbH. Materiell insolvent ist ein Unternehmen, wenn es gem. § 19 InsO überschuldet oder gem. § 17 InsO zahlungsunfähig ist. Ab dem Eintritt der materiellen Insolvenz stehen nicht mehr die Gesellschafterinteressen als Maßstab der Unternehmensentscheidungen im Vordergrund, sondern die Gläubigerinteressen.[507] Das folgt einerseits aus dem Insolvenzantragsrecht der Gläubiger: Neben einem Schuldnerantrag ist bei Überschuldung und Zahlungsunfähigkeit auch ein Gläubigerantrag zulässig, vgl. §§ 18 Abs. 1, 14 InsO. Andererseits folgt dies aus der Pflicht zur gemeinschaftlichen Befriedigung der Gläubiger aus § 1 S. 1 InsO.

Die Geschäftsleitung muss weder einen zustimmenden ermächtigenden Gesellschafterbeschluss zur Anzeige eines Insolvenzantrags einholen.[508] Noch darf sie einen gegenteiligen Beschluss, der einen Insolvenzantrag versagt, befolgen.[509] Bei der Befolgung eines solchen rechtswidrigen Beschlusses der Gesellschafterversammlung würde sich die Geschäftsführung ansonsten gem. § 15a Abs. 4 und 5 InsO strafbar und gem. § 823 Abs. 2 BGB i.V.m. § 15a InsO schadensersatzpflichtig machen.[510] Ebenso wie bei einem existenzvernichtenden Eingriff stehen auch bei materieller Insolvenz nicht mehr die Gesellschafter-, sondern die Gläubigerinteressen im Vordergrund.[511]

cc) Drohende Zahlungsunfähigkeit

Anders sieht dies in dem Zeitraum drohender Zahlungsunfähigkeit gem. § 18 InsO aus. Im Gegensatz zum Vorliegen von materieller Insolvenz, bei der auch Gläubigeranträge zulässig sind, besteht ab dem Eintritt der drohenden Zahlungsunfähigkeit keine Antragspflicht gem. § 15a Abs. 1 InsO und nur der Schuldner, vertreten durch die Geschäftsführung gem. § 18 Abs. 3 InsO, hat ein Antragsrecht.

506 BGH, Urt. v. 16.7.2007 – II ZR 3/04, BGHZ 173, 246–269 = ZIP 2007, 1552–1560, juris Rn. 28; *Fastrich*, in: Noack/Servatius/Haas, GmbHG, § 13, Rn. 66.

507 *Bitter*, in: Scholz, GmbHG, InsO, § 15b, Rn. 50; *Jürgensen*, Pflichten und Haftung des Geschäftsführers einer GmbH, S. 114; *Verse*, in: Scholz, GmbHG, § 43, Rn. 60a.

508 *Brandes/Rabenau*, ZIP 2021, 2566 (2568); *Brinkmann*, FS Seibert, 165 (172); vgl. *Lenz*, in: MHLS, GmbHG, § 37, Rn. 19; *Stephan/Tieves*, in: MüKo, GmbHG, § 37, Rn. 137.

509 Vgl. BGH, Urt. v. 18.3.1974 – II ZR 2/72, NJW 1974, 1088–1089, juris Rn. 10; *Brandes/Rabenau*, ZIP 2021, 2566 (2568); vgl. *Wertenbruch*, DB 2013, 1592 (1593 f.).

510 Vgl. *Altmeppen*, GmbHG, § 37, Rn. 6; *Brinkmann*, FS Seibert, 165 (172).

511 *Müller*, ZGR 2018, 56 (84); *Schall*, Kapitalgesellschaftsrechtlicher Gläubigerschutz, S. 320; *Tresselt/Müller*, KSzW 2015, 198 (200); *Veil*, ZGR 2006, 374 (380); *Wanner*, GmbH in der Krise, S. 249.

Es ist umstritten, ob die Geschäftsführung vor der Insolvenzantragstellung wegen drohender Zahlungsunfähigkeit einen ermächtigenden Gesellschafterbeschluss einholen muss.[512] Gegen ein solches Erfordernis wird vorgebracht, dass die Geschäftsführung vorrangig zum Wohle der Gesellschaft und nicht zum Wohle der Gesellschafter handeln müsse.[513] Die Insolvenzantragstellung bei drohender Zahlungsunfähigkeit sei eine unternehmerische Entscheidung, die von der, auch im GmbH-Recht anzuwenden,[514] Business Judgement Rule gem. § 93 Abs. 1 S. 2 AktG analog gedeckt sei.[515] Sofern sich die Geschäftsführung an die Vorgaben der Business Judgement Rule halte, handele sie nicht pflichtwidrig, wenn sie bei drohender Zahlungsunfähigkeit einen Insolvenzantrag ohne die Zustimmung der Gesellschafter stellt.[516]

512 Befürwortend: OLG München, Urt. v. 21.3.2013 – 23 U 3344/12, ZIP 2013, 1121–1125, juris Rn. 55; LG Frankfurt, Urt. v. 13.8.2013 – 3-09 O 78/13, ZIP 2013, 1720–1729, juris Rn. 46 (»Suhrkamp«); LG München I, Urt. v. 22.5.2015 – 14 HKO 867/14, ZIP 2015, 1634–1637, juris Rn. 89; *Fölsing*, ZInsO 2013, 1325 (1328 f.); *Götker*, Geschäftsführer in der Insolvenz, Rn. 500; *Haas*, DStR 1998, 1359 (1363); *Haas*, in: Noack/Servatius/Haas, GmbHG, § 60, Rn. 29; *Kebekus/Zenker*, FS Maier-Reimer, 319 (334); *Kleindiek*, FS K. Schmidt, I, 655 (667); *Leinekugel*, GmbHR 2013, 594 (595), Anm. zu OLG München, Urt. v. 21.3.2013 – 23 U 3344/12; *Leinekugel/Skauradszun*, GmbHR 2011, 1121 (1125); *Liebscher*, in: MüKo, GmbHG, § 49, Rn. 54; *Saenger/Al-Wraikat*, NZG 2013, 1201 (1203 f.); *Schluck-Amend*, in: MAH GmbH-Recht, § 23, Rn. 400; *K. Schmidt*, in: K. Schmidt, InsO, § 18, Rn. 31; *Schröder*, in: HambKomm, InsO, § 18, Rn. 23; *Seibt/Bulgrin*, ZIP 2017, 353 (361); *Tetzlaff*, ZInsO 2008, 137 (139 f.); *Thole*, Gesellschaftsrechtliche Maßnahmen, Rn. 70, 75; *Thole*, ZIP 2013, 1937 (1944); *Tresselt/Müller*, KSzW 2015, 198 (200); *Wertenbruch*, DB 2013, 1592 (1593). Ablehnend: *Eidenmüller*, ZIP 2014, 1197 (1203 f.); *Fehrenbach*, ZIP 2020, 2370 (2372); *Gessner*, NZI 2018, 185 (188); *Hölzle*, ZIP 2013, 1846 (1850); *Meyer-Löwy/Pickerill*, GmbHR 2013, 1065 (1072–1074).

513 *Gessner*, NZI 2018, 185 (188), der in Fn. 49 aber gleichzeitig zugibt, dass die Abgrenzung von Gesellschafts- und Gesellschafterinteressen nicht immer ohne Weiteres möglich sei; offenlassend BGH, Beschl. v. 10.4.2006 – II ZR 337/05, NJW 2006, 2776, juris Rn. 2.

514 BGH, Urt. v. 4.11.2022 – II ZR 224/00, BGHZ 152, 280–290 = NJW 2003, 358–360, juris Rn. 5, 8; *Beurskens*, in: Noack/Servatius/Haas, GmbHG, § 43, Rn. 34; *Fleischer*, in: MüKo, GmbHG, § 43, Rn. 84; *Kebekus/Zenker*, FS Maier-Reimer, 319 (334 f.); *Kuntz*, ZIP 2021, 597 (607); *Kuntz*, GmbHR 2008, 121; *Paefgen*, in: HCL, GmbHG, § 43, Rn. 111; *Verse*, Scholz, GmbHG, § 43, Rn. 71 f.; *Ziemons*, in: MHLS, GmbHG, § 43, Rn. 134; ohne auf § 93 Abs. 1 S. 2 AktG abzustellen siehe auch BGH, Beschl. v. 14.7.2008 – II ZR 202/07, NJW 2008, 3361–3363, juris Rn. 11; a.A. *Jungmann*, FS K. Schmidt (2009), 831 (850 f.). Siehe insgesamt ausführlich dazu *Taube*, Anwendung Business Judgement Rule auf den GmbH-Geschäftsführer, insbesondere ab S. 226 zu den GmbH-spezifischen Besonderheiten in Bezug auf die Anwendbarkeit der Business Judgement Rule.

515 *Gessner*, NZI 2018, 185 (188).

516 Vgl. *Fehrenbach*, ZIP 2020, 2370 (2372) zufolge fehle es bei einem Eigenantrag an der Insolvenzzweckwidrigkeit, weil sich der Schuldner bei einer drohenden Zahlungsunfähigkeit in einer existenzbedrohenden Krise befinde und dadurch das dafür vorgesehene insolvenzrechtliche Sanierungsinstrumentarium aktiviert werde; *Gessner*, NZI 2018, 185 (188).

Diese Sichtweise lässt außer Betracht, dass die Gesellschafteranteile bei drohender Zahlungsunfähigkeit noch nicht völlig entwertet sein müssen.[517] Deswegen wird zutreffend auf § 60 Abs. 1 Nr. 2 GmbHG verwiesen. Die fakultative Insolvenzantragstellung bei drohender Zahlungsunfähigkeit entspricht im Ergebnis einer gewillkürten Auflösung nach § 60 Abs. 1 Nr. 2 GmbHG.[518] Denn die Insolvenzantragstellung führt mittelbar in aller Regel zur Auflösung der Gesellschaft.[519] Nach § 60 Abs. 1 Nr. 2 GmbHG bedarf es deswegen eines mit 3/4-Mehrheit gefassten zustimmenden Gesellschafterbeschlusses.

Außerdem ist die Insolvenzantragstellung bei drohender Zahlungsunfähigkeit als außergewöhnliche oder ungewöhnliche Maßnahme einzuordnen,[520] woraus ebenfalls die Zuständigkeit der Gesellschafter folgt.[521] Denn mit der Auflösung der Gesellschaft endet die werbende Tätigkeit der Gesellschaft, sodass sich auch der Gesellschaftszweck ändert.[522] Sogar die Durchführung eines Insolvenzverfahrens in Eigenverwaltung greift gem. § 276a InsO erheblich in die Organisationsverfassung der Gesellschaft ein und kann nach § 225a InsO die Gesellschafterrechte wesentlich ändern.[523] Damit liegt eine Maßnahme vor, die von den Gesellschaftern zu initiieren ist.[524] Obwohl sich die wirtschaftliche Situation des Unternehmens bei drohender Zahlungsunfähigkeit bereits erheblich verschlechtert hat, sind wirtschaftliche Eigentümer des Unternehmens weiterhin die Gesellschafter.[525] Das ändert sich erst, wenn die Gesellschaft überschuldet oder zahlungsunfähig ist.[526] Die Entscheidung über die Auflösung der Gesellschaft obliegt deswegen noch den Gesellschaftern, insbesondere auch insoweit,

517 *L. M. Guntermann*, WM 2021, 214 (216 f.); *Korch*, ZIP 2020, 446 (447 f.); *Kuntz,* ZIP 2021, 597 (602), »noch werthaltig – nicht: vollwertig«; *Kuntz*, ZIP 2020, 2423; *Lieder*, FS Smid, 543 (545); *Liedl*, Absoluter oder relativer Vorrang, S. 262; *Schäfer*, FS Kayser, 853 (863); *Schäfer*, ZIP 2020, 2164 (2166 f.); *H. F. Müller*, ZGR 2018, 56 (72); *H. F. Müller*, ZIP 2020, 2253 (2255); vgl. *Rauhut*, NZI-Beilage 2021, 52; *Schäfer*, ZIP 2020, 2164 (2166, 2168); *Seibt/Bulgrin*, DB 2020, 2226 (2233); *Seibt/v. Treuenfeld*, DB 2019, 1190 (1197) »Anteile der Gesellschafter sind regelmäßig noch werthaltig«; *Skauradszun*, KTS 2019, 161 (187); *Tilgner*, NZI 2022, 761 (764 f.); *Westpfahl*, FS Paulus, 754 (759); *Westpfahl/Knapp*, in: SanierungsR, F., Rn. 297–298.

518 *Brinkmann*, FS Seibert, 165 (173); *Haas*, in: Noack/Servatius/Haas, GmbHG, § 60, Rn. 29; *Leinekugel/Skauradszun*, GmbHR 2011, 1121 (1125 f.).

519 Vgl. OLG München, Urt. v. 21.3.2013 – 23 U 3344/12, ZIP 2013, 1121–1125, juris Rn. 55; *Bork*, ZIP 2011, 101 (108); *Brandes/Rabenau*, ZIP 2021, 2566 (2569); *Brinkmann*, FS Seibert, 165 (173); *Bulgrin*, Strategische Insolvenz, 2016, S. 148; *Leinekugel/Skauradszun*, GmbHR 2011, 1121 (1124); *Seibt/Bulgrin*, ZIP 2017, 353 (361); *Seibt/v. Treuenfeld*, DB 2019, 1190 (1194); *Wertenbruch*, DB 2013, 1592 (1593).

520 Siehe dazu bereits oben S. 67 f.

521 *Brinkmann*, FS Seibert, 165 (173); *Leinekugel/Skauradszun*, GmbHR 2011, 1121 (1123); *Saenger/Al-Wraikat*, NZG 2013, 1201 (1204), »einmaliges Ereignis in der Entwicklung einer GmbH«.

522 OLG München, Urt. v. 21.3.2013 – 23 U 3344/12, ZIP 2013, 1121–1125, juris Rn. 55.

523 *Brinkmann*, FS Seibert, 165 (173); vgl. *Wertenbruch*, DB 2013, 1592 (1593).

524 OLG München, Urt. v. 21.3.2013 – 23 U 3344/12, ZIP 2013, 1121–1125, juris Rn. 55; *Leinekugel/Skauradszun*, GmbHR 2011, 1121 (1124); *Saenger/Al-Wraikat*, NZG 2013, 1201 (1204).

525 OLG München, Urt. v. 21.3.2013 – 23 U 3344/12, ZIP 2013, 1121–1125, juris Rn. 55.

526 Siehe dazu oben ab S. 76.

als dass sie bei drohender Zahlungsunfähigkeit ebenso noch eine Liquidation unter alleiniger Hoheit der Gesellschaft durchführen könnten,[527] vgl. § 66 Abs. 1 GmbHG.

Im Übrigen besteht bei drohender Zahlungsunfähigkeit nur ein Insolvenzantrags»recht« und keine Pflicht gem. § 15a InsO, wie dies bei Überschuldung und Zahlungsunfähigkeit der Fall ist. Folglich droht für die Geschäftsführung auch keine Insolvenzverschleppungshaftung.[528] Zu diesem Zeitpunkt hat die Geschäftsführung daher regelmäßig noch kein eigenes Interesse an der Insolvenzantragstellung.

Folglich muss die Geschäftsführung die Entscheidung, ob im Zeitpunkt der drohenden Zahlungsunfähigkeit ein Antrag auf Eröffnung des Insolvenzverfahrens gestellt werden soll gem. § 49 Abs. 2 GmbHG der Gesellschafterversammlung vorlegen, die dann darüber entscheidet.[529] Gegen den Willen der Gesellschafter, d.h. ohne einen entsprechenden Gesellschafterbeschluss, kann der Geschäftsführer einen Insolvenzantrag wegen drohender Zahlungsunfähigkeit nicht haftungsfrei stellen. Die Gesellschafterversammlung muss den Beschluss analog § 60 Abs. 1 Nr. 2 GmbHG mit einer ¾-Mehrheit fassen.[530]

Die Regelungen des GmbHG und der InsO verdeutlichen, dass im Zeitpunkt der drohenden Zahlungsunfähigkeit noch die Gesellschafterinteressen maßgeblich sind. Die Gläubigerinteressen treten zurück.

c) Zwischenfazit

Die Ansicht, die die Exkulpationsmöglichkeit der Geschäftsführung aufgrund von Weisungen und Beschlüssen nur dann ausschließen will, wenn der Tatbestand des § 43 Abs. 3 S. 1 GmbHG erfüllt ist, also eine Verletzung des § 30 GmbHG oder § 33 GmbHG vorliegt, gewährleistet nur einen eingeschränkten Gläubigerschutz. Die andere Ansicht, die darüber hinaus § 43 Abs. 3 S. 3 GmbHG auch auf gläubigergefährdende Handlungen, die gegen § 43 Abs. 1 GmbHG verstoßen, anwendet, schützt die Gläubiger erst zu den sehr späten Zeitpunkten von Unterbilanz sowie materieller Insolvenz und nicht bereits ab drohender Zahlungsunfähigkeit. Das heißt, selbst wenn man § 43 Abs. 3 S. 3 GmbHG auch auf § 43 Abs. 1 GmbHG anwendet, folgt daraus kein weitergehender Gläubigerschutz. Der Streit muss nicht entschieden werden. Vor Inkrafttreten des StaRUG konnten damit die Gesellschafter bis zum Eintritt von Unterbilanz und/oder materieller Insolvenz über Beschlüsse ihrer Gesellschafterversamm-

527 OLG München, Urt. v. 21.3.2013 – 23 U 3344/12, ZIP 2013, 1121–1125, juris Rn. 55.

528 OLG München, Urt. v. 21.3.2013 – 23 U 3344/12, ZIP 2013, 1121–1125, juris Rn. 55; LG München I, Urt. v. 22.5.2015 – 14 HKO 867/14, ZIP 2015, 1634–1637, juris Rn. 86; *H. F. Müller*, in: Jaeger, InsO, § 18, Rn. 3; *Haas*, in: Noack/Servatius/Haas, GmbHG, § 64, Rn. 86.

529 *Berner/Werner*, in: Kübler/Prütting/Bork, HRI I, § 17, Rn. 59; *Mock*, in: Uhlenbruck, InsO, § 18, Rn. 76; *Schulz*, Sanierungsgeschäftsführung, S. 192.

530 *Brinkmann*, FS Seibert, 165 (175); *Bulgrin*, Strategische Insolvenz, S. 152; *Haas*, in: Noack/Servatius/Haas, GmbHG, § 60, Rn. 29 »entsprechende Anwendung«; *Kleindiek*, FS K. Schmidt, I, 655 (667); *Leinekugel/Skauradszun*, GmbHR 2011, 1121 (1126); *Lüke*, KTS 2019, 261 (275); *Schulz*, Sanierungsgeschäftsführung, S. 195; *Seibt/Bulgrin*, ZIP 2017, 353 (361); *Stephan/Tieves*, in: MüKo, GmbHG, § 37, Rn. 117; *Wertenbruch*, DB 2013, 1592 (1593) »entsprechende[...] Anwendung«.

lung den Umfang der Sanierungsmaßnahmen der Geschäftsleitung und damit den Umfang der Sanierungspflicht gem. § 43 Abs. 1 GmbHG bestimmen.

III. Rechtsfolgen bei fehlender Weisung der Gesellschafterversammlung

Die vorgenannten materiellrechtlichen Pflichten sprechen für die GmbH-Geschäftsführung den Normbefehl aus, wie sie sich zu verhalten hat. Der Vollständigkeit halber gilt es, einen Blick auf die Folgen zu werfen, die ein Verstoß gegen die Pflichtenbindung der Geschäftsführung hervorruft.

Nach § 37 Abs. 2 S. 1 GmbHG haben Beschränkungen der Vertretungsmacht der Geschäftsführung im Innenverhältnis auf das Außenverhältnis, also gegenüber Dritten, keine rechtliche Wirkung. Das gilt selbst dann, wenn der Geschäftsführung die Leitung der Gesellschaft engmaschig vorgegeben ist.[531] Allerdings haben Beschränkungen im Innenverhältnis ausnahmsweise auch dann Wirkung im Außenverhältnis gegenüber Dritten, wenn die Grundsätze des Missbrauchs der Vertretungsmacht Anwendung finden.[532] Diese besagen, dass ausnahmsweise die Vertretungsbefugnis im Außenverhältnis wegfällt, wenn der Geschäftspartner weiß, dass der Vertreter seine internen Befugnisse überschreitet oder eine solche Befugnisüberschreitung offensichtlich war.[533] Diese Grundsätze finden auch auf Prozesshandlungen der Geschäftsführung gegenüber einer anderen Partei Anwendung.[534] Das Rechtsgeschäft ist dann gem. § 177 Abs. 1 BGB schwebend unwirksam.[535]

Fraglich ist, ob dies auch für die Insolvenzantragstellung bei drohender Zahlungsunfähigkeit ohne zustimmenden Gesellschafterbeschluss gilt. Teilweise werden die Grundsätze über den Missbrauch der Vertretungsmacht auf das Fehlen eines Gesellschafterbeschlusses vor Insolvenzantragstellung bei drohender Zahlungsunfähigkeit angewendet mit der Konsequenz, dass der Antrag unzulässig sei.[536] Überwiegend wird die Antragstellung trotz fehlendem zustimmenden Beschluss der Gesellschafterversammlung aber zutreffend im Außenverhältnis für wirksam gehalten.[537] Ein fehlender

531 *Beurskens*, in: Noack/Servatius/Haas, GmbHG, § 37, Rn. 32, 51–54; vgl. *Paefgen*, in: HCL, GmbHG, § 37, Rn. 27.

532 *Beurskens*, in: Noack/Servatius/Haas, GmbHG, § 37, Rn. 70; *Stephan/Tieves*, in: MüKo, GmbHG, § 37, Rn. 133; *Wisskirchen/Zoglowek*, BeckOK, GmbHG, § 37, Rn. 48.

533 *Stephan/Tieves*, in: MüKo, GmbHG, § 37, Rn. 182; *Wisskirchen/Zoglowek*, BeckOK, GmbHG, § 37, Rn. 50.

534 *Beurskens*, in: Noack/Servatius/Haas, GmbHG, § 37, Rn. 73; *Jacoby*, FS Becker-Eberhard, 229 (232); vgl. *Paefgen*, in: HCL, GmbHG, § 37, Rn. 103; *Stephan/Tieves*, in: MüKo, GmbHG, § 37, Rn. 180.

535 OLG Stuttgart, Urt. v. 2.6.1999 – 9 U 246/98, NZG 1999, 1009–1011, juris Rn. 37; *Ulrici*, in: BeckOGK, BGB, § 177, Rn. 104; *Wicke*, GmbHG, § 35, Rn. 13.

536 *Müller*, DB 2014, 41 (44); vgl. *Meyer*, ZInsO 2013, 2361 (2365).

537 LG Frankfurt, Urt. v. 10.9.2013 – 3-09 O 96/13, ZIP 2013, 1831–1835, juris Rn. 41; *Fritz*, in: MüKo, StaRUG, § 31, Rn. 16; *Haas/Kolmann/Kurz*, in: Gottwald/Haas, Insolvenzrechts-HdB, § 90, Rn. 49; *Laroche*, in: Kayser/Thole, InsO, § 18, Rn. 17; *Madaus*, ZIP 2014, 500 (502); *Mock*, in: Uhlenbruck, InsO, § 18, Rn. 76; *Mönning*, in: Nerlich/Römermann, InsO, § 18, Rn. 36; *Schilken*, FS Becker-Eberhard, 501 (514); *Schröder*, in: HambKomm, InsO, § 18, Rn. 23; *Wolfer*, in: BeckOK, InsO, § 18, Rn. 4; differenzierend *Brinkmann*, FS Seibert, 165 (174 f.); *Jacoby*, FS Becker-Eberhard, 229 (238).

Beschluss führt dann nicht zu einer Unwirksamkeit des Antrags im Außenverhältnis, sondern nur zu einer Schadensersatzpflicht im Innenverhältnis.[538] Das folgt daraus, dass dem Insolvenzantrag wegen drohender Zahlungsunfähigkeit nach § 18 InsO kein Nachweis über einen Beschluss hinzuzufügen ist.[539] Das Gericht ist weder berechtigt noch verpflichtet zu ermitteln, ob ein solcher Beschluss vorliegt.[540] Das gilt ausnahmsweise dann nicht, wenn evident ist, das heißt es sich dem Gericht beispielsweise durch eine Schutzschrift aufdrängt, dass die Geschäftsführung den Insolvenzantrag ohne einen ermächtigenden Gesellschafterbeschluss gestellt hat.[541] In diesem Fall sind ausnahmsweise die Grundsätze über den Missbrauch der Vertretungsmacht anwendbar und der Insolvenzantrag ist unwirksam.[542] In der Regel ist die Insolvenzantragstellung der Geschäftsleitung bei drohender Zahlungsunfähigkeit aber trotz fehlendem zustimmenden Beschluss der Gesellschafterversammlung im Außenverhältnis wirksam.

IV. Zwischenfazit

Den Gesellschaftern einer GmbH kam nach altem Recht ein umfassendes Weisungsrecht gegenüber der Geschäftsführung zu. Dieses für die GmbH grundsätzlich immer noch geltende Recht geht so weit, dass die Gesellschafter der Geschäftsführung nicht einmal einen minimalen Kernbereich eines freien Gestaltungsspielraums einräumen müssen.[543] Das heißt die Geschäftsleitung muss auch offensichtlich wirtschaftlich nachteilige Weisungen der Gesellschafter umsetzen.[544] Die Gesellschafter könnten abstrakt formulieren, dass, im Falle eines Interessengegensatzes von Gläubigern und Gesellschaftern, die Gesellschafterinteressen im Vordergrund stehen.[545]

538 So auch in dem Urteil des OLG München, Urt. v. 21.3.2013 – 23 U 3344/12, ZIP 2013, 1121–1125, juris Rn. 58 f.; LG Frankfurt, Urt. v. 10.9.2013 – 3-09 O 96/13, ZIP 2013, 1831–1835, juris Rn. 41; *Haas/Kolmann/Kurz*, in: Gottwald/Haas, Insolvenzrechts-HdB, § 90, Rn. 49; *Fritz*, in: MüKo, StaRUG, § 31, Rn. 16; *Madaus*, ZIP 2014, 500 (502); *Mock*, in: Uhlenbruck, InsO, § 18, Rn. 76; *Ristelhuber*, NZI 2021, 417 (418); *Wolfer*, in: BeckOK, InsO, § 18, Rn. 4.

539 *Brinkmann*, FS Seibert, 165 (174); *Jacoby*, FS Becker-Eberhard, 229 (232); *Schilken*, FS Becker-Eberhard, 501 (514).

540 *Brinkmann*, FS Seibert, 165 (174); *Jacoby*, FS Becker-Eberhard, 229 (232); *Schilken*, FS Becker-Eberhard, 501 (514 f.).

541 *Brinkmann*, FS Seibert, 165 (174); *Jacoby*, FS Becker-Eberhard, 229 (238); zurückhaltend *Schilken*, FS Becker-Eberhard, 501 (515), »evtl.«.

542 *Brinkmann*, FS Seibert, 165 (174).

543 OLG Karlsruhe, Urt. v. 25.8.1995 – 15 U 286/94, GmbHR 1996, 208 (209); OLG Nürnberg, Urt. v. 9.6.1999 – 12 U 4408/98, NZG 2000, 154–156, juris Rn. 48; *Bayat*, ZRI 2023, 385 (395); *Beurskens*, in: Noack/Servatius/Haas, GmbHG, § 37, Rn. 32, 35; *Hommelhoff*, ZGR 1978, 119 (129); vgl. *Paefgen*, in: HCL, GmbHG, § 37, Rn. 29; *Stephan/Tieves*, in: MüKo, GmbHG, § 37, Rn. 71; a.A. *Geißler*, GmbHR 2009, 1071 (1074 f.); *Zöllner*, ZGR 1977, 319 (325).

544 OLG Frankfurt, Urt. v. 7.2.1997 – 24 U 88/95, ZIP 1997, 450–452, juris Rn. 28.

545 *Bayat*, ZRI 2023, 385 (395); *A. Guntermann*, Geschäftsleiterverantwortung, S. 225; a.A. *Hoffmann*, WM 2021, 429 (434), »Unternehmenssanierung notfalls gegen den Willen der Gesellschafter«.

Aus dieser umfassenden Einschränkungsmöglichkeit der Vertretungsmacht der Geschäftsführung durch die Weisungsbefugnis der Gesellschafter folgt, dass die Geschäftsführungstätigkeit interessenmonistisch auf das Gesellschafterinteresse ausgerichtet ist. Die Gläubigerinteressen sind erst einmal lediglich mittelbar zu berücksichtigen und werden daher nur reflexhaft geschützt.[546] Das gilt auch noch für den Zeitraum der drohenden Zahlungsunfähigkeit und folgt aus der Rechtsprechung und herrschenden Literatur, die für die freiwillige Insolvenzantragstellung bei drohender Zahlungsunfähigkeit zwingend einen mit 3/4-Mehrheit gefassten zustimmenden Gesellschafterbeschluss fordern. Die Geschäftsleitung kann sich, obwohl absehbar ist, dass der Schuldner voraussichtlich nicht in der Lage sein wird, die bestehenden Zahlungspflichten im Zeitpunkt der Fälligkeit zu erfüllen, weiterhin durch Beschlüsse der Gesellschafterversammlung von einer Haftung nach § 43 Abs. 2 GmbHG befreien. Das gilt, selbst wenn diese Beschlüsse zulasten der Gläubigerinteressen gehen.

Die haftungsbefreiende Wirkung von Beschlüssen der Gesellschafterversammlung findet erst dann ihre Grenze, wenn die Geschäftsleitung existenzvernichtende Eingriffe vornimmt oder materielle Insolvenz beziehungsweise Unterbilanz eingetreten ist. Bis zum Eintritt von Unterbilanz oder materieller Insolvenz, also insbesondere während der drohenden Zahlungsunfähigkeit der Gesellschaft, bestimmte sich die Ausgestaltung der aus § 43 Abs. 1 GmbHG abzuleitenden Sanierungspflicht der Geschäftsleitung vor Inkrafttreten des StaRUG nach dem Gesellschafterinteresse, das sich maßgeblich in den Weisungen der Gesellschaftsversammlung äußert.

B. Vorgaben der RRL

Die Vorgaben der RRL an die Mitgliedstaaten berühren die Ausrichtung der Sanierungspflicht der Geschäftsleitung. Denn die Diskussion um den Zeitpunkt, ab dem die Geschäftsleitungsentscheidungen der GmbH nicht mehr am Gesellschafterinteresse, sondern am Gläubigerinteresse auszurichten seien (sog. *shift of fiduciary duties*), ist im Zuge der Umsetzung der RRL in nationales Recht erneut aufgekeimt. Die RRL lässt offen, welche Sanierungsalternative der Geschäftsleitung wählen muss und in welchem Verhältnis Gläubiger- und Gesellschafterinteressen zueinanderstehen. Sie gibt aber vor, dass die Geschäftsleitung einen Abwägungsprozess, in dem die Gläubigerinteressen einbezogen waren, nachweisen muss. Die in Literatur[547] und Recht-

546 Zu diesem Zwischenergebnis kommen auch *Brünkmans*, ZInsO 2021, 1 (4); *L. M. Guntermann*, WM 2021, 214 (220); *Haas*, Geschäftsführerhaftung und Gläubigerschutz, S. 128; *Hölzle*, ZIP 2013, 1846 (1850); *Thole*, ZIP 2020, 1985 (1986); *Thole*, BB 2021, 1347 (1348).

547 *Frind*, ZRI 2024, 410 (412), hält den Streit für obsolet, weil ihm zufolge bei richtiger Auslegung des § 31 Abs. 2 Nr. 2 StaRUG flankierend das Vorprüfungsverfahren zur Verfügung stehe. Zu den Nachweisen siehe insbesondere S. 114 mit den Nachweisen in Fn. 676 und S. 124 mit den Nachweisen in Fn. 751.

sprechung[548] höchst umstrittene Frage nach der Erforderlichkeit eines Beschlusses der Gesellschafterversammlung für die Anzeige eines Restrukturierungsvorhabens ist auf einen unklaren Wortlaut der RRL zurückzuführen.[549] Die zutreffende Auslegung der Richtlinie kommt aber zu dem Ergebnis, dass ein Beschluss der Gesellschafterversammlung für die Anzeige eines Restrukturierungsvorhabens nicht erforderlich sein kann.

Art. 19 RRL regelt als einzelner Artikel in Kapitel fünf die »Pflichten der Unternehmensleitung bei einer wahrscheinlichen Insolvenz«:

»Die Mitgliedstaaten stellen sicher, dass die Unternehmensleitung bei einer wahrscheinlichen Insolvenz mindestens Folgendes gebührend berücksichtigt:

a) die Interessen der Gläubiger, Anteilsinhaber und sonstigen Interessenträger,

b) die Notwendigkeit, Schritte einzuleiten, um eine Insolvenz abzuwenden, und

c) die Notwendigkeit, vorsätzliches oder grob fahrlässiges Verhalten zu vermeiden, das die Bestandsfähigkeit des Unternehmens gefährdet.«[550]

Er enthält eine Reihe auslegungsbedürftiger Rechtsbegriffe. Dabei erwähnt die Norm einmal die Beteiligten, deren Interessen zum Zeitpunkt der wahrscheinlichen Insolvenz eine Rolle spielen. Darüber hinaus schreibt Art. 19 lit. a RRL die gebührende Berücksichtigung dieser Interessen vor.

548 Die Erforderlichkeit eines Gesellschafterbeschlusses bejahend AG Hamburg, Beschl. v. 17.3.2023 – 61c RES 1/23, DZWIR 2023, 545 (546), juris Rn. 3; nachgehend AG Hamburg, Beschl. v. 17.4.2023 – 61c RES 1/23, juris Rn. 1, 3; bestätigend LG Hamburg, Beschl. v. 20.4.2023 – 304 T 15/23, DZWIR 2023, 544–545, juris Rn. 26; LG Berlin, Beschl. v. 31.5.2023 – 100 O 18/23, ZIP 2023, 1910–1912, juris Rn. 4; AG Charlottenburg, Beschl. v. 31.7.2023 – 36f RES 1604/23, zitiert nach juris Rn. 11–13 für die SE. Das Erfordernis einer Zustimmung verneinend AG Nürnberg, Beschl. v. 21.6.2023 – RES 397/23, DZWIR 2023, 550 (552), juris Rn. 73 – nur für den Vorstand einer AG; AG Dresden, Beschl. v. 9.8.2023 – 572 RES 1/23, DZWIR 2023, 557–558, juris Rn. 6 – betreffend die AG aber mit rechtsformneutraler Argumentation; AG Hannover, Beschl. v. 27.12.2023 – 953 RES 5/23, Gründe: 2., abrufbar unter https://www.restrukturierungsbekanntmachung.de/res-ap/text.xhtml?x=0.8254258963339592 (letzter Abruf am: 18.12.2024); OLG Stuttgart, Beschl. v. 21.8.2024 – 20 U 30/24, ZIP 2024, 2218–2228, juris Rn. 124 – »jedenfalls dann nicht [erforderlich], wenn ein [...] Restrukturierungsverfahren die einzige hinreichend erfolgversprechende Alternative zu einem Insolvenzverfahren ist«, wohingegen die Vorinstanz LG Ulm, Urt. v. 1.8.2024 – 10 O 43/24 KfH, BeckRS 2024, 22210, Rn. 67–69, einen Gesellschafterbeschluss für erforderlich hielt. Vgl. für einen Überblick über die Rechtsprechung *Ellers*, DB 2024, 1053.

549 Auf das in der RRL angelegte Konfliktpotenzial mit gesellschaftsrechtlichen Regelungen hinweisend *Heß*, Restrukturierung des Insolvenzrechts, S. 231 f.

550 Endfassung der Richtlinie (EU) 2019/1023 des Europäisches Parlaments und des Rates vom 20. Juni 2019 über präventive Restrukturierungsrahmen, über Entschuldung und über Tätigkeitsverbote sowie über Maßnahmen zur Steigerung der Effizienz von Restrukturierungs-, Insolvenz- und Entschuldungsverfahren und zur Änderung der Richtlinie (EU) 2017/1132, Abl. L 172/32.

I. Die Beteiligten und ihre Interessen

Adressat der Pflichten aus Art. 19 RRL ist die Unternehmensleitung. Sie hat nach Art. 19 lit. a RRL die Interessen der Gläubiger, Anteilsinhaber und sonstigen Interessenträger einzubeziehen.

1. Unternehmensleitung

Nach Art. 2 Abs. 1 Nr. 9, RRL ist »Unternehmer« jede »natürliche Person, die eine gewerbliche, geschäftliche, handwerkliche oder freiberufliche Tätigkeit ausübt«. Eine weitere Konkretisierung enthält ErwG 73 S. 3 RRL, der auch explizit auf die Unternehmensleitung abstellt. In der deutschen Fassung heißt es:

»Der Begriff des Unternehmers im Sinne der vorliegenden Richtlinie sollte sich nicht auf Geschäftsführer oder Mitglieder einer Unternehmensleitung; diese sollten nach nationalem Recht behandelt werden.«[551]

Im ersten Halbsatz der deutschen Fassung wurde ein Verb vergessen, weshalb die Bedeutung des Satzes nicht eindeutig ist. Klarer ist der Inhalt, wenn man die englische und französische Formulierung des Satzes zur Auslegung heranzieht:

»The concept of 'entrepreneur' within the meaning of this Directive should have no **bearing** *on the positions of managers or directors of a company, which should be treated in accordance with national law.«*[552]

»La notion d'entrepreneur au sens de la présente directive ne devrait pas **affecter** *la situation des cadres ou des dirgeants d'une entreprise, qui devraient être traités conformément au droit national.«*[553]

Nahe liegt es danach, die deutsche Fassung um das Verb »auswirken« zu ergänzen. Der in der Richtlinie verwendete Begriff des »Unternehmers« sollte also keine Auswirkungen auf die Stellung der Geschäftsführung oder Mitglieder der Unternehmensleitung haben. Diese sind vielmehr nach nationalem Recht zu behandeln.

551 Endfassung der Richtlinie (EU) 2019/1023 des Europäisches Parlaments und des Rates vom 20. Juni 2019 über präventive Restrukturierungsrahmen, über Entschuldung und über Tätigkeitsverbote sowie über Maßnahmen zur Steigerung der Effizienz von Restrukturierungs-, Insolvenz- und Entschuldungsverfahren und zur Änderung der Richtlinie (EU) 2017/1132, Abl. L 172/32.

552 Directive (EU) 2019/1023 of the European Parliament and of the Council of 20 June 2019 on preventive restructuring frameworks, on discharge of debt and disqualifications, and on measures to increase the efficiency of proedures concerning restructuring, insolvency and discharge of debt, and amending Directive (EU) 2017/1132 (directive on restructuring and insolvency), L 172/32. Die Hervorhebung erfolgte durch die Verfasserin.

553 Directive (UE) 2019/1023 du Parlement Européen et du Conseil du 20 juin 2019 relative aux cadresde restructuration préventive, à la remise de dettes et aux déchéances, et aux mesures à prendre pour augmenter l'efficacité des procédures en matière de restructuration, d'insolvabilité et de remise de dettes, et modifiant la directive (UE) 2017/1132 (directive sur la restructuration et l'insolvabilité), L 172/32. Die Hervorhebung erfolgte durch die Verfasserin.

Im Falle der GmbH greift § 35 Abs. 1 S. 1 GmbHG, der die gerichtliche und außergerichtliche Vertretung der Gesellschaft durch die Geschäftsführung regelt.[554] Die weisungsbefugten Gesellschafter werden von dem Begriff der »Unternehmensleitung« nicht erfasst.[555] Dafür spricht zum einen, dass ansonsten die organisatorische Struktur in einem Unternehmen nicht gewahrt würde und zum anderen, dass der Formulierungsvorschlag der Kommission in ErwG 36 S. 5 in die Endfassung nicht übernommen wurde.[556] Dort stand, dass zur Unternehmensleitung Personen gehören, die für die Entscheidungen über die Führung des Unternehmens zuständig sind.[557] Danach hätten aber auch Gesellschafter oder andere Organmitglieder als Unternehmensleitung angesehen werden können, sofern sie für Geschäftsführungsentscheidungen verantwortlich wären.[558] Bei der GmbH entscheiden die Gesellschafter, ob Sanierungsmaßnahmen ergriffen werden sollen,[559] da sie gegenüber der Geschäftsführung weisungsbefugt sind.[560] Damit wäre zumindest für die GmbH nicht klar gewesen, ob mit dieser Formulierung auch in den Pflichtenumfang der Gesellschafter eingegriffen werden soll. Durch das Streichen dieser Formulierung in der Endfassung der RRL sind die Gesellschafter nicht mehr direkt erfasst,[561] sodass der von Art. 19 RRL normierte Pflichtenumfang mit dem Begriff des »Unternehmers« zunächst einmal nur die GmbH-Geschäftsführung adressiert.

2. Interessen der Gläubiger

Legaldefiniert ist in Art. 2 Abs. 1 Nr. 6 RRL nur das »Kriterium des Gläubigerinteresses«, das keine direkten Rückschlüsse auf das Ausmaß der Gläubigerinteressen zulässt. Die Gläubiger eines Unternehmens sind eine heterogene Gruppe, deren Interessen weit

554 So für die Endfassung von § 1 StaRUG auch *Goetker*, in: Flöther, StaRUG, § 1, Rn. 26, wobei dieser auf § 37 Abs. 1 GmbHG abstellt; *Kunz*, in: Neues RestrukturierungsR, § 3, Rn. 6; *Thole*, in: Jacoby/Thole, StaRUG, § 1, Rn. 8.

555 *Bayat*, ZRI 2023, 385 (386); *Kunz*, in: Neues RestrukturierungsR, § 3, Rn. 6; so für das umgesetzte nationale Recht dann auch BT-Drs. 619/20, S. 115; *Gehrlein*, BB 2021, 66; a.A. *Haas*, FS Kayser, 309 (332); *Haas/Göb*, NZI 2020, 200 (201).

556 *Bayat*, ZRI 2023, 385 (386).

557 *Europäische Kommission*, Vorschlag für eine Richtlinie des Europäischen Parlaments und des Rates über präventive Restrukturierungsrahmen, die zweite Chance und Maßnahmen zur Steigerung der Effizienz von Restrukturierungs-, Insolvenz- und Entschuldungsverfahren und zur Änderung der Richtlinie 2012/30/EU, COM(2016) 723 final, S. 40.

558 *Goetker*, in: SanierungsR, G., Rn. 19.

559 *Bork*, ZIP 2011, 101 (108); *Goetker*, in: SanierungsR, G., Rn. 19; *Kleindiek*, FS U. H. Schneider, 617 (619); *Kunz*, in: Neues RestrukturierungsR, § 3, Rn. 6; *Veil*, ZGR 2006, 374 (380).

560 Siehe dazu oben die Ausführungen ab S. 66 und ab S. 76.

561 *Bayat*, ZRI 2023, 385 (386); *Kunz*, in: Neues RestrukturierungsR, § 3, Rn. 6; *Krüger*, Insolvenzbezogene Pflichten, S. 47, 159; a.A. *Sander*, ZHR 2024, 8 (42); *Singer*, Vorinsolvenzlicher Restrukturierungsrahmen, S. 384 f., der eine weite Auslegung des Unternehmensleiterbegriffs für die »eleganteste Lösung« hält, um gleichzeitig die gesellschaftsrechtlichen Zuständigkeiten im Unternehmen zu erhalten und die Gläubiger ausreichend zu schützen.

gefächert sind.[562] Sie treten über ihre Interessen in eine Sonderbeziehung, die auch als »notwendige Zwangsgemeinschaft«[563] bezeichnet wird. Zu den Gläubigern zählen unter anderem Geschäftspartner, Arbeitnehmer, Fremdkapitalgeber, der Staat oder Verbraucher.[564] Gemeinsames Interesse ist die Befriedigung ihrer jeweiligen Forderungen zum Zeitpunkt der Fälligkeit.[565] Abgesehen davon können die Interessen gerade im Zeitpunkt der Krise, also bei wahrscheinlicher Insolvenz, erheblich divergieren.[566] Gläubiger werden Sanierungsmaßnahmen, die mit Eingriffen in ihre Rechte verbunden sind, nur dann zustimmen, wenn die Geschäftsleitung ihrem Befriedigungsinteresse entspricht.[567]

3. Interessen der Anteilsinhaber

Der Begriff der Anteilsinhaber wird in Art. 2 Abs. 1 Nr. 3 RRL bestimmt. Es handelt sich demnach um eine Person, die eine Beteiligung an einem Schuldner oder an einem Unternehmen des Schuldners hält. Dazu zähle auch ein Aktionär, sofern die Person kein Gläubiger sei. Anteilsinhaber sind also diejenigen, denen das Unternehmen wirtschaftlich gehört. Im Falle der GmbH sind dies die Gesellschafter.

4. Interessen der sonstigen Interessenträger

Bei den Interessen der sonstigen Interessenträger handelt es sich um einen Auffangtatbestand. Die Variante erfasst solche Interessen, die weder unter die Gläubigerinteressen noch unter die Anteilsinhaberinteressen subsumiert werden können.

II. Bei einer wahrscheinlichen Insolvenz

Der europäische Gesetzgeber hat für das Eingreifen der Pflichten der Unternehmensleitung gem. Art. 19 RRL den Zeitpunkt der wahrscheinlichen Insolvenz gewählt. An anderen Stellen der RRL spricht der Gesetzgeber zum Beispiel von einer drohenden Insolvenz in ErwG 71 S. 1 RRL oder von bestandsfähigen Unternehmen, die in finanziellen Schwierigkeiten sind in ErwG 1 S. 2 RRL. ErwG 24 S. 2 RRL konkretisiert

562 *Henneberg*, Gläubigerrechte, Rn. 32; *Hoffmann*, WM 2021, 429 (434); *Jungmann*, ZRI 2021, 209 (221); *Korch*, NZG 2020, 1299 (1302); *J. Schmidt*, EuZW 2020, 955; *Schlöder*, Shift of Fiduciary Duties, S. 139 f.

563 *Jungmann*, ZRI 2021, 209 (221); vgl. *Knof*, in: Uhlenbruck, InsO, § 74, Rn. 5, der den Begriff auf die Gläubigerversammlung bezieht.

564 *Bayat*, ZRI 2023, 385 (386).

565 *Bayat*, ZRI 2023, 385 (386); *Krüger*, Insolvenzbezogene Pflichten, S. 149. So auch *Hohenlohe*, Pflicht zur Wahrung der Gläubigerinteressen, S. 27–37, der für einen klaren und eindeutig bestimmbaren Haftungsmaßstab des § 43 Abs. 1 S. 1 StaRUG das Gläubigerinteresse auf den gemeinsamen Nenner des Rückzahlungsinteresses beschränkt.

566 *Klöhn*, in: MüKo, InsO, § 15a, Rn. 36, mit einem Beispiel; *Mohaupt*, Geschäftsleiterpflichten in Unternehmenskrise, S. 250–254; vgl. *Korch*, ZIP 2020, 1596 (1597); wohl auch *Krüger*, Insolvenzbezogene Pflichten, S. 149, Fn. 453.

567 *Bork*, ZIP 2010, 397 (400); *Mohaupt*, Geschäftsleiterpflichten in Unternehmenskrise, S. 248; *Singer*, Vorinsolvenzlicher Restrukturierungsrahmen, S. 57.

dahingehend, dass der Restrukturierungsrahmen zur Verfügung stehen soll, bevor ein Schuldner nach nationalem Recht insolvent wird. Gleichzeitig soll der Schuldner gem. ErwG 24 S. 3 RRL zumindest schon wahrscheinlich insolvent sein, um einen Missbrauch des Rahmens zu verhindern. Dadurch dass Art. 19 RRL die Pflichten der Unternehmensleitung an eine wahrscheinliche Insolvenz knüpft, gelten die Pflichten unabhängig von dem Bestehen einer Restrukturierungssache.[568] Das folgt auch aus ErwG 70 und 71 RRL.[569] Beide Erwägungsgründe behandeln die Ausgestaltung von Geschäftsentscheidungen bei wahrscheinlicher Insolvenz vor der Inanspruchnahme einer Restrukturierungssache.

III. Gebührend berücksichtigt

Eine weitere entscheidende, aber auslegungsbedürftige Voraussetzung ist die »gebührende Berücksichtigung« der Interessen der Gläubiger, Anteilsinhaber und sonstigen Interessenträger durch die Unternehmensleitung in Art. 19 RRL. Einige schlussfolgern aus dem Gesamtbild der RRL, dass die Geschäftsleitung ab drohender Zahlungsunfähigkeit den Gläubigerinteressen stets den Vorrang vor den Gesellschafterinteressen einzuräumen hat.[570] Andere meinen, dass sich bis zur Einleitung eines Restrukturierungsverfahrens nichts an dem gesellschaftsrechtlichen Grundverständnis geändert und sich die Unternehmensleitung deswegen bis dahin weiterhin an den Gesellschafterinteressen auszurichten habe.[571] Vermittelnd wird ein interessenpluralistischer Ansatz vertreten,[572] wobei teilweise davon ausgegangen wird, dass es genügt, wenn die Gläubigerinteressen zwar im Abwägungsprozess im Vorfeld der Geschäftsleitungsentscheidung mitberücksichtigt werden, sich im Ergebnis aber die Gesellschafterinteressen durchsetzen.[573]

Aus der Formulierung des lit. b, wonach die Unternehmensleitung die Notwendigkeit, Schritte einzuleiten, um eine Insolvenz abzuwenden, gebührend berücksichtigen

568 *A. Guntermann*, Geschäftsleiterverantwortung, S. 98 f.; *Rokas*, FS Paulus, 619 (621); *Sander*, ZHR 2024, 8 (34); a.A. *J. Schmidt*, in: MüKo, StaRUG, § 1, Rn. 18.

569 *Sander*, ZHR 2024, 8 (34).

570 Vgl. *Pospiech/Noack*, NZI-Spezial 2021, 207 (207 f.).

571 *Goetker*, in: SanierungsR, G., Rn. 27, 34; *Klöhn*, in: Bork/Schäfer, GmbHG, § 43, Rn. 6; *Krüger*, Insolvenzbezogene Pflichten, S. 189–193, bis zur Grenze der Bestandsgefährdung, also der überwiegend wahrscheinlichen Erhöhung des Ausfallrisikos für die Gläubiger; *Rauhut*, NZI-Beilage 2021, 52 (54); *Schäfer*, FS Gehrlein, 491 (501, 505 f.); *Seibt*, in: Seibt/Westphal, StaRUG, § 1, Rn. 6, 9, 28; *Thole*, BB 2021, 1347 (1349).

572 *Haas/Göb*, NZI 2020, 200 (201); *Hölzle*, FS Gehrlein, 261 (270); *Krüger*, Insolvenzbezogene Pflichten, S. 152 f.; *Mohamed*, ZInsO 2021, 1262 (1265); *Müller*, ZGR 2018, 56 (84 f.) – noch zum Entwurf der RRL; *Singer*, Vorinsolvenzlicher Restrukturierungsrahmen, S. 369; *Tresselt/Glöckler*, NWB 2021, 109 (110); wohl auch *Westpfahl*, ZRI 2020, 157 (181), dem zufolge aus Art. 19 lit. a RRL zumindest kein »*shifting of fiduciary duties*« folge; so wohl auch *A. Guntermann*, Geschäftsleiterverantwortung, S. 97 f., 211 und *Looft*, »Shifting of Fiduciary Duties« durch das StaRUG?, S. 83.

573 *Hölzle*, ZIP 2020, 585 (592); *Sander*, ZHR 2024, 8 (34 f.); *Seibt/ v. Treuenfeld*, DB 2019, 1190 (1193) – »Interessenpluralität sämtlicher relevanter Stakeholder […] mit einem Gewichtungsvorsprung zugunsten der Anteilseignerinteressen«; in diese Richtung wohl auch *Korch*, ZGR 2019, 1050 (1059).

muss, können keine Rückschlüsse auf das Verhältnis der Berücksichtigung von Gläubiger- und Anteilseigner- sowie sonstiger Interessen für lit. a gezogen werden. Gleiches gilt für lit. c, der die Notwendigkeit normiert, vorsätzliches oder grob fahrlässiges Verhalten zu vermeiden, das die Bestandsfähigkeit des Unternehmens gefährdet. Allein aus der Verpflichtung, geeignete Schritte einzuleiten, die das Ziel der Insolvenzvermeidung verfolgen, das in Art. 19 lit. b und c RRL normiert ist, pauschal darauf zu schließen, dass diese vor allem den Anteilseignern zugute kommt, überzeugt nicht.[574] Auch die Gläubiger haben ein Interesse an der Insolvenzvermeidung durch Einleitung geeigneter Maßnahmen, um weiterhin ihre Forderungen in voller Höhe befriedigt zu bekommen. Insofern ist durch Auslegung der Formulierung »gebührend berücksichtigt« zu bestimmen, in welchem Verhältnis die Geschäftsleitung die Gläubiger- und die Gesellschafterinteressen nach der RRL zu berücksichtigen hat.

1. Grammatikalische Auslegung

Im allgemeinen Sprachgebrauch bedeutet »gebührend berücksichtigt«, dass ein Umstand und dem ihm zugrundeliegende weitere Aspekte eingehend ermittelt und im Entscheidungsprozess ergebnisoffen zu beachten sind.[575] Eine gebührende Berücksichtigung kann auch dann vorliegen, wenn sich im Ergebnis nur ein Interesse durchsetzt, sofern überhaupt eine Abwägung stattgefunden hat.[576] Eine solche Berücksichtigung ist aber jedenfalls dann abzulehnen, wenn eine Einbeziehung der Interessen der Gläubiger, Anteilsinhaber und sonstigen Interessenträger durch die Unternehmensleitung gar nicht stattgefunden hat.[577] Aus dem Wortlaut folgt darüber hinaus aber erst einmal keine Priorisierung und Kategorisierung der genannten Interessen bei der Geschäftsleitungsentscheidung.

2. Historische Auslegung

In dem Vorschlag der Europäischen Kommission zum Entwurf der RRL hieß es in

»Artikel 18 Pflichten der Unternehmensleitung

Die Mitgliedstaaten erlassen Vorschriften, um sicherzustellen, dass die Unternehmensleitung bei einer drohenden Insolvenz verpflichtet ist,

[...]

b) den Interessen der Gläubiger und sonstigen Interessenträger gebührend Rechnung zu tragen; [...]«.[578]

574 So aber *Seibt/v. Treuenfeld*, DB 2019, 1190 (1193).

575 Vgl. *Bayat*, ZRI 2023, 385 (386).

576 *Bayat*, ZRI 2023, 385 (386).

577 *Korch*, ZGR 2019, 1050 (1066) stellt dies unter die Prämisse, dass sich der deutsche Gesetzgeber auf einen interessenpluralistischen Ansatz festlegt; *Kuntz*, ZIP 2021, 597 (604); *Sander*, ZHR 2024, 8 (35).

578 *Europäische Kommission*, Vorschlag für eine Richtlinie des Europäischen Parlaments und des Rates über präventive Restrukturierungsrahmen, die zweite Chance und Maßnahmen zur Steigerung der Effizienz von Restrukturierungs-, Insolvenz- und Entschuldungsverfahren und zur Änderung der Richtlinie 2012/30/EU, COM(2016) 723 final, S. 55.

In dieser ersten Fassung wurden die Interessen der Anteilseigner bei den Pflichten der Unternehmensleitung nicht explizit mit angeführt. Sie hätten höchstens unter der Auffangtatbestand der »sonstigen Interessenträger« subsumiert werden können.[579] So auch in der französischen Fassung:

»Les États membres fixent des règles pour faire en sorte que, lorsqu'il existe une probabilité d'insolvabilité, les dirigeants soient tenus aux obligations suivantes:

[...]

(b) tenir dûment compte des intérêts des créanciers et des autres parties prenantes; [...]«.[580]

Bemerkenswert ist dahingegen die englische Fassung:

»Article 18 Duties of directors

Member States shall lay down rules to ensure that, where there is a likelihood of insolvency, directors have the following obligations:

[...]

(b) to have due regard to the interests of creditors and other stakeholders; [...]«.[581]

Der Begriff *stakeholder* wird typischerweise im Zusammenhang mit der Aktiengesellschaft verwendet.[582] Während die stärkere Gewichtung der Gesellschafterinteressen durch den Vorstand einer Aktiengesellschaft als *shareholder value* bezeichnet wird, sind bei einem *stakeholder value*-Ansatz unter anderem auch die Interessen der Arbeitnehmenden, der Gläubiger und das öffentliche Interesse vom Vorstand der Aktiengesellschaft zu beachten.[583]

Wenn es nun, wie es in der englischen Fassung der Fall ist, heißt, die Geschäftsleitung hätte nur die Interessen der Gläubiger und anderer *stakeholder* zu berücksichtigen, dann ist ausdrücklich nicht mehr allein auf die Interessen der Anteilsinhaber bzw. der Gesellschafter abzustellen. Unter Zugrundelegung dieses klareren englischen Wortlauts in dem Richtlinienvorschlag hätte man davon ausgehen können, dass der Gesetzgeber im Zeitpunkt der drohenden Insolvenz einen *shift of fiduciary duties* bei der Unternehmensführung gewollt habe,[584] der die vorrangige Berücksichtigung der

579 *Korch*, ZGR 2019, 1050 (1058).

580 Directive (UE) 2019/1023 du Parlement Européen et du Conseil du 20 juin 2019 relative aux cadresde restructuration préventive, à la remise de dettes et aux déchéances, et aux mesures à prendre pour augmenter l'efficacité des procédures en matière de restructuration, d'insolvabilité et de remise de dettes, et modifiant la directive (UE) 2017/1132 (directive sur la restructuration et l'insolvabilité), L 172/18, p. 48.

581 Directive (EU) 2019/1023 of the European Parliament and of the Council of 20 June 2019 on preventive restructuring frameworks, on discharge of debt and disqualifications, and on measures to increase the efficiency of proedures concerning restructuring, insolvency and discharge of debt, and amending Directive (EU) 2017/1132 (directive on restructuring and insolvency), L 172/18, p. 48.

582 *Fleischer*, in: BeckOGK, AktG, § 76, Rn. 29; *Groh*, in: Rechtswörterbuch, Aktiengesellschaft (AG) 3.c).

583 *Fleischer*, in: BeckOGK, AktG, § 76, Rn. 29; *Groh*, in: Rechtswörterbuch, Aktiengesellschaft (AG) 3.c); *Wöhe*, Allgemeine BWL, S. 49–52.

584 *Korch*, ZGR 2019, 1050 (1058); a.A. *Müller*, ZGR 2018, 56 (84 f.).

Gläubigerinteressen vor denen der Gesellschafter bei den Entscheidungen der Unternehmensleitung meint.

In der deutschen und in der französischen Fassung werden die Anteilsinhaber ebenfalls nicht ausdrücklich benannt und hätten allenfalls unter den Auffangtatbestand der »sonstigen Interessenträger« beziehungsweise »des autres parties prenantes« subsumiert werden können.[585] Auch durch diese nicht ausdrückliche Nennung der Anteilsinhaber wird deutlich, dass deren Interessen bei den Entscheidungen der Unternehmensleitung nur eine untergeordnete Rolle spielen sollten. Sofern man den Begriff »*stakeholder*« in der englischen Fassung im Anwendungsbereich weiter versteht und ihn auch mit »sonstige Interessenträger« übersetzt, gilt Vorgenanntes ebenfalls. Das Verhältnis der Interessen stellt sich dann wie in der deutschen und französischen Fassung dar.

Einen solchen klaren *shift of fiduciary duties*, wie ihn die englische Fassung des Richtlinienvorschlags vorsah, ist in der Endfassung nicht mehr enthalten. In Art. 19 lit. a RRL wurde aus »drohender Insolvenz« – »wahrscheinliche Insolvenz«, die aufgezählten Aspekte sind nicht mehr »verpflichtend« einzuhalten, sondern sollen nur noch »gebührend berücksichtigt« werden und neben »Gläubigern und sonstigen Interessenträgern« werden nun auch ausdrücklich die »Anteilsinhaber« mit aufgeführt.[586] Erläuternd hat der Rat der Europäischen Union zur Änderung der Vorschrift, allerdings noch in Bezug auf den Entwurf der Kommission vom 22.11.2016 und nicht in Bezug auf die Endfassung der RRL vom 20.6.2019, vorgetragen:

»As part of the final compromise, some soft language was reintroduced regarding Article 18 on the duties of directors.«[587]

Aus dieser beschreibenden Formulierung folgt noch keine Erklärung, warum der europäische Gesetzgeber eine »weichere« Sprache gewählt und welche Auswirkungen dies auf die Auslegung der Begriffe hat.[588] Teilweise wird aus dieser Umformulierung geschlossen, dass der ursprüngliche Kommissionsvorschlag höhere Anforderungen an die Pflichten der Unternehmensleitung hatte als die Endfassung der RRL.[589] Aus diesem Grund regele Art. 19 RRL nun nicht mehr zwingende »Pflichten« der Unternehmensleitung.[590] Denn der europäische Gesetzgeber verzichtete auf das Adjektiv »verpflichtend« und verlangte nur noch eine »gebührende Berücksichtigung« der Vor-

585 Darauf hinweisend auch *Seibt/ v. Treuenfeld*, DB 2019, 1190 (1193, Fn. 39), »In der Trilogfassung (Art. 18 RRLE) standen die Anteilseigner sogar noch hinter den sonstigen Stakeholdern.«.

586 Dieser Wortlaut findet sich in den europäischen Gesetzgebungsmaterialien erstmals im Ergebnis der ersten Lesung des Europäischen Parlaments vom 2. April 2019, ST 7753 2019 INIT, S. 127 f.

587 *Rat der Europäischen Union*, Bestätigung des endgültigen Kompromisstextes im Hinblick auf eine Einigung v. 17.12.2018, 2016/0359 (COD), S. 3.

588 *Bayat*, ZRI 2023, 385 (388), »beinahe nichtssagend«.

589 *Scholz*, ZIP 2021, 219 (221); *Seibt/ v. Treuenfeld*, DB 2019, 1190 (1193).

590 *Birnbreier*, NZI-Beilage 2019, 35 (35 f.); *Eckelt*, Der präventive Restrukturierungsrahmen, S. 1347; *Singer*, Vorinsolvenzrechtlicher Restrukturierungsrahmen, S. 354 f. spricht insofern von »erweiterte Spielräume«.

gaben.[591] Andererseits wird argumentiert, dass Richtlinienvorschläge der Kommission zum Verständnis des gesetzten Rechts überhaupt nur geringfügig beitragen.[592] Dies folge vor allem aus der Rabobank-Entscheidung und dem in dieselbe Richtung gehenden Pafitis-Urteil.[593] Diese Auffassung verkennt, welche Frage die Urteile tatsächlich zum Gegenstand hatten. Denn die für die RRL entscheidende Frage, ob man Änderungen des ursprünglichen Kommissionsvorschlags bei Auslegung der endgültigen Richtlinie berücksichtigen darf, war nicht Gegenstand der Urteile.

a) Rabobank-Entscheidung

Inhaltlich geht es in der Rabobank-Entscheidung um ein Vorabentscheidungsverfahren, in dem der niederländische Gerichtshof vor allem wissen wollte, ob eine Vorschrift im BGB der Niederlande unter Berücksichtigung einer Vorschrift in einer Richtlinie (sog. Erste Richtlinie) auszulegen sei.[594] Der EuGH kam in seinem Urteil, ebenso wie zuvor die Schlussanträge des Generalanwalts,[595] zu dem Schluss, dass die vorgelegte Frage in dieser Ersten Richtlinie nicht geregelt sei, sondern in die Zuständigkeit des einzelstaatlichen Gesetzgebers falle.[596] Deswegen käme es auf die Erste Richtlinie im Fall überhaupt nicht an.[597] Der EuGH nahm in seinem Urteil auf eine weitere Richtlinie Bezug, die damals nur als Vorschlag vorlag und noch nicht in Kraft getreten war. Er führte aus, dass die Erste Richtlinie die vorgelegte Frage auch deshalb nicht behandele, weil sie nun in dem neuen Richtlinienvorschlag aufgegriffen werde.[598] Eine solche zusätzliche Regelung wäre überflüssig, wenn der Fall bereits in einer vorherigen Richtlinie (der Ersten Richtlinie) behandelt worden wäre.[599]

Das bedeutet, der Fall, der dem Urteil des EuGH zugrunde lag, betraf eine ganz andere Konstellation der Einbeziehung eines Richtlinienvorschlags. Bei der Rabobank-Entscheidung wurde lediglich hilfsweise zur Festigung des bereits gefundenen Ergebnisses auf eine zukünftige in einem Richtlinienvorschlag aufgegriffene Regelung verwiesen und damit das Fehlen einer aktuellen Regelung in der Richtlinie verneint. Das Urteil des EuGH nimmt an keinem Punkt auf die Richtlinienvorschläge der Kommission zur Ersten Richtlinie, auf deren Auslegung es in dem Urteil maßgeblich ankommt, Bezug. Der EuGH trifft deswegen auch an keiner Stelle eine Aussage dazu, inwiefern Richtlinienvorschläge auf die Endfassung einer Richtlinie beziehungsweise

591 *Eckelt*, Der präventive Restrukturierungsrahmen, S. 1346; *Goetker*, in: Flöther, StaRUG, § 1, Rn. 3; *Westpfahl*, ZRI 2020, 157 (181, Fn. 265). A.A. *Bayat*, ZRI 2023, 385 (387), der in den Änderungen im Gesetzgebungsverfahren keine inhaltliche Abschwächung der Pflichtbindung erkennt.

592 *Bayat*, ZRI 2023, 385 (387).

593 *Bayat*, ZRI 2023, 385 (387, Fn. 18).

594 EuGH, Urt. v. 16.12.1997 – Rs C-104/96, Rn. 15.

595 Schlussanträge des Generalanwalts Antonio La Pergola v. 12.3.1997, Rs C-104/96, I – 7216.

596 EuGH, Urt. v. 16.12.1997 – Rs C-104/96, Rn. 24.

597 EuGH, Urt. v. 16.12.1997 – Rs C-104/96, Rn. 24.

598 EuGH, Urt. v. 16.12.1997 – Rs C-104/96, Rn. 25–27; Schlussanträge des Generalanwalts Antonio La Pergola v. 12.3.1997, Rs C-104/96, I – 7217.

599 Schlussanträge des Generalanwalts Antonio La Pergola v. 12.3.1997, Rs C-104/96, I – 7217.

auf das umgesetzte nationale Recht Einfluss haben. Insofern belegt die Rabobank-Entscheidung nicht die getroffene Aussage.

b) Pafitis-Urteil

Dasselbe gilt für das Pafitis-Urteil, das die Aussage ebenfalls nicht stützt. Dem Pafitis-Urteil liegt ein Vorlageverfahren zugrunde, in dem das griechische Gericht den Gerichtshof unter anderem nach dem persönlichen Geltungsbereich der sog. Zweiten Richtlinie (77/91/EWG vom 13. Dezember 1976) fragt.[600] Im Verfahren stützen die Beklagten ihre Argumentation dabei unter anderem auf einen neuen Vorschlag für eine Richtlinie des Rates über die Sanierung und Liquidation der Kreditinstitute und die Einlagensicherungssysteme (Abl. 1988, C 36, S. 1).[601] Sowohl der Generalanwalt,[602] als auch das Gericht,[603] lehnen die auf diese Richtlinie gestützten Argumente mit dem pauschalen Hinweis ab, dass jene derzeit nicht Teil des anwendbaren positiven Rechts ist. Diese Schlussfolgerung lässt sich aber nicht ohne Weiteres auf den Fall übertragen, indem für die Auslegung einer Richtlinie auf die ihr vorangegangenen Vorschläge und Entwürfe und deren Änderungen Bezug genommen wird. Es geht in dem Fall nicht um die historische Auslegung durch die Entwürfe und Vorschläge zu der sog. Zweiten Richtlinie. Stattdessen verweist der Kläger auf einen ganz anderen, neuen Richtlinienvorschlag. Insofern überzeugt auch die Heranziehung des Pafitis-Urteils nicht, um die Bedeutung von den der Endfassung vorangegangenen Entwürfen und Vorschlägen herabzusetzen.

c) Schwächung der Berücksichtigungspflicht der Gläubigerinteressen im Laufe des Gesetzgebungsverfahrens

Eine Auslegung der Endfassung der Richtlinie unter einem Ausschluss der Vorentwürfe und des Kommissionsvorschlags ist verfehlt und findet keine Stütze in der Rechtsprechung des EuGH. Für die historische Auslegung sind die Vorfassungen der Richtlinie und die Unterschiede zwischen den Fassungen sowie die Begründungen mit einzubeziehen. Sie zeichnen den Gesetzgebungsprozess nach und geben Aufschluss über die Veränderungen des Wortlauts der Richtlinien.

Die wesentlichen Änderungen zwischen der Endfassung des Art. 19 lit. a RRL und der ursprünglichen Fassung in Art. 18 RRL-Entwurf betreffen die Abmilderung des Adjektivs »verpflichtet« zu »gebührend berücksichtigt« und die Aufnahme der Anteilsinhaber neben den Gläubigerinteressen und sonstigen Interessenträgern.[604] Mit diesen Änderungen hat der europäische Gesetzgeber zum Ausdruck gebracht, dass bei Geschäftsleitungsentscheidungen ab dem Zeitpunkt einer wahrscheinlichen Insolvenz nicht ausschließlich die Gläubigerinteressen verpflichtend im Vordergrund stehen,

600 EuGH, Urt. v. 12.3.1996 – Rs C-441/93, Rn. 13.
601 EuGH, Urt. v. 12.3.1996 – Rs C-441/93, Rn. 28.
602 Schlussanträge des Generalanwalts Giuseppe Tesauro v. 9.11.1995, Rs C-441/93, I – 1356.
603 EuGH, Urt. v. 12.3.1996 – Rs C-441/93, Rn. 43.
604 Letztere Änderung im Gesetzestext lässt *Bayat*, ZRI 2023, 385 (387 f.) bei der historischen Auslegung unzutreffend völlig außer Betracht.

sondern alle Interessen gebührend berücksichtigt, also abgewogen werden sollen.[605] Der europäische Gesetzgeber ist in der Endfassung der Richtlinie von einer Ausrichtung der Geschäftsleitungspflichten einseitig auf das Gläubigerinteresse abgerückt und erlaubt so einen größeren Handlungsspielraum für die Geschäftsleitungsentscheidungen bei wahrscheinlicher Insolvenz als er ursprünglich in der Entwurfsfassung vorgesehen war.[606] Wie genau die Abwägung der Geschäftsleitung auszusehen hat und ob nun trotzdem eines der Interessen schwerer wiegt, lässt sich aus der historischen Auslegung nicht erkennen.

3. Teleologische Auslegung

ErwG 16 S. 1 und ErwG 3 RRL geben die Zielsetzung der RRL vor. Eine wirksame präventive Restrukturierung bestandsfähiger Unternehmen verringere unter anderem den Verlust für Gläubiger in der Lieferkette und erhalte die Kompetenzen der Mitarbeitenden, sodass die Gläubiger bessere Erfolgsaussichten auf höhere Befriedigungsquoten haben. Das komme auch der Wirtschaft insgesamt zugute. Auf Letzteres nimmt auch ErwG 2 S. 4 a.E. RRL Bezug, der von einer Maximierung der Wirtschaft insgesamt spricht. Diese Erwägungsgründe lassen zwar nicht direkt Rückschlüsse darauf zu, wie eine »gebührende Berücksichtigung« der unterschiedlichen Interessen auszusehen hat. Es zeigen sich aber generelle Wertungen des europäischen Gesetzgebers in Bezug auf den Restrukturierungsrahmen. Die Erwägungsgründe lassen das übergeordnete Ziel der Wirtschaftsmaximierung erkennen.[607] Das bedeutet, die »gebührende Berücksichtigung« der jeweiligen Interessen bei Entscheidungen der Geschäftsleitung muss auf das Ziel des Wachstums der Wirtschaft als Ganzes gerichtet sein, vgl. ErwG 3 S. 6 a.E. RRL.

4. Systematische Auslegung

Im Rahmen der systematischen Auslegung der »gebührenden Berücksichtigung« der unterschiedlichen Interessen ist auf das Gesamtbild der RRL unter Einbezug der Erwägungsgründe abzustellen. Aus diesem ergeben sich verschiedene Wertungen des Gesetzgebers, die den Abwägungsprozess der zu berücksichtigenden Interessen der Geschäftsleitung maßgeblich beeinflussen.

a) Unterscheidung zwischen der Restrukturierung des Unternehmens und der davon einen Nutzen ziehenden Beteiligten

Eine wichtige Unterscheidung betrifft die Restrukturierung des Unternehmens und ihre Auswirkungen auf die Beteiligten. Die Restrukturierung soll bestandsfähige Unternehmen vor der Insolvenz bewahren. Das Unternehmen soll weiterhin am Markt tätig

605 Insofern ist denjenigen, die einen interessenpluralistischen Ansatz aus der RRL ableiten, zu folgen. Siehe zu den Nachweisen bereits oben S. 87 mit den Nachweisen in Fn. 572.

606 *Eckelt*, Der präventive Restrukturierungsrahmen, S. 1346 f.; *Singer*, Vorinsolvenzlicher Restrukturierungsrahmen, S. 354 f.

607 *Paulus*, NZI-Beilage 2021, 9 (10 f.), spricht von »wirtschaftliche[r] Effizienz«.

sein und Gewinne erzielen. Dieses Ziel gibt jedoch noch nicht logisch vor, zu wessen Gunsten es die Richtlinie verfolgt. Dabei ist die Frage, zu wessen Wohl ein bestandsfähiges Unternehmen restrukturiert wird, bedeutsam. Sie wirkt sich darauf aus, wie eine zweckmäßige Restrukturierung ausgestaltet sein muss. Denn eine Restrukturierung kann sehr unterschiedlich erfolgen und dadurch unterschiedliche Auswirkungen für die Beteiligten haben.

Beispielsweise ist es denkbar, dass die Restrukturierung maßgeblich den Anteilsinhabern zugute kommen soll. Dann sollte sie jedoch nicht in die Rechte der Anteilsinhaber eingreifen. Die finanzielle Last der Restrukturierung wäre dann von den Gläubigern durch Eingriffe in ihre Forderungsrechte zu tragen. Umgekehrt ist es denkbar, dass die Restrukturierung maßgeblich den Gläubigern zugute kommen soll. Dann muss eine Restrukturierung so weit wie möglich auf einen Eingriff in Gläubigerrechte verzichten und zunächst durch einen Kapitalschnitt auf null den bisherigen Anteilsinhabern ihr Anteilsrecht nehmen.

Das Ziel der Restrukturierung eines bestandsfähigen Unternehmens ist daher im Ausgangspunkt zu einem gewissen Maße unabhängig davon, wer für die Restrukturierung die Kosten trägt und wer den maßgeblichen Nutzen zieht.[608] Zwar können diese Fragen auch miteinander verbunden sein, beispielsweise wenn eine Restrukturierung sehr viel neues Kapital benötigt und dieses nur auf Seiten eines Gläubigers vorhanden ist und dieser es nur zur Verfügung stellen will, wenn er von der Restrukturierung profitiert.[609] In diesem Fall hängt der Erfolg der Restrukturierung an sich auch davon ab, wer von ihr den Nutzen zieht. Nichtsdestotrotz lassen sich diese zwei Fragen im Ausgangspunk trennen.

Die Unterscheidung ist nützlich, weil die Richtlinie in Bezug auf diese zwei Fragen in unterschiedlicher Weise Stellung bezieht.

b) Das Bekenntnis zur Restrukturierung an sich

Im Unterschied zu der von der Richtlinie im Ergebnis offenlassenden Frage, wem eine Restrukturierung letztendlich zugute kommen soll, bekennt sich die Richtlinie ausdrücklich zum Ziel der Restrukturierung als solcher. Daraus folgt die Konsequenz, dass für die Einleitung einer Restrukturierung kein Gesellschafterbeschluss nötig ist.

aa) Die vom Schicksal der Beteiligten unabhängigen Vorteile der Restrukturierung

Die Richtlinie verspricht sich von der Restrukturierung bestandsfähiger Unternehmen eine Vielzahl von Auswirkungen. Die RRL möchte nach ErwG 1 RRL das reibungslose Funktionieren des Binnenmarktes fördern und Hindernisse für die Ausübung der Grundfreiheiten abbauen. Es geht nach den ErwGen 2, 3 und 16 RRL darum, Arbeits-

608 So auch *Korch*, ZGR 2019, 1050 (1066–1069), der die Frage offenlässt, ob der nationale Gesetzgeber aufgrund der RRL verpflichtet ist, die Weisungsbefugnis der Gesellschafter gegenüber der GmbH-Geschäftsführung zu beschränken.

609 So auf der Seite der Anteilsinhaber geschehen in dem Fall der Leoni AG (AG Nürnberg, Beschl. v. 21.6.2023 – RES 397/23, ZRI 2023, 629–634, juris Rn. 77 f., 83) und geplant für den Fall der *Varta AG*, Aktuelle Informationen zur Sanierung der VARTA AG.

plätze zu sichern sowie den Verlust von »*know how*« und notleidende Kredite zu verhindern. Der Finanzsektor soll nach ErwG 3 RRL weniger negative Auswirkungen durch die Liquidierung von Unternehmen erleiden. Insgesamt geht es nach den ErwGen 3 und 8 RRL darum, die Widerstandsfähigkeit der europäischen Volkswirtschaft und die Wirtschaft als Ganzes zu fördern.

Auffällig ist bei diesen erhofften Effekten, dass sie sich auf die Wirtschaft als Ganzes beziehen und die privaten Beteiligten einer Restrukturierung nicht erwähnen. Es sind sowohl gesellschafterfreundliche als auch gläubigerfreundliche Restrukturierungen vorstellbar,[610] die die Vorteile für die Wirtschaft als Ganzes herbeiführen.[611] Ob ein Anteilsinhaber für das Gelingen der Restrukturierung sein Recht aufgeben musste und durch einen Gläubiger im Wege eines *debt-to-equity-swap* ersetzt wurde oder ob der Anteilsinhaber sein Recht behalten durfte und die Restrukturierung maßgeblich durch die Kürzung der Gläubigerforderungen gelang, kann in gleichem Maße die von der Richtlinie gewollte Wirkung herbeiführen, dass ein Arbeitnehmer seinen Arbeitsplatz behält. Die Richtlinie gibt daher ein klares Bekenntnis ab, auf die Herbeiführung von Restrukturierungen abzuzielen.

bb) Verhältnis von Gläubiger- und Anteilsinhaberinteressen

Dagegen zeichnet sich die Richtlinie dadurch aus, das Verhältnis der verschiedenen Beteiligten nicht abschließend vorzugeben.[612] Zwar nennt Art. 19 lit. a RRL die Interessen der Anteilsinhaber erst nach denen der Gläubiger. Der europäische Gesetzgeber könnte also eine vorrangige Berücksichtigung der Gläubigerinteressen bei den Geschäftsleitungsentscheidungen gewollt haben. Dieses Argument stützt Art. 12 RRL, der den Mitgliedstaaten die Möglichkeit gibt, die Kompetenzen der Anteilseigner zu beschränken. Art. 19 lit. a RRL und Art. 12 RRL könnten also eine Einschränkung der Eigentümerinteressen und eine Verschärfung der Treuepflichten der Anteilsinhaber normieren mit der Folge, dass die Gläubigerinteressen bei Geschäftsleitungsentscheidungen bei wahrscheinlicher Insolvenz im Rang vor den Gesellschafterinteressen stehen.[613] Dagegen spricht jedoch ErwG 71 S. 4 RRL, dem zufolge die Richtlinie nicht darauf abzielt, eine Rangfolge zwischen den verschiedenen Parteien festzulegen, deren Interessen die Geschäftsleitung gebührend zu berücksichtigen habe. Die Festlegung einer Rangfolge soll vielmehr gem. ErwG 71 S. 5 RRL den Mitgliedstaaten vorbehalten bleiben. Aus der Reihenfolge der Nennung der Interessen in Art. 19 lit. a RRL auf eine vorrangige Berücksichtigung der Gläubigerinteressen durch die Unternehmensleitung zu schließen, überzeugt deswegen

610 Vgl. *Skauradszun*, NZG 2019, 761 (765).

611 *Madaus/Klockenbrink/Meier*, NZI 2024, 832 (839), Anm. zu OLG Stuttgart, Beschl. v. 21.8.2024 – 20 U 30/24 »Insolvenzabwendung und Bestandssicherung vorrangig«; *Skauradszun*, NZG 2019, 761 (765), »Rettung des Schuldnerunternehmens«.

612 Die Richtlinie verfolgt einen interessenpluralistischen Ansatz. Siehe dazu bereits oben S. 87 mit den Nachweisen in Fn. 572.

613 So auch in Erwägung ziehend *Seibt/v. Treuenfeld*, DB 2019, 1190 (1193), die das im Ergebnis dann aber ablehnen.

nicht.[614] Die Nennung von Gläubigern und Anteilsinhabern im selben Atemzug und der Hinweis in ErwG 17 S. 4 RRL bringt, ebenso wie die historische Auslegung bereits zeigte, zum Ausdruck, dass der europäische Gesetzgeber keinen generellen Vorrang von Gläubigerinteressen bei Geschäftsleitungsentscheidungen im Vorfeld der Insolvenz vorgibt.[615]

Auch die Erwägungsgründe sind sehr vage formuliert und lassen keine Vorgabe erkennen, in welchem strikten Ordnungsverhältnis die Interessen von Gläubigern und Anteilsinhabern stehen sollen.[616] So soll die Restrukturierung gemäß ErwG 2 RRL »den Gesamtwert für die Gläubiger — im Vergleich zu dem, was sie im Falle der Liquidation des Gesellschaftsvermögens oder im Falle des nächstbesten Alternativszenarios ohne Plan erhalten hätten — sowie für die Anteilsinhaber [...] zu maximieren.« Der Erwägungsgrund klingt so, als seien alle Gewinner einer Re-strukturierung. Das mag in Einzelfällen auch vorkommen. In der Tendenz stehen sich die Interessen verschiedener Beteiligtengruppen jedoch entgegen. Damit lässt sich zumindest keine Vorgabe für die Frage gewinnen, ob zur Finanzierung der Restrukturierung vorrangig Anteilsinhaber aus ihrem Recht gedrängt werden oder die Gläubiger gegen ihren Willen ihre Forderungen aufgeben müssen.

Insgesamt finden die Interessen der Gläubiger und der Anteilsinhaber an verschiedenen Stellen Erwähnung. Insbesondere betont die Richtlinie, dass gewisse Interessen dieser Gruppen zu schützen seien. ErwG 57 S. 1 RRL und Art. 12 Abs. 1 RRL bestimmen, dass die Geschäftsleitung die Interessen der Aktionäre und anderer Anteilsinhaber schützen müssen. ErwG 3 S. 4 RRL weitet diese Aussage weiter aus. Danach sollen nicht nur die Interessen der Aktionäre und anderer Anteilsinhaber, sondern die Rechte aller Beteiligten, einschließlich der Arbeitnehmer, im Restrukturierungsrahmen auf ausgewogene Weise geschützt werden. Auch diese Aussage bleibt in Bezug auf die konkrete Gewichtung der Interessen bei Geschäftsleitungsentscheidungen sehr abstrakt, verdeutlicht aber ebenfalls, dass die RRL erst einmal keine Rangfolge der Interessen vorgibt.[617] ErwG 10 S. 1 RRL konkretisiert, dass Restrukturierungen auf Grundlage eines Dialogs mit den Beteiligten erfolgen sollen. Dialog bedeutet, dass ein Austausch stattfinden muss, bei dem die Beteiligten die Möglichkeit haben, ihre Interessen vorzutragen. Folglich muss die Geschäftsleitung alle Interessen in den Restrukturierungsprozess einbeziehen.[618] Es ist daher der Richtlinie nicht zu entnehmen, dass

614 *A. Guntermann*, Geschäftsleiterverantwortung, S. 95; *L. M. Guntermann*, WM 2021, 214 (220); *Klöhn/Franke*, ZEuP 2022, 44 (67); *Korch*, ZGR 2019, 1050 (1059); *Looft*, »Shift of Fiduciary Duties« durch das StaRUG?, S. 9; vgl. *Seibt*, in: K. Schmidt/Lutter, AktG, § 76, Rn. 40; *Seibt/v. Treuenfeld*, DB 2019, 1190 (1193); *Skauradszun*, KTS 2019, 161 (190, Fn. 114), der es allerdings nicht für ausgeschlossen hält, dass der EuGH aus Art. 11 Abs. 1 lit. b. ii) RRL schlussfolgern könnte, dass der europäische Gesetzgeber die Rechte der Anteilsinhaber unter denen der Gläubiger einordnet und deswegen primär die Gläubigerinteressen zu berücksichtigen seien.

615 *Lieder*, FS Smid, 543 (551).

616 So auch *Seibt/Bulgrin*, DB 2020, 2226 (2230).

617 *Bayat*, ZRI 2023, 385 (388), *Goetker*, in: SanierungsR, G., Rn. 32; *Korch*, ZGR 2019, 1050 (1059, Fn. 52); *Rokas*, FS Paulus, 619 (623).

618 *Korch*, ZGR 2019, 1050 (1059); vgl. *Kuntz*, ZIP 2021, 597 (604); *Sander*, ZHR 2024, 8 (35), »Interessen anderer, ebenfalls geschützter Gruppen [dürfen] nicht sachwidrig außer Acht gelassen werden«.

die Mitgliedstaaten der Geschäftsführung zwingend aufgeben müssten, die Gläubigerinteressen vorrangig zu berücksichtigen.[619] Der Gläubigerschutz kann vielmehr auf verschiedene Arten und Weisen berücksichtigt werden. Ein gewisser Schutz tritt schon ein, wenn gewährleistet ist, dass die Geschäftsleitung im Vorfeld der Einleitung eines Restrukturierungsprozesses, also bei dem Vorliegen von wahrscheinlicher Insolvenz, keine Zustimmung der Anteilsinhaber einholen muss. Gleichzeitig ist es möglich, dass die Geschäftsleitung ausschließlich Gläubigerforderungen in den Restrukturierungsprozess einbezieht, sodass sie die Anteilsinhaberrechte wahrt.[620] Die Richtlinie lässt mithin verschiedene Möglichkeiten offen, wie die Mitgliedstaaten die Interessen der Beteiligten gewichten und der Geschäftsleitung die Berücksichtigung dieser Interessen aufgeben. Dabei ist es auch denkbar, dass der Mitgliedstaat die Gewichtung der Interessen nur bedingt selbst vornimmt und der Geschäftsleitung einen Spielraum zukommen lässt, innerhalb dessen sich im Ergebnis nach dem Abwägungsprozess der Geschäftsleitung nur ein Interesse durchsetzt.[621]

Eine starre Festschreibung eines Verhältnisses der Interessen der Beteiligten nimmt die Richtlinie mithin nicht vor. Dies entspricht ihrem interessenspluralistischen Ansatz, der zusätzlich den Mitgliedstaaten viele Freiräume bei der konkreten Umsetzung der Richtlinie einräumt.

cc) Kein Gesellschafterbeschluss nötig

Wiederum eindeutiger bezieht die Richtlinie Stellung, wenn sie die potenziellen Blockademöglichkeiten verschiedener Beteiligter oder Beteiligtengruppen zum Gegenstand hat. So steht die Richtlinie an sich sowohl einem anteilsinhaberfreundlichem oder gläubigerfreundlichem Restrukturierungsrecht offen gegenüber. Das bezieht sich jedoch nur darauf, wer welche Eingriffe in sein Recht hinnehmen muss und wer den wirtschaftlichen Nutzen aus der Restrukturierung zieht. Weniger offen steht die Richtlinie dagegen Möglichkeiten der Beteiligten gegenüber, die Restrukturierung ohne guten Grund zu blockieren. Denn umfängliche Blockademöglichkeiten, ganz gleich, ob sie Anteilsinhabern oder Gläubigern zustehen, stehen in einem gewissen Spannungsfeld mit dem übergeordneten Ziel der Richtlinie, Restrukturierungen von bestandsfähigen Unternehmen zu erleichtern und zu fördern.

Aus dieser Überlegung folgt daher auch, dass unabhängig davon, wie anteilsinhaberfreundlich oder anteilsinhaberfeindlich ein Restrukturierungsrecht ausgestaltet ist, die Entscheidung über das »Ob« der Sanierung nicht ohne Weiteres durch eine Weisung der Gesellschafter an die Geschäftsleitung blockiert werden darf.

619 *Goetker*, in: SanierungsR, G., Rn. 27, 34; *L. M. Guntermann*, WM 2021, 214 (220); *Korch*, ZGR 2019, 1050 (1059); *Kuntz*, ZIP 2021, 597 (604); *J. Schmidt*, EuZW 2020, 955; *Seibt*, in: Seibt/Westphal, StaRUG, § 1, Rn. 9; *Seibt/Bulgrin*, DB 2020, 2226 (2230); *Seibt/v. Treuenfeld*, DB 2019, 1190 (1193); *Singer*, Vorinsolvenzlicher Restrukturierungsrahmen, S. 370.

620 *Korch*, ZIP 2020, 446 (447); *Müller*, ZGR 2018, 56 (72–74).

621 *Bayat*, ZRI 2023, 385 (386).

Das gilt vor allem für den Fall, dass ein Restrukturierungsplan die Rechte der Anteilsinhaber nicht berührt.[622] In diesem Fall sollen gemäß ErwG 43 S. 3 RRL die von dem Restrukturierungsplan nicht betroffenen Parteien weder Stimmrechte in Bezug auf den Plan haben, noch sollte ihre Unterstützung für die Annahme eines Plans erforderlich sein. Wenn nicht betroffenen Parteien innerhalb des Restrukturierungsrahmens keinerlei Stimmrechte zukommen sollen, dann muss das auch für die Einleitung eines Restrukturierungsrahmens gelten, über die die Geschäftsleitung entscheidet. Es wäre widersprüchlich, wenn nicht betroffene Parteien zwar nicht gegen den Plan stimmen dürften, dann aber im Vorfeld das gesamte Verfahren verhindern könnten, obwohl in ihre Rechte überhaupt nicht eingegriffen wird. Eindeutige Wertungen folgen aus diesem Umkehrschluss damit für den speziellen Fall, dass ein Restrukturierungsplan keinerlei Eingriffe in die Rechte der Anteilsinhaber vorsieht und nur Gläubigerforderungen restrukturiert. In diesem Einzelfall haben die Anteilsinhaber nicht nur kein Stimmrecht in Bezug auf die Ablehnung oder die Annahme des Restrukturierungsplans, sondern die Geschäftsleitung muss auch im Vorfeld keinen zustimmenden Beschluss der Anteilsinhaber in Bezug auf die Anzeige eines Restrukturierungsvorhabens einholen.

Aber auch die Einleitung eines Restrukturierungsvorhabens, das in einem Restrukturierungsplan münden soll, welcher die Rechte der Anteilsinhaber berührt, ist nach richtiger Auslegung der Richtlinie nicht von einem Beschluss der Gesellschafter abhängig. Eine entsprechende Weisung der Gesellschafter kann die Einleitung eines Restrukturierungsvorhabens nicht stoppen. Nach ErwG 96 S. 1 RRL soll das Gesellschaftsrecht die Wirksamkeit des Prozesses der Annahme und Umsetzung eines Restrukturierungsplans nicht gefährden. Es geht darum sicherzustellen, dass eine Annahme des die Bestandsfähigkeit wiederherstellenden Restrukturierungsplans nicht grundlos vereitelt wird. Streng genommen bezieht sich der Wortlaut des Erwägungsgrundes nur auf die »Annahme« des Plans und meint damit einen Vorgang, der zeitlich der Anzeige des Restrukturierungsvorhabens oder dem Antrag auf Bestätigung des Restrukturierungsplans nachgelagert ist. Rein vom Wortlaut her verbietet der Erwägungsgrund es daher nicht, die Anzeige des Restrukturierungsvorhabens oder den Antrag auf Bestätigung des Restrukturierungsplans vom Willen der Anteilsinhaber abhängig zu machen und ihnen ein umfassendes Weisungsrecht gegenüber dem Geschäftsleiter zuzusprechen. Dadurch bekämen die Anteilsinhaber jedoch vom Ergebnis her genau die gleiche Macht, um Restrukturierungsvorhaben zu stoppen, die ErwG 96 RRL zum Zeitpunkt der Annahme verhindern will. Es gibt keinen vernünftigen Grund, bei der Abstimmung über den Restrukturierungsplan die Blockademacht der Anteilsinhaber zu bekämpfen, wenn sie ihnen stattdessen einfach in einem vorgelagerten Zeitpunkt zusteht, der inhaltlich in Bezug auf den Erfolg der Restrukturierung des Unternehmens keine Unterschiede erkennen lässt.[623]

622 *Müller*, ZGR 2018, 56 (72–74), geht sogar soweit, dass sich der Restrukturierungsplan nur auf die Gesaltung der Gläubigerforderungen beschränken sollte, weil die Anteile der Gesellschafter noch werthaltig seien.

623 So im Ergebnis auch *Paulus*, EWiR 2023, 728 (729), Anm. zu AG Dresden, Beschl. v. 9.8.2023 – 572 RES 1/23; vgl. *Paulus*, in: European Preventive Restructuring, Art. 32, Rn.1; *Spahlinger*, NZI-Beilage 2019, 69 (71); *Tresselt*, in: Morgen, StaRUG, § 2, Rn. 92, der das allerdings aus dem Rechtsgedanken von Art. 12 Abs. 1 und 2 RRL ableitet; *Tresselt*, in: Präventive Restrukturierung, Art. 12, Rn. 102.

Darüber hinaus ließe sich höchstens einwenden, der ErwG 96 RRL beziehe sich nur auf die Bestimmungen der Richtlinie (EU) 2017/1132. Sie enthält Regelungen, wonach unter anderem die Hauptversammlung der Aktiengesellschaft bei jeder Erhöhung oder Herabsetzung des gezeichneten Kapitals, aber auch bei Spaltungen und Verschmelzungen der Gesellschaft einzuberufen ist.[624] Die Regelungen der Richtlinie (EU) 2017/1132 gelten daher, wie sich zusätzlich aus deren Anhang I ergibt, in Deutschland erst einmal nur für die Aktiengesellschaften. ErwG 96 S. 1 RRL könnte sich deswegen auch nur auf die gefährdete Annahme und Umsetzung eines Restrukturierungsplans bei der Aktiengesellschaft beziehen. Dagegen ist allerdings zum einen anzuführen, dass S. 1 allgemein von »Gesellschaftsrecht« spricht. Von diesem Rechtsgebiet sind auch die GmbHs erfasst. Zum anderen widerspräche das dem allgemeinen Sinn und Zweck, keine Restrukturierungsverfahren durch gesellschaftsinterne Prozesse zu verhindern. ErwG 57 S. 1 RRL und Art. 12 Abs. 1 RRL bestimmen, dass die Interessen der Aktionäre und anderer Anteilsinhaber nicht grundlos die Annahme von Restrukturierungsplänen verhindern können sollen. Auch das trifft ebenso auf die GmbH zu, deren Gesellschafter ansonsten einseitig durch Weisungsbeschluss an die Geschäftsleitung die Einleitung eines Restrukturierungsverfahrens verhindern könnten. Das heißt eine Veränderung der internen gesellschaftsrechtlichen Zuständigkeitsvorschriften, die die Wirksamkeit der Annahme und Umsetzung eines Restrukturierungsplans gefährden, ist auch im Falle der GmbH möglich.

Außerdem folgt aus ErwG 96 RRL in Verbindung mit ErwG 71 S. 1 RRL, dass das nationale Gesellschaftsrecht nicht die Wirksamkeit der Richtlinie beeinträchtigen darf und eine entsprechende Änderung des nationalen Rechts von der Richtlinie aufgegeben ist.[625] Denn nach ErwG 71 S. 1 RRL sind bei dem Eintritt einer wahrscheinlichen Insolvenz die berechtigten Interessen der Gläubiger vor Managemententscheidungen zu schützen.

Im Widerspruch dazu steht ErwG 71 S. 6 RRL, der bestimmt, dass die Richtlinie die nationalen Vorschriften der Mitgliedstaaten über die Entscheidungsprozesse in einem Unternehmen unberührt lassen sollte. Die Einhaltung sowohl von ErwG 71 S. 1 als auch von S. 6 RRL stellt den deutschen Gesetzgeber im Fall der GmbH vor ein Problem. Denn im GmbH-Recht können die Gesellschafter nach § 37 Abs. 1 GmbHG der Geschäftsführung, grundsätzlich auch bei drohender Zahlungsunfähigkeit, Weisungen erteilen. Die Gesellschafter selbst sind erst einmal nicht dazu verpflichtet, die Gläubigerinteressen bei diesen Weisungen zu berücksichtigen. Gleichzeitig ist die Geschäftsführung an die Weisung der Gesellschafter gebunden, wenn sie nicht nichtig ist. Wenn der nationale Gesetzgeber den S. 6 streng einhalten müsste, könnte er nicht gleichzeitig auch den in S. 1 statuierten Schutz der Gläubiger vor genau solchen Managemententscheidungen wahren. Denn ließe der Gesetzgeber die Entscheidungsprozesse innerhalb der GmbH gem. S. 6 unberührt, könnten Gesellschafter mit einer entsprechenden Weisung an die Geschäftsleitung die Einleitung eines Restrukturierungsverfahrens

624 Art. 68, 73, 93, 94 der Richtlinie (EU) 2017/1132 des Europäischen Parlaments und des Rates vom 14. Juni 2017 über bestimmte Aspekte des Gesellschaftsrechts, ABl. L 169 vom 30.6.2017, S. 46.

625 *Flöther/Wilke*, ZRI 2023, 1029 (1032).

verhindern,[626] sofern der Restrukturierungsplan ebenfalls Eingriffe in ihre Rechte vorsieht. Die Gläubigerinteressen blieben in diesem Fall ungeschützt.[627] Der Gesetzgeber hat aber mit der Formulierung der Sätze ein Wertungsverhältnis begründet. Während S. 1 im Präsens formuliert ist, steht S. 6, wie bei Erwägungsgründen nicht unüblich, im Konjunktiv. S. 1 enthält demnach eine zwingende Umsetzungspflicht, während S. 6 einen Umsetzungsspielraum vorsieht. S. 6 ist also nur unter der Voraussetzung umsetzbar, dass S. 1 gegeben ist. Um im GmbH-Recht den in S. 1 geforderten Schutz der Gläubiger vor Managemententscheidungen bei einer drohenden Zahlungsunfähigkeit umzusetzen, müssen demnach entgegen S. 6 ausnahmsweise die Entscheidungsprozesse zwischen Geschäftsleitung und den Gesellschaftern innerhalb der GmbH verändert werden.

Ebenso spricht letztlich ErwG 29 S. 4 RRL gegen die Notwendigkeit eines Gesellschafterbeschlusses. Der Erwägungsgrund sieht zwar vor, dass der Schuldner seine Zustimmung zu einem Restrukturierungsverfahren erteilen soll, wenn dieses auf Antrag von Gläubigern oder Arbeitnehmern geschieht und der Schuldner ein KMU ist. Darüber hinaus erlaubt es die RRL auch, bei allen Schuldnern die Einleitung eines Restrukturierungsverfahrens von der Zustimmung des Schuldners abhängig zu machen, wenn es sich um einen Antrag von Gläubigern oder Arbeitnehmern handelt. Entscheidend ist aber, dass der Erwägungsgrund von »Schuldner« und nicht von Anteilsinhabern spricht. Der Erwägungsgrund gibt damit nicht vor, dass Letztere die Zustimmung erteilen müssen. Es spricht mehr dafür, dass die Zustimmung von der Geschäftsleitung zu erteilen ist. Denn der Grund für die Zustimmung des Schuldners ist es vor allem, die Interessen des Schuldners zu wahren. Es geht also um die Sorge, ein Fremdantrag von Gläubigern oder Arbeitnehmern könne aus sachfremden Gründen gestellt werden und dadurch die Interessen des Unternehmens gefährden. Gläubiger und Arbeitnehmer haben persönliche Eigeninteressen und entscheiden daher nicht objektiv. Unterliegt die Geschäftsleitung dagegen einer Pflicht zur Restrukturierung des Unternehmens, ist sie dem Wohl der Gesellschaft verpflichtet. Daher ist die vom Erwägungsgrund geforderte Zustimmung des Schuldners nicht so zu verstehen, als ginge es um eine Willensausübung der Anteilsinhaber. Es geht vielmehr um den Schutz der Gesellschaft vor sachfremden Anträgen, die Eigeninteressen dienen. Diesen Schutz kann die Geschäftsleitung übernehmen. Darüber hinaus fordert der Erwägungsgrund bei großen Unternehmen nicht einmal, dass die Mitgliedstaaten die Einleitung eines Restrukturierungsverfahrens aufgrund eines Fremdantrags von der Zustimmung des Schuldners abhängig machen. Auch dies erklärt sich schlüssig, wenn die Norm vor

626 Dieses Ergebnis in Kauf nehmend: *Thole*, BB 2021, 1347 (1350); *Thole*, ZEuP 2023, 710 (720), Anm. zu UK Supreme Court vom 5. Oktober 2022 (»Sequana«). Im Ergebnis eine Unbeachtlichkeit von Weisungen aus der RRL ableitend: *Graf-Schlicker*, in: Kübler/Prütting/Bork, HRI I, § 31, Rn. 12; *Tresselt*, in: Morgen, StaRUG, § 17, Rn. 11. Die Unbeachtlichkeit solcher Weisungen sowohl für die Abgabe eines Planangebots bei rechtshängiger Restrukturierungssache als auch zuvor für die Anzeige eines Restrukturierungsvorhabens annehmend: *Spahlinger*, in: BeckOK, StaRUG, § 17, Rn. 29.

627 Vgl. *Graf-Schlicker*, in: Kübler/Prütting/Bork, HRI I, § 31, Rn. 12; vgl. *Hölzle*, Praxisleitfaden SanInsFoG, § 31, 33, Rn. 35; vgl. *Skauradszun*, in: BeckOK, StaRUG, § 2, Rn. 87.2; vgl. *Tresselt*, in: Morgen, StaRUG, § 2, Rn. 92; vgl. *Zehlicke/Krafczyk*, ZRI 2023, 519 (522 f.), Anm. zu AG Hamburg, Beschl. v. 17.3.2023.

allem die Gefahren von sachfremden Fremdanträgen für die Gesellschaft adressiert. Denn eine große Gesellschaft ist im Gegensatz zu KMU besser in der Lage, alle Beteiligten an einen Tisch zu bitten, selbst Vorschläge zu unterbreiten und dadurch sachfremden Anträgen erfolgreich entgegenzutreten.

IV. Zwischenfazit

Art. 19 lit. a RRL verpflichtet den Mitgliedstaat, dafür zu sorgen, dass die Geschäftsleitung einer GmbH ab dem Eintritt der wahrscheinlichen Insolvenz, mithin bevor das Unternehmen nach nationalem Recht insolvent ist und unabhängig von dem Bestehen einer Restrukturierungssache, die Interessen der verschiedenen Beteiligten zu berücksichtigen.

Die Richtlinie verfolgt dabei das Ziel der Wirtschaftsmaximierung, indem bestandsfähige Unternehmen restrukturiert werden sollen. Die Richtlinie gibt damit nicht vor, welche Interessen der Beteiligten sich konkret im Verhältnis zu entgegengesetzten Interessen anderer durchsetzen müssen. Beispielsweise muss ein Mitgliedstaat die Geschäftsleitung nicht zwingend dazu verpflichten, ab dem Eintritt der wahrscheinlichen Insolvenz vorrangig die Gläubigerinteressen zu wahren und sein Handeln an diesen auszurichten.[628] Einen solchen klaren *shift of fiduciary duties*, wie er noch im Vorschlag der Europäischen Kommission zu finden war, findet sich in der Endfassung der RRL nicht mehr. Die RRL gibt vielmehr einen interessenpluralistischen Ansatz vor. Im Zweifel möchte die Richtlinie die Interessen aller Beteiligten berücksichtigt wissen.[629] Die Richtlinie lässt damit die konkrete Pflichtenbindung der Geschäftsleitung gegenüber den Beteiligten offen.[630] Denkbar ist auch, dass der nationale Gesetzgeber keine weitere Unterscheidung zwischen den verschiedenen Interessen trifft und dass dann die Geschäftsleitung selbst die Interessen aller Beteiligten, insbesondere der Gläubiger und der Anteilsinhaber, auf ausgewogene Weise schützen und abwägen muss.

Dagegen macht die Richtlinie deutlich, dass Restrukturierungen nicht ohne Grund an einer Blockade durch Gesellschafter scheitern sollen. Deswegen verstößt es gegen die Richtlinie, wenn das deutsche Recht den Anteilsinhabern das Recht zugesteht, der Geschäftsleitung per Weisung die Restrukturierung des Unternehmens, zum Beispiel durch einen Restrukturierungsplan, zu verbieten. Es ist daher für die Einleitung eines Restrukturierungsprozesses keine Zustimmung der Anteilsinhaber erforderlich. Gleichzeitig wäre nach der Richtlinie auch denkbar, dass die Geschäftsleitung einen Restrukturierungsprozess einleiten kann, der nur die Restrukturierungen von Gläubigerforderungen vorsieht und die Rechte der Anteilsinhaber nicht berührt. Die Richtlinie nimmt daher selbst keine Abwägung vor, welche Interessen in welchem Fall andere überwiegen und den Vorzug erhalten sollen. Sie macht aber deutlich, dass eine sinnvolle

628 So auch *Schlöder*, Shift of Fiduciary Duties, S. 61 f., 66.

629 So auch *Termath*, Der »shift of duties« bei wahrscheinlicher Insolvenz, S. 204.

630 So auch *Termath*, Der »shift of duties« bei wahrscheinlicher Insolvenz, S. 204 f. *Schlöder*, Shift of Fiduciary Duties, S. 62 f. kommt zu dem Ergebnis, dass Art. 19 lit. a) RRL weder ein *shift of fiduciary duties* noch eine gleichgeordnete Berücksichtigung aller Interessengruppen zukomme. Die jeweiligen Interessengruppen müssten nur überhaupt Berücksichtigung finden.

Restrukturierung bestandsfähiger Unternehmen nicht an einem Blockadepotential der Anteilsinhaber scheitern darf. Ob das Restrukturierungsrecht im Übrigen eher den Interessen der Anteilsinhaber oder eher den Interessen der Gläubiger entspricht, gibt die Richtlinie nicht vor. Es geht ihr insgesamt darum, das Wirtschaftswachstum zu fördern.

C. Umsetzung durch § 1 Abs. 1 S. 2 StaRUG

Die Richtlinie hat einen Streit darüber ausgelöst, ob und inwieweit sich die Pflichten der Geschäftsleitung durch § 1 Abs. 1 S. 2 StaRUG und dem zugrunde liegenden Art. 19 RRL verändert haben. Anknüpfungspunkte sind die Fragen, ob, ab wann und in welchem Maße die Geschäftsleitung die Interessen der Gläubiger zu berücksichtigen hat und inwieweit ihnen gegenüber der Vorrang einzuräumen ist. Das Meinungsspektrum ist breit und reicht von einem zum Zeitpunkt der drohenden Zahlungsunfähigkeit zugunsten der Gläubiger greifenden *shift of fiduciary duties*[631] über eine gleichwertige Berücksichtigung beider Interessen[632] bis hin zu einer weiterhin ausschließlichen Orientierung am Gesellschafterinteresse nach dem geltenden Gesellschaftsrecht.[633] Parallel

631 *Bitter*, ZIP 2021, 321 (322); *Brinkmann*, KTS 2021, 303 (313), »durch Streichung der §§ 2, 3 StaRUG-RegE [hat sich] nicht allzu viel geändert«; tendenziell auch *Brünkmans*, ZInsO 2021, 125 (126); nicht eindeutig *Hölzle*, Praxisleitfaden SanInsFoG, § 1, Rn. 10 »parallele Pflichtenbindung« sowie Vor § 32, Rn. 2 »mit der Streichung der §§ 2, 3 E-StaRUG [ist] keine Veränderung gegenüber dem mit der Entwurfsfassung intendierten Schutzstandard verbunden«; nicht eindeutig ebenfalls *Hölzle*, FS Gehrlein, 261 (268, 270), der einmal von einer parallelen Pflichtenbindung spricht (268) und später die Wahrung der Gläubigerinteressen zum Primat der Beurteilung des der Geschäftsleitung zustehenden Auswahlermessens erklärt (270); *Hölzle*, ZIP 2023, 2498 (2500). Zumindest eine schrittweise Verschiebung der Abwägungsparameter zugunsten der Gläubigerinteressen annehmend: *Bea/Dressler*, NZI 2021, 67 (68 f.).

632 *Arens*, GWR 2021, 64 (65), »Geschäftsleiter sind [...] verpflichtet mehr als bislang die Interessen der Gesamtheit der Gläubiger zu berücksichtigen«; *Bayat*, ZRI 2023, 385 (394–396), die nur im Aktienrecht durch eine richtlinienkonforme Auslegung erreicht werden könne; vgl. *Gehrlein*, BB 2021, 66 (67), »Wahrung der Gläubigerinteressen insbesondere bei der Auslegung von § 32 Abs. 2 GmbHG«; *Hölzle*, Praxisleitfaden SanInsFoG, § 1, Rn. 10, »parallele Pflichtenbindung«; *Kuntz*, ZIP 2021, 597 (603); *Madaus/Klockenbrink/Meier*, NZI 2024, 832 (839), Anm. zu OLG Stuttgart, Beschl. v. 21.8.2024 – 20 U 30 /24; *Skauradszun/Amort*, DB 2021, 1317 (1322), »keinem Interessenträger [...] Vorrang zu gewähren«.

633 *Eckert*, FS Smid, 483 (496); *A. Guntermann*, Geschäftsleiterverantwortung, S. 58 f., 67 f., 78; *L. M. Guntermann*, WM 2021, 214 (218, 220); *Jungmann*, ZRI 2021, 209 (216); *Looft*, »Shifting of Fiduciary Duties« durch das StaRUG?, S. 77, 86; *Sander*, ZHR 2024, 8 (57), dem zufolge eine Ausrichtung an den Interessen der Gesellschafter auch nach Eintritt der drohenden Zahlungsunfähigkeit grundsätzlich erlaubt sei, dabei aber die Interessen der Gläubiger nicht sachwidrig außen vor gelassen werden dürfen; *Schäfer*, FS Gehrlein, 491 (501); *Schlöder*, Shift of Fiduciary Duties, S. 84 f.; *Scholz*, ZIP 2021, 219 (220, 223), das gelte grundsätzlich auch nach Anzeige eines Restrukturierungsvorhabens, außer wenn »Geschäftsführungsentscheidungen mit einem zweckentsprechenden Gebrauch der Instrumente des Stabilisierungs- und Restrukturierungsrahmens in Konflikt geraten.«; *Seibt*, in: Seibt/Westphal, StaRUG, § 1, Rn. 9; *Thole*, BB 2021, 1347 (1349).

dazu verläuft die Streitfrage, ob die GmbH-Geschäftsführung vor der Anzeige eines Restrukturierungsvorhabens nach § 31 Abs. 1 StaRUG oder vor der Antragstellung auf Bestätigung des Restrukturierungsplans durch das Gericht gemäß § 60 Abs. 1 StaRUG einen zustimmenden Gesellschafterbeschluss einholen muss beziehungsweise, ob die Gesellschafter der Geschäftsleitung durch eine Weisung die Anzeige oder Antragstellung wirksam untersagen können.

I. Geringe Aussagekraft der Grammatik und des Wortlauts

Nur eine geringe Aussagekraft besitzt der Wortlaut der Norm. Nach § 1 Abs. 1 S. 2 StaRUG soll die Geschäftsleitung der Gesellschaft, sobald fortbestandsgefährdende Entwicklungen erkannt werden, geeignete Gegenmaßnahmen ergreifen und den Überwachungsorganen Bericht erstatten. Aus der Formulierung des § 1 Abs. 1 S. 2 StaRUG ist weder ersichtlich, ob dadurch die gesellschaftsrechtlichen Regelungen zur Willensbildung innerhalb der Gesellschaft verdrängt werden, noch ob ab dem Erkennen der fortbestandsgefährdenden Entwicklungen nun vorrangig auf die Gläubigerinteressen zu schauen ist.[634]

1. Reihenfolge der Satzhälften

Teilweise wird in § 1 Abs. 1 S. 2 StaRUG eine zeitliche Reihenfolge der durch die Geschäftsführung vorzunehmenden Handlungen hineingelesen.[635] Danach ergreife die geschäftsführende Person zunächst die notwendigen Maßnahmen und erstatte erst anschließend den Überwachungsorganen über die fortbestandsgefährdenden Entwicklungen und die ergriffenen Gegenmaßnahmen Bericht.[636] Die Reihenfolge sei deswegen zwingend, weil ansonsten das Ergreifen geeigneter Gegenmaßnahmen erheblich erschwert werden würde.[637] Letzteres mag zutreffen, folgt aber nicht aus dem Wortlaut. Die Satzhälften sind lediglich durch den Konnektor »und« verbunden, der keinen Aufschluss über die konkrete Reihenfolge gibt. Allein aus der Reihenfolge der Satz-

634 Teilweise wird dies dennoch als Argument gegen die Zustimmungspflicht der Gesellschafter herangezogen, so etwa *Baschnagel*, Restructuring Support Agreement, S. 211; *Skauradszun*, in: BeckOK, StaRUG, § 2, Rn. 87.2.

635 Vgl. *Baschnagel*, Restructuring Support Agreements, S. 211; *Mock*, NZI 2023, 584 (586), Anm. zu AG Hamburg, Beschl. v. 17.3.2023 – 61c RES 1/23; *Skauradszuh/Amort*, DB 2021, 1317 (1322); *Skauradszun/Harnack*, DZWIR 2023, 511 (514).

636 *Scholz*, ZIP 2021, 219 (230), geht hingegen unzutreffend davon aus, dass sich die Berichtspflicht des § 1 Abs. 1 S. 2 StaRUG nur auf Organe erstreckt, die nach Gesetz oder Satzung gegenüber dem Verband zur laufenden Überwachung der Geschäftsleiter verpflichtet sind und nicht auf solche (wie das bei der Gesellschafterversammlung der Fall sei), die lediglich die Kompetenz besitzen über Maßregeln zur Prüfung und Überwachung der Geschäftsleiter oder die Geltendmachung von Ersatzansprüchen zu beschließen. Dagegen spricht das umfassende Weisungsrecht der Gesellschafterversammlung gegenüber der Geschäftsleitung, sodass die Darstellung von *Scholz*, sie hätten nur die Kompetenz über die Maßregeln der Prüfung und Überwachung der Geschäftsleitung zu bestimmen, den möglichen Aufgabenbereich der Gesellschafterversammlung verkürzt.

637 *Mock*, NZI 2023, 584 (586), Anm. zu AG Hamburg, Beschl. v. 17.3.2023 – 61c RES 1/23.

hälften zu schlussfolgern, die Geschäftsführung solle zuerst die geeigneten Gegenmaßnahmen ergreifen und erst dann den Überwachungsorganen Bericht erstatten, überzeugt nicht. Für eine solche Schlussfolgerung wäre mindestens ein temporales Adverb im Satz notwendig.

2. »Geeignete« Gegenmaßnahmen

Auch der Wortlaut des unbestimmten Adjektivs »geeignet« bedarf der Auslegung und bietet wenig Anhaltspunkte, um die Pflichtenbindung der Geschäftsleitung rechtssicher zu konkretisieren. Im verfassungsrechtlichen Sinn ist eine Maßnahme geeignet, wenn sie den Zweck zumindest fördert.[638] Zweck des § 1 Abs. 1 S. 2 StaRUG soll die Beseitigung der fortbestandsgefährdenden Entwicklungen sein. Anknüpfend an die Vorgaben der RRL[639] und im Hinblick auf die Pflicht zur Krisenfrüherkennung aus § 1 Abs. 1 S. 1 StaRUG meint der Begriff fortbestandsgefährdende Entwicklungen die Monate 24 bis 13[640] vor dem Eintritt der Zahlungsunfähigkeit.[641] Denn ab dem Monat zwölf vor dem Eintritt von Zahlungsunfähigkeit liegt gem. § 19 Abs. 2 S. 1 InsO typischerweise Überschuldung vor und die Geschäftsleitung unterliegt der Insolvenzantragspflicht aus § 15a Abs. 1 S. 2 InsO. In dem atypischen Fall, dass keine bilanzielle Überschuldung vorliegt, gilt § 1 Abs. 1 S. 1 StaRUG ab drohender Zahlungsunfähigkeit bis zum Eintritt der Zahlungsunfähigkeit fort. Fortbestandsgefährdende Entwicklungen können zwar grundsätzlich auch vor dem Eintritt von drohender Zahlungsunfähigkeit vorliegen. Sie haben sich dann jedoch noch nicht hinreichend konkretisiert, sodass die Geschäftsleitung ihnen durch den normalen Geschäftsbetrieb begegnen muss. Insbesondere stehen wegen § 63 Abs. 1 Nr. 1 StaRUG und § 18 InsO weder der Restrukturierungsrahmen noch das Insolvenzplanverfahren zur Verfügung. Bis zu diesem Zeitpunkt kommen daher nur Maßnahmen in einer außergerichtlichen Sanierung in Betracht.

Ab drohender Zahlungsunfähigkeit stehen der Geschäftsleitung sodann grundsätzlich auch die Maßnahmen des Restrukturierungsrahmens und des Insolvenzplanverfahrens zur Verfügung, die als taugliche Gegenmaßnahmen i.S.d. § 1 Abs. 1 S. 2 StaRUG in Betracht kommen. Prinzipiell sind solche Maßnahmen im Sinne der Norm geeignet, wenn sie in der zur Verfügung stehenden Zeit bis zum Eintritt der materiellen Insolvenzreife und in der Sache die konkrete Aussicht begründen, den Bestand des Unternehmens durch Wiederherstellung der nachhaltigen Ertragsfähigkeit zu sichern.[642] In

638 BVerfG, Beschl. v. 10.5.1972 – 1 BvR 286/65, BVerfGE 33, 171–192 = NJW 1972, 1509–1512, juris Rn. 36 – »Honorarverteilung«; BVerfG, Beschl. v. 27.1.1983 – 1 BvR 1008/79, BVerfgE 63, 88–119 = NJW 1983, 1417–1419, juris Rn. 97 – »Versorgungsausgleich, Altershilfe für Landwirte«; BVerfG, Urt. v. 28.3.2006 – 1 BvR 1054/01, BVerfGE 115, 276–320 = NJW 2006, 1261–1267, juris Rn. 112 – »Sportwettenmonopol, Oddset-Sportwette«.

639 Siehe dazu bereits oben die Ausführungen auf S. 68 f.

640 *Herding/Krafczyk*, ZRI 2023, 750 (751 f.) sprechen insofern von dem »idealen« Restrukturierungsfenster, wohingegegen sie die Monate 12 bis 0 vor dem Eintritt der Zahlungsunfähigkeit als »kritisches« Restrukturierungsfenster bezeichnen.

641 Siehe dazu Kapitel 1, insbesondere ab S. 51.

642 *Hölzle*, FS Gehrlein, 261 (268).

der Regel wird die Beseitigung der fortbestandsgefährdenden Entwicklungen noch durch verschiedene Gegenmaßnahmen zu dem frühen Zeitpunkt der drohenden Zahlungsunfähigkeit möglich sein. Der Wortlaut lässt dabei entscheidende Fragen offen. So ist ihm nicht zu entnehmen, ob die Geschäftsleitung bestimmte Gegenmaßnahmen vornehmen muss, wenn verschiedene zur Auswahl stehen und nach welchen Kriterien die Geschäftsleitung zu entscheiden hat. Insoweit ist auch denkbar, dass der Geschäftsleitung ein Ermessen zukommt. Ebenso verrät der Wortlaut des § 1 Abs. 1 S. 2 StaRUG nicht, ob und inwieweit das Treffen von geeigneten Maßnahmen autonom durch die Geschäftsleitung erfolgt oder durch Beschlüsse der Gesellschafter einschränkbar ist.

II. Keine vorrangige Berücksichtigung der Gläubigerinteressen (shift of fiduciary duties)

Die entscheidenden Fragen um die Norm müssen daher ohne Rückgriff auf den Wortlaut entschieden werden. Dabei geht es vor allem darum, anhand welcher Interessen die Geschäftsleitung das Treffen von Maßnahmen im Sinne des § 1 Abs. 1 S. 2 StaRUG ausrichten muss. Führte § 1 Abs. 1 S. 2 StaRUG einen *shift of fiduciary duties* zugunsten der Gläubiger zum Zeitpunkt der drohenden Zahlungsunfähigkeit herbei, müsste die Geschäftsleitung ihre Handlungen vorrangig an den Interessen der Gläubiger ausrichten. Enthielte § 1 Abs. 1 S. 2 StaRUG eine solche Neuausrichtung, entschiede sich damit sogleich die Frage, ob die Geschäftsleitung einen zustimmenden Gesellschafterbeschluss einholen muss, bevor sie den Restrukturierungsrahmen des StaRUG in Anspruch nähme. Die Pflicht, eine solche Zustimmung einzuholen, stünde im klaren Widerspruch zur Pflicht der Geschäftsleitung, die Interessen der Gläubiger zu wahren. Denn durch die Verweigerung der Zustimmung könnten die Gesellschafter eine Restrukturierung, die den Gläubigern zugute käme, verhindern.

1. Verhältnis von § 1 Abs. 1 S. 2 StaRUG und §§ 32, 43 StaRUG

Neben dem § 1 StaRUG enthalten auch die §§ 32 und 43 StaRUG Pflichten des Schuldners beziehungsweise seiner Organe. § 32 Abs. 1 S. 1 StaRUG normiert:

»Der Schuldner betreibt die Restrukturierungssache mit der Sorgfalt eines ordentlichen und gewissenhaften Sanierungsgeschäftsführers und wahrt dabei die Interessen der Gesamtheit der Gläubiger.«

§ 43 Abs. 1 S. 1 StaRUG ergänzt:

»Handelt es sich bei dem Schuldner um eine juristische Person oder um eine rechtsfähige Personengesellschaft im Sinne des § 15a Absatz 1 Satz 3, Absatz 2 der Insolvenzordnung, wirken dessen Geschäftsleiter darauf hin, dass der Schuldner die Restrukturierungssache mit der Sorgfalt eines ordentlichen und gewissenhaften Geschäftsleiters betreibt und die Interessen der Gesamtheit der Gläubiger wahrt.«

Beide Vorschriften normieren die Pflicht zur Wahrung der Interessen der Gläubiger, wie dies vormals auch in § 2 Abs. 1 S. 1 StaRUG-RegE vorgesehen war. Diese Vorschriften könnten sich derart auf § 1 Abs. 1 S. 2 StaRUG auswirken, dass die in den

Normen vorgesehene Berücksichtigung der Gläubigerinteressen auf den Zeitpunkt der drohenden Zahlungsunfähigkeit vorwirkt.[643]

Dagegen spricht zum einen, dass die Vorschriften in unterschiedlichen Teilen des StaRUG geregelt sind. Zum anderen regeln die Vorschriften unterschiedliche Zeiträume. §§ 32, 43 StaRUG knüpfen zeitlich nicht an die drohende Zahlungsunfähigkeit an, sondern an das Betreiben der Restrukturierungssache.[644] Die Pflichten greifen also erst dann, wenn eine Restrukturierungssache tatsächlich erst einmal vorliegt. Aus § 31 Abs. 1 und Abs. 3 StaRUG folgt, dass das Restrukturierungsvorhaben erst mit der Anzeige zur Restrukturierungssache wird. Die §§ 32 und 43 StaRUG regeln damit die Pflichten der Geschäftsleitung im Verfahren und binden sie an die Wahrung der Gläubigerinteressen. Sie haben aufgrund ihrer Stellung im Gesetz und der Geltung ab Bestehen einer Restrukturierungssache keinen Einfluss auf die Konturierung der in § 1 Abs. 1 StaRUG normierten Geschäftsleitungspflicht.[645] Denn § 1 StaRUG regelt die Pflichten der Geschäftsleitung vor der Anzeige des Restrukturierungsvorhabens. Aus der systematischen Auslegung folgt daher nicht, inwiefern die Geschäftsleitung die Gläubigerinteressen ab drohender Zahlungsunfähigkeit bei der Wahl der Gegenmaßnahme berücksichtigen muss.

2. Streichung des § 2 StaRUG-RegE

Um das Teilergebnis vorwegzunehmen: § 1 Abs. 1 S. 2 StaRUG führt keinen entsprechenden *shift of fiduciary duties* herbei. Das ergibt sich vor allem aus der Genese des Gesetzes. Denn der Ausschuss für Recht und Verbraucherschutz strich für die Endfassung des StaRUG den § 2 StaRUG-RegE.[646]

Nach dem Wortlaut des § 2 Abs. 1 S. 1 StaRUG-RegE hätte die Geschäftsleitung ab dem Eintritt der drohenden Zahlungsunfähigkeit die Sanierungsentscheidungen vorrangig an den Interessen der Gläubiger ausrichten müssen. Er enthielt damit einen *shift of fiduciary duties*. § 2 Abs. 2 S. 2 StaRUG-RegE sah weiter vor, dass Weisungen oder Beschlüsse der Überwachungsorgane unbeachtlich seien, wenn sie der Wahrung der Gläubigerinteressen entgegenstünden. Konflikte zwischen Gesellschaftern und Gläubigern hätten bei drohender Zahlungsunfähigkeit also immer zugunsten der Gläubiger-

643 In diese Richtung *Bitter*, ZIP 2021, 312 (335), der aus aus § 43 Abs. 1 StaRUG i.V.m. § 276a Abs. 1, 3 InsO einen allgemeinen gesetzgeberischen Willen eines *shift of fiduciary duties* ab drohender Zahlungsunfähigkeit ableitet; ebenso *Hölzle*, in: Unternehmenssanierung und Betriebsfortführung, Teil 2, B., Rn. 48; *Kuntz*, ZIP 2021, 597 (610); *Tresselt*, in: Morgen, StaRUG, § 2, Rn. 93. A.A. *d'Avoine/Michels*, NZI 2022, 1 (6); *Bayat*, ZRI 2023, 385 (391); *Skauradszun/Amort*, DB 2021, 1317 (1325).

644 *Skauradszun/Amort*, DB 2021, 1317 (1325).

645 *Brandes/Rabenau*, ZIP 2021, 2566 (2569). Für eine analoge Anwendung fehlt es an einer planwidrigen Regelungslücke, weil sich der Gesetzgeber bewusst gegen die Normierung in §§ 2, 3 StaRUG-RegE entschied: *Skauradszun/Amort*, DB 2021, 1317 (1325).

646 BT-Drs. 19/25353, S. 6; BT-Drs. 19/25303, S. 8. Außerdem hat der Gesetzgeber auch § 3 StaRUG-RegE, der die mit § 2 StaRUG korrespondierende Haftungspflicht der Geschäftsleitung vorsah, gestrichen.

interessen aufgelöst werden müssen.[647] Die Gesellschafterinteressen wären nur nachrangig und dies auch nur dann, wenn die Interessen der Gesamtheit der Gläubiger gewahrt worden wären, durch die Geschäftsleitung zu berücksichtigen gewesen.

Dies wird im Hinblick auf die Begründung zum StaRUG teilweise anders gesehen. Dort hieß es, dass die Intensivierung der Berücksichtigung der Gläubigerinteressen von dem Krisenstadium abhänge.[648] Je nach Fortschritt der Krise vertiefe sich die Berücksichtigung der Gläubigerinteressen stufenweise und dementsprechend verschiebe sich auch der Pflichtenrahmen der Geschäftsleitung. Ein absoluter Vorrang der Gläubigerinteressen könne deswegen in der Regel nicht angenommen werden.[649] Im Zweifel sei den Interessen der Gläubiger der Vorrang einzuräumen.[650] Diese erläuternden Formulierungen des Gesetzgebers mit den Zusätzen »in der Regel« und »im Zweifel« bringen aber gerade zum Ausdruck, dass es in erster Linie auf die Interessen der Gläubiger ankam. Diese als relativierend interpretierten Aussagen in der Regierungsbegründung widersprechen dem Gesetzeswortlaut des § 2 Abs. 1 und Abs. 2 StaRUG-RegE. Die Formulierung »Wahrung der Interessen der Gläubiger« in § 2 Abs. 1 S. 1 StaRUG-RegE in Kombination mit der Unbeachtlichkeit von Weisungen und Beschlüssen der Überwachungsorgane in § 2 Abs. 2 S. 2 StaRUG-RegE verdeutlichen, dass die Geschäftsleitung ihre Entscheidungen vorrangig an den Gläubigerinteressen hätte ausrichten müssen. Die Gesellschafterinteressen, die vor allem durch Weisungen und Beschlüsse zum Ausdruck kommen, wären unbeachtlich gewesen.

a) § 2 Abs. 2 S. 2 StaRUG-RegE weitergehender als § 43 Abs. 3 S. 3 GmbHG

Entgegen der Aussage in der Regierungsbegründung[651] war die in § 2 Abs. 2 S. 2 StaRUG-RegE vorgesehene Unbeachtlichkeit von Weisungen und Beschlüssen der Überwachungsorgane auch nicht bereits zuvor in § 43 Abs. 3 S. 3 GmbHG gleichermaßen geregelt gewesen. Selbst wenn man § 43 Abs. 3 S. 3 GmbHG nicht nur auf § 43 Abs. 3 S. 1 GmbHG und damit auf die Tatbestände der §§ 30, 33 GmbHG anwendet, sondern darüber hinaus auch auf § 43 Abs. 1 GmbHG,[652] folgt daraus keine Verpflichtung der Geschäftsleitung ab drohender Zahlungsunfähigkeit vorrangig die Gläubigerinteressen zu berücksichtigen.

aa) Tatbestand des § 30 GmbHG

Nach § 30 GmbHG sind Auszahlungen der Geschäftsleitung erst dann verboten, wenn dadurch eine Unterbilanz entsteht oder bei Auszahlung bereits bestand. Der Tatbestand der Unterbilanz ist weitreichender als der insolvenzrechtliche Überschuldungstat-

647 *Fuhrmann/Heinen/Schilz*, NZG 2021, 684 (685), »hätte […] den Zielkonflikt zwischen Gläubiger- und Gesellschafterinteressen auch *de lege lata* in Richtung der Gläubiger verschoben.«
648 BT-Drs. 19/24181, S. 105.
649 BT-Drs. 19/24181, S. 106.
650 BT-Drs. 19/24181, S. 107. So auch *Schlöder*, ZIP 2023, 176 (183), »StaRUG-RegE als konturenloser Hybrid«.
651 BT-Drs. 19/24181, S. 107.
652 Siehe dazu bereits oben insbesondere S. 79 f., ausführlich dazu ab S. 72.

bestand gem. § 19 InsO.[653] Das heißt grundsätzlich kann die Unterbilanz vor der Überschuldung eintreten. Ein mit § 2 StaRUG-RegE vergleichbarer Gläubigerschutz in § 43 Abs. 3 GmbHG läge nur dann vor, wenn eine Unterbilanz vor oder zumindest auch mit drohender Zahlungsunfähigkeit eintreten kann. Das ist aber gerade nicht der Fall. Auszahlungen nach § 30 Abs. 1 GmbHG können noch zulässig sein, obwohl das Unternehmen bereits drohend zahlungsunfähig ist. Dies soll an nachstehendem Beispiel erläutert werden.

Eine GmbH kann voraussichtlich in den nächsten 24 Monaten die bestehenden Zahlungspflichten im Zeitpunkt der Fälligkeit nicht erfüllen. Das heißt, sie ist drohend zahlungsunfähig im Sinne des § 18 Abs. 2 InsO. Teil des Vermögens ist eine wertvolle Immobilie. Diese kann aber aufgrund einer Bankenfinanzierung frühestens in drei Jahren liquidiert werden. Diese Immobilie deckt das Stammkapital der Gesellschaft. Wenn zu diesem Zeitpunkt ein Beschluss der Gesellschafterversammlung die Geschäftsleitung anordnet, eine Auszahlung an die Gesellschafter vorzunehmen, die die Liquidität im Unternehmen weiter verringert, wäre die Geschäftsleitung verpflichtet, diese Auszahlung vorzunehmen. Sie verstößt weder gegen § 43 Abs. 3 GmbHG noch gegen § 15b InsO, weil die drohende Zahlungsunfähigkeit noch keinen verpflichtenden Insolvenzantragsgrund darstellt und die Auszahlung auch keine materielle Insolvenz verursacht, sodass kein existenzvernichtender Eingriff vorliegt. Gleichzeitig widerspräche diese Auszahlung aber erheblich den Interessen der Gläubiger.

Das bedeutet der in § 43 Abs. 3 GmbHG i.V.m. § 30 GmbHG normierte Gläubigerschutz bleibt in zweierlei Hinsicht hinter § 2 StaRUG-RegE zurück: erstens sieht er ein Auszahlungsverbot nur in Bezug auf Zahlungen an Gesellschafter vor und zweitens auch nur dann, wenn das Stammkapital betroffen ist und eine Unterbilanz vorliegt.

bb) Tatbestand des § 33 GmbHG

Ähnlich, wie zuvor bei dem Tatbestand des § 30 GmbHG, werden die Gläubigerinteressen bei § 33 GmbHG auch erst zu einem sehr späten Zeitpunkt geschützt, nämlich dann, wenn bereits das Stammkapital betroffen ist. Dieser Zeitpunkt kann, wie das obige Beispiel zeigt, erheblich nach dem Eintritt der drohenden Zahlungsunfähigkeit liegen. Auch § 33 GmbHG bietet also keinen mit § 2 StaRUG-RegE annähernd zu vergleichenden Schutz der Gläubiger.

cc) Tatbestand des § 43 Abs. 2 GmbHG

Die Ansicht, die den § 43 Abs. 3 S. 3 GmbHG nur auf den Ersatzanspruch aus § 43 Abs. 3 S. 1 GmbHG anwendet, bleibt damit hinter dem aus § 2 StaRUG-RegE folgenden Gläubigerschutz zurück. Etwas anderes könnte mit der Gegenansicht gelten, die den § 43 Abs. 3 S. 3 GmbHG als einen Abs. 4 liest, der sich auch auf eine Pflichtverletzung nach § 43 Abs. 1 GmbHG bezieht.[654] Ein mit § 2 StaRUG-RegE vergleichbarer Gläubigerschutz wäre nur anzunehmen, wenn die in § 43 Abs. 1 GmbHG hineinzulesende Sanierungspflicht der Geschäftsleitung mehr die Gläubiger- als die Gesellschafter-

653 Siehe dazu bereits oben S. 73 mit dem Nachweis in Fn. 484.
654 Siehe dazu oben S. 72 f. mit den Nachweisen in Fn. 479.

interessen in den Blick nimmt und das vor allem in zeitlicher Hinsicht schon dann, wenn das Unternehmen drohend zahlungsunfähig ist.

Die Unbeachtlichkeit von Weisungen und Beschlüssen, die aus § 43 Abs. 3 S. 3 GmbHG folgt, gilt in Bezug auf die Sanierungspflicht aus § 43 Abs. 1 GmbHG aber erst unter der Voraussetzung, dass es sich um Sanierungsmaßnahmen in Bezug auf ein überschuldetes oder zahlungsunfähiges Unternehmen handelt.[655] Die Tatbestandsbestandsvoraussetzung »Ersatz zur Befriedigung der Gläubiger der Gesellschaft erforderlich« des § 43 Abs. 3 S. 3 GmbHG ist eng auszulegen und als ein zwingender Befriedigungsersatz zu verstehen, wenn das Unternehmen materiell insolvent ist oder durch die Zahlung wird. Im Monat 24 vor Eintritt der Zahlungsunfähigkeit hat sich die wirtschaftliche Lage des Unternehmens noch nicht derart zugespitzt, dass die in § 43 Abs. 3 S. 3 GmbHG normierte »Erforderlichkeit« eines etwaigen Ersatzes zur Befriedigung der Gläubiger zwingend bejaht werden kann.

Das heißt, selbst wenn man den § 43 Abs. 3 S. 3 GmbHG als einen eigenständigen Abs. 4 liest, sind Weisungen in Bezug auf die Sanierungspflicht des § 43 Abs. 1 GmbHG nicht immer unbeachtlich, sondern erst dann, wenn sich die wirtschaftliche Situation des Unternehmens weiter zugespitzt hat und materielle Insolvenz eingetreten ist. Sofern der Geschäftsführung noch ein Wahlrecht zwischen verschiedenen Sanierungsoptionen zukommt, was bei einer drohenden Zahlungsunfähigkeit regelmäßig der Fall sein wird, hat sie einen Beschluss der Gesellschafterversammlung über die konkret umzusetzende Sanierungsmaßnahme einzuholen und nach diesem zu handeln. Auch nach dieser inhaltlich weitreichenderen Ansicht bleibt der über das GmbHG gewährleistete Schutz der Gläubiger hinter dem durch den § 2 StaRUG-RegE angedachten Gläubigerschutz zurück.

Das folgende Beispiel verdeutlicht das Vorgenannte: Eine GmbH ist drohend zahlungsunfähig. Das heißt für die Geschäftsführung ist absehbar, dass das Unternehmen voraussichtlich nicht in der Lage sein wird, die in den nächsten 24 Monaten bestehenden Zahlungspflichten im Zeitpunkt der Fälligkeit zu erfüllen. Zahlungen aus dem zur Erhaltung des Stammkapitals erforderlichen Vermögens der Gesellschaft wurden zu diesem Zeitpunkt (24 Monate vor voraussichtlichem Eintritt der Zahlungsunfähigkeit) nicht gemacht. Es wird unterstellt, dass die Geschäftsleitung nach der wirtschaftlichen Lage des Unternehmens zwei Sanierungsalternativen hat. Die erste Sanierungsalternative sieht einen Kapitalschnitt auf null unter den Voraussetzungen des § 58 GmbHG mit einer gleichzeitigen Kapitalerhöhung gem. § 55 GmbHG durch neue Gesellschafter vor. Das hätte zur Konsequenz, dass die Gesellschafter aus dem Unternehmen gedrängt werden und läge dementsprechend nicht im Interesse der aktuellen Gesellschafter. Diese Maßnahmen hätten aber eine höhere Befriedigungschance der Gläubiger zufolge und entsprächen damit eher dem Gläubigerinteresse. Nach der zweiten Alternative soll eine Sanierung unter Einbezug der ursprünglichen Gesellschafter durch eine Erhöhung des Stammkapitals gem. § 55 GmbHG erfolgen. Die Gesellschafter behielten also ihre Rechte. Die erfolgreiche Umsetzung dieser Sanierungsmaßnahme wäre aber zweifelhafter als die erste Alternative. Es bestünde zumindest das Risiko, dass sich daraus für die Gläubiger eine geringere Befriedigungsaussicht ihrer Forderungen ergebe als in der ersten Sanierungsalternative. Nach beiden Sanierungsalterna-

655 Siehe dazu oben S. 76.

tiven liegt kein Verstoß gegen die Kapitalerhaltungspflichten der §§ 30–34 GmbHG vor, sodass es an der Erforderlichkeit zur Gläubigerbefriedigung des § 43 Abs. 3 S. 3 GmbHG fehlt. Es geht bei den Sanierungsmaßnahmen gerade um kapitalerhöhende Maßnahmen. Damit werden die Tatbestände der §§ 30–34 GmbHG nicht verwirklicht.

Vor Geltung der Richtlinie galt nur eine Sanierungspflicht des Geschäftsleiters aus § 43 Abs. 1 GmbHG. Das bedeutete im Umkehrschluss, dass die Gesellschafter gem. § 37 Abs. 1 GmbHG befugt waren, in Bezug auf die Wahl der Sanierungsmaßnahme Weisungen an die Geschäftsführung zu erteilen oder dahingehende Beschlüsse zu erlassen. Die Geschäftsführung hätte nicht die Pflicht gehabt, eine Sanierung des Unternehmens durchzuführen, die die Gesellschafter aus dem Unternehmen drängt, nur weil dies die Chancen für die Befriedigung der Gläubiger erhöht hätte (Sanierungsalternative eins). Nach dieser ursprünglichen Rechtslage würden die Gesellschafter die Geschäftsführung im Zweifel anweisen, Sanierungsalternative zwei umzusetzen, weil sie dem Gesellschafterinteresse mehr entspricht.[656] Die Geschäftsführung ist durch eine solche Weisung gebunden, und kann sich, weil kein Verstoß gegen § 43 Abs. 3 S. 3 GmbHG (auch nicht i.V.m. der in § 43 Abs. 1 GmbHG hineinzulesenden Sanierungspflicht) vorliegt, hierdurch entlasten.

Dagegen hätte eine Sanierung unter denselben Voraussetzungen aber unter Geltung des § 2 StaRUG-RegE zur Folge, dass die Geschäftsführung die Sanierungsalternative eins ergreifen müsste, die den Gläubigerinteressen entspräche. Würde also der Verlust der Gesellschafterrechte zum Beispiel durch ein Restrukturierungsverfahren zu einer höheren Chance der Befriedigung der Gläubiger führen, müsste er ein solches Verfahren durchführen. Entgegengesetzte Handlungen wären pflichtwidrig. Eine Weisung der Gesellschafterversammlung, die die Geschäftsführung anweist, ein Restrukturierungsverfahren nicht durchzuführen oder keine Sanierungsmaßnahmen umzusetzen, die die Gesellschafterrechte berühren, wäre unbeachtlich, weil sie der Wahrung der Gläubigerinteressen widersprechen würde.

b) Vereinbarkeit von § 2 StaRUG-RegE mit Art. 19 lit. a RRL

Nur subsidiär gem. § 2 Abs. 4 StaRUG-RegE, vorbehaltlich der Wahrung der Gläubigerinteressen, sah dieser auch eine Berücksichtigung der Interessen der an dem Schuldner beteiligten Personen und der sonstigen Beteiligten vor. Weder vor der Insolvenzantragstellung wegen drohender Zahlungsunfähigkeit noch bei der Anzeige eines Restrukturierungsvorhabens hätte die Geschäftsleitung für ihre Entscheidung einen ermächtigenden Gesellschafterbeschluss einholen müssen, sofern die Einleitung eines der Verfahren im Gläubigerinteresse gelegen hätte.[657] Entgegenstehende Weisungen oder Beschlüsse der Gesellschafterversammlung wären dann für die Geschäftsleitung einfach unbeachtlich gewesen. Die in § 2 StaRUG-RegE normierten Pflichten der Geschäftsleitung hätten eine vollständige Neuausrichtung bedeutet.

656 Siehe dazu S. 81 f.

657 BT-Drs. 19/24181, S. 106 f.; vgl. *Brinkmann*, in: Gesellschaftsrecht in der Diskussion 2020, 93 (101, Rn. 21); vgl. *Desch*, BB 2020, 2498 (2501); *Thole*, ZIP 2020, 1985 (1986); nach a.A. ist ein Gesellschafterbeschluss trotz des § 2 StaRUG-RegE notwendig – *Schäfer*, ZIP 2020, 2164 (2168); *Seibt/Bulgrin*, DB 2020, 2226 (2236 f.).

Fraglich ist, ob eine vorrangige Berücksichtigung der Gläubigerinteressen mit Art. 19 lit. a. RRL vereinbar gewesen wäre, welcher die angemessene Berücksichtigung der Gesellschafterinteressen vorschreibt. Durch die vorrangige Ausrichtung auf die Interessen der Gläubiger entsprach die Ausgestaltung des § 2 StaRUG-RegE eher dem ursprünglichen Kommissionsentwurf der RRL und nicht deren Endfassung.[658] Die von Art. 19 lit. a. RRL geforderte angemessene Berücksichtigung der Gesellschafterinteressen kann jedoch auf verschiedene Art erfolgen. Zwar ist möglich, dass sich in jeder Entscheidung der Geschäftsleitung eine angemessene Berücksichtigung der verschiedenen Interessen wiederfindet. Denkbar ist es jedoch auch, Art. 19 lit. a. RRL als Gebot zu sehen, bei der Entscheidung über eine Handlung alle Interessen zu ermitteln und zu werten, ohne, dass sich in der letztlich gefundenen Entscheidung die Interessen aller Beteiligten wiederfinden lassen. In diesem letzten Sinne wäre die in Art. 19 lit. a RRL geforderte angemessene Berücksichtigung der Interessen der Anteilsinhaber bei § 2 StaRUG-RegE auf Ebene der Gesetzesschaffung erfolgt. Der Gesetzgeber hätte durch Schaffung des § 2 StaRUG-RegE die Interessen abgewogen und keine Verletzung der Gesellschafterinteressen darin gesehen, dass die Geschäftsleitung ab dem Zeitpunkt drohender Zahlungsunfähigkeit die Interessen der Gesellschafter nicht mehr berücksichtigen muss. Denn § 2 StaRUG-RegE lagen einige inhaltliche Erwägungen zugrunde, die sich als ein Abwägungsprozess mit Berücksichtigung verschiedener Interessen im Sinne des Art. 19 lit. a RRL verstehen lassen. So sei die vorrangige Berücksichtigung der Gläubigerinteressen zum Zeitpunkt der drohenden Zahlungsunfähigkeit notwendig, weil die Gläubiger dann bereits Residualberechtigte am Unternehmensvermögen seien.[659] Für die Wahrung der Gläubigerinteressen genüge es nicht, an den späteren Zeitpunkt der Eröffnung eines Sanierungsverfahrens anzuknüpfen, denn dann hätte die Geschäftsleitung beziehungsweise die Gesellschafter hätten weiterhin die Wahl, welche Sanierungsvariante durchgeführt werde. Die Wahl der konkreten Sanierungsvariante kann als solche aber schon erheblich in die Gläubigerinteressen eingreifen. Deswegen müsse die Macht der Geschäftsleitung, solche Entscheidungen im Zustand der drohenden Zahlungsunfähigkeit zu treffen, die sich negativ auf das Gläubigerinteresse auswirken, ausgeglichen werden.[660] Außerdem wurde die stärkere Fokussierung der Gläubigerinteressen mit den ansonsten entstehenden Schutz- und Haftungslücken durch die Verkürzung des Prognosezeitraums bei Überschuldung auf zwölf Monate begründet.[661] Insofern wäre der gläubigerschützende Anwendungsbereich der Insolvenzverschleppung nach § 15a InsO und der Zahlungsverbote nach § 15b InsO verringert worden, ohne dass die Gläubiger einen alternativen Schutz erhalten hätten.[662] Auch wenn diese Ausführungen vor allem die Interessen der Gläubiger betonen, erfolgte die in § 2 Abs. 1 S. 1 StaRUG-RegE gefundene Ausrichtung auf die Interessen der Gläubiger nicht argumentationslos, weshalb eine angemessene Be-

658 *Binder*, FS Smid, 469 (472); *Seibt/Bulgrin*, DB 2020, 2226 (223), sprechen insofern von einer »überschießende[n] Umsetzung von Art. 19 EU-RRL«. Zum ursprünglichen Kommissionsentwurf siehe oben S. 88 ff.

659 BT-Drs. 19/24181, S. 105. Mit Kritik hieran *Kuntz*, ZIP 2020, 2423; *Schäfer*, ZIP 2020, 2164 (2166, 2168).

660 BT-Drs. 19/24181, S. 105.

661 BT-Drs. 19/24181, S. 105.

662 Zu den möglichen Haftungstatbestände siehe Kapitel 3 ab S. 184.

rücksichtigung der Interessen der Beteiligten gemäß Art. 19 lit. a RRL stattgefunden hätte. Vor allem hätte die Norm der Geschäftsleitung kein grundsätzliches Ermessen eingeräumt oder aufgebürdet, in jedem konkreten Einzelfall die Interessen der Gesellschafter und Gläubiger zu ermitteln und zu gewichten. § 2 Abs. 1 S. 1 StaRUG-RegE gab daher im Einklang mit den Vorgaben des Art. 19 RRL vor, dass die Geschäftsleitung bei drohender Zahlungsunfähigkeit gem. § 18 InsO die Interessen der Gesamtheit der Gläubiger wahren muss.[663]

c) Folgen der Streichung des § 2 StaRUG-RegE

So weitreichend § 2 StaRUG-RegE die Pflichtenbindung der Geschäftsleitung zum Zeitpunkt der drohenden Zahlungsunfähigkeit geändert hätte, so maßgeblich ist auch die Streichung der Norm zu bewerten. § 1 Abs. 1 S. 2 StaRUG kann kein Inhalt beigemessen werden, gegen den sich der Gesetzgeber ausdrücklich wandte, indem er eine mit diesem Inhalt lautende Norm aus dem Entwurf des Gesetzes strich.[664] Die Genese spricht daher eindeutig dagegen, in die geltende Fassung des § 1 Abs. 1 S. 2 StaRUG einen *shift of fiduciary duties* im Sinne einer vorrangigen Berücksichtigung der Gläubigerinteressen hineinzulesen.[665]

Bitter geht nichtsdestotrotz von einem *shift of fiduciary duties* aus.[666] So entspreche der *shift of fiduciary duties* einer Tendenz der jüngeren Literatur,[667] das Insolvenzrecht stärker anhand der Gläubigerinteressen auszurichten.[668] Dabei sei die drohende Zahlungsunfähigkeit schon ein Zeitpunkt materieller Insolvenz, weil zu diesem Zeitpunkt oft auch schon Überschuldung vorliege und die Unterschiede deshalb unbeachtlich seien.[669] Dem ist erstens entgegenzuhalten, dass eine rechtspolitische Strömung zugunsten einer bestimmten Beteiligtengruppe nicht dazu führt, dass diese Strömung Einzug in die Auslegung von Normen gewinnt. Zweitens bleibt dadurch die ausdrucksstarke Streichung einer ausdrücklichen Normierung eines *shift of fiduciary duties* unberührt. Letztlich überzeugt es auch nicht, die Insolvenzverfahrenseröffnungsgründe der drohenden Zahlungsunfähigkeit und der Überschuldung gleichzusetzen.[670] Die drohende Zahlungsunfähigkeit ist freiwilliger Eröffnungsgrund. Die Überschuldung ist hingegen zwingender Eröffnungsgrund. Darüber hinaus unterscheiden sich seit des SanInsFoG die Prognosezeiträume des § 18 Abs. 2 S. 2 InsO und des § 19 Abs. 2 S. 1 InsO. Eine geringe praktische Relevanz der drohenden Zahlungsunfähigkeit ändert daran nichts.

663 BT-Drs. 19/24181, S. 14.

664 *Termath*, Der »shift of duties« bei wahrscheinlicher Insolvenz, S. 196 f. bleibt hingegen vager. Sie kommt nur zu dem Schluss, dass sich aus der Streichung der Norm, ein Auftrag an den Gesetzgeber einen *shift of fiduciary duties* in das geltende Recht »hineinzuinterpretieren«, nicht eindeutig entnehmen lasse.

665 Siehe dazu bereits die Nachweise auf S. 102 in Fn. 632 und Fn. 633.

666 *Bitter*, ZIP 2021, 321 (322, 335).

667 *Bitter*, ZIP 2021, 321 (322, Fn. 13); *Bitter*, in: Scholz, GmbHG, InsO, § 15b, Rn. 50.

668 *Bitter*, ZIP 2021, 321 (322).

669 *Bitter*, ZIP 2021, 321 (322); so zum alten Recht *Drukarczyk*, in: MüKo, InsO, § 18, Rn. 89.

670 So auch *Schäfer*, ZIP 2020, 2164 (2167); *Schlöder*, Shift of Fiduciary Duties, S. 67 f.

III. Keine Ausrichtung anhand der Gesellschafterinteressen und keine Notwendigkeit eines zustimmenden Gesellschafterbeschlusses

Mit der Ablehnung eines *shift of fiduciary duties* ist der konkrete Pflichtenmaßstab der Geschäftsleitung zum Zeitpunkt der drohenden Zahlungsunfähigkeit jedoch noch nicht geklärt. Insbesondere ergibt sich daraus noch nicht, ob ein Beschluss der Gesellschafter nötig ist, um ein Restrukturierungsvorhaben anzuzeigen.

1. Vergleich mit Rechtslage bei Antrag auf Eröffnung eines Insolvenzverfahrens wegen drohender Zahlungsunfähigkeit

Für die Notwendigkeit eines zustimmenden Gesellschafterbeschlusses wird oft ein Vergleich mit dem Antrag auf Eröffnung eines Insolvenzverfahrens zum Zeitpunkt der drohenden Zahlungsunfähigkeit gemäß § 18 InsO angeführt. Bei der Insolvenzantragstellung wegen drohender Zahlungsunfähigkeit ist im Ausgangspunkt umstritten und höchstrichterlich nicht geklärt,[671] ob ein Gesellschafterbeschluss für die Antragstellung der Geschäftsleitung erforderlich ist. Die ganz herrschende Meinung bejaht dies jedoch überzeugend.[672] Daraus könnte folgen, dass auch bei der Anzeige eines Restrukturierungsvorhabens ein entsprechender Gesellschafterbeschluss notwendig ist. Das setzt indes voraus, dass die Tatbestandsmerkmale, die beim Insolvenzantrag die Zustimmungsbedürftigkeit der Gesellschafter auslösen, zumindest in vergleichbarer Weise auch bei der Anzeige eines Restrukturierungsvorhabens vorliegen.

a) Mögliche Argumente für eine Vergleichbarkeit

Für eine Vergleichbarkeit der Verfahren spreche vor allem die in beiden Verfahren umfassenden Eingriffsmöglichkeiten in Anteils- und Mitgliedschaftsrechte in § 2 Abs. 3 StaRUG einerseits und § 225a Abs. 3 InsO andererseits.[673] Diese Eingriffe werden im Restrukturierungsrahmen auch nicht dadurch abgemildert, dass die Anteilseigner im Verfahren die Möglichkeit haben, über den Plan abzustimmen.[674] Denn bei der Planabstimmung werden die Anteilseigner gem. § 9 Abs. 1 Nr. 4 StaRUG den übrigen Planbetroffenen gleichgestellt, sodass die Gläubiger sie nach § 26 Abs. 1 Nr. 3 StaRUG überstimmen könnten. Etwaige Mehr- und Sonderrechte aus der Satzung bleiben nach § 24 Abs. 1 Nr. 3 HS. 2 StaRUG außer Betracht. Diese in einem StaRUG-Verfahren abstrakt möglichen Eingriffe führen dazu, dass die Anzeige eines Restrukturierungsvorhabens eine Entscheidung darstellt, die in die strukturellen Grund-

671 *Dahl/Taras*, NJW-Spezial 2023, 439 a.E., Anm. zu AG Hamburg, Beschl. v. 17.3.2023 – 61c RES 1/23; *Mock*, NZI 2023, 585 (585 f.), Anm. zu AG Hamburg, Beschl. v. 17.3.2023 – 61c RES 1/23.

672 Zu dem Streit siehe oben ab S. 77 und die Nachweise in Fn. 512.

673 *Balthasar*, NZI-Beilage 2021, 18 (21); *Fuhrmann/Heinen/Schilz*, NZG 2021, 684 (688); *Mock*, NZI 2023, 584 (586), Anm. zu AG Hamburg, Beschl. v. 17.3.2023 – 61c RES 1/23; vgl. *Mulert/Steiner*, NZG 2021, 673 (676); vgl. *Schäfer*, FS Gehrlein, 491 (505); vgl. *Seibt/Harf*, ZIP 2024, 2309 (2311).

674 *Fuhrmann/Heinen/Schilz*, NZG 2021, 684 (688).

lagen der Gesellschaft eingreife.[675] Sie erfordere damit ebenso wie die Insolvenzantragstellung bei drohender Zahlungsunfähigkeit einen zustimmenden Beschluss der Gesellschafterversammlung.[676] Der deutsche Gesetzgeber habe das StaRUG als Äquivalent zum Schutzschirm- und Insolvenzplanverfahren geschaffen.[677] Bereits durch die Aufnahme von Restrukturierungsverhandlungen könne ein Reputationsverlust drohen.[678] Ebenso wie im Fall der Insolvenzantragstellung bei drohender Zahlungsunfähigkeit gem. § 18 InsO (vgl. § 15a Abs. 1 InsO), normiere das StaRUG keine Pflicht zur Einleitung eines Restrukturierungsvorhabens.[679] Auch insofern seien die Stellung eines Insolvenzantrags bei drohender Zahlungsunfähigkeit und die Anzeige eines Restrukturierungsvorhabens gleich zu behandeln.

Gleichermaßen setzten sich die Gerichte mit dem Argument der Vergleichbarkeit der Rechtslagen »Insolvenzantragstellung wegen drohender Zahlungsunfähigkeit« und

675 *Balthasar*, NZI-Beilage 2021, 18 (21); *Brinkmann*, ZIP 2020, 2361 (2365); *Fuhrmann/Heinen/Schilz*, NZG 2021, 684 (688 f.); vgl. *Gehrlein*, ZRI 2024, 737 (741); *Schäfer*, ZIP 2020, 2164 (2168), wenn der Restrukturierungsplan auch die Gestaltung von Gesellschafterrechten vorsieht.

676 Auf die Vergleichbarkeit ebenfalls abstellend: *Fuhrmann/Heinen/Schilz*, NZG 2021, 684 (688 f.); *Rauhut*, NZI-Beilage 2021, 52 (54); *Schäfer*, ZIP 2020, 2164 (2168); *Seibt/Bulgrin*, DB 2020, 2226 (2236) – zum RefE; in diese Richtung wohl auch *Balthasar*, NZI-Beilage 2021, 18 (21 f.). Außerdem bejahen das Erfordernis eines Gesellschafterbeschlusses allgemein auch: *Barnert*, in: Kübler/Bork/Prütting, HRI I, § 29, Rn. 90; *Baumert*, NZI 2023, 952 (953); *Baumert*, FD-InsR 2023, 458448, Anm. zu AG Hamburg, Beschl. v. 17.3.2023 – 61c RES 1/23; *Bea*, SanB 2021, 51 (52); *Berner/Werner*, in: Kübler/Prütting/Bork, HRI I, § 17, Rn. 59; *Brinkmann*, EWiR 2023, 597 (598), Anm. zu LG Berlin, Beschl. v. 31.5.2023 – 100 O 18/23; *Brünkmans*, ZInsO 2021, 125 (127); *Fritz*, in: Uhlenbruck, InsO, Band 2, StaRUG, § 31, Rn. 8; *Gehrlein*, ZRI 2024, 737 (743); *L. M. Guntermann*, WM 2021, 214 (220); *Hacker/Weber*, WPg 2021, 258 (259); *Harig*, EWiR 2023, 406 (407 f.), Anm. zu AG Hamburg, Beschl. v. 17.3.2023 – 61c RES 1/23; wohl auch *Herding/Krafczyk*, in: Seibt/Westpfahl, StaRUG, § 2, Rn. 225; *Herweg/Wirth*, DB 2021, 886 (887); *Hölzle*, ZIP 2020, 585 (592) – zur RRL; *Jungmann*, in: MHdB IX, § 53, Rn. 286; *Kleindiek*, in: Lutter/Hommelhoff, GmbHG, § 43, Rn. 36; *Morgen/Arends/Schierhorn*, ZRI 2021, 305, 309 – außer Anteile der Gesellschafter sind wirtschaftlich wertlos; *Ristelhuber*, NZI 2021, 417 (419); *Robert*, ZRI 2022, 669 (669 f.); *Sander*, ZHR 2024, 8 (41); *Schäfer*, ZIP 2019, 1645 (1648) – zur RRL; *Singer*, Vorinsolvenzlicher Restrukturierungsrahmen, S. 375 f.; *Termath*, Der »shift of duties« bei wahrscheinlicher Insolvenz, S. 268, 277; *Uhlenbruck/Vallender*, in: Mönning, Betriebsfortführung, § 1, Rn. 19; *Utsch*, in: Nerlich/Römermann, StaRUG, § 31, Rn. 9; *Wilkens*, WM 2021, 573 (575); *Wolfer*, in: BeckOK, InsO, § 18, Rn. 4; *Wolgast*, in: Wolgast/Grauer, StaRUG, § 1, Rn. 35; *Zehlicke/Krafczyk*, ZRI 2023, 519 (520), Anm. zu AG Hamburg, Beschl. v. 17.3.2023 – 61c RES 1/23.

677 *Gehrlein*, ZRI 2024, 737 (741); vgl. *Seibt/Westpfahl,* in: Seibt/Westpfahl, StaRUG, Einf., Rn. 4; vgl. *Oberle*, in: MHdB III, § 66, Rn. 40; *Thole*, BB 2021, 1347 (1350). Eine solche Anlehnung kritisierend *Seibt/v. Treuenfeld,* DB 2019, 1190 (1191) »Anknüpfung an das [...] Schutzschirmverfahren vergibt die Chance auf einen »Neustart« mit dem vorinsolvenzlich geltenden Restrukturierungsplan«.

678 AG Karlsruhe, Beschl. v. 25.3.2022 – 102 Res 2/21, ZIP 2023, 651–658, juris Rn. 46; *Seibt/v. Treuenfeld*, DB 2019, 1190 (1194).

679 *Fuhrmann/Heinen/Schilz*, NZG 2021, 684 (688); *Gehrlein*, ZRI 2024, 737 (743); *Kaiser*, Instrumente des § 29 StaRUG, S. 108; *Kümpel*, AG 2024, 426 (429, Rn. 16); vgl. *H.-F. Müller*, ZGR 2018, 56 (60) – zur RRL.

»Anzeige eines Restrukturierungsvorhabens« auseinander.[680] Nach dem LG Berlin handele es sich bei beiden Rechtslagen um ein den Gesellschaftszweck änderndes Grundlagengeschäft.[681] Dies sei eine außergewöhnliche Maßnahme besonderer Bedeutung, der die Gesellschafterversammlung zustimmen müsse. Die Restrukturierungssache führe zwar nicht zur Auflösung der Gesellschaft, aber der Gesetzgeber habe das StaRUG als funktionales Äquivalent zum Schutzschirm- und Insolvenzplanverfahren ausgestaltet, weswegen die Parallelität der Verfahren trotzdem gegeben sei.

aa) Rechtsfolgen im Innenverhältnis

Deswegen sei die Anzeige eines Restrukturierungsverfahrens eine bedeutsame und außergewöhnliche Maßnahme.[682] Sie erfordere im Innenverhältnis ebenfalls einen Beschluss der Gesellschafterversammlung, weil die Schuldnerin ab Anzeige der Restrukturierungssache die Interessen der Gesamtheit der Gläubiger wahren müsse, vgl. § 32 Abs. 1 StaRUG. Die Anzeige verursache den sog. *shift of fiduciary duties*.[683] Teilweise wird für den zustimmenden Beschluss der Gesellschafterversammlung eine einfache Mehrheit der Gesellschafter als ausreichend erachtet.[684] Andere halten einen mit ¾-Mehrheit gefassten Gesellschafterbeschluss für notwendig.[685]

680 AG Hamburg, Beschl. v. 17.4.2023 – 61c RES 1/23, NZI 2023, 584, juris Rn. 3; LG Hamburg, Beschl. v. 20.4.2023 – 304 T 15/23, ZIP 2023, 2646–2648, juris Rn. 29; LG Berlin, Beschl. v. 31.5.2023 – 100 O 18/23, zitiert nach juris Rn. 3 f.; zuletzt auch erwähnt in OLG Stuttgart, Beschl. v. 21.8.2024 – 20 U 30/24, ZIP 2024, 2218–2228, juris Rn. 123.

681 LG Berlin, Beschl. v. 31.5.2023 – 100 O 18/23, ZIP 2023, 1910–1912, juris Rn. 4.

682 Vgl. *Schäfer*, ZIP 2020, 2164 (2168).

683 *Berner/Werner*, in: Kübler/Prütting/Bork, HRI I, § 17, Rn. 59; vgl. *Ristelhuber*, NZI 2021, 417 (419); *Thole*, BB 2021, 1347 (1350); a.A. *Scholz*, ZIP 2021, 219 (227), dem zufolge die aus der allgemeinen Sorgfaltspflicht abgeleiteten Sanierungspflichten im Ausgangspunkt nicht weit von den Vorgaben des § 32 Abs. 1 S. 1 StaRUG entfernt seien.

684 *Brinkmann*, in: K. Schmidt/Uhlenbruck, GmbH in Krise, Restrukturierung und Insolvenz, § 10, Rn. 10.43 f.; *Schluck-Amend*, in: MAH GmbH-Recht, § 23, Rn. 129; *Seibt*, in: Seibt/Westpfahl, StaRUG, § 1, Rn. 48, wenn von vornherein ausgeschlossen ist, dass der Restrukturierungsplan Eingriffe in die Gesellschafterrechte vorsieht; *Stephan/Tieves*, in: MüKo, GmbHG, § 37, Rn. 117; *Termath*, Der »shift of duties« bei wahrscheinlicher Insolvenz, S. 300; *Thole*, BB 2021, 1347 (1350); *Thole*, ZRI 2024, 1006 (1007).

685 *Bayer*, GmbHR 2023, 916 (920), Anm. zu AG Hamburg, Beschl. v. 17.3.2023 – 61c RES 1/23; *Brinkmann*, FS Seibert, 165 (179); *Demisch/Schwencke*, in: Morgen, StaRUG, § 43, Rn. 91; *Fuhrmann/Heinen/Schilz*, NZG 2021, 684 (689); *Gehrlein*, ZRI 2024, 737 (744); *Goetker*, in: Flöther, StaRUG, § 1, Rn. 78; *Liedl*, Absoluter oder relativer Vorrang, S. 209, 263; *Schäfer*, ZIP 2020, 2164 (2168) – zum RefE; *Schluck-Amend*, in: Jacoby/Thole, StaRUG, § 31, Rn. 6; *Schröder*, in: HambKomm, StaRUG, § 31, Rn. 10a; *Seibt*, in: Seibt/Westpfahl, StaRUG, § 1, Rn. 48; *Seibt/Harf*, ZIP 2024, 2309 (2313); *Westpfahl*, in: Seibt/Westpfahl, StaRUG, § 17, Rn. 37. Gesellschafterbeschluss mit qualifizierter Mehrheit nur erforderlich, wenn Restrukturierungsplan Eingriffe in Gesellschafterrechte vorsieht: *Brandes/Rabenau*, ZIP 2021, 2566 (2570) – ohne qualifizierte Mehrheit festzulegen; *Gehrlein*, BB 2022, 1096 (1097); *Jungmann*, ZRI 2021, 209 (213) – ohne qualifizierte Mehrheit festzulegen; *Lieder*, FS Smid, 543 (548 f.); *Rauhut*, NZI-Beilage 2021, 52 (54) – differenziert die notwendigen Mehrheiten nach den zu ergreifenden Maßnahmen im Restrukturierungsplan; vgl. *Schäfer*, FS Kayser, 853 (863) – zur RRL; *Schäfer*, ZIP 2020, 2164 (2168);

bb) Rechtsfolgen im Außenverhältnis

Neben der für den Beschluss erforderlichen Mehrheit ist nach der Ansicht, die einen Gesellschafterbeschluss insgesamt für erforderlich erachtet, auf Rechtsfolgenseite umstritten, ob das Fehlen eines zustimmenden Gesellschafterbeschlusses die Wirksamkeit der Anzeige einer Restrukturierungssache berührt. Teilweise wird angenommen, die fehlende Zustimmung der Gesellschafter im Innenverhältnis schlage auf das Außenverhältnis durch, weil die Grundsätze des Missbrauchs der Vertretungsmacht Anwendung fänden.[686] Ohne den zustimmenden Gesellschafterbeschluss wäre die Anzeige eines Restrukturierungsvorhabens dann immer unwirksam. Überwiegend wird innerhalb der Ansicht angenommen, die Anzeige sei im Außenverhältnis ohne billigenden Gesellschafterbeschluss trotzdem wirksam,[687] im Innenverhältnis könne der eigenmächtig handelnde Geschäftsführer gegenüber der Gesellschaft allerdings haften.[688] Dies entspräche auch der Rechtslage bei Insolvenzantragstellung wegen drohender

Schäfer, FS Gehrlein, 491 (505 f.); *Schäfer*, ZRI 2024, 881 (886); *Seibt/Bulgrin*, DB 2020, 2226 (2236) – zum RefE; *J. Schmidt*, in: MüKo, StaRUG, § 1 Rn. 51.

686 AG Hamburg, Beschl v. 17.3.2023 – 61c RES 1/23, NZI 2023, 584–585, juris Rn. 1; nachgehend AG Hamburg, Beschl. v. 17.4.2023 – 61c RES 1/23, NZI 2023, 585, juris Rn. 2; im Ergebnis bestätigt durch LG Hamburg, Beschl. v. 20.4.2023 – 304 T 15/23, das jedoch die Grundsätze des Missbrauchs der Vertretungsmacht nicht anspricht. Zur näheren Auseinandersetzung mit der Anwendbarkeit der Grundsätze des Missbrauchs der Vertretungsmacht auf die Anzeige eines Restrukturierungsvorhabens siehe unten insbesondere ab S. 149.

687 AG Nürnberg, Beschl. v. 21.6.2023 – RES 397/23, ZIP 2023, 2371–2321, juris Rn. 34, 81, zur Aktiengesellschaft, aber mit rechtsformneutraler Aussage; LG Berlin, Beschl. v. 31.5.2023 – 100 O 18/23, ZIP 2023, 1910–1912, juris Rn. 3; *Baumert*, FD-InsR 2023, 458448, Anm. zu AG Hamburg, Beschl. v. 17.3.2023 – 61c RES 1/23; vgl. *Brinkmann*, KTS 2021, 303 (316); *Brinkmann*, in: K. Schmidt/Uhlenbruck, GmbH in Krise, Restrukturierung und Insolvenz, § 10, Rn. 10.45; *Demisch/Schwencke*, in: Morgen, StaRUG, § 43, Rn. 93; *Flöther/Wilke*, ZRI 2023, 1029 (1043); *Fritz*, in: MüKo, StaRUG, § 31, Rn. 16; *Fritz*, in: Uhlenbruck, InsO, Band 2, StaRUG, § 31, Rn. 8; *Gehrlein*, BB 2022, 1096 (1097); *Gehrlein*, ZRI 2024, 737 (742); *Gutmann*, NZI 2023, 654 (656); *Herding/Krafczyk*, ZRI 2023, 750 (757); *Hoppe*, DZWIR 2024, 358 (361); *Jungmann*, ZRI 2021, 209 (213); *Kramer*, in: BeckOK, StaRUG, § 31, Rn. 31; *Lieder*, FS Smid, 543 (546); *Schluck-Amend*, in: Jacoby/Thole, StaRUG, § 31, Rn. 6; *Schröder*, in: HambKomm, StaRUG, § 31, Rn. 10a; *Seibt*, in: Seibt/Westpfahl, StaRUG, § 1, Rn. 48; *Seibt/Bulgrin*, DB 2020, 2226 (2235), zum RefE; *Skauradszun/Harnack*, DZWIR 2023, 511 (514–517); *Spahlinger*, in: BeckOK, StaRUG, § 17, Rn. 25; *Termath*, Der »shift of duties« bei wahrscheinlicher Insolvenz, S. 278, 299; *Thole*, BB 2021, 1347 (1350 f.); *Thole*, in: Jacoby/Thole, StaRUG § 1, Rn. 32 f.; *Thole*, ZRI 2024, 1006 (1007); *Utsch*, in: Nerlich/Römermann, StaRUG, § 31, Rn. 9; *Wolgast*, in: Wolgast/Grauer, StaRUG, § 1, Rn. 34; *Wollring/Quitzau*, ZRI 2021, 785 (789); *Zehlicke/Krafczyk*, ZRI 2023, 519 (520), Anm. zu AG Hamburg, Beschl. v. 17.3.2023 – 61c RES 1/23.

688 AG Nürnberg, Beschl. v. 21.6.2023 – RES 397/23, ZIP 2023, 2371–2321, juris Rn. 81, zur Aktiengesellschaft aber mit rechtsformneutraler Begründung; *Brinkmann*, in: K. Schmidt/Uhlenbruck, GmbH in Krise, Restrukturierung und Insolvenz, § 10, Rn. 10.45; *Demisch/Schwencke*, in: Morgen, StaRUG, § 43, Rn. 93; *Fuhrmann/Heinen/Schilz*, NZG 2021, 684 (690); *Fritz*, in: Uhlenbruck, InsO, Band 2, StaRUG, § 31, Rn. 8; *Gehrlein*, BB 2022, 1096 (1097); *Wolgast*, in: Wolgast/Grauer, StaRUG, § 1, Rn. 34.

Zahlungsunfähigkeit.[689] Wenn nämlich schon in der Konstellation der Insolvenzantragstellung bei drohender Zahlungsunfähigkeit, die wesentlich einschneidendere Maßnahmen für das Unternehmen habe, insbesondere weil sie auch zur Auflösung des Unternehmens führen kann, die Wirksamkeit im Außenverhältnis bestehen bleibe, muss das auch für die Anzeige eines Restrukturierungsvorhabens gelten.[690]

In sich widersprüchlich ist diesbezüglich die Argumentation in dem Verfahren vor dem LG Berlin.[691] Denn das Gericht führt aus, dass die Einholung eines zustimmenden Gesellschafterbeschlusses im Falle der Insolvenzantragstellung wegen drohender Zahlungsunfähigkeit nur im Innenverhältnis verpflichtend sei, im Außenverhältnis aber keine Voraussetzung der Antragstellung oder Verfahrenseröffnung sei.[692] Mit der vorangegangenen Argumentation in Bezug auf die Parallelität der Verfahren müsste das Gericht zu dem Ergebnis kommen, dass zwar eine Pflichtverletzung im Innenverhältnis vorliege, diese im Außenverhältnis für das Gericht aber keine Rolle spiele und die Anzeige trotzdem wirksam sei. Stattdessen droht das Gericht der Geschäftsleitung ein Ordnungsgeld in Höhe von 250.000 € oder Ordnungshaft an, wenn sie das Restrukturierungsverfahren vor dem AG Charlottenburg ohne Gesellschafterbeschluss weiterbetreibt. Dieser Tenor steht im Widerspruch zur restlichen Argumentation des Gerichts. Denn er impliziert, dass die Pflichtverletzung im Innenverhältnis auch Wirkungen auf das Außenverhältnis hat.

b) Keine Vergleichbarkeit

Diese Sichtweisen lassen die erheblichen Unterschiede zwischen Restrukturierungs- und Insolvenzverfahren außer Betracht. Bei der Anzeige eines Restrukturierungsverfahrens handelt es sich nämlich zutreffend schon nicht um ein Grundlagengeschäft der GmbH.[693] Die Rechtslagen der Insolvenzantragstellung bei drohender Zahlungsunfähigkeit und die Anzeige eines Restrukturierungsvorhabens sind nicht vergleichbar.

Ziel eines teil-kollektiven[694] Restrukturierungsverfahrens, in das nach §§ 4, 8 StaRUG auch nur ein Teil der Gläubiger einbezogen werden kann,[695] ist unter anderem gem.

689 *Fehrenbach*, ZIP 2020, 2370 (2372 f.), der in Bezug auf die Insolvenzantragstellung bei drohender Zahlungsunfähigkeit davon ausgeht, dass der Ersatzanspruch typischerweise leerlaufe; *Fuhrmann/Heinen/Schilz*, NZG 2021, 684 (686 f.). Siehe zur Rechtslage bei Insolvenzantragstellung im Zeitpunkt der drohenden Zahlungsunfähigkeit ab S. 80 f.

690 Vgl. *Skauradszun/Harnack*, DZWIR 2023, 511 (515), die zumindest ebenfalls darlegen, dass »der Antrag nach § 18 InsO regelmäßig wesentlich tiefgreifendere Auswirkungen als eine Anzeige nach § 31 Abs. 1 StaRUG hat und grundsätzlich stärkere Rechtseingriffe ermöglicht«.

691 LG Berlin, Beschl. v. 31.5.2023 – 100 O 18/23, ZIP 2023, 1910–1912.

692 LG Berlin, Beschl. v. 31.5.2023 – 100 O 18/23, ZIP 2023, 1910–1912, juris Rn. 3.

693 *Scholz*, ZIP 2021, 219 (226–229), der die Anzeige zwar als außergewöhnliche Geschäftsführungsmaßnahme, aber nicht als Grundlagen- oder Strukturentscheidung qualifiziert; *Termath*, Der »shift of duties« bei wahrscheinlicher Insolvenz, S. 286, 288; ebenso *Thole*, BB 2021, 1347 (1350), wonach es sich zwar um eine bedeutsame und außergewöhnliche Maßnahme handele, aber nicht zwingend ein Grundlagengeschäft, weshalb eine einfache Mehrheit genüge.

694 BT-Drs. 19/24181, S. 139.

§ 14 Abs. 1 StaRUG die Sicher- und Wiederherstellung der Bestandsfähigkeit des Schuldners.[696] Das Verfahren hat gerade nicht, wie das Insolvenzverfahren, die Auflösung der Gesellschaft nach § 60 Abs. 1 Nr. 4 GmbHG,[697] sondern in der Regel dessen Fortführung zur Folge.[698] Zu einer Liquidation der Schuldnerin kommt es auf Grundlage der Vergleichsrechnung in § 6 Abs. 2 StaRUG nur dann, wenn ein Verkauf des Unternehmens oder eine anderweitige Fortführung aussichtslos ist. Aufgrund der Formulierung des § 6 Abs. 2 S. 3 StaRUG ist deswegen im Regelfall von einer Fortführung des Unternehmens auszugehen.[699]

Im Gegensatz dazu ist das Insolvenzverfahren als Gesamtverfahren ausgestaltet.[700] Es dient nach § 1 InsO der gemeinschaftlichen Befriedigung der Gläubiger und einer geordneten Abwicklung des insolventen Rechtsträgers,[701] also der Verwertung des Vermögens.[702] In einem Insolvenzverfahren ist das Problem einer ungenügenden Masse (sog. *common-pool*-Problem) zu lösen, in dem die Gläubiger in bevorrechtigte, nicht bevorrechtigte oder sogar nachrangige Gläubiger aufgeteilt werden.[703] In einem Restrukturierungsverfahren kommt es dagegen im Regelfall nicht zu einer solchen Verwertung des schuldnerischen Vermögens zugunsten der Gläubiger.[704] Außerdem

695 *Doebert/Krüger*, NZI 2021, 614; *Fridgen*, in: BeckOK, StaRUG, § 8, Rn. 1; *Klöhn/Franke*, ZEuP 2022, 44 (79); *Weitzmann*, in: Pannen/Riedemann/Smid, StaRUG, Einl. Teil I, Rn. 87 f.

696 *Oberle*, in: MHdB III, § 66, Rn. 42.

697 So schon zu einem Vorschlag für ein neues Restrukturierungsverfahren *A. Braun*, Vorinsolvenzliche Sanierung, S. 182. A.A. *Baschnagel*, Restructuring Support Agreements, S. 203; *Meyer-Löwy/Pickerill*, GmbHR 2013, 1065 (1074), denen zufolge in einem Insolvenzplan auch die Fortsetzung der Gesellschaft beschlossen werden könne.

698 OLG Stuttgart, Beschl. v. 21.8.2024 – 20 U 30/24, ZIP 2024, 2218–2228, juris Rn. 134; vgl. *Balthasar*, NZI-Beilage 2021, 18 (21); *Baschnagel*, Restructuring Support Agreements, S. 203; *Brinkmann*, KTS 2021, 303 (315); *Fuhrmann/Heinen/Schilz*, NZG 2021, 684 (688); vgl. *Goetker*, in: Flöther, StaRUG, § 1, Rn. 77; vgl. *Lieder*, FS Smid, 543 (549); vgl. *Prusko*, in: MüKo, StaRUG, § 2, Rn. 120; *Skauradszun*, in: BeckOK, StaRUG, § 2, Rn. 87.2; *Skauradszun/Amort*, DB 2021, 1317 (1320); *Streit/Kuthe/Büssemaker*, AG 2023, R228 (R229); *Wolgast*, in: Wolgast/Grauer, StaRUG, § 1, Rn. 34; Wollring/Quitzau, ZRI 2021, 785 (789); a.A. *Schäfer*, FS Gehrlein, 491 (505), der lediglich behauptet, dass das kein Gegenargument sei, weil es auf diesen Apsekt nicht entscheidend ankomme; *Thole*, BB 2021, 1347 (1350), der anführt, dass auch das klassische Insolvenzverfahren nicht zwingend auf Liquidation gerichtet sein muss.

699 *Lieder*, FS Smid, 543 (544); *Proske/Streit*, NZI 2020, 969 (970); in diese Richtung auch *Gehrlein*, BB 2021, 66 (69).

700 *Klöhn/Franke*, ZEuP 2022, 44 (79).

701 *Hofmann*, SanB 2020, 98 (98, Fn. 3).

702 Vgl. *Skauradszun*, KTS 2021, 1 (50); vgl. *Skauradszun/Amort*, DB 2021, 1317 (1321).

703 Vgl. BT-Drs. 12/2443, S. 75, »Insolvenzrecht soll […] einen gerechten Ausgleich schaffen, den Schwächeren schützen und Frieden stiften.«; *Skauradszun*, in: BeckOK, StaRUG, Einl., Rn. 12; *Skauradszun/Amort*, DB 2021, 1317 (1321); vgl. *Wegener*, Minderheitenschutz im Insolvenzplanverfahren, S. 42; vgl. *Wilke*, Restrukturierung und Insolvenz von Kommunen, S. 472.

704 Insofern besteht im StaRUG kein *common-pool*-Problem. *Baschnagel*, Restructuring Support Agreements, S. 203; vgl. *Flöther/Wilke*, ZRI 2023, 1029 (1037); *Madaus*, EBOR 2018, 615 (625); *Madaus*, FS Wimmer, 446 (457 f.); *Mulert/Steiner*, NZG 2021, 673

hat der Planersteller im Rahmen des StaRUG bei der Gruppenbildung einen größeren Ermessensspielraum als im Rahmen des Insolvenzplans gem. § 222 InsO.[705] Das folgt aus dem Unterschied zwischen dem teilkollektiven Verfahren nach dem StaRUG im Vergleich zu einem teilkollektiven Verfahren in der Insolvenz, das die zwingende Teilnahme sämtlicher Gläubiger vorsieht.[706]

Die Einleitung eines Restrukturierungsverfahrens führt auch nicht zu einem anderen Wertansatz in der Handelsbilanz, vgl. § 252 Abs. 1 Nr. 2 HGB.[707] Die Bilanzansätze werden weiter an Fortführungswerten gemessen, vgl. §§ 6 Abs. 2, 8 Abs. 2, 68 Abs. 2 Nr. 3 StaRUG.[708] Dagegen ändert die Insolvenzverfahrenseröffnung die Rechnungslegung der Gesellschaft dahingehend, dass die Bilanz die Vermögensgegenstände nicht mehr zu Fortführungswerten ansetzt, weil in der Regel nur die Verwertung des Vermögens angestrebt ist.[709] Schon aufgrund dieser Unterschiede trägt der Vergleich zwischen der Anzeige eines Restrukturierungsvorhabens mit der Eröffnung eines Insolvenzverfahrens bei drohender Zahlungsunfähigkeit nicht.[710]

Außerdem bleibt die Kompetenzzuweisung in der Gesellschaft unberührt.[711] Die Verfahrenseröffnung im Insolvenzverfahren hat aufgrund des Übergangs der Verwaltungs- und Verfügungsbefugnis gem. § 80 InsO auf den Insolvenzverwalter erheblich tiefgreifendere Auswirkungen als im Restrukturierungsverfahren. Denn in letzterem kann die Geschäftsleitung entscheidungsbefugt bleiben kann.[712] Ebenso stellt die Anzeige eines Restrukturierungsverfahrens keine solche Ausnahme wie die Insolvenzantragstellung dar, da sie tendenziell häufiger stattfinden kann. Das folgt aus dem Gedanken des § 33 Abs. 2 S. 3 StaRUG. Danach ist eine nachhaltige Sanierung abzulehnen, wenn zu einer früheren Restrukturierungssache weniger als drei Jahre vergangen sind.

Darüber hinaus unterscheidet sich auch der Wortlaut in den Verfahren. Während bei der Eröffnung eines Insolvenzverfahrens von einem Antrag gesprochen wird, wird ein

(677); *Skauradszun*, KTS 2021, 1 (50); *Skauradszun*, in: BeckOK, StaRUG, Einl., Rn. 12; *Skauradszun/Amort*, DB 2021, 1317 (1325); *Skauradszun/Harnack*, DZWIR 2023, 511 (513 f.); vgl. *Wollring/Quitzau*, ZRI 2021, 785 (789); a.A. *Bork*, ZRI 2021, 345 (348), der auch bei drohender Zahlungsunfähigkeit von einem *common-pool*-Problem ausgeht; *Gloeckner*, in: Kübler/Bork/Prütting, HRI I, § 12, Rn. 47, geht ebenfalls davon aus, dass das *common-pool*-Problem im StaRUG besteht, sieht aber dessen Lösung nicht als Ziel des Gesetzes an.

705 AG Hamburg, Beschl. v. 12.4.2021 – 61a RES 1/21, ZIP 2021, 1354–1355, juris Rn. 19; *Stahlschmidt*, ZInsO 2021, 205 (207); *Ziegenhagen*, ZInsO 2021, 2053 (2056).

706 *Stahlschmidt*, ZInsO 2021, 205 (207); *Ziegenhagen*, ZInsO 2021, 2053 (2056).

707 *Baschnagel*, Restructuring Support Agreements, S. 203; *Flöther/Wilke*, ZRI 2023, 1029 (1037); *Skauradszun*, in: BeckOK, StaRUG, § 2, Rn. 87.2; *Skauradszun/Amort*, DB 2021, 1317 (1321).

708 *Schäfer*, FS Gehrlein, 491 (505); *Skauradszun/Amort*, DB 2021, 1317 (1321); a.A. *Thole*, BB 2021, 1347 (1350), Bilanzansätze sind in einen anderen systematischen Kontext einzuordnen und können deshalb nicht als Argument herangezogen werden.

709 *Skauradszun/Amort*, DB 2021, 1317 (1321); a.A. *Baschnagel*, Restructuring Support Agreements, S. 203.

710 *Skauradszun*, KTS 2021, 1 (50); *Skauradszun/Harnack*, DZWIR 2023, 511 (513 f.).

711 *Seibt/v. Treuenfeld*, DB 2019, 1190 (1194).

712 *Mock*, NZI 2023, 584 (586), Anm. zu AG Hamburg, Beschl. v. 17.3.2023 – 61c RES 1/23.

Restrukturierungsvorhaben lediglich angezeigt. Für eine Anzeige nach § 31 Abs. 1 StaRUG sind keine weiteren materiellrechtlichen Voraussetzungen erforderlich.[713] Die Anzeige eines Restrukturierungsvorhabens stellt eine einseitige Verfahrenshandlung dar.[714] Für eine Vergleichbarkeit mit dem Insolvenzverfahren fehlt es im Restrukturierungsrahmen an einem förmlichen, insbesondere gerichtlichen, Eröffnungsverfahren in dem zum Beispiel in einer Eingangsprüfung festgestellt würde, ob das Unternehmen tatsächlich drohend zahlungsunfähig ist.[715] Damit sind die Rechtslagen der Insolvenzantragstellung bei drohender Zahlungsunfähigkeit und der Anzeige eines Restrukturierungsvorhabens nicht vergleichbar.

Daraus folgt aber nur, dass bei Anzeige eines Restrukturierungsvorhabens nicht aus den Gründen die Zustimmung der Gesellschafter nötig ist, aus denen sie beim Antrag auf Eröffnung eines Insolvenzverfahrens wegen drohender Zahlungsunfähigkeit nötig ist. Denkbar bleibt, dass sich die Zustimmungsbedürftigkeit aus anderen Erwägungen ergibt.

2. Verständnis des § 1 Abs. 1 S. 2 StaRUG als gläubigerbegünstigende Norm

Die Notwendigkeit eines zustimmenden Gesellschafterbeschlusses zur Anzeige eines Restrukturierungsvorhabens könnte sich aus der Genese des Gesetzes ergeben. Verbietet, wie oben gesehen, die Genese, die Gläubigerinteressen vorrangig zum Entscheidungsmaßstab für die Pflichtenbindung der Geschäftsleitung zu erheben, ließe sich daraus schließen, gleich dem Zeitraum vor Eintritt der drohenden Zahlungsunfähigkeit, die Interessen der Gesellschafter zum einseitigen Maßstab für die Geschäftsleitung zu erklären. Dann führte § 1 Abs. 1 S. 2 StaRUG für die Pflichtenbindung der Geschäftsleitung keine Änderung herbei und auch die Möglichkeit der Gesellschafter, der Geschäftsleitung per Beschluss Weisungen über die Vornahme oder das Unterlassen bestimmter Sanierungsmaßnahmen zu erteilen, bliebe unberührt. Wäre dies tatsächlich der Fall, erzeugte die Norm einen Widerspruch zum Umsetzungsbefehl der Richtlinie, der eine Beeinträchtigung der Wirksamkeit des Restrukturierungsrahmens für Sanierungen durch ein grundloses Blockaderecht der Gesellschafter ausdrücklich als Gefahr erkannte und ausgeschlossen wissen wollte.[716]

Eine solche Ableitung griffe insgesamt zu kurz, weil sich aus der komplizierten Genese und der Entwurfsbegründung der Norm trotz Streichung des § 2 StaRUG-RegE schließen lässt, dass die Norm der Sanierung des Unternehmens und der Berücksichtigung der Gläubigerinteressen ein höheres Gewicht beimessen wollte als es die Rechtslage vor Einführung des § 1 Abs. 1 S. 2 StaRUG tat.

Zwar ging der Gesetzgeber im Regierungsentwurf zum StaRUG davon aus, dass die §§ 1–3 StaRUG-RegE lediglich Konkretisierungen für die schon bisher dem geltenden Recht zu entnehmenden Verhaltenspflichten von Geschäftsleitung und Überwachungs-

713 *Kramer*, in: BeckOK, StaRUG, § 31, Rn. 5; *Vallender*, ZInsO 2020, 2579 (2582).

714 BT-Drs. 19/24181, S. 134; *Kramer*, in: BeckOK, StaRUG, § 31, Rn. 4; *Lieder*, FS Smid, 543 (546); *Pannen*, in: Pannen/Riedemann/Smid, StaRUG, § 31, Rn. 16.

715 *Kramer*, in: BeckOK, StaRUG, § 31, Rn. 4 f.; *Lieder*, FS Smid, 543 (545).

716 Siehe dazu vertiefend oben ab S. 97.

organen enthielten.[717] Eine verantwortungsvolle Unternehmensleitung und -überwachung hatte diese auch schon bisher zu erfüllen.[718] Diese Aussagen des Gesetzgebers in der Regierungsbegründung ließen daher dem ersten Anschein nach die Schlussfolgerung zu, die §§ 1–3 StaRUG-RegE veränderten den bestehende Pflichtenrahmen von Geschäftsleitung und Überwachungsorganen nicht. Diese Schlussfolgerung wäre allerdings voreilig und ist unzutreffend, weil sie im Widerspruch zu den sich daran anschließenden Ausführungen des Gesetzgebers steht. Der Gesetzgeber ging nämlich sehr wohl von einer unzureichenden Berücksichtigung der Gläubigerinteressen im bisher geltenden Recht aus.[719] Es handelt sich bei den §§ 1–3 StaRUG-RegE also nicht ausschließlich um Konkretisierungen des bisherigen Rechts, sondern um eine Korrektur, sprich Veränderung, der bisherigen Pflichtenausrichtung.

Dabei ging es dem Gesetzgeber mit den §§ 1–3 StaRUG-RegE einmal darum, den Schutz von Gläubigern durch die bis dahin geltende Rechtslage aufrecht zu erhalten, der durch andere Gesetzesänderungen hätte beeinträchtigt werden können.[720] Konkret wollte der Gesetzgeber den Gläubigern durch die gesetzliche Festsetzung des Prognosezeitraums der Fortführungsprognose bei der Überschuldung nach § 19 InsO keine Nachteile zufügen.[721] Der Gesetzgeber wollte den bisher nicht ausdrücklich geregelten Prognosezeitraum der Fortführungsprognose, unter dem die herrschende Meinung in der Regel den Zeitraum von bis zu 24 Monaten vor Zahlungsunfähigkeit verstand,[722] auf 12 Monate vor Eintritt der Zahlungsunfähigkeit verringern.[723] Da der Gläubigerschutz aus § 15b InsO an die Insolvenzeröffnungsgründe anknüpft, hätte eine Einschränkung der Überschuldung einen zeitlich kürzeren Gläubigerschutz bedeutet. Das heißt im Monat 24 bis 13 vor Eintritt der Zahlungsunfähigkeit wäre der über § 15b InsO vormals gewährleistete Gläubigerschutz ersatzlos weggefallen.[724] Die Verkürzung des Prognosezeitraums der Überschuldung sollte jedoch keine Reduzierung des Gläubigerschutzes herbeiführen. Die Anpassung des Prognosezeitraums diente dazu, die Überschuldung zugunsten der Rechtsklarheit eindeutig von der drohenden Zahlungsunfähigkeit abgrenzen zu können. Um daher das gleiche Niveau an Gläubigerschutz zu gewährleisten und die von der RRL geforderte gebührende Berücksichtigung der Gläubigerinteressen samt entsprechender Haftung der Geschäftsleitung umzusetzen,[725] sollten zur Sicherheit die §§ 1–3 StaRUG-RegE mindestens den Schutz gewährleisten, der den Gläubigern vor der Reform zukam.[726] Denn der nach dem GmbHG vorgesehene Gläubigerschutz greift erst nach Eintritt der drohenden Zahlungsunfähigkeit zum

717 BT-Drs. 19/24181, S. 98 (in Bezug auf §§ 1–3 StaRUG-RegE), 103 (in Bezug auf § 1 StaRUG-RegE).
718 BT-Drs. 19/24181, S. 98.
719 BT-Drs. 19/24181, S. 105 f.
720 BT-Drs. 19/24181, S. 105.
721 BT-Drs. 19/24181, S. 105.
722 AG Hamburg, Beschl. v. 2.12.2011 – 67 c IN 421/11, NZI 2012, 85 (86); *Piekenbrock*, NZI-Beilage 2019, 47 (48), »das laufende und das folgende Geschäftsjahr«; *Piekenbrock*, in: Überschuldung: Quo vadis?, 13 (15 f.); *Seagon*, in: Überschuldung: Quo vadis?, 9 (11).
723 BT-Drs. 19/24181, S. 105, 197.
724 Vgl. BT-Drs. 19/24181, S. 105.
725 Siehe zu den Vorgaben der RRL oben ab S. 95.
726 Vgl. BT-Drs. 19/24181, S. 105.

Zeitpunkt der Unterbilanz, wenn das Stammkapital betroffen ist.[727] Ebenso griff die Unbeachtlichkeit entgegenstehender Weisungen und Beschlüsse erst bei einer Unterbilanz.[728]

Darüber hinaus ging es dem Gesetzgeber jedoch auch darum, die bisherige Pflichtenausrichtung stärker auf die Interessen der Gläubiger zu verschieben.[729] Dies sei notwendig, weil sich die Ermöglichung eines rechtssicheren Zugangs zu Eigenverwaltungsverfahren, damit der Schuldner frühzeitig den Weg in das Insolvenzverfahren sucht, nach Inkrafttreten des ESUG nicht erfüllt habe.[730] Als möglichen Grund nennt der Gesetzgeber explizit das bisherige Fehlen eines wirksamen Gläubigerschutzes.[731] Die Geschäftsleitung könne im Zeitpunkt der drohenden Zahlungsunfähigkeit noch Entscheidungen treffen, die sich zulasten der Gläubiger auswirken.[732] Das heißt, der Gesetzgeber ging im Widerspruch zu seiner vorherigen Aussage sehr wohl davon aus, dass unter den Regelungen von GmbHG und InsO die Pflichtenbindung der Geschäftsleitung Entscheidungen einseitig zulasten der Gläubiger zugelassen hat. Beispielsweise hätte die Geschäftsleitung eine Sanierung nicht allein deshalb einleiten dürfen, weil es die besten Aussichten für die Befriedigung der Gläubigerforderungen hätte.

Bekanntermaßen wurden nun in der Endfassung die §§ 2, 3 StaRUG-RegE gestrichen. Daraus kann jedoch nicht der Schluss gezogen werden, der Gesetzgeber wollte insgesamt eine stärkere Ausrichtung auf die Gläubigerinteressen verhindern. Zwar wurde die Streichung einerseits mit der Sorge begründet, dass ansonsten mit Inkrafttreten des Gesetzes zum 1. Januar 2021 die Geschäftsleitung, vor allem von kleinen und mittelständischen Unternehmen, ihr Amt nicht hätten fortführen können, aus Sorge, sie seien schon drohend zahlungsunfähig.[733] Es sei nicht ausgeschlossen, dass dadurch ein Großteil der Wirtschaft betroffen sei, weil unklar sei, wie die Bewertung, ob drohende Zahlungsunfähigkeit vorliege, erfolge.[734] Dieses aus den Bewertungsunsicherheiten folgende Risiko sollte nicht den Unternehmen auferlegt werden.[735] Andererseits wurde als Begründung der Streichung das unklare Verhältnis zu den gesellschaftsrechtlichen Sanierungspflichten angeführt.[736] Die Streichung erfolge mit dem Wunsch des Gesetzgebers, dass keine Haftungslücken entstünden.[737] Sollten solche entstehen, insbesondere wegen des verkürzten Prognosezeitraums bei Überschuldung, werden diese durch gesellschaftsrechtliche Haftungsnormen aufgefangen.[738] Das heißt,

727 Siehe dazu oben ab S. 72.
728 Im Gegensatz dazu: BT-Drs. 19/24181, S. 107, wonach die Entwurfsbegründung behauptet, die Unbeachtlichkeit entsprechender Weisungen nach § 2 Abs. 2 S. 2 StaRUG-RegE entspreche dem geltenden GmbH-Recht.
729 BT-Drs. 19/24181, S. 105 f.
730 BT-Drs. 19/24181, S. 84, 105.
731 BT-Drs. 19/24181, S. 105 f.
732 BT-Drs. 19/24181, S. 105 f.
733 *Hirte*, Plenarprotokoll 19/202 v. 17.12.2020, S. 25400. Dieses Argument ebenfalls aufgreifend und im Hinblick auf Start-Ups verstärkt herausgearbeitet bei *Mülbert/Wilhelm*, in: Börsen-Zeitung v. 23.10.2020, S. 10.
734 *Hirte*, Plenarprotokoll 19/202 v. 17.12.2020, S. 25400.
735 *Hirte*, Plenarprotokoll 19/202 v. 17.12.2020, S. 25400.
736 BT-Drs. 19/25353, S. 6.
737 BT-Drs. 19/25353, S. 6.
738 BT-Drs. 19/25353, S. 6.

der Gesetzgeber hat durch die Vorgaben der RRL und nach den aktuell geltenden gesellschaftsrechtlichen und insolvenzrechtlichen Vorschriften ursprünglich die Umsetzung durch §§ 2, 3 StaRUG-RegE mit Hinblick auf ansonsten entstehende Schutz- und Haftungslücken zulasten der Gläubiger für sinnvoll erachtet. Das impliziert, dass er davon ausging, dass die bestehenden gesellschafts- und insolvenzrechtlichen Normen diesen Schutz nicht gewährleisten konnten. Auch der Ausschuss für Recht und Verbraucherschutz kommt zu dem Schluss, dass es der §§ 2, 3 StaRUG-RegE nicht bedarf, weil die möglicherweise entstehenden Schutz- und Haftungslücken für die Gläubiger durch die gesellschaftsrechtlichen Regelungen aufgefangen werden. Das heißt, mit ein und demselben Argument wird sowohl die Notwendigkeit als auch die Streichung der §§ 2, 3 StaRUG-RegE begründet. Das ist zunächst widersprüchlich, vereint aber den Gedanken, dass der Gesetzgeber einen stärkeren und gleichzeitig den in der RRL erforderlichen Gläubigerschutz gewährleisten wollte.[739] Die Annahme oder besser gesagt der Wunsch des Ausschusses für Recht und Verbraucherschutz, dass die entstandenen Schutz- und Haftungslücken in Bezug auf die Gläubigerinteressen durch die gesellschaftsrechtlichen Haftungsnormen aufgefangen werden, ist unzutreffend.[740] Die gesellschaftsrechtlichen Normen gewährleisten nicht den durch die RRL vorgesehenen Gläubigerschutz ab wahrscheinlicher Insolvenz, sondern greifen erst ab Unterbilanz. Es muss daher das Mindestmaß der Vorgaben der RRL gelten. Die Regierungsbegründung bringt nämlich sehr wohl zum Ausdruck, dass der Gesetzgeber wenigstens den in der RRL vorgesehenen Mindestschutz der Gläubiger gewährleisten wollte.[741] Er ging lediglich fälschlicherweise davon aus, dass dieser durch die gesellschaftsrechtlichen Haftungsnormen aufgefangen werden könne. Das heißt, der in den gesellschaftsrechtlichen Haftungsnormen fehlende, aber durch die Vorgaben der RRL erforderliche Gläubigerschutz ist in § 1 Abs. 1 S. 2 StaRUG hineinzulesen.

3. Keine Notwendigkeit eines Gesellschafterbeschlusses als Folge einer nicht vorrangigen, aber stärkeren Berücksichtigung von Gläubigerinteressen

Die aus dieser komplizierten Genese zu ziehenden Schlussfolgerungen sind nicht eindeutig, weisen aber dennoch eine Richtung auf.

Aus der Streichung der §§ 2, 3 StaRUG-RegE folgt einerseits, dass die damit einhergehenden Verpflichtungen der Geschäftsleitung nicht gleichermaßen gelten können wie mit dem Bestehen der Vorschriften.[742] Eine vorrangige Berücksichtigung von Gläubigerinteressen kann nicht der Entscheidungsmaßstab für die Pflichtenbindung der Geschäftsleitung sein, wenn eine ausdrückliche Norm mit entsprechendem Inhalt im Gesetzesentwurf gestrichen wurde.[743]

Gleichzeitig sind die Gründe der Streichung zu betrachten. Die Regierungsbegründung wollte die Interessen der Gläubiger stärker berücksichtigen und vor allem eine

739 BT-Drs. 19/24181, S. 105 f.; in diese Richtung auch *Sander*, ZHR 2024, 8 (32 f.).

740 Siehe dazu bereits oben ab S. 71 und ab S. 107. Zu den Haftungsnormen siehe Kapitel 3 ab S. 184.

741 Vgl. BT-Drs. 19/24181, S. 105 f.; *Sander*, ZHR 2024, 8 (32).

742 *Bayat*, ZRI 2023, 385 (394).

743 *Sander*, ZHR 2024, 8 (33).

sinnvolle Sanierung nicht am Willen der Geschäftsleitung scheitern lassen.[744] Die Streichung erfolgte nicht, weil der Gesetzgeber diese Wertung schließlich doch nicht teilte. Sie erfolgte einerseits, weil Sorge bestand, mit der einseitigen Verschiebung der Pflichtenbindung überlaste man die Geschäftsleitung kleiner Unternehmen.[745] Darüber hinaus erfolgte sie, weil unklar war, ob die Pflichtenbindung in der gewünschten Art unter Umständen schon nach geltendem Recht bestand.[746] Daher kann andererseits die alleinige Berücksichtigung der Gesellschafterinteressen, die sich vor allem in der Befugnis zur Erteilung von Weisungen widerspiegelt und sich auch auf sämtliche Maßnahmen der Restrukturierung erstreckt, genauso wenig die Folge aus der Genese sein. Denn die bis zur Reform geltende Weisungsbefugnis der Gesellschafter bis zum Eintritt der Überschuldung oder Zahlungsunfähigkeit wurde – zu Recht – als Hindernis für Restrukturierungen eingeordnet.[747]

Einen Ausweg bietet es daher, die weitere Auslegung der Norm an Art. 19 RRL zu orientieren, dessen Umsetzung auch Ziel von § 1 Abs. 1 S. 2 StaRUG war.[748] Auch die Richtlinie gibt nicht vor, anhand der Interessen welcher Gruppe die Geschäftsleitung ihre Entscheidungen auszurichten hat. Sie ist interessenspluralistisch ausgestaltet und lässt Spielraum für verschiedene Umsetzungsmöglichkeiten.[749] Sie lässt jedoch keinen Spielraum hinsichtlich der Wirksamkeit, mit der das Ziel der Richtlinie verfolgt werden soll. Die Richtlinie soll dazu führen, dass bestandsfähige Unternehmen saniert werden.[750] Daher ist im Wege einer richtlinienkonformen Auslegung des § 1 Abs. 1 S. 2 StaRUG der Inhalt der Norm so zu deuten, dass die Gesellschafter die zur Restrukturierung des bestandsfähigen Unternehmens geeigneten Maßnahmen nicht durch eine Weisung blockieren können. Die Geschäftsleitung muss daher erstens keinen Beschluss einholen.[751] Zweitens ist sie auch nicht an einen Beschluss der Gesellschafter-

744 Vgl. BT-Drs. 19/24181, S. 105 f.

745 Vgl. *Hirte*, Plenarprotokoll 19/202 v. 17.12.2020, S. 25400.

746 BT-Drs. 19/25353, S. 6.

747 BT-Drs. 19/24181, S. 107; anders zu einem Vorschlag für ein neues Restrukturierungsverfahren *A. Braun*, Vorinsolvenzliche Sanierung, S. 182.

748 Vgl. BT-Drs. 19/24181, S. 103; So auch *Termath*, Der »shift of duties« bei wahrscheinlicher Insolvenz, S. 233.

749 Siehe dazu bereits oben insbesondere ab S. 93 und S. 102.

750 Siehe dazu bereits oben ab S. 93.

751 So auch *Baschnagel*, Restructuring Support Agreements, S. 213 f.; *Bernsau/Beyer*, BB 2022, 1090 (1093); *Bitter*, in: Scholz, GmbHG, InsO, § 18, Rn. 23, § 15a, Rn. 293, 295; *Deppenkemper*, in: MüKo, StaRUG, § 17, Rn. 51; *Desch*, BB 2020, 2498 (2501) – zum RegE; *Flöther/Wilke*, ZRI 2023, 1029 (1040); *Florstedt*, KTS 2023, 51 (61); *Gehrlein*, BB 2021, 66 (72); vgl. *Greeve*, Grenzüberschreitende Restrukturierung, S. 135; *Hölzle*, Praxisleitfaden SanInsFoG, §§ 31, 33, Rn. 34; *Hoffmann*, WM 2021, 429 (433 f.); *Hoppe*, DZWIR 2024, 358 (361); *Kümpel*, in: BeckOK, StaRUG, § 77, Rn. 20; *Kümpel*, KTS 2024, 265 (291); *Kümpel*, AG 2024, 426 (429, Rn. 15); *Madaus*, NZI 2023, 928 (931 f.), Anm. zu LG Berlin, Beschl. v. 31.5.2023 – 100 O 18/23; *Mock*, NZI 2023, 584 (585 f.), Anm. zu AG Hamburg, Beschl. v. 17.3.2023 – 61c RES 1/23; *Mulert/Steiner*, NZG 2021, 673 (677); *Paulus*, EWiR 2023, 728 (729), Anm. zu AG Dresden, Beschl. v. 9.8.2023 – 572 RES 1/23; *Prusko*, MüKo, StaRUG, § 2, Rn. 120; *Scholz*, ZIP 2021, 219 (227); *Skauradszun*, KTS 2021, 1 (49); *Skauradszun*, in: BeckOK, StaRUG, § 2, Rn. 87.2 f.; *Skauradszun/Amort*, DB 2021, 1317 (1320 f.); *Skauradszun/Harnack*, DZWIR 2023, 511 (514); *Streit/Kuthe/Büssemaker*, AG 2023, R228 (R229), Anm. zu AG Nürnberg, Beschl. v.

versammlung gebunden, wenn dieser die Geschäftsleitung davon abhalten soll, eine geeignete Maßnahme zur Restrukturierung des bestandsfähigen Unternehmens zu treffen. Denn eine Maßnahme ist zur Abwendung der fortbestandsgefährdenden Entwicklungen nur dann gem. § 1 Abs. 1 S. 2 StaRUG geeignet, wenn sie nicht einseitig durch die Gesellschafter beispielsweise durch Beschluss oder Weisung vorgegeben wird.

a) Verhinderung von *Hold-Out*-Positionen

Diese Lesart lässt sich darüber hinaus stimmig mit dem Ziel vereinen, *Hold-Out*-Positionen von einzelnen Beteiligten bei der Durch- und Umsetzung von Sanierungen im Vorfeld eines Insolvenzverfahrens zu verhindern.[752] Diese sog. »Akkordstörer«[753] konnten bisher auf Kosten derjenigen Gläubiger, die in die außergerichtlichen Sanierungsmaßnahmen miteinbezogen wurden und gegebenenfalls teilweise auf ihre Forderungen verzichteten, weiterhin ihre Forderungen in voller Höhe geltend machen und profitierten gleichzeitig von diesen Sanierungsmaßnahmen, die das Unternehmen stärken sollten.[754] Alternativ konnten sie auch Sondervorteile im Sanierungsverfahren für sich aushandeln.[755] Mangels bisher möglicher Maßnahmen gegen diese einzelnen »Akkordstörer« konnte die außergerichtliche Sanierung scheitern, wenn die vormals mehrheitlich zustimmenden Gläubiger das Verfahren nun ebenfalls nicht mehr tragen wollten. Im Ergebnis konnten sie so erforderliche Sanierungsmaßnahmen leicht verhindern.[756] Genau dagegen wollen die Vorschriften des StaRUG unter anderem vorgehen: Sanierungsvorhaben sollen nicht an dem Widerstand einzelner Beteiligter scheitern.[757]

21.6.2023 – RES 397/23; *Tresselt*, in: Morgen, StaRUG, § 2, Rn. 92–94; *Tresselt/Glöckler*, NWB Sanieren 2021, 80 (85), Weisungen können analog § 241 Nr. 3 und 4 AktG unverbindlich sein; *Tresselt/Wernicke*, NWB Sanieren 2024, 180 (185); *Wilke*, in: BeckOK, StaRUG, § 45, Rn. 9a; *Wollring/Quitzau*, ZRI 2021, 616 (619 f.); *Wollring/Quitzau*, ZRI 2021, 785 (790). Differenzierend *Brinkmann*, KTS 2021, 303 (322); *Brinkmann*, ZRI 2024, 781 (785); *Spahlinger*, in: BeckOK, StaRUG, § 17, Rn. 31a, die einen Gesellschafterbeschluss nur dann für nicht erforderlich erachten, wenn das Restrukturierungsvorhaben im Hinblick auf ein andernfalls drohendes Insolvenzverfahren alternativlos ist.

752 BT-Drs. 19/24181, S. 84; *Dammann*, FS Paulus, 135 (139); *Goetker*, in: Flöther, StaRUG, § 1, Rn. 50; *Oberle*, in: MHdB III, § 66, Rn. 38; *Skauradszun*, KTS 2021, 1 (7); *Skauradszun/Harnack*, DZWIR 2023, 511 (512 f.); *Thole*, Ausschuss für Recht und Verbraucherschutz, Protokoll-Nr. 19/114, S. 14.

753 *Eckert*, FS Smid, 483 (487); *Pfeiffer*, in: juris-PK-BGB, § 242, Rn. 79; *Vuia*, in: Gottwald/Haas, Insolvenzrechts-HdB, § 4, Rn. 7.

754 BGH, Urt. v. 12.12.1991 – IX ZR 178/91, BGHZ 116, 319 = ZIP 1992, 191–197, juris Rn. 11; *Klöhn/Franke*, ZEuP 2022, 44 (56 f.); *Skauradszun/Amort*, DB 2021, 1317 (1321); *Skauradszun*, KTS 2021, 1 (7 f.).

755 *Eckert*, FS Smid, 483 (487); *Hölzle*, NZI 2010, 207; *Thole*, Gesellschaftsrechtliche Maßnahmen, Rn. 67; *Vuia*, in: Gottwald/Haas, Insolvenzrechts-HdB, § 4, Rn. 7.

756 *Bitter*, ZGR 2010, 147 (162); *Bulgrin*, Strategische Insolvenz, S. 36 f.; *Lieder*, FS Smid, 543; *Seibt/Bulgrin*, DB 2020, 2226; anders in BGH, Urt. v. 19.10.2009 – II ZR 240/08, BGHZ 183, 1–13 = NJW 2010, 65–69, juris Rn. 31, wonach nicht zahlungsbereite Gesellschafter unter gewissen Umständen aus der Gesellschaft ausscheiden sollen.

757 BT-Drs. 19/24181, S. 84.

Zwar ist dem ersten Anschein nach dieser Telos durch die Mehrheitsregeln und dort insbesondere durch die gruppenübergreifende Mehrheitsentscheidung gem. §§ 26 f. StaRUG erfüllt.[758] Mit einer 3/4-Mehrheit können innerhalb einer Gruppe einzelne Beteiligte überstimmt werden, vgl. § 25 Abs. 1 StaRUG. Darüber hinaus können aber auch ganze Gruppen, in denen die nach § 25 Abs. 1 StaRUG erforderliche Mehrheit nicht erreicht wird, unter den Voraussetzungen des § 26 Abs. 1 StaRUG durch eine zustimmende Gruppe überstimmt werden. Das heißt, solange sich der Widerstand Einzelner erst im Restrukturierungsverfahren äußert, kann dieser unter bestimmten Voraussetzungen überwunden werden.

Eine solche Betrachtung lässt jedoch außen vor, dass ein Restrukturierungsverfahren bereits im Vorhinein erheblichem Widerstand durch Einzelne ausgesetzt sein kann. Dazu folgendes Beispiel: Eine drohend zahlungsunfähige GmbH setzt sich zusammen aus drei Gesellschaftern zu je gleichen Anteilen. Zwei der Gesellschafter wollen die Bestandsfähigkeit des Unternehmens durch die Instrumente des Restrukturierungsrahmens wiederherstellen. Der Dritte Gesellschafter sieht die Notwendigkeit hierzu nicht und ist der Meinung, es handele sich nur um einen vorübergehenden Liquiditätsengpass aufgrund äußerer Umstände, die sich zeitnah bessern werden. Durch einen Restrukturierungsplan könnte der Widerstand des einzelnen Gesellschafters durch eine geschickte Einteilung der Gruppen und unter Wahrung der Voraussetzungen der §§ 25 ff. StaRUG überwunden werden.

Schließe man sich nun der Ansicht an, der Telos des StaRUG, die Verhinderung von Widerständen einzelner Beteiligter, erschöpfe sich in der Möglichkeit von gruppenübergreifenden Mehrheitsentscheidungen innerhalb des Restrukturierungsverfahrens, hätte das für den geschilderten Fall zufolge, dass es gar nicht erst zu der Inanspruchnahme der Instrumente des Restrukturierungsrahmens käme. Vor der Einleitung des Verfahrens würden nach dieser Ansicht nämlich erst einmal weiterhin die gesellschaftsrechtlichen Vorschriften gelten. Für die GmbH würde das bedeuten, dass die Gesellschafterversammlung darüber entscheidet, ob ein Restrukturierungsvorhaben eingeleitet wird. Sofern man die Anzeige eines Restrukturierungsvorhabens als satzungsändernde Maßnahme einordnet, folgt die Zuständigkeit der Gesellschafterversammlung aus § 53 GmbHG. Sie bedürfte eines mit 3/4-Mehrheit gefassten zustimmenden Gesellschafterbeschlusses. In dem geschilderten Fall würden die zwei Gesellschafter, die ein Restrukturierungsvorhaben befürworten, nur eine 2/3-Mehrheit erreichen und könnten damit die für die Einleitung des Verfahrens und den zustimmenden Beschluss erforderliche Mehrheit von 75 % nicht erreichen. Das heißt, nach dieser Auffassung könnte der eine Gesellschafter, der die Anzeige eines Restrukturierungsvorhabens ablehnt, als Einzelner bereits die Einleitung eines solchen Verfahrens verhindern und eine *Hold-Out*-Position geltend machen,[759] die die RRL eigentlich verhindern wollte.[760]

758 *Schäfer*, FS Gehrlein, 491 (503).

759 Genau so aber geschehen LG Hamburg, Beschl. v. 20.4.2023 – 304 T 15/23, ZIP 2023, 2646–2648, juris Rn. 4, 6, 7, 26. Das Problem ebenso aufzeigend: *Baschnagel*, Restructuring Support Agreements, S. 213; *Herding/Krafczyk*, in: Seibt/Westpfahl, § 2, Rn. 225; *Skauradszun*, in: BeckOK, StaRUG, § 2, Rn. 87.2; *Skauradszun*, KTS 2021, 1 (49); *Skauradszun/Harnack*, DZWIR 2023, 511 (513); vgl. *Tresselt*, in: Morgen, StaRUG, § 2, Rn. 92. Zur *Hold-Out*-Problematik durch die Anwendung der Grundsätze des Missbrauchs

Dieses Ergebnis steht im Widerspruch zu dem mit dem StaRUG angestrebten Sinn und Zweck von Durch- und Umsetzungen von Sanierungen im Vorfeld des Sanierungsvorhabens, die nicht am Widerstand Einzelner scheitern sollen. Der Telos des StaRUG kann sich nicht in den gruppenübergreifenden Mehrheitsentscheidungen innerhalb eines Restrukturierungsplans erschöpfen. Das heißt, die Verhinderung von *Hold-Out*-Positionen muss für eine effektive Umsetzung des Gesetzes auf die Zeit vor der Anzeige des Restrukturierungsvorhabens, wenn drohende Zahlungsunfähigkeit eingetreten ist, vorwirken.[761] Ansonsten würde nicht nur der Sinn und Zweck des Gesetzes als solches unterlaufen werden, sondern im Falle der GmbH würden die Vorschriften des Gesetzes auch als solches leerlaufen, weil nicht zustimmende Gesellschafter schon die Anzeige eines Restrukturierungsvorhabens verhindern könnten. Das bedeutet, die Geschäftsleitung muss bevor sie ihre Entscheidung in Bezug auf die einzuleitende Sanierungsmaßnahme bei drohender Zahlungsunfähigkeit trifft, keinen ermächtigenden Beschluss der Gesellschafterversammlung einholen. Darüber hinaus können die Gesellschafter die von der Geschäftsleitung entschiedene Sanierungsmaßnahme nicht durch eine entsprechende Weisung verhindern.

b) Wirtschaftsmaximierung

Die Fokussierung auf die Restrukturierung des Unternehmens, und nicht die an der Restrukturierung Beteiligten, ergibt auch ein stimmiges Zusammenspiel mit den wirtschaftlichen Zielen des Gesetzgebers des SanInsFoG. Das folgt unter anderem aus den Erörterungen zu der Gesetzgebungskompetenz des Bundes. Diese wird auf die konkurrierende Gesetzgebung aus Art. 74 Abs. 1 Nr. 1 GG und Art. 74 Abs. 1 Nr. 11 GG gestützt.[762] Letzterer fällt mit dem »Recht der Wirtschaft« unter das Gesetzgebungsrecht des Bundes nach Art. 72 Abs. 2 GG. Weil es bei dem SanInsFoG um die Wahrung der Rechts- und Wirtschaftseinheit gehe, sei das für Art. 72 Abs. 2 GG erforderliche gesamtstaatliche Interesse erfüllt. Deswegen ist eine bundesgesetzliche Regelung notwendig.[763] Damit bringt der Gesetzgeber zum Ausdruck, dass die Wirtschaft als solche im Mittelpunkt der Regelungen steht. In gesamtwirtschaftlicher Sicht will der Gesetzgeber sicherstellen, dass Kreditvergaben und andere Kapitalüberlassungen vor Unsicherheiten, die unabwendbar aus einem den Wirkungen der Marktgesetze entzogenen Insolvenzbewältigungsregime folgen, geschützt werden.[764] Die im Unternehmen

der Vertretungsmacht siehe *Zehlicke/Krafczyk*, ZRI 2023, 519 (521, 523), Anm. zu AG Hamburg, Beschl. v. 17.3.2023 – 61c RES 1/23.

760 OLG Stuttgart, Beschl. v. 21.8.2024 – 20 U 30/24, ZIP 2024, 2218–2228, juris Rn. 126 f.; *Kümpel*, AG 2024, 426 (429, Rn. 15); *Madaus/Klockenbrink/Meier*, NZI 2024, 832 (838 f.), Anm. zu OLG Stuttgart, Beschl. v. 21.8.2024 – 20 U 30 /24; *Skauradszun*, KTS 2021, 1 (7, 49); *Skauradszun/Amort*, DB 2021, 1317 (1321).

761 In diese Richtung auch *Hoffmann*, WM 2021, 429 (434); a.A *Thole*, BB 2021, 1347 (1350), dem zufolge die Vermeidung der Blockadeposition ein Ziel innerhalb des Restrukturierungsverfahrens sei und die Richtlinie keine gesellschaftsinternen Zuständigkeiten ändern wollte.

762 BT-Drs. 19/24181, S. 95.

763 BT-Drs. 19/24181, S. 95.

764 BT-Drs. 19/24181, S. 86.

vorhandenen Ressourcen sollen bestmögliche Verwendung im Wirtschaftssystem finden.[765] Das StaRUG greift damit die in der RRL in ErwG 3 S. 6 a.E. RRL erwähnte Ausrichtung der Geschäftsleitungsentscheidungen auf das Ziel des Wachstums der Wirtschaft als Ganzem[766] auf. Dieser Gedanke kommt außerdem in § 14 StaRUG zum Ausdruck. Nach § 14 Abs. 1 StaRUG ist Ziel des Restrukturierungsplans die Sicher- und Wiederherstellung der Bestandsfähigkeit des Schuldners.[767]

4. Ausrichtung der Pflichtenbindung am Erhalt des Unternehmens

Auch die Frage, anhand welcher Interessen die Geschäftsleitung ihre Handlungen ausrichten muss, ist damit durch eine an der Richtlinie orientierte Auslegung zu beantworten. Wie bereits angedeutet, fokussiert sich die Richtlinie weniger auf eine Ausrichtung der Pflichtenbindung der Geschäftsleitung anhand von Interessen der beteiligten Gruppen und fokussiert sich stattdessen stärker auf das durch die Handlung der Geschäftsleitung herbeigeführte Ergebnis.[768] Daher gibt die Richtlinie als Maßstab zur Hand, dass die Geschäftsleitung mit ihren Handlungen vor allem auf den Bestand des Unternehmens abzuzielen hat.[769] Die bisher im deutschen Recht anerkannte Zweiteilung zwischen der Pflicht der Geschäftsleitung, die Interessen der Gesellschafter zu verwirklichen und der ab Insolvenz bestehenden Pflicht, die Interessen der Gläubiger zu verwirklichen,[770] ist hinter diesem europarechtlichen Hintergrund aufzugeben. Neben diese zwei bekannten Interessensgruppen tritt das gesellschaftseigene Interesse an seinem Fortbestand. Ab drohender Zahlungsunfähigkeit und bis zum Eintritt der Insolvenz ist die Geschäftsleitung daher weder in erster Linie den Gesellschaftern noch in erster Linie den Gläubigern, sondern vielmehr dem Bestand der Gesellschaft verpflichtet.[771] Die Geschäftsleitung trifft daher vor allem die Pflicht, den Bestand des Unternehmens zu erhalten. Die Frage nach dem »Wie«, sowie die Frage danach, wer maßgeblicher Nutznießer und wer maßgeblicher Kostenträger der Sanierung ist, sind nachgelagerte Fragen einer zweiten Ebene, die nicht im Widerspruch zur Frage des »Ob« auf der ersten Ebene stehen dürfen. Ist das Unternehmen auf lange Sicht nur auf eine Weise zu restrukturieren, ist dieser Weg einzuschlagen, ganz gleich, ob dieser Gesellschafter,[772]

765 BT-Drs. 19/24181, S. 86, 96.

766 Siehe dazu oben S. 93.

767 *Kuntz*, ZIP 2021, 597 (606) zieht diesen Gedanken aus den §§ 32, 43 StaRUG. Unmittelbar folgt dies aus den Vorschriften aber nicht.

768 Siehe dazu oben ab S. 94. In diese Richtung auch *Leschke*, Regulierung von Geschäftsleiteropportunismus, S. 262 f.

769 So auch *Leschke*, Regulierung von Geschäftsleiteropportunismus, S. 264.

770 BT-Drs. 19/24181, S. 105 »binäre Unterscheidung zwischen einem außerinsolvenzlichen Bereich [...] und dem Bereich der materiellen Insolvenz«.

771 So auch *Leschke*, Regulierung von Geschäftsleiteropportunismus, S. 264, in diese Richtung grundsätzlich auch *Termath*, Der »shift of duties« bei wahrscheinlicher Insolvenz, S. 248, die dann aber in gewissen Fällen dennoch annimmt, dass das Gläubigerinteresse vollständig hinter das Anteilseignerinteresse zurücktreten kann, S. 263.

772 AG Köln, Beschl. v. 3.3.2021 – 83 RES 1/21, ZRI 2021, 377–380, juris Rn. 15, dem ein Restrukturierungsplan zugrunde lag, der nur die Kreditgeberinnen des Konsortialkreditvertrags einbezieht.

Gläubiger,[773] Dritte oder bestimmte Individuen dieser Gruppe begünstigt. Ist für den Fortbestand des Unternehmens ein Zufluss an einer Menge frischen Geldes nötig, die nur ein Dritter Investor zu zahlen bereit ist, muss die Geschäftsleitung daher in Verhandlungen mit dem Investor treten und dadurch den Fortbestand des Unternehmens sichern. Kommt es in diesem Zuge zu einem Restrukturierungsplan, der die Anteile der bisherigen Inhaber durch einen Kapitalschnitt auf null entwertet und nur einem Aktionär ein Bezugsrecht einräumt, ist dies nicht zu beanstanden und durch das Ziel der Richtlinie, den Fortbestand des Unternehmens zu sichern, gerechtfertigt.[774]

5. Der schrittweise Übergang von einer vorrangigen Berücksichtigung der Gesellschafterinteressen zu einer vorrangigen Berücksichtigung der Gläubigerinteressen

Die vorrangige Ausrichtung der Pflichten der Geschäftsleitung am Ziel, das bestandsfähige Unternehmen zu erhalten, bedeutet nicht, dass die Geschäftsleitung im Übrigen gänzlich frei darin wäre, wie sie die Interessen der Beteiligten zu berücksichtigen hat. Denn der Erhalt des Unternehmens kann oft durch verschiedene Maßnahmen gewährleistet werden. Beziehungsweise die jeweiligen Maßnahmen zur Restrukturierung können das Unternehmen unterschiedlich umstrukturieren, ohne dass in Bezug auf das Ziel einer Unternehmensrestrukturierung einer Maßnahme eindeutig der Vorzug zu geben wäre. Für diese Fälle braucht die Geschäftsleitung einen Maßstab, anhand dessen sie sich für eine Maßnahme entscheiden kann. Es bietet sich dafür an, der Geschäftsleitung ein Ermessen zuzusprechen, welchem sie durch einen umfänglichen Abwägungsprozess, der die unterschiedlichen Interessen der Beteiligten berücksichtigt, gerecht wird. Dieses Ermessen ist dabei nicht gänzlich unbeschränkt. Vielmehr bieten sich die zwei Pflichtenbindungen der Geschäftsleitung, einmal vor Eintritt der drohenden Zahlungsunfähigkeit und einmal ab Eintritt der materiellen Insolvenz, als Orientierungspunkte für die Ausübung des Ermessens an. Von dem einem zum anderen Orientierungspunkt kommt es zu einem schrittweisen Übergang.[775] Die Geschäfts-

773 AG Dresden, Beschl. v. 27.11.2023 – 572 RES 1/23, NJW-Spezial 2024, 311, juris Rn. 2, dem nur eine Eigenkapitalrestrukturierung zugrunde lag.

774 So geschehen in den AG Nürnberg, Beschl. v. 21.6.2023 – RES 397/23, ZRI 2023, 629–634, juris Rn. 77, 83 und AG Charlottenburg, Beschl. v. 4.1.2024 – 36s RES 6525/23, DZWIR 2024, 406 (408) zugrunde liegenden Restrukturierungsplänen. Eine Beschwerde gegen den dem Beschluss des AG Nürnberg zugrundeliegenden Restrukturierungsplan hatte mangels Schlechterstellung der ausscheidenden Altaktionäre keinen Erfolg, AG Nürnberg, Beschl. 12.7.2023 – RES 397/23, ZIP 2023, 2718 (2719). A.A. *Mock*, NZG 2024, 769 (771 f., Rn. 12), dem zufolge die Bestätigung eines Restrukturierungsplans in einem solchen Fall wegen unlauterer Praktiken nach § 63 Abs. 5 StaRUG versagt werden müsste.

775 BT-Drs. 19/24181, S. 105 »stetiger Übergang auf der Grundlage eines sich dem Krisengrad anpassenden Pflichten- und Haftunsgregimes«. *Schlöder*, Shift of Fiduciary Duties, S. 133, 138 kommt zu dem Zwischenergebnis, dass es nicht zu einem punktgenauen *shift of fiduciary duties* komme. Es handele sich vielmehr um einen »großflächigen Radius um den ökonomisch optimalen Zeitpunkt«. Ausdrücklich gegen einen schrittweisen *shift of fiduciary duties*: *Jungmann*, ZRI 2021, 209 (220); *Termath*, Der »shift of duties« bei wahrscheinlicher Insolvenz, S. 330, derzufolge ein solcher schrittweiser Gläubigervorrang insbesondere ein erhebliches Maß an Rechtsunsicherheit für die Geschäftsleitung birge.

leitung hat bei der Auswahl verschiedener möglicher Restrukturierungsmaßnahmen je eher gesellschafterbegünstigende Maßnahmen zu wählen, desto eher sich das Unternehmen noch am Beginn der Krise und damit in einer Nähe zur Pflichtenbindung der Geschäftsleitung des Gesellschaftsrechts befindet. Daraus folgt umgekehrt, dass die Geschäftsleitung bei der Auswahl verschiedener möglicher Restrukturierungsmaßnahmen je eher gläubigerbegünstigende Maßnahmen zu wählen hat, desto eher das Unternehmen auf eine zugespitzte Krise zuläuft und sich damit in der Nähe der Pflichtenbindung der Geschäftsleitung des Insolvenzrechts befindet. Es kommt daher insgesamt in gewisser Weise zu einer Überschneidung des gesellschaftsrechtlichen und des insolvenzrechtlichen Pflichtenmaßstabs der Geschäftsleitung, in der faktisch die gesellschaftsrechtliche Pflichtenbindung noch fortwirkt und die insolvenzrechtliche Bindung schon vor wirkt. Dabei überwiegt das Interesse der Gesellschaft, den Bestand des Unternehmens zu erhalten, immer die anderen Interessen.

Insgesamt muss die Geschäftsleitung daher einen Abwägungsprozess nachweisen, in dem sie sowohl Gesellschafter- als auch Gläubigerinteressen berücksichtigt und aufgrund dessen zu einer Entscheidung kommt, wie sie das Unternehmen erhalten möchte. Sie muss die Möglichkeit haben, aussichtsreiche Restrukturierungsvorhaben anzuzeigen.[776] Sie hat die Entscheidung nicht vorrangig an den Gläubigerinteressen zu orientieren.[777]

6. Abwägungstreppe

Diese Pflichtenbindung lässt sich als eine Abwägungstreppe verstehen.[778] Die Geschäftsleitung hat im Zeitpunkt der drohenden Zahlungsunfähigkeit zunächst diejenige Sanierungsmaßnahme zu wählen, die die geringstmögliche Eingriffsintensität in die

776 Vgl. *Skauradszun*, NZG 2019, 761 (765); *Skauradszun/Amort*, DB 2021, 1317 (1322); vgl. *Tresselt/Glöckler*, NWB Sanieren 2021, 80 (85).

777 A.A. *Hölzle*, FS Gehrlein, 261 (270 f.), der die §§ 2, 3 StaRUG-RegE vollständig in § 1 Abs. 1 StaRUG hineinliest und das unter anderem auf den Rechtsgedanken des § 199 S. 2 InsO stützt. Dies widerspricht den unterschiedlichen Zielsetzungen von InsO und StaRUG, denen andere Wertungskriterien zugundeliegen. InsO und StaRUG sind jeweils eigenständige Rechtsbereiche, sodass Rechtsgedanken der InsO nicht ohne Weiteres auf das StaRUG übertragen werden können. Auch *Hölzle* wertet das Argument, aber aus anderen Gründen, als nicht besonders stark (272). Siehe dazu bereits oben ab S. 123.

778 In diese Richtung auch *Bea/Dressler*, NZI 2021, 67 (68 f.); *Bitter*, in: Scholz, GmbHG, InsO, § 15a, Rn. 291 f., »Gleitender Interessenumschwung mit zunehmender Gläubigergefährdung«; *Flöther/Wilke*, ZRI 2023, 1029 (1041), sprechen sich für eine Abstufung des Gesellschaftereinflusses anhand des Grads der Krise aus; *A. Guntermann*, Geschäftsleiterverantwortung, S. 211 »gradueller Ansatz«, »*sliding scale*-Ansatz«; *Madaus*, NZI 2023, 928 (932), Anm. zu LG Berlin, Beschl. 31.5.2023 – 100 O 18/23 »Pflichtenbindung der Geschäftsleitung [ist] in Krisenfällen [...] dynamisch und sich graduell eskalierend von den Überwachungsorganen weg bewegend«; *Thole*, BB 2021, 1347 (1349), der ebenfalls perspektivisch von einer gläubigerschützenden Wirkung der Sanierungspflicht aus § 1 StaRUG ausgeht, die mit Abstufungen der Disposition der Gesellschafter entzogen werden könne. Mit Kritik an einem solchen »sliding shift« und für eine ausdrückliche Normierung durch den Gesetzgeber *Ständige Deputation des DRIT*, »Drei Jahre StaRUG – Ladenhüter oder Shooting Star oder fehlt da noch was ?«, S. 4 f., Rn. 165–205.

Rechte der Anteilsinhaber bei einer bestmöglichen Sanierungsaussicht der Gesellschaft gewährleistet.[779] Eine Kapitalherabsetzung auf null mit einem Bezugsrechtsausschluss der ursprünglichen Gesellschafter, bei der also alle Altgesellschafter aus dem Unternehmen ausscheiden müssen, kann nur als letzte Sanierungsmaßnahme in einer Restrukturierungssache in Betracht gezogen werden. Sie erfordert den konkreten Sanierungsversuch mit einer milderen Maßnahme und einen erhöhten Begründungsaufwand zur Rechtfertigung eines solchen erheblichen Eingriffs in die Gesellschafterrechte bei drohender Zahlungsunfähigkeit. Eine Sanierung unter den Vorschriften der InsO ist nur mit einem mit 3/4-Mehrheit gefassten zustimmenden Gesellschafterbeschluss möglich und stellt deswegen die allerletzte zu ergreifende Sanierungsmaßnahme bei drohender Zahlungsunfähigkeit dar.

a) Herleitung

Nur die wahrscheinliche Prognose, dass das Unternehmen erst in zwei Jahren voraussichtlich die bestehenden Zahlungspflichten im Zeitpunkt der Fälligkeit nicht mehr erfüllen kann und deswegen jetzt drohend zahlungsunfähig ist, rechtfertigt es nicht, von einer vollständigen Entwertung der Gesellschafterrechte auszugehen.[780] Im Zeitpunkt der drohenden Zahlungsunfähigkeit sind die Anteilswerte der Gesellschafter noch über Art. 9 GG[781] und Art. 14 GG[782], bzw. über Art. 12 GRCh und Art. 16 GRCh sowie Art. 17 GRCh[783] geschützt.[784] Gleichzeitig besteht aber das Risiko einer Gefährdung der vollständigen Gläubigerbefriedigung.[785] Deswegen muss die Geschäftsleitung bei drohender Zahlungsunfähigkeit abwägen, welche Sanierungsmaßnahme die geeignetste ist, um die verfassungsrechtlich geschützten Werte von Gesellschaftern und Gläubigern einzuhalten und zu einem interessengerechten Sanierungsergebnis zu kommen. Der Eingriff der Geschäftsleitung in die Rechte der Gesellschafter durch die Einleitung einer Sanierungsmaßnahme – ohne die Zustimmung der Gesellschafterversammlung – ist durch die Einhaltung des nachfolgenden Stufenmodells gerechtfertigt.

779 Gegen einen generellen Vorrang eines bestimmten Verfahrens *Hoffmann*, WM 2021, 429 (434).

780 Siehe dazu bereits auf S. 78 die Nachweise in Fn. 517.

781 *Liedl*, Absoluter oder relativer Vorrang, S. 262; *Seibt/v. Treuenfeld*, DB 2019, 1190 (1197); *Westpfahl/Knapp*, in: SanierungsR, F., Rn. 299.

782 *Kümpel*, KTS 2024, 265 (266); *Lieder*, FS Smid, 543 (545, 552); *Liedl*, Absoluter oder relativer Vorrang, S. 262; *Madaus*, in: Unternehmensrestrukturierung im Umbruch?!, 43 (62); *H. F. Müller*, ZGR 2018, 56 (63, 72 f.); *H. F. Müller*, ZIP 2020, 2253 (2255); *Mulert/Steiner*, NZG 2021, 673 (675, 678); *Tilgner*, Restrukturierung und Grundrechte, S. 314 unter Verweis auf S. 257; *Westpfahl/Knapp*, in: SanierungsR, F., Rn. 297–298.

783 *Laroche*, in: Flöther, StaRUG, § 63, Rn. 5.

784 Siehe dazu ausführlich *Tilgner*, Restrukturierung und Grundrechte, insbesondere S. 299, 303, 308.

785 Vgl. *Drukarczyk*, in: MüKo, InsO, § 18, Rn. 26; vgl. *Salm-Hoogstraeten*, in: Braun, InsO, § 18, Rn. 6; vgl. *Wolfer*, in: BeckOK, InsO, § 18, Rn. 8.

b) 5-Stufen-Modell

Die Geschäftsleitung verstößt gegen die Sanierungspflicht, wenn sie eine zu hohe Sanierungsstufe wählt, obwohl auch eine Sanierung auf einer darunter liegenden Stufe möglich gewesen wäre.[786] Wenn die Liquidität in dem Unternehmen durch eine Kapitalerhöhung der bisherigen Eigentümer wieder erreicht werden kann, dürfen die Gesellschafteranteile nicht auf einzelne alte oder neue Gesellschafter übertragen werden.[787] Letzteres ist nur dann möglich, wenn durch das Eigenkapital der bisherigen Eigentümer die Bestandsfähigkeit des Unternehmens nicht wiederhergestellt werden kann.[788] Die Geschäftsleitung darf einen Restrukturierungsplan mit einem Bezugsrechtsausschluss der Altgesellschafter ohne Neubeteiligung nur zur Abstimmung stellen, wenn die bisherigen Eigentümer nicht willens und in der Lage sind, entsprechende Mittel bereitzustellen.[789]

aa) Stufe 1

Auf Stufe 1 muss die Geschäftsleitung zunächst die Möglichkeiten einer außergerichtlichen Sanierung ausschöpfen.[790] Diese hat die geringste Eingriffsintensität für die von einer Sanierung des Schuldners betroffenen Interessen. Sie hat nur Erfolg, wenn sich alle Parteien einig sind. Der zwingend erforderliche Konsens gewährleistet, dass eine Sanierung gegen den Willen der betroffenen Parteien nicht möglich ist. Die Gesellschafter können auf dieser ersten Stufe die Anzeige eines Restrukturierungsvorhabens, zum Beispiel durch das Hinzuschießen weiteren Eigenkapitals, noch abwenden.[791] Teilweise können die Gesellschafter aufgrund ihrer Treuepflicht gegenüber der Gesellschaft auch zu einer Sanierung verpflichtet sein.[792] Diese von dem BGH entwickelte Sanieren-oder-Ausscheiden-Rechtsprechung[793] erhöht auch bei einer außergerichtli-

786 In diese Richtung auch *Frind*, ZRI 2024, 410 (414); *Gleißner/Haarmeyer*, ZInsO 2024, 173 (176); a.A. *Termath*, Der »shift of duties« bei wahrscheinlicher Insolvenz, S. 249.

787 *Gleißner/Haarmeyer*, ZInsO 2024, 173 (176).

788 *Gleißner/Haarmeyer*, ZInsO 2024, 173 (176).

789 Ähnlich *Gleißner/Haarmeyer*, ZInsO 2024, 173 (176).

790 AG Köln, Beschl. v. 3.3. 2021 – 83 RES 1/21, ZRI 2021, 377–380, juris Rn. 27; vgl. *Brackmann/Holze*, ZRI 2024, 143 (145); *Frind*, ZRI 2024, 410 (413); *Kaiser*, Instrumente des § 29 StaRUG, S. 112; vgl. *Urlaub*, ZRI 2023, 997 (998); vgl. *Wollring/Quitzau*, ZRI 2021, 785 (788). In diese Richtung auch *Mock*, ZRI 2024, 1026 (1029 f.), der ein Recht der Gesellschafter auf Finanzierung der Gesellschaft herleitet.

791 *Prusko*, in: MüKo, StaRUG, § 2, Rn. 120 und *Skauradszun/Harnack*, DZWIR 2023, 511 (514), lehnen mit diesem Argument die Schutzwürdigkeit von Anteilsinhabern im Vorfeld einer Restrukturierung ab, weil sie die Abwendung einer Restrukturierungssache in der Hand haben.

792 BGH, Urt. v. 19.10.2009 – II ZR 240/08, BGHZ 183, 1–3 = NJW 2010, 65–69, juris Rn. 23; *Seibt/Harf*, ZIP 2024, 2309 (2314–2316), übertragen diese Treuepflicht auf die Einleitung eines StaRUG-Verfahrens, sodass unter bestimmten Voraussetzungen im Einzelfall ein Blockadeverbot gelten kann. Da für die Einleitung eines StaRUG-Verfahrens kein Gesellschafterbeschluss erforderlich ist, sind diese Hilfserwägungen entbehrlich.

793 BGH, Urt. v. 19.10.2009 – II ZR 240/08, BGHZ 183, 1–3 = NJW 2010, 65–69, juris Rn. 23.

chen Sanierung den Handlungsspielraum der Geschäftsleitung und hält bereits in der vorinsolvenzlichen Phase wirksame Instrumente gegen die Blockade durch einzelne Akkordstörer bereit.[794] Dem BGH zufolge soll sich bei dringend notwendigen Beschlüssen, die den Fortbestand des Unternehmens betreffen, das Recht der Gesellschafter auf Zustimmung zu der Sanierungsmaßnahme in eine Pflicht umwandeln.[795] Voraussetzungen einer solchen Zustimmungspflicht sind die Sanierungsfähigkeit und -bedürftigkeit des Unternehmens, eine dringend gebotene Zustimmung, die dem Gesellschafter finanziell zumutbar ist sowie eine mehrheitliche Befürwortung der Sanierungsmaßnahmen.[796] Das bedeutet, verweigert ein Minderheitsgesellschafter bei Vorliegen aller Voraussetzungen seine Pflicht zur Zustimmung, hätte das sein Ausscheiden aus der Gesellschaft zur Folge, sofern keine schützenswerten Belange des nicht zahlenden Gesellschafters entgegenstehen.[797] Könnte ein sich an der Sanierung der Gesellschaft nicht beteiligender Gesellschafter im Unternehmen verbleiben und die Sanierung wäre im Ergebnis erfolgreich, würde dies die übrigen, an der Sanierung teilnehmenden Gesellschafter ungerechtfertigt benachteiligen.[798] Denn der nicht teilnehmende Gesellschafter wäre trotzdem am Gewinn beteiligt und wäre außerdem von den auf ihn entfallenden Gesellschaftsschulden frei geworden, wohingegen die Mitgesellschafter einerseits das Gesellschaftsvermögen durch eigene finanzielle Mittel zu ergänzen und zum anderen das Sanierungsrisiko zu tragen hätten.[799] Eine solche Ungleichbehandlung ist den das Risiko tragenden Gesellschaftern nicht zumutbar und kann nur durch das Ausscheiden des nicht unterstützenden Gesellschafters vermieden werden.[800] Diese in der Sanieren-oder-Ausscheiden-Rechtsprechung des BGH entwickelte Ausformung der Treuepflicht der Gesellschafter findet ihre Grenze, wenn sich eine einfache Mehrheit gegen die Sanierungsmaßnahme stellt.[801]

bb) Stufen 2 bis 4

Scheitert eine Sanierung auf Stufe 1 oder kann die Geschäftsleitung zumindest nachweisen, dass ein solcher außergerichtlicher Konsens nicht möglich ist, muss sie eine

794 BGH, Urt. v. 19.10.2009 – II ZR 240/08, BGHZ 183, 1–3 = NJW 2010, 65–69, juris Rn. 23, 31; *H. F. Müller*, ZGR 2018, 56 (74 f.); *Seibt/v. Treuenfeld*, DB 2019, 1190 (1198); a.A. *Litzenberger*, Sanierungspflichten in der Krise von AG und GmbH, S. 268–270.

795 BGH, Urt. v. 19.10.2009 – II ZR 240/08, BGHZ 183, 1–3 = NJW 2010, 65–69, juris Rn. 23; *Kleindiek*, in: Lutter/Hommelhoff, GmbHG, § 43, Rn. 36; *Seibt/v. Treuenfeld*, DB 2019, 1190 (1198).

796 BGH, Urt. v. 20.03.1995 – II ZR 205/94, BGHZ 129, 136–177 = NJW 1995, 1739, juris Rn. 31; *Seibt/v. Treuenfeld*, DB 2019, 1190 (1198).

797 BGH, Urt. v. 19.10.2009 – II ZR 240/08, BGHZ 183, 1–3 = NJW 2010, 65–69, juris Rn. 23, 32.

798 BGH, Urt. v. 19.10.2009 – II ZR 240/08, BGHZ 183, 1–3 = NJW 2010, 65–69, juris Rn. 31.

799 BGH, Urt. v. 19.10.2009 – II ZR 240/08, BGHZ 183, 1–3 = NJW 2010, 65–69, juris Rn. 31.

800 BGH, Urt. v. 19.10.2009 – II ZR 240/08, BGHZ 183, 1–3 = NJW 2010, 65–69, juris Rn. 31.

801 *H. F. Müller*, ZGR 2018, 56 (75).

Sanierung auf den Stufen 2 bis 4 anstreben. Die Stufen 2 bis 4 betreffen die Sanierungen durch die Instrumente des Stabilisierungs- und Restrukturierungsrahmens. Die Geschäftsleitung verhält sich innerhalb einer restrukturierungsrechtlichen Sanierung nur dann pflichtgemäß, wenn sie die Sanierungsvariante auf der niedrigsten möglichen Stufe wählt.

Eine restrukturierungsrechtliche Sanierung auf Stufe 2 liegt vor, wenn der Restrukturierungsplan nur Gläubigerforderungen gestaltet und die Gesellschafter nicht in den Plan mit einbezieht.[802] Hierin liegt kein Verstoß gegen die sachgerechte Auswahl der Planbetroffenen, weil weder der § 2 Abs. 3 StaRUG noch die § 8 StaRUG zwingend eine Planbetroffenheit von Gesellschaftern erfordert.[803] § 2 Abs. 3 StaRUG spricht von »können« und § 8 StaRUG, der festlegt, wann eine Auswahl sachgerecht ist, bestimmt nicht, dass für die Sachgerechtigkeit zwingend die Anteils- und Mitgliedschaftsrechte einbezogen werden müssen. Sofern die Kriterien des § 8 Nr. 1–3 StaRUG erfüllt sind, ist es möglich, Gesellschafterrechte nicht in den Restrukturierungsplan mit einzubeziehen.

Ist eine solche Sanierung auf Stufe 2 nicht möglich, kommt mit Stufe 3 eine Sanierung unter Veränderung der Gesellschaftsstruktur in Betracht. Das umfasst alle (bis auf eine) unter dem StaRUG möglichen Sanierungsmaßnahmen. Maßnahmen auf Stufe 3 können insbesondere die Streichung von Sonder- und Mitgliedsrechten der Gesellschafter, eine vereinfachte Kapitalherabsetzung, eine Kapitalherabsetzung ohne Bezugsrechtsausschluss und zuletzt auch das Ausscheiden eines Minderheitsgesellschafters sein. Ausgenommen ist das Ausscheiden aller Gesellschafter. Diese Sanierungsmaßnahme bildet vielmehr die Stufe 4. Sie ist möglich, wenn die Veränderung der Gesellschafterstruktur zur Wiederherstellung der Bestandsfähigkeit des Unternehmens nicht mehr ausreicht oder aus sonstigen Gründen eine Sanierung auf Stufe 3 scheitert. Sie stellt den größtmöglichen Eingriff in die Rechte der Gesellschafter dar und ist deswegen *ultima ratio* innerhalb der restrukturierungsrechtlichen Sanierung.

Die Gläubigerinteressen werden auf den Stufen 2 bis 4 einerseits dadurch berücksichtigt, dass für die Anzeige eines Restrukturierungsvorhabens kein zustimmender Beschluss der Gesellschafterversammlung notwendig ist. Gleichzeitig unterliegt die Geschäftsleitung einer Pflicht zur Sanierung. Scheitert eine außergerichtliche Sanierung, ist die Geschäftsleitung verpflichtet, eine Sanierung nach dem StaRUG anzustreben.

Andererseits werden die Gläubigerinteressen innerhalb der Restrukturierungssache auch dadurch geschützt, dass eine restrukturierungsrechtliche Sanierung scheitern kann, wenn alle Gläubiger gegen den Plan stimmen. Das folgt aus § 26 StaRUG. Dieser ermöglicht zwar zunächst einmal, dass eine den Plan ablehnende Gruppe durch eine dem Plan zustimmende Gruppe überstimmt werden kann. § 26 Abs. 1 Nr. 3 HS. 2

802 So das AG Köln, Beschl. v. 3.3.2021 – 83 RES 1/21, ZIP 2021, 808–809, juris Rn. 15, das über einen Restrukturierungsplan zu entscheiden hatte, der nur die Gestaltung der Kreditgeberinnen des Konsortialkreditvertrags vorsah; *Knapp/Wilde*, in: Morgen, StaRUG, § 8, Rn. 18; vgl. *Parzinger/Knebel*, in: MüKo, StaRUG, § 8, Rn. 29; *Tresselt/Wernicke*, NWB Sanieren 2024, 180 (183); a.A. *Kuntz*, ZIP 2021, 597 (603, 607), dem zufolge die Geschäftsleitung bei mehreren zur Auswahl stehenden Varianten diejenige wählen müsse, die die Ansprüche der Gläubiger wahrscheinlich am wenigsten beeinträchtigt.

803 AG Köln, Beschl. v. 3.3.2021 – 83 RES 1/21, ZIP 2021, 806–809, juris Rn. 15.

StaRUG bestimmt aber, dass die zustimmenden Gruppen nicht ausschließlich durch Anteilsinhaber oder nachrangige Restrukturierungsgläubiger gebildet sein dürfen. Im Umkehrschluss bedeutet dies, dass eine den Plan ablehnende Gruppe, die aus allen Anteilsinhabern besteht, durch eine zustimmende Gruppe aus den Gläubigern überstimmt werden kann. Dazu folgendes Beispiel: Ein Unternehmen ist drohend zahlungsunfähig und die Geschäftsleitung hat ein Restrukturierungsvorhaben angezeigt. Im ersten Fall sieht der Restrukturierungsplan eine Maßnahme auf Stufe 4 vor. Alle Alt-Anteilsinhaber sollen durch eine Kapitalherabsetzung auf null sowie einen Bezugsrechtsausschluss aus dem Unternehmen ausscheiden und durch neue Gesellschafter mit frischem Kapital ersetzt werden. Maßnahmen auf den Stufen 1 bis 3 wären nicht möglich gewesen. Der Restrukturierungsplan beabsichtigt eine Aufteilung in zwei Gruppen. Die erste Gruppe besteht aus allen Anteilsinhabern und die zweite Gruppe aus allen Gläubigern. In der ersten Gruppe wird die Mehrheit von 75 % nicht erreicht. Die Anteilsinhaber lehnen den Plan ab. Die zweite Gruppe stimmt dem Plan zu. Somit gilt der Plan insgesamt als angenommen.

Im zweiten Fall sieht der Restrukturierungsplan eine Maßnahme auf Stufe 3 vor. Die Forderungen der Gläubiger werden gestundet und die Sonderrechte der Anteilsinhaber gestrichen. Auch hier beabsichtigt der Restrukturierungsplan eine Aufteilung in zwei Gruppen parallel zu Fall eins. Die erste Gruppe stimmt dem Plan zu und die zweite Gruppe lehnt den Plan ab. In diesem Fall gilt der Plan zugunsten der Gläubigerinteressen gem. § 26 Abs. 1 Nr. 3 HS. 2 StaRUG insgesamt als nicht angenommen.

Für die Pflichtenbindung der Geschäftsleitung nach § 1 Abs. 1 S. 2 StaRUG ist innerhalb eines angezeigten Restrukturierungsvorhabens insoweit noch von Bedeutung, dass sich die aus § 1 Abs. 1 S. 2 StaRUG konkret ergebene Pflicht, mithin die Stufe, die die Abwägung der Interessen ergeben hat, bestehen bleibt. Sie wird nicht unbedacht durch §§ 32 und 43 StaRUG in dem Sinne verdrängt, dass es nun doch nur auf Gläubigerinteressen ankäme.[804] Dies liefe dem Zweck eines Abwägungsprozesses zuwider. Entscheidend ist das für Fälle, in denen zwischen den Interessen aller oder mancher Gesellschafter und den Interessen aller oder mancher Gläubiger ein Kompromiss gefunden wurde. Dieser muss nicht aufgegeben werden. Auch das AG Köln[805] akzeptierte einen Restrukturierungsplan, der nur die Rechte von Gläubigern gestaltete und diskutierte keinen Verstoß gegen die §§ 32, 43 StaRUG.

cc) Stufe 5

Die Insolvenzantragstellung ist das letzte Mittel, das die Geschäftsleitung bei drohender Zahlungsunfähigkeit zur Sanierung des Unternehmens in Anspruch nehmen darf und steht deswegen auf Stufe 5. Sie darf nur erfolgen, wenn die Sanierungsmaßnahmen auf den vorherigen Stufen, insbesondere eine restrukturierungsrechtliche Sanie-

804 *Hohenlohe*, Pflicht zur Wahrung der Gläubigerinteressen, S. 147 berücksichtigt zwar die Gläubigerinteressen in dem Anwendungsbereich des § 43 StaRUG vorrangig, erkennt aber folgerichtig zutreffend an, dass dies nicht dazu führen darf, »dass das Restrukturierungsverfahren als reines Hilfsmittel für eine bestmögliche Haftungsverwirklichung der Gläubiger missverstanden wird«.

805 AG Köln, Beschl. v. 3.3.2021 – 83 RES 1/21, ZIP 2021, 806–809, juris Rn. 15.

rung, gescheitert sind.[806] Wenn die Geschäftsleitung Sanierungsmaßnahmen unter der InsO umsetzen will, also einen Insolvenzantrag stellen möchte, benötigt sie einen mit 3/4-Mehrheit gefassten zustimmenden Beschluss der Gesellschafterversammlung. An diesem Mehrheitserfordernis ändert auch die neue Pflichtenbindung der Geschäftsleitung durch § 1 Abs. 1 S. 2 StaRUG nichts. Das folgt aus der Zielsetzung des Insolvenzverfahrens nach § 1 S. 1 InsO. Im Insolvenzverfahren geht es um die Befriedigung der Gläubigergesamtheit, für welche die Restrukturierung des Unternehmens nur eine mögliche Alternative ist. Die Sanierung des Unternehmens kann im Insolvenzverfahren daher keineswegs garantiert werden, weshalb es nur als letztes Mittel in Betracht kommt. Es geht dann nicht mehr nur noch um eine Berücksichtigung und Wahrung der Gläubigerinteressen, wie bei der restrukturierungsrechtlichen Sanierung auf den Stufen 2 bis 4, sondern das ganze Verfahren orientiert sich ausschließlich an dem Willen der Gläubigergesamtheit.

An dem Ende eines Insolvenzverfahrens kann die Auflösung der Gesellschaft stehen. Im Zeitpunkt der drohenden Zahlungsunfähigkeit, wenn die Werte der Anteilseigner noch nicht vollständig entwertet sind, müssen die Gesellschafter bei einer solchen Möglichkeit des Verfahrensausgangs deswegen einer Verfahrenseinleitung zustimmen. Hieran hat sich durch die Vorschriften des StaRUG nichts geändert. Das StaRUG gibt vielmehr vor, dass es bei drohender Zahlungsunfähigkeit in erster Linie darum geht, das Unternehmen aus wirtschaftlichen Gründen aufrecht zu erhalten, insbesondere weil die Bestandsfähigkeit des Unternehmens entweder noch sichergestellt oder aber zumindest wiederhergestellt werden kann, vgl. § 14 Abs. 1 StaRUG. Lehnt die Gesellschafterversammlung eine Beschlussfassung ab oder erhält ein Beschluss nicht die notwendige 3/4-Mehrheit und sind zuvor die Sanierungsmaßnahmen auf Stufe 1 bis 4 gescheitert, wird das Unternehmen in aller Regel ohnehin in die Überschuldung oder sogar in die Zahlungsunfähigkeit rutschen, sodass eine Insolvenzantragspflicht nach § 15a Abs. 1 InsO vorliegt und die Geschäftsleitung keinen zustimmenden Gesellschafterbeschluss für die Inanspruchnahme der Vorschriften der InsO mehr benötigt.

Auch bleibt letztlich im Grundsatz das Recht der Gesellschafter unberührt, einen Liquidationsbeschluss nach § 60 Abs. 1 Nr. 2 GmbHG zu fassen. Durch einen solchen Beschluss lösen die Gesellschafter die Gesellschaft auf. Es ist damit an sich denkbar, dass ein solcher Beschluss im Widerspruch zum Zweck der RRL stehen könnte. Denn theoretisch könnten die Gesellschafter immer, wenn eine Sanierung im Raum steht, die ihnen missfällt, die Liquidation beschließen und die Sanierung zum Nachteil aller vereiteln. Jedoch handelt es sich dabei praktisch um einen atypischen Fall, der selten auftreten wird. Der Fall ist deshalb unwahrscheinlich, weil nach § 60 Abs. 1 Nr. 2 GmbHG dafür ein Beschluss mit einer 3/4-Mehrheit erforderlich ist. Bei Restrukturierungen, von denen Gesellschafter mit einem Stimmrecht von über 1/4 profitieren, wird die erforderliche Mehrheit nicht erreicht. Darüber hinaus ist ein solcher Beschluss nicht mehr möglich, wenn durch diesen Überschuldung eintreten würde und letztere nur durch die geplante Restrukturierung ausbleibt. Damit geht es vor allem um Fälle in den Monaten 24 bis 13 vor Zahlungsunfähigkeit. Wenn die Gesellschafter in diesem

806 Nach *Thole*, BB 2021, 1347 (1350), werden die Gesellschafter regelmäßig kein Interesse an einer Insolvenzantragstellung haben, wenn ein Restrukturierungsvorhaben Erfolg verspricht.

Zeitraum tatsächlich eine entsprechende Mehrheit organisieren, können sie den Liquidationsbeschluss fassen. Dies steht jedoch nicht im Widerspruch zur RRL. ErwG 2 S. 4 RRL möchte unter anderem verhindern, dass eine Liquidation von Unternehmen in wirtschaftlichen Schwierigkeiten nur einen geringen Gesamtwert für Gläubiger abwirft. Diese Gefahr ist gering, wenn die wirtschaftliche Krise des Unternehmens noch nicht stark ausgeprägt ist. Eine frühzeitige Liquidation verhindert, dass sich das Vermögen des Unternehmens stetig vermindert. Das gilt auch für den atypischen Fall, dass die Fortführungsprognose negativ, das Unternehmen aber nicht bilanziell überschuldet nach § 19 Abs. 2 S. 1 InsO ist. In dem Fall deckt das gesamte Vermögen noch alle Forderungen des Unternehmens, sodass eine Liquidation nur beschränkten Schaden anrichten würde.

In der Gesamtschau zwingt die RRL daher nicht zu einer Sanierung um jeden Preis. Sie verhindert aber in jedem Fall, dass sich die Lage von Unternehmen in einer wirtschaftlichen Krise durch ein einfaches »Weiter so!« fortlaufend verschlechtert. In den aller meisten Fällen wird es daher zur Sanierung kommen.

c) Zielsetzung

Das Stufenmodell gibt sowohl in der Praxis für die Geschäftsleitung und die jeweiligen Berater als auch für die Rechtsprechung ein Grobraster für den Maßstab der Abwägung vor. Es ermöglicht einen interessengerechten Ausgleich zwischen den Gläubigerrechten und den Gesellschafterinteressen im Zeitpunkt der drohenden Zahlungsunfähigkeit mit dem Ziel, die Gesellschaft als solche[807] zu schützen. Es stellt zwar keine trennscharfe Lösung des *too-many-masters*-Problem[808] dar, gewährleistet aber einen gewissen Rahmen für die Sanierungspflicht sowie den daran anknüpfenden Handlungsspielraum für die Geschäftsleitung und führt zu größerer Rechtssicherheit. Es entspannt in gewisser Weise das *too-many-masters*-Problem, weil es zwar noch zu viele *masters* gibt, ihre Interessen aber hinter dem Ziel der Sanierung zurückstehen müssen. Je höher die Eingriffsintensität in die Rechte der Anteilsinhaber, desto höher ist gleichzeitig der Begründungsaufwand der Geschäftsleitung, um nachzuweisen, dass mildere Sanierungsmaßnahmen nicht gleich wirksam und vor allem möglich gewesen wären. Übergeordnetes Ziel soll immer langfristig die Wiederherstellung einer rentablen Unternehmensfortführung sein, die dann auch zu einer Besserstellung der Gläubiger führt.[809] Soweit die Geschäftsleitung die Abwägungsstufen einhält, wahrt sie die grundrechtlich geschützten Rechte von Gläubigern und Anteilsinhabern. Das Schutzbedürfnis der Anteilsinhaber wird über das Stufenmodell gesichert, indem die Geschäftsleitung dazu verpflichtet ist, die Sanierungsmaßnahme auf der niedrigsten möglichen Stufe umzusetzen und die Beeinträchtigung der Anteilsinhaberrechte mit der

807 *Kuntz*, ZIP 2021, 597 (603, 610), der kurzfristige Beeinträchtigungen von Gläubigerinteressen mit einer voraussichtlich eintretenden Unternehmenswertsteigerung rechtfertigt; *Thole*, BB 2021, 1347 (1349), »Schutz der Gesellschaft«.

808 Siehe dazu *Kuntz*, ZIP 2021, 597 (610 f.).

809 *Kuntz*, ZIP 2021, 597 (606).

Höhe der Stufe zunimmt.[810] Das Schutzbedürfnis der Gläubiger wird wiederum einerseits mit dem übergeordneten Ziel der Wirtschaftsmaximierung einbezogen und andererseits über die Unbeachtlichkeit der Gesellschafterweisungen gewahrt.

IV. Zwischenergebnis

§ 1 Abs. 1 S. 2 StaRUG ist von seinem Wortlaut her eine stark auslegungsbedürftige Norm, um Antworten auf die Fragen zu gewinnen, die die Norm zum Gegenstand hat. Im Ergebnis führt § 1 Abs. 1 S. 2 StaRUG zum Zeitpunkt der drohenden Zahlungsunfähigkeit nicht zu einer Pflichtenbindung der Geschäftsleitung, die sich ausschließlich oder vorrangig an den Interessen der Gläubiger zu orientieren hat. Ebenso wenig bleibt es bei der Pflichtenbindung der Geschäftsleitung, der sie vor dem Zeitpunkt der drohenden Zahlungsunfähigkeit unterliegt, nach der die Geschäftsleitung nur die Interessen der Gesellschafter zu wahren hat und weisungsgebunden ist.

Vielmehr gibt eine an der Richtlinie orientierte Auslegung vor, dass die Geschäftsleitung die Pflicht hat, den Bestand des Unternehmens zu sichern. Die Geschäftsleitung dient in erster Linie damit nicht dem Wohl der Gesellschafter oder Gläubiger, sondern dem Wohl der Gesellschaft. Die Interessen der Beteiligten sind nachrangig auf einer zweiten Ebene zu berücksichtigen. Auch auf dieser Ebene lässt sich kein eindeutiger Vorrang von den Interessen einer Beteiligtengruppe erkennen. Die Geschäftsleitung muss daher bei der Restrukturierung des Unternehmens die Interessen aller Beteiligten abwägen. Anknüpfungspunkte für die Abwägung sind die Pflichtenbindungen zum Zeitpunkt vor drohender Zahlungsunfähigkeit und zum Zeitpunkt materieller Insolvenz. Dazwischen erfolgt ein schrittweiser Übergang. Je eher das Unternehmen am Beginn einer Krise steht, desto eher muss die Geschäftsleitung unter allen denkbaren Alternativen, die den Bestand des Unternehmens sichern, die Interessen der Gesellschafter stärker in den Vordergrund stellen. Je näher das Unternehmen schon an der Nähe zur Insolvenz steht, desto eher muss die Geschäftsleitung den Interessen der Gläubiger den Vorzug einräumen.[811] Dieser Übergang lässt sich in Form einer Abwägungstreppe nachzeichnen, um einen ungefähren Rahmen für die Pflichtenbindung der Geschäftsleitung zu gewinnen. Zu Beginn einer Krise befindet sich das Unternehmen noch auf einer frühen Stufe, weshalb noch keine zu drastischen Eingriffe in die Rechte der Gesellschafter geboten sind. Auf den späteren Stufen sind weitergehende Eingriffe in die Rechte der Gesellschafter erforderlich. Die Geschäftsleitung verstößt damit gegen die Sanierungspflicht, wenn sie eine zu hohe Sanierungsstufe wählt, obwohl auch eine Sanierung auf einer darunter liegenden Stufe möglich gewesen wäre. Umgekehrt verletzt die Geschäftsleitung ihre Sanierungspflicht, wenn sie eine mögliche Sanierungsmöglichkeit nicht nutzt.

810 Deswegen ist auch kein zusätzlicher Schutz über die Synchronisierung von Gesellschafts- und Restrukturierungsrecht durch besondere Abstimmungsmodalitäten und -mehrheiten erforderlich, wie ihn die *Ständige Deputation des DRIT*, »Drei Jahre StaRUG – Ladenhüter oder Shooting Star oder fehlt da noch was?«, S. 6 f., Rn. 285–290, für eine Reform des StaRUG vorschlägt.

811 In diese Richtung auch *L. M. Guntermann*, WM 2021, 214 (218).

Für die Anzeige eines Restrukturierungsvorhabens, als eine der Sanierungsvarianten bei drohender Zahlungsunfähigkeit, bedarf die Geschäftsleitung keines zustimmenden Beschlusses der Gesellschafterversammlung. Eine etwaige Weisung der Gesellschafterversammlung ist dann ebenso unbeachtlich. Das Gleiche gilt für den Antrag beim Restrukturierungsgericht, den Restrukturierungsplan zu bestätigen.[812]

D. Darlegung der gefundenen Ergebnisse am praktischen Beispiel der Entscheidungen des AG und des LG Hamburg aus dem Jahr 2023

Blickt man vor diesem Hintergrund auf die bisher ergangene Rechtsprechung, wird der die Arbeit tragende Gedanke, dass die Sanierungspflichten bei einer GmbH nicht notwendig parallel zu denen einer Aktiengesellschaft gefasst werden können, sondern einer spezifischen Betrachtung bedürfen, deutlich. So finden sich bei einer der zentralen Entscheidungen, die bisher konkret zur GmbH ergangen sind, erhebliche Unsicherheiten. Eine genauere Betrachtung dieser Rechtsprechung bestätigt die gefundenen Ergebnisse.

Die Frage nach der Erforderlichkeit eines zustimmenden Gesellschafterbeschlusses hat die Rechtsprechung erstmals in einem Beschluss des AG Hamburg aus März 2023 behandelt.[813] Das AG Hamburg legte diesem Beschluss die Prämisse zugrunde, für die wirksame Anzeige eines Restrukturierungsvorhabens der GmbH-Geschäftsführung nach § 31 StaRUG sei im Innenverhältnis ein mit ¾-Mehrheit gefasster, zustimmender Gesellschafterbeschluss erforderlich.[814] Die Geschäftsführung habe im zu entscheidenden Fall einen solchen Beschluss nicht herbeigeführt.[815] Diese Pflichtverletzung im Innenverhältnis schlage ausnahmsweise auf das Außenverhältnis durch, weil die Grundsätze des Missbrauchs der Vertretungsmacht Anwendung fänden.[816] Deswegen komme das Gericht zu dem Ergebnis, die Anzeige des Restrukturierungsvorhabens sei nicht wirksam und die Restrukturierungssache analog § 33 Abs. 1 Nr. 3 beziehungsweise analog Abs. 2 Nr. 3 StaRUG aufzuheben.[817] Dies überzeugt nicht. Die Gerichte schränken den Ermessensspielraum der Sanierungspflicht der Geschäftsführung aus § 1 Abs. 1 S. 2 StaRUG unzutreffend ein.

I. Wesentliche Argumentation des AG Hamburg

Das AG Hamburg stellt die Prämisse, für die Anzeige eines Restrukturierungsvorhabens habe die Geschäftsleitung zwingend einen ermächtigenden Beschluss der Gesellschafterversammlung einzuholen, unter Verweis auf zwei Literaturstellen auf und be-

812 Dazu sogleich ausführlich ab S. 145.
813 AG Hamburg, Beschl. v. 17.3.2023 – 61c RES 1/23, NZI 2023, 584–585.
814 AG Hamburg, Beschl. v. 17.3.2023 – 61c RES 1/23, NZI 2023, 584–585, juris Rn. 3, 7.
815 AG Hamburg, Beschl. v. 17.3.2023 – 61c RES 1/23, NZI 2023, 584–585, juris Rn. 3, 7.
816 AG Hamburg, Beschl. v. 17.3.2023 – 61c RES 1/23, NZI 2023, 584–585, juris Rn. 4.
817 AG Hamburg, Beschl. v. 17.3.2023 – 61c RES 1/23, NZI 2023, 584–585, juris Rn. 1 f.

gründet sie nicht weiter.[818] Das Gericht erkennt zutreffend an, dass die Vertretungsmacht der GmbH-Geschäftsführung im Grundsatz unbeschränkt und unbeschränkbar ist.[819] Die Geschäftsführung der Schuldnerin verletze aber bei der Anzeige eines Restrukturierungsvorhabens ohne einen zustimmenden Beschluss der Gesellschafterversammlung die interne Zuständigkeitsordnung.[820] Deswegen läge ein Anwendungsfall des im rechtsgeschäftlichen Verkehr verankerten Missbrauchs der Vertretungsmacht vor.[821]

Dem AG Hamburg zufolge greife die grundsätzliche Rechtsfolge des Überschreitens der Vertretungsmacht – Wirksamkeit der Stellvertretung im Außenverhältnis und Haftung der Geschäftsführung im Innenverhältnis gegenüber der Gesellschaft – in der Konstellation der Anzeige eines Restrukturierungsvorhabens durch die Geschäftsleitung ohne einen ermächtigenden Gesellschafterbeschluss nicht.[822] Aufgrund der Kenntnis des Gerichts von dem fehlenden zustimmenden Gesellschafterbeschluss läge Evidenz vor, sodass sich die Geschäftsführung auch im Außenverhältnis nicht auf die Vertretungsmacht berufen könne.[823] Daher geht das AG Hamburg von einem Missbrauch der Vertretungsmacht aus.

Hilfsweise rechtfertigt das AG Hamburg seine Entscheidung damit, dass die im Restrukturierungsplan vorgesehenen rein gesellschaftsrechtlichen Maßnahmen (Kapitalschnitt mit anschließender Sachkapitalerhöhung durch einen *debt-equity-swap*) und die Bildung von zwei Gruppen der Planbetroffenen, ansonsten die alleinige Zuständigkeit der Gesellschafterversammlung und das hohe Mehrheitserfordernis von 75% unterliefen.[824]

II. Vollumfängliche Bestätigung durch Nichtabhilfebeschluss

Diese Rechtsansicht wird in dem am 17.4.2023 ergangenen Nichtabhilfebeschluss vollumfänglich bestätigt und argumentativ untermauert.[825] Die Aussage, die rechtgeschäftlichen Grundsätze des Missbrauchs der Vertretungsmacht seien auch auf Prozesshandlungen anzuwenden, bekräftigt das Restrukturierungsgericht durch einen Verweis auf weitere Literaturstellen.[826]

Aus dem Nichtabhilfebeschluss ist ersichtlich, dass die Schuldnerin in ihrer Beschwerdeschrift gegen den ursprünglichen Beschluss des AG Hamburg vortrug, dass

818 AG Hamburg, Beschl. v. 17.3.2023 – 61c RES 1/23, NZI 2023, 584–585, juris Rn. 3, unter Verweis auf *Rauhut*, NZI-Beilage 2021, 52 (54) und *Westpfahl*, in: Seibt/Westpfahl, StaRUG, § 17, Rn. 36.

819 AG Hamburg, Beschl. v. 17.3.2023 – 61c RES 1/23, NZI 2023, 584–585, juris Rn. 4.

820 AG Hamburg, Beschl. v. 17.3.2023 – 61c RES 1/23, NZI 2023, 584–585, juris Rn. 4 f.

821 AG Hamburg, Beschl. v. 17.3.2023 – 61c RES 1/23, NZI 2023, 584–585, juris Rn. 4–6.

822 AG Hamburg, Beschl. v. 17.3.2023 – 61c RES 1/23, NZI 2023, 584–585, juris Rn. 4–7.

823 AG Hamburg, Beschl. v. 17.3.2023 – 61c RES 1/23, NZI 2023, 584–585, juris Rn. 6 f.

824 AG Hamburg, Beschl. v. 17.3.2023 – 61c RES 1/23, NZI 2023, 584–585, juris Rn. 8.

825 AG Hamburg, Beschl. v. 17.4.2023 – 61c RES 1/23, NZI 2023, 585, juris Rn. 2 f.

826 AG Hamburg, Beschl. v. 17.4.2023 – 61c RES 1/23, NZI 2023, 585, juris Rn. 2, unter Verweis auf *Brinkmann*, FS Seibert, 165 (174); *Jacoby*, FS Becker-Eberhard, 229 (234); *Müller*, DB 2014, 41 (44); *Schilken*, FS Becker-Eberhard, 501 (514).

die Rechtslagen, Anzeige eines Restrukturierungsvorhabens und Insolvenzantragstellung bei drohender Zahlungsunfähigkeit, vergleichbar seien.[827] Da ein fehlender Gesellschafterbeschluss bei Insolvenzantragstellung aufgrund drohender Zahlungsunfähigkeit keine Relevanz im Außenverhältnis habe, müsse dies nach Ansicht der Schuldnerin, aufgrund der Vergleichbarkeit der Verfahren, ebenso für die Anzeige einer Restrukturierungssache gelten.[828]

Im Nichtabhilfebeschluss macht das AG Hamburg deutlich, dass es diese Vergleichbarkeit nicht ohne Weiteres sehe.[829] Ein ermächtigender Gesellschafterbeschluss sei im Rahmen der Insolvenzantragstellung bei drohender Zahlungsunfähigkeit keine Zulässigkeitsvoraussetzung und falle deswegen nicht in die Überprüfungspflicht des Gerichts nach § 5 InsO.[830] Im Gegensatz dazu erfordere die Amtsermittlungspflicht des Restrukturierungsgerichts gem. § 39 Abs. 1 StaRUG eine wirksame Anzeige nach § 31 StaRUG.[831] Voraussetzung für eine wirksame Anzeige sei das Vorliegen eines zustimmenden Gesellschafterbeschlusses, sodass das Gericht diesbezüglich eine Überprüfungspflicht treffe.[832] Hilfsweise kommt das AG Hamburg zu dem Schluss, dass selbst wenn man eine solche Überprüfungspflicht ablehnen würde, das Fehlen des Gesellschafterbeschlusses unstreitig und aufgrund der Mitteilung des Mitgesellschafters offenkundig sei, sodass das AG Hamburg zumindest deshalb zuständig sei.[833]

III. Bestätigung durch das Beschwerdegericht

Das LG Hamburg bestätigt die Rechtsansicht des AG Hamburg ebenfalls.[834] Der vorgelegte Restrukturierungsplan enthalte rein gesellschaftsrechtliche Maßnahmen, die in die alleinige Zuständigkeit der Gesellschafterversammlung fielen und einem 75 %igen Mehrheitserfordernis unterlägen.[835] Die Anzeige eines Restrukturierungsvorhabens dürfe das gesellschaftsrechtliche Zustimmungserfordernis nicht unterlaufen.[836] Zu den von dem Restrukturierungsgericht von Amts wegen zu ermittelnden Umständen gehöre auch die Wirksamkeit der Antragstellung.[837] Das folge auch daraus, dass Art und Umfang der richterlichen Ermittlung im Ermessen des Restrukturierungsgerichts

827 AG Hamburg, Beschl. v. 17.4.2023 – 61c RES 1/23, NZI 2023, 585, juris Rn. 3.
828 AG Hamburg, Beschl. v. 17.4.2023 – 61c RES 1/23, NZI 2023, 585, juris Rn. 3.
829 AG Hamburg, Beschl. v. 17.4.2023 – 61c RES 1/23, NZI 2023, 585, juris Rn. 3.
830 AG Hamburg, Beschl. v. 17.4.2023 – 61c RES 1/23, NZI 2023, 585, juris Rn. 3.
831 AG Hamburg, Beschl. v. 17.4.2023 – 61c RES 1/23, NZI 2023, 585, juris Rn. 3.
832 AG Hamburg, Beschl. v. 17.4.2023 – 61c RES 1/23, NZI 2023, 585, juris Rn. 3.
833 AG Hamburg, Beschl. v. 17.4.2023 – 61c RES 1/23, NZI 2023, 585, juris Rn. 3.
834 LG Hamburg, Beschl. v. 20.04.2023 – 304 T 15/23, ZIP 2023, 2646–2648, juris Rn. 22.
835 LG Hamburg, Beschl. v. 20.04.2023 – 304 T 15/23, ZIP 2023, 2646–2648, juris Rn. 26.
836 LG Hamburg, Beschl. v. 20.04.2023 – 304 T 15/23, ZIP 2023, 2646–2648, juris Rn. 26.
837 LG Hamburg, Beschl. v. 20.04.2023 – 304 T 15/23, ZIP 2023, 2646–2648, juris Rn. 27 f.; *Skauradszun/Harnack*, DZWIR 2023, 511 (512), weisen zutreffend darauf hin, dass fälschlicherweise von einer »Antragstellung« gesprochen wird, obwohl für die Aufnahme eines Restrukturierungsverfahrens gem. § 31 Abs. 1 StaRUG nur eine Anzeige bei dem Restrukturierungsgericht erforderlich sei. *Skauradszun/Harnack* schlussfolgern daraus, dass das Gericht sein Urteil im »Subsystem des Insolvenzverfahrens« gefasst habe und nicht im eigenständigen Subsystem des Stabilisierungs- und Restrukturierungsrahmens.

liege.[838] Die Rechtslage bei Insolvenzantragstellung wegen drohender Zahlungsunfähigkeit sei nicht vergleichsweise heranzuziehen, weil, im Gegensatz zur Anzeige eines Restrukturierungsvorhabens, ein ermächtigender Gesellschafterbeschluss dort gerade keine Zulässigkeitsvoraussetzung des Antrags sei.[839]

IV. Fehlerhafte Prämisse

Die vom AG Hamburg getroffene Prämisse, für die wirksame Anzeige eines Restrukturierungsvorhabens des GmbH-Geschäftsführers nach § 31 StaRUG sei im Innenverhältnis ein mit ¾-Mehrheit gefasster, zustimmender Gesellschafterbeschluss erforderlich, ist unzutreffend. Tatsächlich ist für die wirksame Anzeige eines Restrukturierungsvorhabens nach § 31 StaRUG kein zustimmender Gesellschafterbeschluss notwendig.[840] Das ergibt sich aus der oben erfolgten Auslegung des § 1 Abs. 1 S. 2 StaRUG.

Das vor dem AG Hamburg beschlossene Verfahren steht sinnbildlich für das, was die RRL verhindern wollte. Minderheitsgesellschafter sollten nicht mehr die Möglichkeit haben, die Sanierung eines Unternehmens einseitig zu verhindern. In dem Fall, der dem Beschluss des AG Hamburg zugrunde lag, war die Einholung eines zustimmenden Beschlusses der Gesellschafterversammlung nicht möglich, weil ein für diesen notwendiger Minderheitsgesellschafter gegen die Durchführung der Restrukturierungssache war. Das heißt ein einzelner Minderheitsgesellschafter hat die Durchführung der Restrukturierungssache verhindert. Damit ist genau der Fall eingetreten, den die RRL eigentlich verhindern wollte.

Die Geschäftsleitung hat nach § 1 Abs. 1 S. 2 StaRUG eine Pflicht zur Ergreifung von Gegenmaßnahmen, sobald das Unternehmen drohend zahlungsunfähig ist. Die Geeignetheit der Maßnahme hat die Geschäftsleitung autonom abzuwägen. Dabei kommt ihr grundsätzlich ein Ermessensspielraum zu.[841] Sie hat weder einen zustimmenden Gesellschafterbeschluss einzuholen noch ist sie an etwaige Weisungen der Gesellschafterversammlung gebunden.[842] Nur so kann die Geschäftsleitung den durch Art. 19 lit. a RRL vorgegebenen notwendigen Schutz der Gläubigerinteressen gewährleisten.[843]

V. Kein Prüfungsrecht des Restrukturierungsgerichts

Selbst wenn man unterstellte, die Prämisse des AG Hamburg würde zutreffen, es sei also für die Anzeige eines Restrukturierungsvorhabens ein mit 75 %iger Mehrheit ge-

838 LG Hamburg, Beschl. v. 20.04.2023 – 304 T 15/23, ZIP 2023, 2646–2648, juris Rn. 27.
839 LG Hamburg, Beschl. v. 20.04.2023 – 304 T 15/23, ZIP 2023, 2646–2648, juris Rn. 29.
840 Siehe dazu ausführlich ab S. 123.
841 Zu den Einschränkungen aufgrund der Abwägungstreppe siehe oben ab S. 130. Einen Ermessensspielraum aufgrund der Vorgaben des Art. 19 lit. a RRL einschränkend *Hölzle*, FS Gehrlein, 261 (263).
842 Siehe dazu S. 124 und die Nachweise in Fn. 751.
843 Siehe dazu oben insbesondere ab S. 95.

fasster, zustimmender Gesellschafterbeschluss erforderlich, so sind die daraus gezogenen Schlussfolgerungen des AG Hamburg ebenfalls unzutreffend. Das Restrukturierungsgericht hat weder bei der Anzeige nach § 31 StaRUG noch bei der Antragstellung auf Bestätigung des Restrukturierungsplan nach § 60 StaRUG ein Prüfungsrecht im Hinblick auf das Vorliegen eines zustimmenden Gesellschafterbeschlusses.

1. Anzeige gem. § 31 StaRUG

Der sich aus den §§ 31, 33 StaRUG ergebende Prüfungsumfang des Gerichts bei der Anzeige des Schuldners erfasst nicht die Einhaltung der internen gesellschaftsrechtlichen Zuständigkeitsordnung durch die Geschäftsleitung.

a) Keine Voraussetzung des § 31 StaRUG

Nach § 31 Abs. 1 StaRUG ist die Anzeige des Restrukturierungsvorhabens Voraussetzung für die Inanspruchnahme der Instrumente des Stabilisierungs- und Restrukturierungsrahmens. § 31 Abs. 2 StaRUG zählt die der Anzeige beizufügenden Unterlagen auf. Nach § 31 Abs. 3 StaRUG wird die Restrukturierungssache mit der Anzeige rechtshängig. § 31 Abs. 4 StaRUG nennt sodann die Voraussetzungen, unter denen die Anzeige ihre Wirkung verliert. In den Absätzen 1, 3 und 4 des § 31 StaRUG finden sich keine Hinweise auf die Erforderlichkeit der restrukturierungsgerichtlichen Überprüfung der internen gesellschaftsrechtlichen Zuständigkeitsordnung. Dem ersten Anschein nach könnte man eine solche Pflicht aus § 31 Abs. 2 StaRUG herleiten, der die Unterlagen aufführt, die der Schuldner der Anzeige eines Restrukturierungsvorhabens beizufügen hat. Eine explizite Überprüfungspflicht des Restrukturierungsgerichts im Hinblick auf die Vollständigkeit der Unterlagen sieht das StaRUG nicht vor. Selbst wenn man eine solche aus der Amtsermittlungspflicht des § 39 StaRUG ableiten würde, sieht § 31 Abs. 2 S. 1 StaRUG bei genauerer Betrachtung keine Ermittlungspflicht für das Vorliegen eines zustimmenden Gesellschafterbeschlusses vor.

§ 31 Abs. 2 S. 1 StaRUG zielt auf die Umsetzbarkeit der Restrukturierungssache ab. Dazu soll einerseits der Ist-Zustand des Unternehmens dargelegt werden, um überhaupt eine Restrukturierungsfähigkeit des Unternehmens annehmen zu können. Andererseits soll die Umsetzbarkeit der Restrukturierungssache vorgezeichnet werden. Es handelt sich also um eine Vorschrift, die die bevorstehende Durchführung des Restrukturierungsverfahrens flankiert, indem sie das für das Verfahren notwendigen Fundaments schafft. Kein Teil des für die Durchführung des Restrukturierungsverfahrens notwenige Fundament ist die Einhaltung der internen gesellschaftsrechtlichen Zuständigkeitsordnung. § 31 Abs. 2 S. 1 Nr. 3 StaRUG normiert zwar, dass der Schuldner darlegen muss, dass er seine Pflichten nach diesem Gesetz erfülle. »Nach diesem Gesetz« meint aber das StaRUG und nicht das GmbHG. Die Erforderlichkeit eines Gesellschafterbeschlusses folgt höchstens aus §§ 37 Abs. 1, 49 Abs. 2 GmbHG und nicht aus dem StaRUG. Aufgrund des eindeutigen Wortlauts des § 31 Abs. 2 S. 1 Nr. 3 StaRUG kommt auch keine Analogie in Betracht. Das bedeutet, dem Restrukturierungsgericht steht nach der Anzeige gem. § 31 StaRUG kein Prüfungsrecht in Bezug auf die Einhaltung der gesellschaftsrechtlichen Normen zu.

b) Kein Aufhebungsgrund nach § 33 StaRUG

Auch aus § 33 StaRUG folgt weder eine Aufhebungspflicht noch ein Aufhebungsrecht des Restrukturierungsgerichts, wenn ein zustimmender Beschluss der Gesellschafterversammlung fehlt. § 33 StaRUG verdeutlicht vielmehr, dass es weiterhin in erster Linie auf das Ziel der Sanierung und den Erhalt des Unternehmens ankommt. Besonders deutlich wird dies in § 33 Abs. 2 S. 1 Nr. 1 HS. 1 StaRUG. Danach hebt das Restrukturierungsgericht die Restrukturierungssache grundsätzlich auf, wenn der Schuldner zahlungsunfähig oder überschuldet ist. Davon kann es absehen, wenn nach § 33 Abs. 2 S. 1 Nr. 1 HS. 2 StaRUG eine Aufhebung der Restrukturierungssache dem erreichten Stand widersprechen würde und deswegen offensichtlich nicht im Interesse der Gesamtheit der Gläubiger wäre. Das bedeutet, das Gläubigerinteresse bestimmt den Fortgang des Verfahrens in hohem Maße mit.

Dasselbe gilt für § 33 Abs. 1 Nr. 3 StaRUG. Die dort normierte Pflicht zur Mitwirkung und Auskunftserteilung des Schuldners gegenüber dem Restrukturierungsgericht soll Informationsasymmetrien zwischen Gläubigern und Gesellschaftern ausgleichen. Solche Asymmetrien gehen in der Regel zulasten der Gläubiger, die aufgrund ihrer Stellung außerhalb des Unternehmens rein faktisch nicht über dieselben Informationen verfügen können.[844] Damit ist auch § 33 Abs. 1 Nr. 3 StaRUG eine Schutzvorschrift für die Gläubiger.

§ 33 Abs. 2 Nr. 3 StaRUG verdeutlicht ebenfalls den Gläubigerschutz, der bei der Entscheidung über die Aufhebung der Restrukturierungssache eine wesentliche Rolle spielt. Gem. § 33 Abs. 2 Nr. 3 StaRUG kann das Restrukturierungsgericht die Restrukturierungssache auch dann aufheben, wenn der Schuldner in schwerwiegender Weise gegen die ihm nach § 32 StaRUG obliegenden Pflichten verstößt. Dem ersten Anschein nach ist aus der Formulierung in § 32 Abs. 1 S. 1 StaRUG »Der Schuldner betreibt die Restrukturierungssache mit der Sorgfalt eines ordentlichen und gewissenhaften Sanierungsgeschäftsführers« abzuleiten, dass es auch auf das intern rechtmäßige Verhalten der Geschäftsführung gegenüber der Gesellschaft ankommt. Das heißt, man könnte annehmen, dass das rechtswidrige Nichteinholen eines zustimmenden Gesellschafterbeschlusses zur Aufhebung der Restrukturierungssache führen kann. Dagegen sprechen allerdings zwei wesentliche Argumente. Zum einen stellt § 32 Abs. 1 S. 1 StaRUG auf das Betreiben der Restrukturierungssache ab. Im Vorfeld relevante interne Zuständigkeiten, die im Gesellschaftsrecht normiert sind, sind für das Betreiben der Restrukturierungssache irrelevant. Zum anderen legt auch der § 32 Abs. 1 S. 1 StaRUG im zweiten Teil des Satzes den Fokus klar auf das Gläubigerinteresse. Der Schuldner hat die Restrukturierungssache nämlich nicht nur mit der Sorgfalt eines ordentlichen und gewissenhaften Sanierungsgeschäftsführers zu betreiben, sondern dabei auch die Interessen der Gesamtheit der Gläubiger zu wahren.

Folglich lässt sich aus § 33 StaRUG herauslesen, dass innerhalb der Restrukturierungssache ein besonderer Fokus auf der Sanierung des Unternehmens und verstärkt auf dem Gläubigerinteresse liegt, was dem hier vertretenen Stufenmodell entspricht. Der Wertungsmaßstab des § 33 Abs. 2 S. 1 Nr. 1 StaRUG geht sogar so weit, dass die Aufhebung der Restrukturierungssache ausbleibt, sofern die Restrukturierung dem Interesse der Gläubiger entspricht. Damit steht es nicht im Einklang mit der Norm,

844 *Veil/Baumann*, ZIP 2022, 1301 (1303); in diese Richtung auch *Frind*, ZRI 2024, 410 (412).

wenn allein das Fehlen eines zustimmenden Gesellschafterbeschlusses zur Aufhebung der Restrukturierungssache nach § 33 StaRUG führen soll.[845]

2. Antrag gem. § 60 StaRUG

Man könnte allerdings überlegen, ob sich der Prüfungsumfang des Restrukturierungsgerichts zu einem späteren Zeitpunkt im Restrukturierungsverfahren ändert. In Betracht kommt die Antragstellung des Schuldners nach § 60 Abs. 1 S. 1 StaRUG bei dem Restrukturierungsgericht auf Bestätigung des Restrukturierungsplans. Zu diesem Zeitpunkt könnte das Fehlen eines zustimmenden Gesellschafterbeschlusses zur Versagung der Bestätigung des Restrukturierungsplans durch das Restrukturierungsgericht führen, wenn im Innenverhältnis ein solcher erforderlich ist und das Restrukturierungsgericht dies überprüfen müsste.

Der Zeitpunkt unterscheidet sich von der Anzeige nach § 31 StaRUG, weil ein konkretes Tätigwerden des Restrukturierungsgerichts geschuldet ist. Es hat in diesem Zeitpunkt die Interessen aller Planbetroffenen zu wahren und in einen angemessenen Ausgleich zu bringen, an dessen Ende die Bestätigung oder Versagung des Restrukturierungsplans steht. Im Ergebnis trifft das Restrukturierungsgericht aber auch zu diesem Zeitpunkt weder ein Prüfungsrecht noch eine Prüfungspflicht hinsichtlich der Einhaltung der internen gesellschaftsrechtlichen Zuständigkeitsordnung.

Nach § 39 Abs. 1 S. 1 StaRUG hat das Restrukturierungsgericht eine Amtsermittlungspflicht in Bezug auf alle Umstände, die für das Verfahren in der Restrukturierungssache von Bedeutung sind, soweit das Gesetz nichts Abweichendes vorsieht.[846] Aus dieser Formulierung, »Umstände, die für das Verfahren von Bedeutung sind«, könnte dem ersten Anschein nach darauf zu schließen sein, dass das Restrukturierungsgericht auch überprüfen müsse, ob dem Bestätigungsantrag nach § 60 Abs. 1 S. 1 StaRUG ein ermächtigender Gesellschafterbeschluss der Gesellschafterversammlung zugrunde liegt. Die in § 39 Abs. 1 S. 1 StaRUG genannten und von Amts wegen zu ermittelnden »Umstände« sind aber nur solche, die die §§ 60 ff. StaRUG nennen. §§ 63, 64 StaRUG normieren die Gründe, aus denen das Restrukturierungsgericht die Bestätigung des Restrukturierungsplans versagen darf. Dabei enthält§ 63 StaRUG die von Amts wegen zu berücksichtigenden Umstände. § 64 StaRUG ist ein Versagungsgrund der nur auf Antrag der betroffenen Person Anwendung findet.

a) Inhalt der Versagungsgründe aus §§ 63, 64 StaRUG

Das Gericht versagt die Bestätigung des Restrukturierungsplans erstens, wenn der Schuldner nicht drohend zahlungsunfähig ist (§ 63 Abs. 1 Nr. 1 StaRUG). Zum Zeitpunkt der drohenden Zahlungsunfähigkeit ist eine Insolvenz des Unternehmens wahrscheinlicher als die Wiederherstellung seiner Fortbestandsfähigkeit, wenn keine Maß-

845 So aber das AG Hamburg, Beschl. v. 17.3.2023 – 61c RES 1/23, NZI 2023, 584–585, juris Rn. 2, das § 33 Abs. 1 Nr. 3 bzw. Abs. 2 Nr. 3 StaRUG analog auf das Fehlen eines zustimmenden Gesellschafterbeschlusses anwendet, ohne die Gläubigerinteressen in die Abwägung einzubeziehen.

846 Siehe ausführlich zum Anwendungsbereich des Amtsermittlungsgrundsatzes des Restrukturierungsgerichts *Wollenhaupt*, Amtsermittlungsgrundsatz, insbesondere S. 91–98.

nahmen ergriffen werden. Es ist also nicht ausgeschlossen, dass die Anteile der Gesellschafter bereits an Wert verloren haben. Die drohende Zahlungsunfähigkeit stellt damit einen Verfahrenseingangsschutz zugunsten der Gesellschafter dar, den das Restrukturierungsgericht überprüfen muss. Gleichzeitig darf aber auch noch keine Überschuldung oder Zahlungsunfähigkeit vorliegen, ansonsten wäre ein Insolvenzantrag zu stellen. Dies schützt im Umkehrschluss wiederum die Gläubiger vor weiteren Ausgaben durch den Versuch einer Restrukturierung, obwohl das Unternehmen bereits insolvenzreif ist.

Nach § 63 Abs. 1 Nr. 2 StaRUG versagt das Restrukturierungsgericht zweitens die Bestätigung des Restrukturierungsplans, wenn die Vorschriften über die Ausgestaltung eines Restrukturierungsplans nicht eingehalten und der Fehler nicht behebbar ist oder innerhalb einer bestimmten Frist nicht behoben wurde. Wesentlich im Rahmen des § 63 Abs. 1 Nr. 2 StaRUG zu beachtende Verfahrensvorschriften sind der § 6 StaRUG, der die Vorgaben für den darstellenden Teil des Restrukturierungsplans nennt, § 8 StaRUG die Auswahl der Planbetroffenen nach sachgerechten Kriterien, § 9 StaRUG die ordnungsgemäße Einteilung der Planbetroffenen in Gruppen und § 10 StaRUG der Gleichbehandlungsgrundsatz der Planbetroffenen. Stimmt eine Gruppe dem Restrukturierungsplan nicht zu und kommt es zu einer gruppenübergreifenden Mehrheitsentscheidung, sind außerdem die §§ 26–28 StaRUG zu beachten, die die zu überstimmende Gruppenmitglieder schützen. Diese Verfahrensvorschriften schützen sowohl Gläubiger- als auch Gesellschafterinteressen, je nachdem, wie der Plan ausgestaltet ist.

Zuletzt versagt das Restrukturierungsgericht den Restrukturierungsplan auch dann, wenn bereits absehbar ist, dass der Schuldner den Plan nicht erfüllen kann (§ 63 Abs. 1 Nr. 3 StaRUG). Sieht der Plan beispielsweise Stundungen von Gläubigerforderungen auf zwei Jahre vor und ist bereits jetzt absehbar, dass der Schuldner die Forderungen auch in zwei Jahren nicht erfüllen kann, würde dies das Gläubigerinteresse an der Befriedigung ihrer Forderung gefährden. In diese Richtung geht auch der § 63 Abs. 3 StaRUG, der eine Versagung bei einem unschlüssigen Restrukturierungskonzept vorsieht. In beiden Fällen wäre es eher im Interesse der Gläubiger, ein Insolvenzverfahren zu eröffnen, das die gemeinschaftliche Befriedigung der Gläubiger zum Ziel hat, vgl. § 1 S. 1 InsO.

§ 63 Abs. 2 StaRUG enthält einen nur auf Antrag des Planbetroffenen zu prüfenden Versagungsgrund. Dieser betrifft die unzutreffende Bewertung des Unternehmens. Durch die fehlerhafte Bewertung liegen die Voraussetzungen der gruppenübergreifenden Mehrheitsentscheidung nicht vor, sodass der Antragsteller durch eine solche benachteiligt würde. Durch einen derart fehlerhaften Restrukturierungsplan können sowohl Gesellschafter als auch Gläubiger betroffen sein, je nachdem, wer in den Plan einbezogen wurde. Er schützt demnach sowohl Gläubiger- als auch Gesellschafterinteressen. Gleiches gilt für § 63 Abs. 5 StaRUG, der die Bestätigung des Restrukturierungsplans insbesondere dann versagt, wenn er einen Planbetroffenen begünstigt.

Die Gesellschafter und Gläubiger erfahren außerdem einen besonderen Schutz über § 64 StaRUG, in dem das sog. Schlechterstellungsverbot verankert ist. Danach ist auf Antrag eines den Plan ablehnenden, aber vom Plan Betroffenen die Bestätigung des Plans zu versagen, wenn der Antragsteller durch den Restrukturierungsplan voraussichtlich schlechter gestellt wird als er ohne den Plan stünde.

b) Schlussfolgerungen

Aus der Gesamtschau der Versagungsgründe in §§ 63, 64 StaRUG folgt, dass das Restrukturierungsgericht einem umfassenden Abwägungsprozess zwischen den Gesellschafter- und Gläubigerinteressen unterliegt. Die Normen enthalten keine Vorgaben zur Überprüfung, ob die Geschäftsleitung die gesellschaftsrechtlichen Regelungen eingehalten hat. Wie oben bereits herausgearbeitet, ist es Aufgabe des Restrukturierungsgerichts sowohl die Interessen der Gläubiger als auch die Interessen der Gesellschafter zu wahren. Die Versagungsgründe führen diesen bereits skizzierten restrukturierungsrechtlich geprägten Aufgabenbereich des Gerichts fort. Dabei handelt es sich um alle Gründe, die mittelbar oder unmittelbar entweder auf die Wahrung der Interessen der Gläubiger, auf die Wahrung der Interessen der Gesellschafter oder auch beide zurückzuführen sind.

Die Stimmen, die für die Einhaltung gesellschaftsrechtlicher Regelungen plädieren und damit im Falle einer GmbH einen zustimmenden ermächtigenden Beschluss der Gesellschafterversammlung vor der Anzeige eines Restrukturierungsvorhabens fordern, gehe davon aus, dass die Gesellschafterinteressen im Restrukturierungsverfahren nicht ausreichend berücksichtigt werden. Die von dem Restrukturierungsgericht einzuhaltenden und zu überprüfenden Verfahrensvorschriften zeigen aber, dass sowohl Gläubiger- als auch Gesellschafterinteressen gleichwertig berücksichtigt werden. Müsste das Restrukturierungsgericht zusätzlich überprüfen, ob im Vorhinein ein zustimmender Beschluss der Gesellschafterversammlung eingeholt wurde, würde das den Abwägungsprozess des Gerichts einseitig auf das Gesellschafterinteresse verlagern. Das wäre rechtsfehlerhaft, weil es im Widerspruch zu Art. 19 lit. a RRL und dem Sinn und Zweck des StaRUG, *Hold-Out*-Positionen zu verhindern, steht.[847] Das Restrukturierungsverfahren ist ein in sich geschlossenes umfassendes Verfahren, das den besonderen Vorschriften des Restrukturierungsrechts, als *leges speciales* zu den Vorschriften des Gesellschaftsrechts, folgt.[848] Das bedeutet, es bedarf nicht des Schutzes der Gesellschafter durch einen zustimmenden Gesellschafterbeschluss vor der Durchführung eines Restrukturierungsverfahrens, weil deren Interessen einen ausreichenden Schutz über die Vorschriften des StaRUG erhalten. Ihre Interessen unterliegen zusätzlich dem Schutz der Prüfung durch das Restrukturierungsgericht.

847 Siehe dazu insbesondere ab S. 125.

848 *Brünkmans*, in: Jacoby/Thole, StaRUG, § 7, Rn. 95; *Flöther/Wilke*, ZRI 2023, 1029 (1039), »Sonderregelungen«; *Greeve*, Grenzüberschreitende Restrukturierung, S. 71 – zur RRL; *Herding/Krafczyk*, in: Seibt/Westpfahl, StaRUG, § 2, Rn. 230; *Kümpel*, AG 2024, 426 (432, Rn. 26); *Madaus/Klockenbrink/Meier*, NZI 2024, 832 (839), Anm. zu OLG Stuttgart, Beschl. v. 21.8.2024 – 20 U 30 /24, »das StaRUG [trifft] vorrangige, die gesellschaftsrechtlichen Regelungen überlagernde Wertungen«; vgl. *Mulert/Steiner*, NZG 2021, 673 (677); *Seibt/Bulgrin*, DB 2020, 2226 (2233), beschränken dies auf die Rechtshängigkeit eines Restrukturierungsverfahrens; *Tasma*, in: Flöther, StaRUG, § 7, Rn. 35, der dies aber unter die Prämisse stellt, dass ein zustimmender Gesellschafterbeschluss vorliegt; *Tresselt/Wernicke*, NWB Sanieren 2024, 180 (183); a.A. LG Berlin, Beschl. v. 31.5.2023 – 100 O 18/23, ZIP 2023, 1910–1912, juris Rn. 6.

c) Zweckmäßigkeitserwägungen

Außerdem wäre es unzweckmäßig, zu dem frühen Verfahrenszeitpunkt der Anzeige eines Restrukturierungsvorhabens nach § 31 StaRUG das Vorliegen eines zustimmenden Gesellschafterbeschlusses nicht für erforderlich zu erachten, ihn dann zu dem wesentlich späteren Zeitpunkt der Bestätigung des Restrukturierungsplans nach § 60 Abs. 1 S. 1 StaRUG doch für erforderlich zu halten. Denn es handelt sich auf Seiten des Restrukturierungsgerichts um einen leicht zu überprüfenden Umstand, der ohne tiefgreifende Nachforschungen bei den Gesellschaftern erfragt werden könnte. Durch die Anzeige nach § 31 StaRUG erhält das Restrukturierungsgericht alle für die Nachfrage notwendigen Informationen. Verneint man aber nun das Erfordernis einer Überprüfung dieses Umstands durch das Restrukturierungsgericht zu dem frühen Zeitpunkt der Anzeige, verlangte diese dann aber zum Zeitpunkt der Bestätigung des Antrags, ließe man die Schuldnerin, den eventuell eingesetzten Restrukturierungsbeauftragten und die Gläubiger sehenden Auges in ein von Anfang an nicht zu bestätigendes Restrukturierungsverfahren hineinlaufen und provozierte ein Insolvenzverfahren für die Gesellschaft.[849] Das kann nicht gewollt sein. Wenn es eines zustimmenden Beschlusses der Gesellschafter für die erfolgreiche Durchführung eines Restrukturierungsverfahrens bedürfte, so muss dieser zwingend bereits bei der Anzeige des Restrukturierungsvorhabens vorliegen und zu diesem Zeitpunkt auch überprüft werden. Mit den oben angeführten Argumenten ist ein solcher Beschluss zu diesem Zeitpunkt nicht einzuholen. Folglich muss dies erst recht auch für den Antrag nach § 60 Abs. 1 S. 1 StaRUG gelten.

Dagegen kann auch nicht anführt werden, dass die drohende Zahlungsunfähigkeit auch bereits bei der Anzeige vorliegen muss, aber erst bei einem Antrag nach § 60 Abs. 1 S. 1 StaRUG überprüft wird. Die beiden Umstände können nicht miteinander verglichen werden. Die Negativformulierung des § 63 Abs. 1 Nr. 1 StaRUG führt dazu, dass es sich um eine Voraussetzung handelt, deren Vorliegen das Gericht nicht positiv prüfen muss. Zu einer Versagung der Bestätigung kommt es nur dann, wenn der Schuldner noch nicht drohend zahlungsunfähig oder bereits zahlungsunfähig ist.[850] Das Gericht muss von dem Vorliegen der drohenden Zahlungsunfähigkeit nicht positiv überzeugt sein.[851] Das heißt, selbst wenn das Restrukturierungsgericht Zweifel hat, ob

849 LG Berlin, Beschl. 31.5.2023 – 100 O 18/23, ZIP 2023, 1910–1912, juris Rn. 5. In diese Richtung auch *Goetker*, in: Flöther, StaRUG, § 1, Rn. 78, der zusätzlich auf die für die Geschäftsleitung durch § 43 StaRUG veränderte Pflichtenbindung auf die Wahrung der Gläubigerinteressen verweist; *Seibt*, in: Seibt/Westpfahl, StaRUG, § 1, Rn. 49; *Seibt/Bulgrin*, DB 2020, 2226 (2236), »Hinausschieben des Beschlusserfordernisses könnte […] Zwangslage für alle Beteiligten schaffen«; *Seibt/Harf*, ZIP 2024, 2309 (2311 f.). A.A. *Madaus*, NZI 2023, 928 (931), Anm. zu LG Berlin, Beschl. v. 31.5.2023 – 100 O 18/23, der zumindest ein Hinausschieben auf die Planabstimmung oder Planbestätigung in Erwägung zieht.

850 *Laroche*, in: Flöther, StaRUG, § 63, Rn. 5; *Parzinger/Lappe*, in: Seibt/Westpfahl, StaRUG, § 63, Rn. 24; *Skauradszun*, in: BeckOK, StaRUG, § 63, Rn. 11.

851 *Parzinger/Lappe*, in: Seibt/Westpfahl, § 63, Rn. 21; *Skauradszun*, in: BeckOK, StaRUG, § 63, Rn. 12; a.A. AG Köln, Beschl. v. 3.3.2021 – 83 RES 1/21, NZI 2021, 433–436, juris Rn. 3; *Harig*, in: Neues RestrukturierungsR, § 10, Rn. 16.

drohende Zahlungsunfähigkeit vorliegt, darf es den Restrukturierungsplan nicht nach § 63 Abs. 1 Nr. 1 StaRUG versagen.[852]

3. Richtlinienkonformität

Die RRL stützt dieses Ergebnis. Dort wird deutlich, dass die Justizbehörden den präventiven Restrukturierungsrahmen nicht allein deshalb aufheben können sollen, weil vor der Anzeige die interne gesellschaftliche Zuständigkeitsordnung nicht eingehalten wurde. Aus der RRL folgt, dass die Justizbehörden die Aufgabe haben, die Rechte und Interessen der Schuldner und anderer betroffener Parteien zu wahren (ErwG 29 S. 3). ErwG 35 S. 1 spricht von einem »fairen Ausgleich zwischen den Rechten des Schuldners und denen des Gläubigers«, den die Justiz nach S. 3 ebenso zu gewährleisten hat. Aufgabe der Justizbehörde in Bezug auf die Bestätigung des Restrukturierungsplans sei es, sicherzustellen, dass »die Kürzung der Forderungen der Gläubiger beziehungsweise der Beteiligungen der Anteilsinhaber in einem angemessenen Verhältnis zu den mit der Restrukturierung verbundenen Vorteilen steht« (ErwG 48 S. 1). Nach Art. 4 Abs. 6 RRL ist durch die Beteiligung von Justizbehörden »sicherzustellen [...], dass die Rechte betroffener Parteien und einschlägiger Interessenträger gewahrt werden«.

In der RRL finden sich dagegen keinerlei Angaben in Bezug auf eine Pflicht der Justizbehörden zur Überprüfung, ob formelle Zuständigkeiten vor Anzeige der präventiven Restrukturierung eingehalten worden sind.

Das Restrukturierungsverfahren soll durch die Justizbehörden aufhebbar sein, weil Interessen unverhältnismäßig schwer verletzt werden und nicht, weil formelle Zuständigkeiten nicht eingehalten worden sind. Die Justizbehörden sollen gewährleisten, dass sowohl die Interessen der Gläubiger als auch die Interessen der Anteilsinhaber in einen Ausgleich zu bringen sind. Dadurch besteht nicht die Gefahr, dass die Interessen der Gesellschafter nach der Anzeige der Restrukturierungssache keine Berücksichtigung mehr finden. Damit müsste nicht zwangsläufig eine Überprüfung stattfinden, dass die Gesellschafter der Anzeige eines Restrukturierungsverfahrens mit qualifizierter Mehrheit zugestimmt haben. Das zwingende Erfordernis eines zustimmenden Beschlusses der Gesellschafterversammlung würde viel eher eine ungleiche Berücksichtigung der Anteilsinhaberinteressen zulasten der Gläubigerinteressen bedeuten. Das stünde im Widerspruch zu den Vorgaben der RRL. Damit entspricht der aus dem StaRUG folgende Prüfungsumfang den Vorgaben der RRL.

VI. Pflichtverletzung im Innenverhältnis hat keine Auswirkungen auf das Außenverhältnis

Selbst wenn man davon ausgeht, dass ein Gesellschafterbeschluss erforderlich sei und das Restrukturierungsgericht ein Prüfungsrecht hätte, lägen die Voraussetzungen des Missbrauchs der Vertretungsmacht in dem Fall, dass die Geschäftsführung gegenüber dem Restrukturierungsgericht ein Restrukturierungsvorhaben ohne die vorherige Ein-

852 *Kramer*, in: BeckOK, StaRUG, § 39, Rn. 5; *Skauradszun*, in: BeckOK, StaRUG, § 63, Rn. 12.

holung eines zustimmenden Gesellschafterbeschlusses anzeigt, nicht vor.[853] Die Pflichtverletzung im Innenverhältnis schlägt nicht auf das Außenverhältnis durch.[854]

Grundsätzlich schützen die Vertretungsregeln die Sicherheit und Leichtigkeit im Rechts- und Handelsverkehr.[855] Den Geschäftspartner trifft keine Überprüfungspflicht hinsichtlich der Reichweite der Vertretungsmacht des Vertreters. Dies gilt nicht, wenn der Vertreter objektiv pflichtwidrig dem Vertretenen einen Nachteil zufügt und der Geschäftsgegner nicht schutzbedürftig ist.[856] In diesem Fall finden die Grundsätze des Missbrauchs der Vertretungsmacht Anwendung. Diese sind nicht gesetzlich normiert.

Die Vertretung der GmbH durch die Geschäftsführung kann einen Anwendungsfall für die Grundsätze des Missbrauchs der Vertretungsmacht darstellen. Denn die Geschäftsführung vertritt die GmbH gem. § 35 Abs. 1 S. 1 GmbHG gerichtlich und außergerichtlich. Deren Vertretungsmacht kann gem. § 37 Abs. 1 GmbHG im Innenverhältnis zum Beispiel durch Beschlüsse der Gesellschafter beschränkt werden. Solche Beschränkungen im Innenverhältnis haben nach § 37 Abs. 2 S. 1 GmbHG keine Wirkungen im Außenverhältnis.[857] § 37 Abs. 2 S. 2 GmbHG normiert sogar explizit die Unbeachtlichkeit des internen Erfordernisses der Zustimmung der Gesellschafter für einzelne Geschäfte im Außenverhältnis.

Wenn der Geschäftspartner nicht schutzwürdig ist, weil er kollusiv mit dem Vertreter zusammengearbeitet hat oder das pflichtwidrige Verhalten des Vertreters kennt oder hätte kennen müssen, ist das Geschäft unwirksam, weil die Pflichtverletzung im Innenverhältnis auf das Außenverhältnis durchschlägt. In beiden Fällen ist also die vertretene Person schutzwürdiger und die Vertretung ausnahmsweise auch im Außenverhältnis unwirksam.[858]

In Bezug auf die Anzeige eines Restrukturierungsvorhabens hätte die Anwendung der Grundsätze des Missbrauchs der Vertretungsmacht grundsätzlich zur Folge, dass die Geschäftsführung, bei Vorliegen der Voraussetzungen, die Gesellschaft nach außen hin nicht wirksam vertreten könnte und die Anzeige gegenüber dem Gericht nicht wirksam wäre. Diese Sichtweise verkennt, dass die Voraussetzungen des Missbrauchs der Vertretungsmacht und der mit diesen Grundsätzen verfolgte Zweck im Fall der Anzeige des Restrukturierungsvorhabens nicht gegeben sind.

1. Kein Fall der Kollusion

Im Fall der Kollusion wirken Geschäftspartner und Geschäftsführung bewusst und gewollt zum Nachteil der Gesellschaft zusammen. Unter diesen Umständen muss der

853 So auch *Termath*, Der »shift of duties« bei wahrscheinlicher Insolvenz, S. 294 f.

854 Siehe dazu oben S. 116 und die Nachweise in Fn. 687.

855 *Bayer*, FS Vetter, 51 (52); *Lieder*, JuS 2014, 393 (395); *Lieder*, JuS 2014, 681 (683).

856 *Lieder*, JuS 2014, 681 (684); *Schilken*, in: Staudinger, BGB, § 167, Rn. 94 f.; *Schubert*, in: MüKo, BGB, § 164, Rn. 235 f.

857 *Baumert*, FD-InsR 2023, 458448, Anm. zu AG Hamburg, Beschl. v. 17.3.2023 – 61c RES 1/23; *Harig*, EWiR 2023, 406 (407), Anm. zu AG Hamburg, Beschl. v. 17.3.2023 – 61c RES 1/23.

858 *Lieder*, FS Smid, 543 (546); *Lieder*, JuS 2014, 393 (396); vgl. *Oetker*, in: Henssler/Strohn, GesR, GmbHG, § 37, Rn. 25. Sowohl der Tatbestand als auch die Rechtsfolgen des Missbrauchs der Vertretungsmacht, auf die es hier im Ergebnis nicht ankommt, sind im Detail umstritten. Zum Streitstand siehe bei *Schubert*, in: MüKo, BGB, § 164, Rn. 230–241.

Schutz der Gesellschaft Vorrang haben und der Verkehrsschutz zurücktreten. Der Geschäftspartner vertraut gerade nicht auf ein pflichtgemäßes Verhalten der Geschäftsführung. Vielmehr nutzt er das abgesprochene pflichtwidrige Verhalten der Geschäftsführung, um sich selbst zu bereichern. Der Geschäftspartner ist damit nicht schutzbedürftig.

Die Fallgruppe der Kollusion beruht auf Erwägungen, die sich nicht auf das Verhältnis zwischen der Geschäftsführung und dem Restrukturierungsgericht übertragen lassen. Zwar ist die Geschäftsführung bei der Anzeige eines Restrukturierungsvorhabens nach § 31 StaRUG und dem Antrag auf Bestätigung des Restrukturierungsplans gem. § 60 StaRUG handelnder Vertreter, der die Gesellschaft beziehungsweise die dahinterstehenden Gesellschafter vertritt. Es überzeugt aber nicht, das Restrukturierungsgericht als Geschäftspartner der Geschäftsführung einzuordnen. Weder die Anzeige nach § 31 StaRUG noch der Antrag des § 60 StaRUG der Geschäftsführung gegenüber dem Gericht ist eine Handlung, von der das Gericht wirtschaftlich irgendwie profitieren könnte. Das Restrukturierungsgericht muss objektiv anhand der Aufhebungs- und Versagungsgründe entscheiden, ob die Anzeige oder der Antrag wirksam sind. Restrukturierungsgericht und Geschäftsführung schließen keinerlei Vertrag. Das Gericht hat die Verfahrensvorschriften einzuhalten und keine eigenen Interessen zu verfolgen. Daher besteht im Vergleich zu einem normalen Dritten nicht die Versuchung, sich gemeinsam mit der Geschäftsführung, auf Kosten der Gesellschaft beziehungsweise der dahinterstehenden Gesellschafter zu bereichern. Es besteht keine Notwendigkeit die Gesellschaft und die Beteiligten über die Vorschriften des StaRUG hinaus zu schützen.

2. Kein Fall der Evidenz

In der zweiten Fallgruppe, der sog. Evidenz, hat der Geschäftspartner positive Kenntnis oder grob fahrlässige Unkenntnis von der Überschreitung der internen Befugnisse der Geschäftsführung.[859] Auch in diesem Fall führt die pflichtwidrige Handlung der Geschäftsführung zur Unwirksamkeit des Geschäfts. Zwar nutzt der Geschäftspartner hier nicht in bewusster Absprache mit der Geschäftsführung deren Pflichtverletzung im Innenverhältnis aus. Der Geschäftspartner erkennt oder verkennt jedoch grob fahrlässig das pflichtwidrige Verhalten der Geschäftsführung. Ihn trifft bei konkreten Verdachtsgründen die Notwendigkeit einer Rückfrage gegenüber der Geschäftsführung.[860] Die Fallgruppe der Evidenz ist also eine Konkretisierung der Sorgfaltspflicht, bei Verdachtsmomenten auch die Interessen des vertretenen Geschäftspartners zu wahren. Das Restrukturierungsgericht unterliegt nicht den gleichen Sorgfaltspflichten, wie sie einem Dritten bei Abschluss eines Rechtsgeschäfts mit einem Vertreter auferlegt werden. Es muss sich ausschließlich gesetzmäßig im Sinne der Normen des Verfahrens-

859 BGH, Urt. v. 5.12.1983 – II ZR 56/82, NJW 1984, 1461–1462, juris Rn. 14; BGH, Urt. v. 31.1.1991 – VII ZR 291/88, BGHZ 113, 315–325 = NJW 1999, 1812–1815, juris Rn. 29; *Oetker*, in: Henssler/Strohn, GesR, GmbHG, § 37, Rn. 25; *Schubert*, in: MüKo, BGB, § 164, Rn. 232.

860 *Schäfer*, in: BeckOK, BGB, § 167, Rn. 52; vgl. *Schubert*, in: MüKo, BGB, § 164, Rn. 232.

rechts verhalten.[861] Die Vorschriften des Verfahrensrechts sehen sowohl die Wahrung der Gläubiger- als auch der Gesellschafterinteressen vor.[862] Sie sehen dagegen keine Pflicht vor, zu überprüfen, ob die Geschäftsführung vor der Anzeige des Restrukturierungsvorhabens oder vor dem Antrag auf Bestätigung eines Restrukturierungsplans einen zustimmenden Beschluss der Gesellschafterversammlung eingeholt hat.[863] Es gibt keine von dem Restrukturierungsgericht einseitig einzuhaltende Sorgfaltspflicht, die mit der Fallgruppe der Evidenz beim Missbrauch der Vertretungsmacht vergleichbar wäre und die Wahrung der Interessen der vertretenen Person in besonderem Maße zur Folge hätte.

3. Kein Nachteil für die vertretenen Personen bei der Anzeige

Zu dem Zeitpunkt der Anzeige nach § 31 StaRUG spricht noch ein weiterer Grund gegen die Anwendung der Grundsätze des Missbrauchs der Vertretungsmacht: Es fehlt an einem mit dem Vertragsschluss vergleichbaren Nachteil für die Gesellschaft.[864] Die Anzeige soll noch keinen Beschluss des Gerichts herbeiführen.

Ziel der Anzeige nach § 31 StaRUG ist es, die Instrumente des § 29 Abs. 2 StaRUG in Anspruch nehmen zu können. Die Anzeige eröffnet erst vertiefte Verhandlungen über den Restrukturierungsplan. In erster Linie ist der Umfang der Aufgaben des Restrukturierungsgerichts von der individuellen gerichtlichen Einbeziehung durch den

861 In diese Richtung auch *Flöther/Wilke*, ZRI 2023, 1029 (1039), nach denen das Restrukturierungsgericht für die Einhaltung des rechtlichen Rahmens des StaRUG sorge, aber nicht auf eine bestimmte Wirkung dieser Erklärung zu vertrauen habe. Zur Anwendbarkeit der Grundsätze des Missbrauchs der Vertretungsmacht bei der Insolvenzantragstellung bei drohender Zahlungsunfähigkeit auch schon *Fehrenbach*, ZIP 2020, 2370 (2372). *Fehrenbach* zufolge fehle es im Verhältnis zum Insolvenzgericht schon am Verkehrsschutzinteresse, weil »das Insolvenzgericht als Organ der Rechtspflege der Wirksamkeit der Erklärung kein Vertrauen entgegen« bringe. *Skauradszun/Harnack*, DZWIR 2023, 511 (517), kommen zu dem Schluss, dass es bei der Anzeige nach § 31 Abs. 1 StaRUG für eine Anwendbarkeit der Grundsätze des Missbrauchs der Vertretungsmacht an einem schutzbedürftigen Geschäftspartner fehle, weil es sich nicht um ein kontradiktorisches Verfahren handele.

862 Siehe dazu oben ab S. 142.

863 Vgl. AG Hannover, Beschl. v. 27.2.2023 – 951 RES 1/23 – 1, ZRI 2023, 309–312, das an keiner Stelle auf das Vorliegen oder Nichtvorliegen eines zustimmenden Gesellschafterbeschlusses eingeht, diesen Umstand folglich nicht prüft; *Flöther/Wilke,* ZRI 2023, 1029 (1040); *Skauradszun*, BeckOK, StaRUG, § 2, Rn. 87.2.

864 Vgl. *Mock*, NZI 2023, 585 (586), Anm. zu AG Hamburg, Beschl. v. 17.3.2023 – 61c RES 1/23; a.A. LG Berlin, Beschl. v. 31.5.2023 – 100 O 18/23, ZIP 2023, 1910–1912, juris Rn. 5, das das Erfordernis eines Gesellschafterbeschlusses bereits bei der Anzeige eines Restrukturierungsvorhabens aber nicht mit einem dann schon drohenden Nachteil der Gesellschafter begründet. Es lehnt die Verlagerung des Zustimmungserfordernisses auf den Zeitpunkt der Bestätigung des Restrukturierungsplans ab, weil das Hinausschieben eine Zwangslage für alle Beteiligten begründen würde. Eine Verweigerung der Zustimmung zu diesem späteren Zeitpunkt würde die Verhandlungen vereiteln und die Gesellschaft in ein Insolvenzverfahren zwingen. *Fuhrmann/Heinen/Schilz*, NZG 2021, 684 (689), »in der Anzeige selbst [liegt] bereits eine schwerwiegende Inzision in die Mitgliedschaftsrechte der Anteilseigner«.

Schuldner abhängig.[865] Dabei vereint das Restrukturierungsgericht zwar Fremdinteressen, nämlich die Gläubiger- und Gesellschafterinteressen am Schuldnerunternehmen, die es zu wahren hat. Daraus könnte geschlussfolgert werden, dass es auch einen etwaigen Nachteil der Gesellschafter zu berücksichtigen hätte. Diese Interessen gewinnen jedoch nicht bereits bei Anzeige eines Restrukturierungsvorhabens Bedeutung, sondern erst dann, wenn der Geschäftsführer einen Antrag auf Bestätigung des Restrukturierungsplans nach § 60 StaRUG stellt.[866] Bis dahin können die Verhandlungen über den Restrukturierungsplan und die Abstimmung außergerichtlich erfolgen und das konkrete Sanierungskonzept kann noch andere Gestalt als bei der Anzeige annehmen.

4. Umkehr des Regel-Ausnahme-Verhältnisses der Rechtsfolgen

Hielte man mit der Argumentation des AG Hamburg die Grundsätze des Missbrauchs der Vertretungsmacht auf die Anzeige des Restrukturierungsvorhabens für anwendbar, kehrte dies außerdem das Regel-Ausnahme-Verhältnis der Rechtsfolgen um.[867] Dies stünde im Widerspruch zu dem Sinn und Zweck dieser Grundsätze. Nach der Argumentation des Amtsgerichts könnten die Gesellschafter bei der Anzeige des Restrukturierungsvorhabens immer vortragen, dass ein zustimmender Gesellschafterbeschluss fehlt. Es handelt sich um einen derart präsenten Streit in Schrifttum und Rechtsprechung, dass der Vortrag des Rechtsbeistands des gegen die Anzeige des Restrukturierungsvorhabens klagenden Gesellschafters diesen Umstand zwingend mitumfassen müsste. Ansonsten könnte ein Haftungsfall des Rechtsbeistands vorliegen. Nach Auffassung des AG Hamburg hätte das Gericht im Falle eines solchen Vortrags positive Kenntnis von dem pflichtwidrigen Handeln der Geschäftsführung. Es läge Evidenz vor, sodass die Restrukturierungssache aufzuheben wäre. Der Rechtsbeistand könnte so mögliche Eingriffe durch den Restrukturierungsplan in die Rechte des Mandanten immer verhindern. Damit wäre die Regel nicht mehr die Wirksamkeit der Anzeige, sondern die Unwirksamkeit aufgrund von Evidenz des Restrukturierungsgerichts. Dies widerspricht den Grundsätzen des Missbrauchs der Vertretungsmacht, wenn man diese für anwendbar hält. Die Fallgruppen von Kollusion und Evidenz sollen nur auf ausnahmsweise missbräuchliches Verhalten des Dritten Anwendung finden. Die Regel soll ein Vertrauensschutz sein, der die Schnelligkeit und Leichtigkeit des Rechts- und Handelsverkehrs ermöglicht. Die Argumentation des Restrukturierungsgerichts und der so verursachte mögliche Vortrag des Rechtsbeistands der Gesellschafter würde aber dazu führen, dass in der Regel missbräuchliches Verhalten vorliegen würde und damit kein Anwendungsbereich für den Vertrauensschutz bliebe.

Dem entgegen führten die Einordnung der Anzeige eines Restrukturierungsvorhabens ohne zustimmenden Gesellschafterbeschluss als rechtsmissbräuchliches Verhalten und die damit einhergehenden Haftungsgefahren für die Geschäftsleitung dazu,

865 *Römer*, in: Nerlich/Römermann, StaRUG, § 34, Rn. 11.

866 Im Ergebnis ist aber auch zu diesem späteren Zeitpunkt ein zustimmender Gesellschafterbeschluss nicht erforderlich, siehe dazu bereits ausführlich ab S. 145. Allgemein gegen eine Verlagerung der Frage auf den späteren Zeitpunkt der Antragstellung *Scholz*, ZIP 2021, 219 (227); *Thole*, BB 2021, 1347 (1351).

867 So auch *Termath*, Der »shift of duties« bei wahrscheinlicher Insolvenz, S. 298.

dass sie zuvor immer die Gesellschafterversammlung fragen müsste und einen mit 3/4-Mehrheit gefassten Gesellschafterbeschluss benötigte. Das ließe wiederum die Vorschriften des Stabilisierungs- und Restrukturierungsrahmens quasi leerlaufen, weil eine große Wahrscheinlichkeit besteht, dass die Geschäftsführung eine solche Mehrheit im Zeitpunkt der drohenden Zahlungsunfähigkeit für die Einleitung von Sanierungsmaßnahmen noch nicht erreicht. Dann wäre außerdem die Hürde für einen möglicherweise weniger einschneidenden Eingriff durch die Anzeige eines Restrukturierungsvorhabens unzutreffend höher als bei einem Insolvenzantrag im Zeitpunkt der drohenden Zahlungsunfähigkeit.[868] Bei letzterem schlägt das Fehlen eines Gesellschafterbeschlusses nämlich nicht auf das Außenverhältnis durch.[869]

5. Keine Unterscheidung zwischen Bewirkungs- und Erwirkungshandlungen

Für das hier vertretene Ergebnis ist es ohne Bedeutung, ob die Handlung der Geschäftsführung eine Bewirkungs- oder Erwirkungshandlung ist. Es überzeugt nicht, die Anwendung der Fallgruppe des Missbrauchs der Vertretungsmacht von der Art der Prozesshandlung abhängig zu machen.

Bei Prozesshandlungen unterscheidet man zwischen Bewirkungshandlungen und Erwirkungshandlungen.[870] Mit Bewirkungshandlungen können die Parteien unmittelbar Wirkungen im Prozess erzeugen.[871] Sie schaffen eine bestimmte prozessuale Lage, ohne dass eine Vermittlung durch eine gerichtliche Tätigkeit erfolgt.[872] Darunter fallen beispielsweise Klageerhebung und -rücknahme, Verzicht, Anerkenntnis, Rücknahme des Einspruchs oder der Berufung.[873] Eine Erwirkungshandlung ist dagegen darauf gerichtet, das Gericht zu einer bestimmten Entscheidung zu veranlassen.[874] Beispiele hierfür sind Hilfsantrag, Behauptung, Beweisantritt, Erledigungserklärung und die Prozessaufrechnung.[875] Mit dem Antrag nach § 60 Abs. 1 S. 1 StaRUG will der Schuldner den Restrukturierungsplan durch das Restrukturierungsgericht bestätigen lassen. Er ist darauf gerichtet, eine Entscheidung des Gerichts herbeizuführen. Der Antrag ist damit als Erwirkungshandlung einzuordnen.

868 *Flöther/Wilke*, ZRI 2023, 1029 (1043).
869 Siehe dazu bereits oben S. 80 f.
870 OLG Schleswig-Holstein, Beschl. v. 27.2.2017 – 4 U 19/16, NJW 2018, 638–639, juris Rn. 15; *Elzer*, in: BeckOK, ZPO, § 300, Rn. 86.
871 *Elzer*, in: BeckOK, ZPO, § 300, Rn. 87; *Prütting*, in: MüKo, ZPO, § 296, Rn. 48.
872 OLG Schleswig-Holstein, Beschl. v. 27.2.2017 – 4 U 19/16, NJW 2018, 638–639, juris Rn. 15; *Elzer*, in: BeckOK, ZPO, § 300, Rn. 87.
873 *Elzer*, in: BeckOK, ZPO, § 300, Rn. 88; *Musielak/Voit*, in: Musielak/Voit, ZPO, Einl., Rn. 61.
874 BGH, Urt. v. 27.2.2015 – V ZR 128/14, NJW 2015, 2425–2429, juris Rn. 28; OLG Schleswig-Holstein, Beschl. v. 27.2.2017 – 4 U 19/16, NJW 2018, 638–639, juris Rn. 15; *Elzer*, in: BeckOK, ZPO, § 300, Rn. 89.
875 *Elzer*, in: BeckOK, ZPO, § 300, Rn. 89.1; vgl. *Musielak/Voit*, in: Musielak/Voit, ZPO, Einl., Rn. 61.

Denkbar ist es, die Grundsätze des Missbrauchs der Vertretungsmacht nur auf Bewirkungshandlungen, nicht hingegen auf Erwirkungshandlungen, anzuwenden.[876] Bewirkungshandlungen haben unmittelbare Konsequenzen für Kläger und Beklagten. Nimmt beispielsweise die Prozessvertretung des Klägers die Klage zurück, entfallen nach § 269 Abs. 3 S. 1 HS. 1 ZPO rückwirkend die wesentlichen prozessualen Wirkungen der Rechtshängigkeit.[877] Das Gericht entscheidet nicht mehr über den Klageanspruch und die Beteiligten können keine Rechtsmittel mehr einlegen.[878] Handelt der Vertreter des Klägers ohne Vertretungsmacht bezüglich dieser Klagerücknahme und weiß der Beklagte dies nicht, ist die Klagerücknahme dennoch wirksam. § 180 S. 1 BGB findet, obwohl es sich bei der Klagerücknahme um eine einseitige Willenserklärung handelt, auf Prozesshandlungen keine Anwendung. Für prozessrechtliche Erklärungen hält das Verfahrensrecht eigene Regelungen bereit.[879] Da weder Kollusion noch Evidenz vorliegen, schlägt die Pflichtverletzung im Innenverhältnis nicht auf das Außenverhältnis durch und die Klagerücknahme ist wirksam. Anders, wenn der Beklagte die fehlende Vertretungsmacht des Klägervertreters kennt. In diesem Fall ist der Kläger schutzwürdig und die Pflichtverletzung im Innenverhältnis schlägt auf das Außenverhältnis durch. Die Klagerücknahme des Klägervertreters wäre dann unwirksam. Das Gericht ist in die Überprüfung der Klagerücknahme nicht eingebunden. Deswegen bedarf es des Schutzes von Kläger und Beklagten über die Grundsätze des Missbrauchs der Vertretungsmacht.

Für die Nichtanwendbarkeit der Grundsätze des Missbrauchs der Vertretungsmacht auf Erwirkungshandlungen kann man zunächst erwägen, dass das Gericht in diesen Fällen unmittelbar eingebunden und als Überprüfungsinstanz dazwischengeschaltet ist. Hier bedürfte es dann der Grundsätze des Missbrauchs der Vertretungsmacht nicht. Die durch das Gericht einzuhaltenden Verfahrensgrundsätze schützten die Prozessparteien ausreichend. Die Gesellschafter könnten insbesondere nach § 64 Abs. 1 S. 1 StaRUG eine Schlechterstellung gegenüber dem Gericht geltend machen und das Gericht könnte die Bestätigung unter den Voraussetzungen des § 63 StaRUG versagen.

Diese Begründung verkennt, welchen Schutz die Grundsätze des Missbrauchs der Vertretungsmacht bieten sollen und welchen Schutz weitere Prüfungen des Gerichts bieten. Die Grundsätze des Missbrauchs der Vertretungsmacht schützen die Interessen des Vertretenen, weil dessen Interessen ausnahmsweise das Interesse von Dritten, auf die Wirksamkeit der Handlungen der Geschäftsführung vertrauen zu dürfen, überwiegen. Die Grundsätze sind deshalb nur dann entbehrlich, wenn das Gericht den anderen Prüfungen die gleichen Erwägungen zugrunde legt. Zumindest im Fall des Restruktu-

876 Diese Einschränkung ohne Begründung vertretend *Schilken*, in: Staudinger, BGB, § 167, Rn. 99; diese Einschränkung ohne nähere Erläuterung aufgebend *Schilken*, FS Becker-Eberhard, 501 (511, Fn. 26). Teilweise wird auch zwischen für den Prozessgegner günstigen und ungünstigen Prozesshandlungen unterschieden: *Jacoby*, FS Becker-Eberhard, 229 (236–238). Die Unterscheidung zwischen günstigen und ungünstigen Prozesshandlungenen ist bei einem Restrukturierungsplan nicht durchführbar, weil er die Interessen einer Vielzahl von Beteiligten berührt.

877 *Becker-Eberhard*, in: MüKo, ZPO, § 269, Rn. 38; *Roth*, in: Stein, ZPO, § 269, Rn. 42; *Saenger*, in: Saenger, ZPO, § 269, Rn. 31.

878 *Becker-Eberhard*, in: MüKo, ZPO, § 269, Rn. 37.

879 *Schilken*, in: Staudinger, BGB, § 180, Rn. 13; *Schubert*, in: MüKo, BGB, § 180, Rn. 4.

rierungsplans gibt es im Gesetz ab der Anzeige des Vorhabens oder bei dem Antrag auf Bestätigung des Plans keinen Prüfungspunkt, der kontrolliert, ob die Handlung der Geschäftsführung dem Willen der Gesellschafter entspricht. Richtiger Ansicht nach finden die Grundsätze des Missbrauchs der Vertretungsmacht bei Prozesshandlungen gegenüber dem Gericht grundsätzlich keine Anwendung, weil das Gericht kein Dritter ist, dessen schutzwürdiges Vertrauen auf die Wirksamkeit der Handlung der Geschäftsführung durch Evidenz oder Kollusion fehlen kann. Das Gericht ist als staatliche Instanz neutral und muss, um sinnvoll arbeiten zu können, auf die Wirksamkeit der Handlung der Geschäftsführung vertrauen können. Wenn man das anders sieht, müssen die Grundsätze des Missbrauchs der Vertretungsmacht aber in beiden Formen der Prozesshandlungen Anwendung finden, weil eine Unterscheidung nicht trägt.

VII. Zwischenfazit

Der Beschluss des AG Hamburg und die Bestätigung des LG Hamburg sind aus mehreren Gesichtspunkten unzutreffend. Ihre Argumentationen beruhen zunächst auf einer fehlerhaften Prämisse. Selbst wenn man unterstellen würde, die Prämisse der Rechtsprechung sei zutreffend, kommt dem Restrukturierungsgericht weder bei der Anzeige nach § 31 StaRUG noch bei der Antragstellung nach § 60 StaRUG ein Prüfungsrecht oder eine Prüfungspflicht hinsichtlich der Einhaltung der internen gesellschaftsrechtlichen Zuständigkeitsordnung zu. § 39 StaRUG i.V.m. § 31 Abs. 2 S. 1 StaRUG sieht insbesondere keine Ermittlungspflicht für das Vorliegen eines zustimmenden Gesellschafterbeschlusses vor. Eine Überprüfung des Gerichts, ob die Geschäftsleitung intern mit Vertretungsmacht gehandelt habe, würde den Prüfungsrahmen des Gerichts einseitig auf die Berücksichtigung der Gesellschafterinteressen verzerren. Die Interessen von Gläubigern und Gesellschaftern würden dann nicht mehr gleichmäßig berücksichtigt.

Selbst wenn man davon ausgeht, dass das Restrukturierungsgericht ein Prüfungsrecht hätte, lägen die Voraussetzungen des Missbrauchs der Vertretungsmacht nicht vor. Das Restrukturierungsgericht ist kein Geschäftspartner des Geschäftsführers, der ein eigenes wirtschaftliches Interesse an der Anzeige des Restrukturierungsvorhabens verfolgt. Die Anzeige des Restrukturierungsvorhabens stellt keine vertragsähnliche Handlung zulasten der Gesellschaft dar, woraus das Restrukturierungsgericht einen eigenen Vorteil ziehen und kollusiv mit dem Geschäftsführer zusammenarbeiten könnte. Außerdem unterliegt das Restrukturierungsgericht nicht denselben Sorgfaltspflichten, wie der Geschäftspartner der Gesellschaft. Es muss die verfahrensrechtlichen Voraussetzungen einhalten und dafür auf die Wirksamkeit der Handlungen der Geschäftsführung vertrauen dürfen.

E. Ergebnis Kapitel 2

Vor Geltung der RRL und des StaRUG war die Geschäftsleitung der GmbH an die Weisungen der Gesellschafter gebunden, wenn es darum ging, das Unternehmen zu sanieren. An der Zustimmung der Gesellschafter konnten daher frühzeitige und sinnvolle Sanierungen scheitern, wenn Gesellschafter nicht notwendige Einschnitte in ihre Rechte nicht dulden wollten.

Die RRL hat vor allem zum Ziel, die Restrukturierung von bestandsfähigen Unternehmen zu sichern. Davon soll die Wirtschaft als Ganzes profitieren. Die Vornahme der notwendigen Sanierungsschritte soll nicht am Widerstand einzelner Gesellschafter oder Gläubiger scheitern. Es verstößt daher gegen die Richtlinie, die Vornahme sinnvoller Restrukturierungen vom Willen einzelner Beteiligter oder Beteiligtengruppen abhängig zu machen. Zudem widerspricht es der Richtlinie, wenn die Restrukturierung in jedem Falle ohne näheren Grund einen zustimmenden Gesellschafterbeschluss bräuchte. Keine eindeutige Stellung bezieht die Richtlinie dagegen bei der Frage, in welcher Reihenfolge die Geschäftsleitung die Interessen der Beteiligten zu wahren und zu fördern hat.

Der deutsche Gesetzgeber hat sich dagegen entschieden, ab dem Zeitpunkt drohender Zahlungsunfähigkeit die Interessen der Gläubiger zum vorrangigen Entscheidungsmaßstab zu machen. Denn der Ausschuss für Recht und Verbraucherschutz strich für die Endfassung des StaRUG den § 2 StaRUG-RegE, der einen entsprechenden *shift of fiduciary duties* vorsah. Gleichzeitig lässt sich aus der Streichung nicht der weitere Umkehrschluss ziehen, der Gesetzgeber wollte die Interessen der Gesellschafter zum Entscheidungsmaßstab der Geschäftsleitung erheben und die Geschäftsleitung gleich der bis dahin geltenden Rechtslage der umfassenden Weisungsgebundenheit der Gesellschafter unterwerfen. Denn der Gesetzgeber wollte das Hauptziel der Richtlinie umsetzen und teilte den Wunsch danach, auch gegen den Willen einzelner Beteiligter oder Gruppen die Restrukturierung eines Unternehmens zu erleichtern. Das Auslegungsproblem löst sich daher auf, wenn sich die Auslegung der Norm an Art. 19 RRL und den Erwägungsgründen orientiert. Daraus folgt erstens, dass die Geschäftsleitung ab dem Zeitpunkt drohender Zahlungsunfähigkeit bis zum Zeitpunkt der materiellen Insolvenz nicht vorrangig den Interessen der Gesellschafter oder Gläubiger, sondern dem Bestand des Unternehmens verpflichtet ist. Die Geschäftsleitung muss daher, frei vom Willen der Gesellschafter, auf die Restrukturierung des Unternehmens hinwirken und die notwendigen Maßnahmen vornehmen. Bei der Auswahl der Maßnahmen hat sie die Interessen der Gesellschafter und Gläubiger miteinander abzuwägen und innerhalb eines Ermessensspielraums eine vertretbare Lösung zu finden. Dabei müssen sich umso mehr die Gesellschafterinteressen durchsetzen, je eher das Unternehmen sich noch in einem frühen Stadium der Krise befindet und es müssen sich umso mehr die Gläubigerinteressen durchsetzen, je näher das Unternehmen in die Nähe der Insolvenz rückt. Dieser schrittweise Übergang lässt sich als Abwägungstreppe verstehen. An erster Stelle stehen in jedem Falle die Sanierung und der Erhalt des Unternehmens.

Die bisher zu dem Problem erschienene Rechtsprechung verfolgt keine eindeutige Linie. Teilweise verlangen die Gerichte für die Anzeige eines Restrukturierungsvorhabens einen zustimmenden Gesellschafterbeschluss. Diese Prämisse erfährt keine Begründung und kann daher nicht überzeugen. Beim Unterstellen der Notwendigkeit eines zustimmenden Gesellschafterbeschlusses führte das Fehlen eines solchen bei der Anzeige des Restrukturierungsvorhabens darüber hinaus nur zu einer Schadensersatzpflicht der Geschäftsleitung gegenüber den Gesellschaftern. Die Anzeige bliebe wirksam.

Kapitel 3 Haftung

Ursprünglich sah § 3 Abs. 1 StaRUG-RegE einen Schadensersatzanspruch der Gesellschaft gegen die Geschäftsleitung bei einem Verstoß gegen die Wahrung der Interessen der Gläubigergesamtheit gem. § 2 Abs. 1 StaRUG-RegE für den entstandenen Schaden vor. Der Entwurfsbegründung zufolge bestünden, ohne die Einführung dieser weiteren Haftungsvorschrift, Schutz- und Haftungslücken zulasten der Gläubiger, wenn das Unternehmen drohend zahlungsunfähig, aber noch nicht überschuldet sei.[880] Denn durch die Begrenzung des Prognosezeitraums der Überschuldung auf 12 Monate nach § 19 Abs. 2 S. 1 InsO und der Festlegung des Prognosezeitraums der drohenden Zahlungsunfähigkeit auf 24 Monate nach § 18 Abs. 2 S. 2 InsO, seien die Gläubiger in den ersten 12 Monate, wenn das Unternehmen ausschließlich drohend zahlungsunfähig sei, nicht durch die gläubigerschützenden Haftungsvorschriften aus InsO und GmbHG geschützt.[881] Der Anwendungsbereich dieser Haftungsvorschriften habe sich spiegelbildlich durch die Verkürzung des Prognosezeitraums der Überschuldung ebenfalls verkürzt.[882] Die in Bezug genommenen gläubigerschützenden Haftungsvorschriften aus InsO und GmbHG seien die Insolvenzverschleppung aus § 15a InsO und das Zahlungsverbot aus § 15b InsO. Diese griffen in dem ersten Jahr der drohenden Zahlungsunfähigkeit noch nicht ein.[883] Daher sollte § 3 StaRUG-RegE die so entstandene Haftungslücke mit der in § 2 StaRUG-RegE normierten Pflicht zur Berücksichtigung der Gläubigerinteressen schließen.

§ 3 StaRUG-RegE wurde parallel zu den in § 2 StaRUG-RegE normierten Pflichten in der Endfassung des StaRUG ersatzlos gestrichen. Die Streichung des § 3 StaRUG-RegE wurde mit dem unklaren Verhältnis zu den im Gesellschaftsrecht verankerten Sanierungspflichten begründet.[884] Außerdem seien die Gläubiger nun doch ausreichend durch die bestehenden handels- und gesellschaftsrechtlichen Haftungsnormen geschützt, sodass entgegen der Annahmen im Regierungsentwurf gerade keine Haftungslücken entstünden.[885] Damit widersprechen sich die Aussagen in Regierungsentwurf und in der Endfassung des StaRUG.

Der europäische Gesetzgeber hat in Art. 19 lit. c RRL vorgegeben:

»Die Mitgliedstaaten stellen sicher, dass die Unternehmensleitung bei einer wahrscheinlichen Insolvenz mindestens Folgendes gebührend berücksichtigt: […]

c) die Notwendigkeit, vorsätzliches oder grob fahrlässiges Verhalten zu vermeiden, das die Bestandsfähigkeit des Unternehmens gefährdet.«

Fraglich ist, ob der deutsche Gesetzgeber Art. 19 lit. c RRL nach der ersatzlosen Streichung des § 3 StaRUG-RegE angemessen und wirkungsvoll umgesetzt hat. In diesem

880 BT-Drs. 19/24181, S. 105.
881 BT-Drs. 19/24181, S. 105.
882 BT-Drs. 19/24181, S. 105.
883 BT-Drs. 19/24181, S. 105.
884 BT-Drs. 19/25353, S. 6.
885 BT-Drs. 19/25353, S. 6.

Zusammenhang ist insbesondere umstritten, ob § 43 Abs. 2 GmbHG i.V.m. § 1 StaRUG den vom europäischen Gesetzgeber gewollten Schutz auffangen kann, ob § 1 StaRUG ein Schutzgesetz im Sinne des § 823 Abs. 2 BGB darstellt, wonach die Geschäftsleitung gegenüber den Gläubigern haftet und ob die Gesellschafter die Geschäftsleitung gegebenenfalls abberufen oder kündigen können.

Für die Geschäftsleitung ist unklar, nach welchen Vorschriften und nach welchem Verhaltensmaßstab sie nun ab drohender Zahlungsunfähigkeit für Sanierungsbemühungen haftet. § 1 StaRUG selbst normiert keine Rechtsfolgen für den Fall, dass die Geschäftsleitung die daraus folgenden Pflichten verletzt. Unklar bleibt ebenfalls, wann die von der Geschäftsleitung ergriffenen Gegenmaßnahmen geeignet sind. Eine Verletzung der in § 1 Abs. 1 StaRUG normierten Pflichten ist aber nicht sanktionslos.[886] Ziel dieses Kapitels ist es erstens, die Haftungsgefahren der Geschäftsleitung ab dem Zeitpunkt drohender Zahlungsunfähigkeit darzulegen. Zweitens ist nachzuweisen, ob die handels- und gesellschaftsrechtlichen Haftungsnormen die Vorgaben der RRL erfüllen, wie dies der deutsche Gesetzgeber annimmt.

A. Anforderungen an die Sanierungsbemühungen i.S.d. § 1 Abs. 1 StaRUG

Im Kern sollen verschiedene Haftungsvorschriften die Pflichten in § 1 Abs. 1 StaRUG abdecken – die Pflicht zur Erkennung fortbestandsgefährdender Entwicklungen (S. 1) und die Pflicht geeignete Gegenmaßnahmen zu ergreifen, wenn solche Entwicklungen erkannt wurden (S. 2). Die Geschäftsleitung verletzt ihre Pflichten aus § 1 Abs. 1 S. 1 StaRUG in jedem Fall, wenn sie gar keine Maßnahmen zur Erkennung fortbestandsgefährdender Entwicklungen trifft.[887] Trotz entsprechender Vorgaben der RRL hat der deutsche Gesetzgeber verkannt, eine Pflicht zur Einrichtung eines Früherkennungssystems der GmbH-Geschäftsleitung von kleinen und mittleren Unternehmen ausdrücklich zu normieren.[888] Durch eine richtlinienkonforme Auslegung gelten die Vorgaben der RRL zur Einrichtung eines Früherkennungssystems aber auch für die Geschäftsleitung von KMUs. Das heißt, das Unterlassen der Einrichtung eines vollständigen Früherkennungssystems stellt eine Pflichtverletzung für die Geschäftsführung von GmbHs aller Größen dar. Die Geschäftsleitung muss aufgrund des Früherkennungssystems in der Lage sein, den Eintritt von drohender Zahlungsunfähigkeit festzustellen. Sofern das Früherkennungssystem dazu nicht geeignet ist, verstößt die Geschäftsleitung ebenso gegen die Pflicht aus § 1 Abs. 1 S. 1 StaRUG.

Sofern die Geschäftsleitung ihre Pflicht zur Einrichtung eines Früherkennungssystems nach § 1 Abs. 1 S. 1 StaRUG erfüllt und dieses System fortbestandsgefährdende Entwicklungen erkannt hat, haftet die Geschäftsleitung, wenn sie gar keine Gegenmaßnahmen einleitet oder die Gegenmaßnahmen nicht geeignet waren. Gegenmaß-

886 *Brinkmann*, KTS 2021, 303 (310); *Hölzle*, FS Gehrlein, 261 (275); *Jungmann*, ZRI 2021, 209 (227); *Skauradszun/Amort*, DB 2021, 1317 (1324 ff.), ohne dies eindeutig auf die Pflichten aus § 1 Abs. 1 StaRUG zu beziehen.

887 *Brinkmann*, ZRI 2024, 781 (783); *Termath*, Der »shift of duties« bei wahrscheinlicher Insolvenz, S. 241.

888 Siehe dazu Kapitel 1 ab S. 43 und ab S. 48.

nahmen sind insbesondere dann ungeeignet, wenn die Geschäftsleitung die Sanierungsmaßnahmen zu früh oder zu spät einleitet oder sich zu lange um eine Sanierung bemüht, obwohl diese aussichtslos ist. Denn aus § 1 Abs. 1 S. 2 StaRUG folgt auch die Pflicht, sich neben den vorrangig zu verfolgenden Sanierungsmaßnahmen zusätzlich auf ein zumindest nicht von vornherein ausgeschlossenes, alternatives Insolvenzszenario vorzubereiten.[889] Folglich sind, während einer vorrangig betriebenen außergerichtlichen Sanierung, präventiv auch die nötigen Vorbereitungsmaßnahmen für eine Insolvenzantragstellung zu treffen.[890]

Die Geschäftsleitung muss für ein pflichtgemäßes Verhalten i.S.d. § 1 Abs. 1 S. 2 StaRUG ernsthaft ein schlüssiges und erfolgsversprechendes Sanierungskonzept darlegen. Diese Formulierung verwenden die Rechtsprechung und Literatur sowohl in restrukturierungsrechtlichen[891] als auch in insolvenzanfechtungsrechtlichen[892] Sachverhalten. Die von der Geschäftsleitung auszuwählende Sanierungsmaßnahme muss sowohl inhaltlich als auch zeitlich zur Sicher- und Wiederherstellung der Bestandsfähigkeit des Unternehmens geeignet sein.[893] Nur dann, wenn ein Sanierungskonzept vorliegt und dieses schlüssig ist, erfüllt die Geschäftsleitung ihre Sanierungspflicht. Als Enthaftungsmöglichkeiten der Geschäftsleitung kommen rechtmäßige Beschlüsse der Gesellschafterversammlung und die Anwendung der Business Judgement Rule in Betracht.

I. Inhaltliche Eignung der Gegenmaßnahmen

Im Vordergrund der Geschäftsleitungspflicht aus § 1 Abs. 1 S. 2 StaRUG steht die Sanierung des Unternehmens.[894] Erst nachgelagert entscheidet die Geschäftsleitung zu wessen Lasten, Gläubiger- oder Gesellschafterinteressen, die Sanierung geht.[895] Deswegen sind inhaltlich festgelegte Maßstäbe für einen ordnungsgemäßen Sanierungsversuch notwendig. Problematisch sind die Fälle, in denen zwar Sanierungsbemühungen erfolgen, diese im Ergebnis aber nicht erfolgreich sind. Dann stellt sich die Frage, wann die Geschäftsführung noch im Rahmen ihrer Sanierungspflicht handelt und wann pflichtwidriges Verhalten vorliegt. Die Geschäftsführung haftet nicht zwingend nur deshalb, weil die Sanierung am Ende scheitert und sie einen Insolvenzantrag stellen muss, weil sich die Sanierungsmaßnahmen im Nachhinein als ungeeignet erweisen.[896] Denn die Geschäftsführung ist bei der Sanierung als solcher auch auf die Mithilfe Dritter, sprich der Gläubiger und Gesellschafter und etwaiger Investoren, angewiesen, auf

889 *Hölzle*, ZIP 2023, 2498 (2501 f.); a.A. *Brinkmann*, ZRI 2024, 781 (783).

890 *Hölzle*, ZIP 2023, 2498 (2501 f.).

891 AG Karlsruhe, Beschl. v. 25.3.2022 – 102 Res 2/21, ZIP 2023, 651–658, juris Rn. 62.

892 BGH, Urt. v. 12.5.2016 – IX ZR 65/14, BGHZ 210, 249–263 = ZInsO 2016, 1251–1256, juris Rn. 39 f.; BGH, Urt. v. 14.6.2018 – IX ZR 22/15, ZInsO 2018, 2017–2019, juris Rn. 10; BGH, Urt. v. 28.3.2019 – IX ZR 7/18, ZInsO 2019, 1060–1062, juris Rn. 8.

893 *Borries/Hirte*, in: Uhlenbruck, InsO, Band 1, § 133, Rn. 133; *Gehrlein*, WuB 2021, 362 (365), Anm. zu BGH, Urt. v. 6.5.2021 – IX ZR 72/20.

894 Siehe dazu Kapitel 2 insbesondere S. 94 ff. und S. 128 f.

895 Siehe dazu Kapitel 2, S. 93 ff. und S. 128 f.

896 *Thole*, BB 2021, 1347 (1348).

die sie nur bedingt Einfluss hat.[897] Die Geschäftsführung haftet, wenn sie pflichtwidrig Maßnahmen gegen die fortbestandsgefährdenden Entwicklungen nicht einleitet, die gegenüber alternativen Maßnahmen besser waren und später nicht mehr zur Verfügung stehen.[898] Sie können deswegen nicht mehr verfügbar sein, weil beispielsweise die Eingangsvoraussetzungen für ein StaRUG-Verfahren nicht mehr vorliegen.[899] Wenn die Geschäftsführung Restrukturierungsmaßnahmen unterlässt, versagt das im Restrukturierungsrahmen verankerte und die Gläubiger schützende Schlechterstellungsverbot aus § 64 Abs. 1 S. 1 StaRUG, weil die eigentlich besseren, aber mittlerweile verschleppten Alternativen nicht mehr zur Verfügung stehen.[900] Es handelt sich hierbei um Pflichtverletzungen, die in aller Regel der Insolvenzverwalter in einem späteren Insolvenzverfahren zur Generierung der Haftungsmasse geltend macht. Damit sanktioniert die Insolvenzverwaltung die Verminderung des den Gläubigern zur Verfügung stehenden Haftungsfonds.[901]

Die Sanierungsmaßnahme ist inhaltlich geeignet, wenn das Unternehmen grundsätzlich sanierungsfähig und die Geschäftsleitung diejenige Sanierungsmaßnahme wählt, die bei geringstmöglichem Eingriff in die Rechte der Gesellschafter die höchstmögliche Wahrscheinlichkeit zur Sicher- und Wiederherstellung der Bestandsfähigkeit des Unternehmens gem. § 14 Abs. 1 StaRUG hat. Aus einem Umkehrschluss aus § 33 Abs. 2 S. 3 StaRUG folgt, dass die Sicher- und Wiederherstellung der Bestandsfähigkeit nur dann erfolgreich und nachhaltig gewährleistet ist, wenn bis zur Anzeige eines neuen Restrukturierungsvorhabens zumindest drei Jahre vergangen sind.[902] Sofern für die Durchführung der Sanierung die Mithilfe Dritter erforderlich ist, genügt es, dass ihre Beteiligung überwiegend wahrscheinlich ist.[903] Das ist vor allem dann abzulehnen, wenn gem. § 32 Abs. 4 StaRUG die Planbetroffenen den vorgelegten Restrukturierungsplan erkennbar ernsthaft und endgültig ablehnen, sodass die für die Planannahme erforderlichen Mehrheiten nicht erreicht werden können. In diesem Fall wäre der Sanierungsversuch nicht erfolgsversprechend und das Sanierungskonzept nicht schlüssig.

Der BGH nennt im Zusammenhang mit dem Tatbestand der Insolvenzanfechtung nach § 133 InsO Voraussetzungen für einen »ernsthaften und erfolgsversprechenden Sanierungsversuch«.[904] Diese Hinweise ermöglichen Rückschlüsse auf die ordnungs-

897 Vgl. *Bieg/Hölzle,* ZIP 2022, 2419 (2420), die dies im Zusammenhang mit »*hindsight bias*« feststellen. Bei »*hindsight bias*« handelt es sich um »Rückschaufehler« die entstehen, wenn man im Nachhinein einen Geschehensablauf beurteilt, dessen Ausgang schon bekannt ist.

898 *Commandeur/Römer*, NZG 2022, 491 (493).

899 *Commandeur/Römer*, NZG 2022, 491 (493).

900 *Flöther/Wilke*, ZRI 2023, 1029 (1032); *Hölzle*, FS Gehrlein, 261 (275); *Skauradszun*, ZIP 2021, 1091 (1094); *Skauradszun/Amort*, DB 2021, 1317 (1324).

901 Noch in Bezug auf § 3 StaRUG-RegE: *Brinkmann*, in: Gesellschaftsrecht in der Diskussion 2020, 93 (100, Rn. 19).

902 *Bieg/Hölzle,* ZIP 2022, 2419 (2423); *Hölzle/Schulenberg*, in: Seibt/Westpfahl, StaRUG, § 14, Rn. 20 f.

903 BGH, Urt. v. 18.1.2024 – IX ZR 6/22, ZIP 2024, 1550–1555, juris Rn. 31; *Bieg/Hölzle,* ZIP 2022, 2419 (2421).

904 BGH, Urt. v. 3.3.2022 – IX ZR 78/20, BGHZ 233, 70–107 = ZIP 2022, 589–602, juris Rn. 76, 87; BGH, Urt. v. 18.1.2024 – IX ZR 6/22, ZIP 2024, 1550–1555, juris Rn. 23, 25, 31; darauf auch bezugnehmend *Termath*, Der »shift of duties« bei wahrscheinlicher Insolvenz, S. 249.

gemäße Einhaltung der Geschäftsleitungspflicht nach § 1 Abs. 1 S. 2 StaRUG.[905] Denn erfüllt ein Sanierungsversuch die Vorgaben der Rechtsprechung insoweit, dass eine Insolvenzanfechtung der Zahlungen während des Sanierungsversuchs ausscheidet, wäre es widersprüchlich aufgrund desselben Sanierungskonzepts anzunehmen, die Geschäftsleitung hätte keine geeigneten Gegenmaßnahmen ergriffen. Insofern ist für die Einordnung eines tauglichen Sanierungsversuchs mit dem Argument der Einheit der Rechtsordnung auf die Hinweise der Rechtsprechung zu einem ernsthaften und erfolgsversprechenden Sanierungsversuchs im Rahmen der Insolvenzanfechtung nach § 133 InsO zurückzugreifen.

Die Insolvenzverwaltung hat für eine erfolgreiche Insolvenzanfechtung nach § 133 InsO unter anderem den Gläubigerbenachteiligungsvorsatz der Geschäftsleitung nachzuweisen. Da es sich hierbei um ein subjektives Merkmal handelt, ist der Beweis des Benachteiligungsvorsatzes regelmäßig nur aufgrund von Indizien möglich.[906] Der Schluss auf den Benachteiligungsvorsatz könne ausgeschlossen sein, wenn der Einzelfall ergibt, dass die angefochtene Rechtshandlung von einem »anfechtungsrechtlich unbedenklichen Willen« geleitet war und das Bewusstsein der Benachteiligung anderer Gläubiger deswegen in den Hintergrund getreten sei.[907] Ein solcher Wille sei anzunehmen, wenn die angefochtene Rechtshandlung unmittelbar mit einem Sanierungskonzept zusammenhänge, das zumindest in den Anfängen schon umgesetzt sei und ernsthafte Erfolgsaussichten begründe.[908] Das gelte selbst bei inkongruenten Deckungen, also wenn der Gläubiger kein Recht hat, die Leistung zu fordern.[909]

Dem BGH zufolge sei ein Sanierungsversuch erfolgsversprechend, wenn ex ante das ihm zugrundeliegende Sanierungskonzept objektiv die Ausgangslage des Schuldners zutreffend erfasste und für den Schuldner eine tragfähige Prognose vorlag, die bei objektiver Betrachtung die ernsthafte und begründete Aussicht auf Erfolg rechtfertigt.[910] Eine tragfähige Prognose sei abzulehnen, wenn die im Sanierungsgutachten geplanten Umsätze nicht plausibel seien und Sanierungskosten nicht berücksichtigt wurden.[911] Wenn das Sanierungskonzept von der Zustimmung oder Mitwirkung Dritter abhänge, habe es keine Aussicht auf Erfolg, wenn diese Zustimmung oder Mitwirkung äußerst

905 Vgl. *Bieg/Hölzle*, ZIP 2022, 2419 (2424), »Leitfunktion«.

906 BGH, Urt. v. 18.1.2024 – IX ZR 6/22, ZIP 2024, 1550–1555, juris Rn. 20; BGH, Urt. v. 6.5.2021 – IX ZR 72/20, ZIP 2021, 1447–1454, juris Rn. 11; *Jakobs/Kruth*, DStR 2024, 2490 (2491).

907 BGH, Urt. v. 18.1.2024 – IX ZR 6/22, ZIP 2024, 1550–1555, juris Rn. 23; BGH, Urt. v. 17.11.2016 – IX ZR 65/15, ZIP 2016, 2423–2427, juris Rn. 31; BGH, Urt. v. 10.7.2014 – IX ZR 192/13, ZIP 2014, 1491–1497, juris Rn. 43; BGH, Urt. v. 1.4.2004 – IX ZR 305/00, ZIP 2004, 957–960, juris Rn. 20, 24.

908 BGH, Urt. v. 18.1.2024 – IX ZR 6/22, ZIP 2024, 1550–1555, juris Rn. 23; BGH, Urt. v. 8.12.2011 – IX ZR 156/09, ZIP 2012, 137–139, juris Rn. 11; BGH, Urt. v. 16.10.2008 – IX ZR 183/06, ZIP 2009, 91–99, juris Rn. 52.

909 BGH, Urt. v. 18.1.2024 – IX ZR 6/22, ZIP 2024, 1550–1555, juris Rn. 18, 23.

910 BGH, Urt. v. 3.3.2022 – IX ZR 78/20, BGHZ 233, 70–107 = ZIP 2022, 589–602, juris Rn. 76. Das Sanierungskonzept muss dagegen nicht dem IDW-Standard für Anforderungen an Sanierungskonzepte genügen. Zu letzterem BGH, Urt. v. 12.5.2016 – IX ZR 65/14, BGHZ 210, 249–263 = ZIP 2016, 1235, juris Rn. 19; *Borries/Hirte*, in: Uhlenbruck, InsO, Band 1, § 133, Rn. 136.

911 BGH, Urt. v. 18.1.2024 – IX ZR 6/22, ZIP 2024, 1550–1555, juris Rn. 27.

fraglich oder gar nicht erreichbar sei.[912] Fraglich sei eine Mitwirkung, wenn der Dritte nur zu geringeren Beiträgen als von ihm nach dem Sanierungsgutachten geforderten Beiträgen bereit sei.[913] Hierauf könne die Geschäftsleitung keinen erfolgsversprechenden und ernsthaften Sanierungsversuch stützen.[914] Durfte die Geschäftsleitung hingegen ernsthaft und aufgrund einer nachvollziehbaren Grundlage davon ausgehen, dass die Zustimmung oder Mitwirkung erreicht werde, bedarf es keiner im Voraus abgegebenen rechtlich verbindlichen Zusagen.[915]

Ein Sanierungsversuch ist tauglich, wenn die Geschäftsleitung aufgrund der Sanierungsbemühungen unter Berücksichtigung von Forderungsverzichten darauf vertrauen durfte, alle verbleibenden Gläubiger zu befriedigen.[916] Das Sanierungskonzept muss die Bereinigung aller Verbindlichkeiten zum jeweiligen Fälligkeitszeitpunkt vorsehen.[917] Ein anfänglich taugliches Sanierungskonzept muss aufgrund der bei drohender Zahlungsunfähigkeit bestehenden Dynamik ständig evaluiert und gegebenenfalls angepasst werden.[918]

II. Zeitlicher Horizont für die Eignung der Sanierungsmaßnahme

Um die Erfolgsaussichten eines Sanierungsversuchs beurteilen zu können, bedarf es eines zeitlichen Horizonts, innerhalb dessen die Geschäftsleitung die Sanierungsmaßnahmen umzusetzen hat.[919] Dem Sanierungskonzept muss ein realistischer und abschätzbarer Zeitplan zugrunde liegen.[920]

1. Drohende Zahlungsunfähigkeit

§ 1 Abs. 1 S. 2 StaRUG gibt vor, dass die Geschäftsleitung Gegenmaßnahmen ergreifen muss, wenn »fortbestandsgefährdende Entwicklungen« bestehen. Damit meint der Gesetzgeber die drohende Zahlungsunfähigkeit.[921] Die drohende Zahlungsunfähigkeit ist insofern der späteste Zeitpunkt, zu dem die Geschäftsleitung beginnen muss, Gegenmaßnahmen zur Sanierung des Unternehmens zu ergreifen. § 15a Abs. 1 S. 2 InsO definiert dem ersten Anschein nach die für ein solches Sanierungskonzept bestehenden Höchstfristen, wenn Überschuldung oder Zahlungsunfähigkeit eintritt.[922] Diese Höchstfristen von drei bis sechs Wochen stehen der Geschäftsleitung nur dann zur

912 BGH, Urt. v. 18.1.2024 – IX ZR 6/22, ZIP 2024, 1550–1555, juris Rn. 31.
913 BGH, Urt. v. 18.1.2024 – IX ZR 6/22, ZIP 2024, 1550–1555, juris Rn. 38.
914 BGH, Urt. v. 18.1.2024 – IX ZR 6/22, ZIP 2024, 1550–1555, juris Rn. 38.
915 BGH, Urt. v. 18.1.2024 – IX ZR 6/22, ZIP 2024, 1550–1555, juris Rn. 31; BGH, Urt. v. 3.3.2022 – IX ZR 78/20, BGHZ 233, 70–107 = ZIP 2022, 589–602, juris Rn. 87.
916 *Borries/Hirte*, in: Uhlenbruck, InsO, Band 1, § 133, Rn. 129.
917 Vgl. BGH, Urt. v. 21.2.2013 – IX ZR 52/10, ZIP 2013, 894–897, juris Rn. 13.
918 BGH, Urt. v. 3.3.2022 – IX ZR 78/20, BGHZ 233, 70–107 = ZIP 2022, 589–602, juris Rn. 88; *Bieg/Hölzle*, ZIP 2022, 2419 (2425).
919 Vgl. BGH, Urt. v. 18.1.2024 – IX ZR 6/22, ZIP 2024, 1550–1555, juris Rn. 27.
920 *Borries/Hirte*, in: Uhlenbruck, InsO, Band 1, § 133, Rn. 134.
921 Siehe dazu in Kapitel 1 S. 33, 51 ff., S. 86 f.
922 Auf diese Höchstfristen abstellend *Bieg/Hölzle*, ZIP 2022, 2419 (2425).

Verfügung, wenn sie annehmen darf, den Insolvenzantragsgrund innerhalb dieser Frist zu beseitigen.[923] Auch für den Restrukturierungsrahmen steht der Geschäftsleitung nur ein begrenzter Zeitraum zur Verfügung. § 29 Abs. 1 StaRUG legt fest, dass drohende Zahlungsunfähigkeit vorliegen muss. § 33 Abs. 2 S. 1 Nr. 1 StaRUG wiederum bestimmt, dass das Gericht die Restrukturierungssache aufhebt, wenn der Schuldner seine Zahlungsunfähigkeit oder Überschuldung nach § 32 Abs. 3 HS 1 StaRUG anzeigt oder andere Umstände bekannt sind, aus denen sich ergibt, dass der Schuldner insolvenzreif ist. Damit wollte der Gesetzgeber sicherstellen, dass die Geschäftsleitung den gebotenen Krisenbewältigungsprozess durch den Stabilisierungs- und Restrukturierungsrahmen weder verzögert noch verschleppt.[924] Zumindest für Sanierungsmaßnahmen im Restrukturierungsrahmen könnte man deshalb annehmen, dass diese nur dann »geeignet« i.S.d. § 1 Abs. 1 S. 2 StaRUG sind, wenn sie bei der drohenden Zahlungsunfähigkeit eingeleitet werden und bis zu dem Eintritt der Überschuldung oder Zahlungsunfähigkeit abgeschlossen sind. Hierfür stehen der Geschäftsleitung demnach die Monate 24 bis 13 vor dem Eintritt der Zahlungsunfähigkeit zur Verfügung.

Dem ersten Anschein nach darf die Geschäftsleitung Sanierungsbemühungen mit den Instrumenten des Stabilisierungs- und Restrukturierungsrahmens grundsätzlich nicht mehr durchführen, wenn materielle Insolvenz eingetreten ist. Bei genauerer Betrachtung gibt es allerdings mehrere Anzeichen im Gesetz, wonach die Geschäftsleitung auch bei Vorliegen der Insolvenzantragsfristen von Überschuldung und Zahlungsunfähigkeit sowie teilweise zeitlich darüber hinaus noch Sanierungsbemühungen rechtmäßig durchführen kann. Dafür spricht der § 33 Abs. 2 S. 1 Nr. 1 StaRUG selbst, dem zufolge das Restrukturierungsverfahren trotz zwischenzeitlichem Eintritt der Insolvenzreife nicht aufgehoben werden muss, wenn eine Aufhebung offensichtlich nicht im Interesse der Gesamtheit der Gläubiger liegen würde (HS 2) oder die die Insolvenzreife begründende Forderung durch das angezeigte Restrukturierungskonzept gestaltet werden soll (HS 3). Diese zwei Fallgruppen betreffen aber jeweils den speziellen Fall, dass die Geschäftsleitung bereits ein Restrukturierungsvorhaben angezeigt hat und sich die Gesellschaft somit bereits inmitten von Sanierungsmaßnahmen befindet. Anders sieht dies aus, wenn noch keine Sanierungsmaßnahmen eingeleitet wurden und Zahlungsunfähigkeit oder Überschuldung eintritt.

2. Überschuldung

Die Überprüfung der Überschuldung gem. § 19 Abs. 2 S. 1 InsO erfolgt aufgrund einer modifizierten zweistufigen Methode, die auf *Karsten Schmidt* zurückgeht.[925] Danach ist ein Unternehmen überschuldet, wenn es zum einen bilanziell überschuldet ist und

923 St. Rspr. seit BGH, Urt. v. 9.7.1979 – II ZR 118/77, BGHZ 75, 96–116 = NJW 1979, 1823–1828, juris Rn. 40.

924 Vgl. BT-Drs. 19/24181, S. 137; *Goetker*, in: Flöther, StaRUG, § 43, Rn. 16.

925 Zum früheren zweistufigen Überschuldungsbegriff vgl. *K. Schmidt*, AG 1978, 334 (338); *K. Schmidt*, JZ 1982, 165 (170); *K. Schmidt*, ZIP 1980, 233 (236); *K. Schmidt*, Wege zum Insolvenzrecht, S. 46–52.

zum anderen eine Fortführungsprognose negativ ausfällt.[926] Die Reihenfolge der Überprüfung der zwei Stufen ist dabei nicht gesetzlich vorgeschrieben.[927] Die Fortführungsprognose fällt nach der Rechtsprechung des BGH positiv aus, wenn das Unternehmen beziehungsweise seine Organe subjektiv mit Fortführungswillen handeln und objektiv ein stichhaltiges und realistisches Unternehmenskonzept mit Finanz- und Ertragsplan besteht, das die Lebensfähigkeit des Unternehmens bekräftigt und die Geschäftsleitung laufend überwacht.[928] Das bedeutet, trotz bilanzieller Überschuldung, liegt nach der InsO noch keine Überschuldung im juristischen Sinne vor, wenn die Fortführung des Unternehmens nach den Umständen überwiegend wahrscheinlich ist.[929]

Sofern das Vermögen des Schuldners die bestehenden Verbindlichkeiten nicht mehr deckt und eine Fortführungsprognose gleichzeitig negativ ausfällt, ist das Unternehmen überschuldet i.S.d. § 19 Abs. 2 S. 1 InsO. Da der Wortlaut des StaRUG in §§ 29 Abs. 1, 33 Abs. 2 S. 1 Nr. 1 HS. 1 StaRUG diesbezüglich eindeutig ist, kann ein überschuldetes Unternehmen zu diesem Zeitpunkt die Instrumente dieses Gesetzes nicht mehr in Anspruch nehmen.[930] Der Schuldner müsste vielmehr ohne schuldhaftes Zögern innerhalb von sechs Wochen einen Insolvenzeröffnungsantrag nach § 15a Abs. 1 S. 1 InsO stellen. In dieser Situation sind dann auch keine außergerichtlichen Sanierungsversuche möglich, ohne dass sich die Geschäftsleitung dem Risiko einer Insolvenzverschleppung aussetzt.

Es wird diskutiert, die Sanierungsmaßnahmen unter dem StaRUG auch dann zuzulassen, wenn das Unternehmen zwar bereits rechnerisch überschuldet ist, aber unter der Annahme einer erfolgreichen Durchführung eines StaRUG-Verfahrens die Fortführungsprognose noch positiv ausfällt.[931] Insofern würde die erfolgreiche Durchführung eines Restrukturierungsverfahrens fingiert, um mit Hilfe der Fortführungsprognose, sagen zu können, sie sei positiv, weil die erfolgreiche Durchführung des Restrukturierungsverfahrens nach § 14 Abs. 1 StaRUG die Sicher- und Wiederherstellung der Bestandsfähigkeit des Unternehmens zum Ziel hat. Damit würde sich der Anwendungsbereich der Instrumente des Stabilisierungs- und Restrukturierungsrahmens erweitern.

926 *Brinkmann*, in: K. Schmidt/Uhlenbruck, GmbH in Krise, Restrukturierung und Insolvenz, § 14, Rn. 14.127; *Drukarczyk/Schüler*, in: MüKo, InsO, § 19, Rn. 38, 51; *K. Schmidt*, Wege zum Insolvenzrecht, S. 50.

927 *Bitter*, in: Scholz, GmbHG, InsO, § 19, Rn. 16; *Brinkmann*, in: K. Schmidt/Uhlenbruck, GmbH in Krise, Restrukturierung und Insolvenz, § 14, Rn. 14.127; *Drukarczyk/Schüler*, in: MüKo, InsO, § 19, Rn. 51; *K. Schmidt/Herchen*, in: K. Schmidt, InsO, § 19, Rn. 14. A.A. *Adolff*, FS Hellwig, 433 (436), der einen Vorrang der bilanziellen Prüfung sieht.

928 BGH Urt. v. 13.07.2021 – II ZR 84/20, BGHZ 230, 255–288 = ZIP 2021, 1643–1654, juris Rn. 68; BGH Urt. v. 18.10.2010 – II ZR 151/09, ZIP 2010, 2400–2402, juris Rn. 13. Für die Besonderheiten bei sog. Start-Up Unternehmen siehe OLG Düsseldorf, Beschl. v. 9.2.2022 – I-12 U 54/21, NZI 2022, 1135–1139, juris Rn. 21 f.

929 *Denkhaus*, in: Unternehmenssanierung und Betriebsfortführung, Teil 1, B., Rn. 10.

930 BT-Drs. 19, 24181, S. 137; *Schönfelder*, NZI 2022, 49 (49 f.).

931 *Brinkmann*, in: Gesellschaftsrecht in der Diskussion 2020, 93 (98, Rn. 15); *Kranz/Kirschner*, DB 2025, 1331 (1334); *Schäffler/Stopper*, SpuRt 2021, 134 (137); *Schönfelder*, NZI 2022, 49 (50). In diese Richtung auch schon in Bezug auf die RRL *Heß*, Restrukturierung des Insolvenzrechts, S. 258.

§§ 29 Abs. 1, 33 Abs. 2 Nr. 1 HS. 1, 94 Abs. 1 S. 2, 3 StaRUG stellen ausdrücklich darauf ab, dass die Gesellschaft weder zahlungsunfähig noch überschuldet sein darf. Aus diesen Vorschriften würde erst einmal folgen, dass bei rechnerischer Überschuldung die Instrumente des Restrukturierungsverfahrens nicht mehr genutzt werden dürfen. Dem scheint die Gesetzesbegründung zum StaRUG zu widersprechen. Dort heißt es, dass durch die zeitliche Verdopplung der Insolvenzantragstellungsfrist von drei auf sechs Wochen in Bezug auf die Überschuldung in § 15a Abs. 1 S. 2 Alt. 2 InsO, dem Schuldner mehr Zeit für eine ordentliche und gewissenhafte Vorbereitung der Sanierung im präventiven Restrukturierungsverfahren verbleiben soll.[932] Diese Begründung impliziert, dass eine Sanierung nach dem StaRUG auch noch im Zeitpunkt einer Überschuldung möglich sein soll. Hierfür spricht auch § 33 Abs. 2 Nr. 1 HS. 2 StaRUG. Vom Wortlaut stellt die Norm zwar auf ein bereits laufendes Restrukturierungsverfahren ab, sodass sie auf diesen Sachverhalt nicht direkt angewendet werden kann. Wenn aber, trotz zwischenzeitlich eingetretener Insolvenzreife, ein Restrukturierungsverfahren weitergeführt werden kann, muss dies aus Gleichheitsgesichtspunkten auch für die Einleitung eines solchen Verfahrens möglich sein, wenn dadurch die Abwendung einer Insolvenz des Unternehmens möglich ist. Dafür sind aber hohe Anforderungen an die Erfolgsaussichten der Durchführung eines Restrukturierungsverfahrens zu stellen. Die erfolgreiche Durchführung eines Sanierungs- oder Restrukturierungsverfahrens muss wahrscheinlicher sein als ihr Scheitern.[933] Der Schuldner muss innerhalb der Sechs-Wochen-Frist des § 15a Abs. 1 S. 2 InsO auch tatsächlich das Restrukturierungsvorhaben nach § 31 Abs. 1 StaRUG anzeigen und subjektiv mit Fortführungswillen handeln.[934] An den überwiegenden Erfolgsaussichten eines Restrukturierungsverfahrens fehlt es insbesondere, wenn wesentliche Gläubiger bereits im Vorhinein eine Mitwirkungsbereitschaft verneinen.[935] Bei einer solchen Sachlage würde ein Restrukturierungsverfahren keinen Erfolg versprechen, sodass auch die Fortführungsprognose unter diesem Gesichtspunkt nicht mehr positiv ausfallen wird. Versprechen zudem auch andere außergerichtliche Maßnahmen keinen Erfolg, können aufgrund des eindeutigen Wortlauts des StaRUG wegen eingetretener Überschuldung die Instrumente des präventiven Restrukturierungsverfahrens nicht mehr in Anspruch genommen werden. Die Geschäftsleitung muss dann Insolvenzantrag stellen.

Die Geschäftsleitung kann damit faktisch auch bei dem Vorliegen von Überschuldung ein Restrukturierungsvorhaben noch rechtmäßig anzeigen. Denn im Rahmen der Überschuldungsprüfung kann sie das prognostizierte Ergebnis des StaRUG-Verfahrens

932 BT-Drs. 19/24181, S. 193.

933 Vgl. BT-Drs. 19/24181, S. 91; *Pluta/Konen*, SanB 2020, 149 (150); *Schönfelder*, NZI 2022, 49 (50); *Thole*, ZIP 2020, 1985 (1993).

934 *Pluta/Konen*, SanB 2020, 149 (151); *Schönfelder*, NZI 2022, 49 (50 f.); *Rendels/Zabel/Körner*, ZRI 2021, 653 (664 f.); *Thole*, ZIP 2020, 1985 (1993); a.A. *Brinkmann*, ZIP 2020, 2361 (2362), »beabsichtigte Sanierung«; *Desch*, BB 2020, 2498 (2499); *Doster*, ZRI 2023, 645 (648); *Gehrlein*, BB 2021, 66 (81); *Hochdorfer/Biendl*, in: RestrukturierungsR, § 2, Rn. 7; *Thole*, ZRI 2024, 1006 (1008); *Westpfahl*, FS Paulus, 754 (762), denen zufolge das Restrukturierungsverfahren noch nicht eingeleitet sein müsste.

935 *Schönfelder*, NZI 2022, 49 (50 f.).

einbeziehen,[936] mit dem Ergebnis, dass eine drohende Zahlungsunfähigkeit fingiert wird, die es ermöglicht, die Voraussetzungen des § 29 StaRUG zur Anzeige eines Restrukturierungsvorhabens zu erfüllen.

3. Zahlungsunfähigkeit

Fraglich ist, ob die Geschäftsleitung auch bei Zahlungsunfähigkeit noch Sanierungsmaßnahmen nach § 1 Abs. 1 S. 2 StaRUG ergreifen darf.

a) Definition

Der Legaldefinition in § 17 Abs. 2 InsO zufolge liegt Zahlungsunfähigkeit vor, wenn das Unternehmen nicht mehr in der Lage ist, die fälligen Zahlungspflichten zu erfüllen (Abs. 2 S. 1). Grundsätzlich erfolgt die Feststellung der Zahlungsunfähigkeit in der Praxis mit Hilfe der betriebswirtschaftlichen Methode.[937] Dabei werden stichtagsbezogen fällige und eingeforderte Verbindlichkeiten den vorhandenen oder beschaffbaren liquiden Mittel gegenübergestellt.[938] Wenn der Schuldner diese fälligen Zahlungspflichten nicht erfüllen kann, ist er zahlungsunfähig. Aus § 15a Abs. 1 S. 2 InsO folgt dann die Pflicht zur Insolvenzantragstellung spätestens drei Wochen nach Eintritt der Zahlungsunfähigkeit. Im Zeitpunkt der Zahlungsunfähigkeit des Unternehmens sind auch seine Gläubiger befugt, Insolvenzantrag zu stellen, vgl. § 14 Abs. 1 S. 1 InsO.

aa) Zahlungseinstellung

Die Aufstellung der Liquiditätsbilanz ist entbehrlich, wenn der Schuldner gem. § 17 Abs. 2 S. 2 InsO seine Zahlungen einstellt. In diesem Fall wird die Zahlungsunfähigkeit gesetzlich vermutet.[939] Eine Zahlungseinstellung liegt vor, wenn sich in einem nach außen hervortretenden Verhalten des Schuldners typischerweise ausdrückt, dass er nicht in der Lage ist, seine fälligen Zahlungspflichten zu erfüllen.[940] In diesem Fall handelt es sich nicht mehr lediglich um eine insolvenzrechtlich unbeachtliche Zahlungsunwilligkeit, bei der der Schuldner trotz Zahlungsfähigkeit das Begleichen der

936 *Desch*, BB 2020, 2498 (2499); *Gehrlein*, BB 2021, 66 (81); *Schäffler/Stopper*, SpuRt 2021, 134 (139).

937 BGH, Beschl. v. 4.12.2018 – 4 StR 319/18, ZInsO 2019, 258–259, juris Rn. 10; *Ampferl/Kilper*, in: Beck/Depré/Ampferl, § 2, Rn. 26 f.; *Haas*, in: Noack/Servatius/Haas, GmbHG, Vor § 64, Rn. 22; vgl. *Schröder*, in: HambKomm, InsO, § 17, Rn. 48.

938 BGH, Beschl. v. 04.12.2018 – 4 StR 319/18, ZInsO 2019, 258–259, juris Rn. 11; BGH, Beschl. v. 12.04.2018 – 5 StR 538/17, ZInsO 2018, 1410–1411, juris Rn. 16; BGH, Urt. v. 20.07.1999 – 1 StR 668/98, NJW 2000, 154–157, juris Rn. 27 f.

939 BGH, Urt. v. 6.5.2021 – IX ZR 72/20, BGHZ 230, 28–49 = NJW 2021, 2651–2657, juris Rn. 14, 41; BGH, Urt. v. 7.5.2015 – IX ZR 95/14, NJW 2015, 2113–2116, juris Rn. 12; BGH, Urt. v. 30.6.2011 – IX ZR 134/10, NJW 2011, 589–592, juris Rn. 10.

940 BGH, Urt. v. 6.5.2021 – IX ZR 72/20, BGHZ 230, 28–49 = NJW 2021, 2651–2657, juris Rn. 15, 24; BGH, Urt. v. 20.11.2001 – IX ZR 48/01, BGHZ 149, 178–191 = NJW 2002, 515–518, juris Rn. 26; *Mönning*, in: Nerlich/Römermann, InsO, § 17, Rn. 26; *Salm-Hoogstraeten*, in: Braun, InsO, § 17, Rn. 46.

fälligen Forderungen böswillig verweigert,[941] sondern um Zahlungsunfähigkeit des Unternehmens.[942] In einem Anfechtungsprozess kann die Zahlungsunfähigkeit auch auf andere Weise als der oben bereits geschilderten Zeitraumbetrachtung der Liquiditätsbilanz erfolgen.[943] Dem BGH zufolge ist es ebenso zulässig, am Stichtag einen Liquiditätsstatus festzustellen und diesen in Relation zu einem für die nächsten drei Wochen aufgestellten Finanzplan zu setzen, bei dem tageweise die Ein- und Auszahlungen nebeneinander gestellt werden, um so eine Zahlungsunfähigkeit nachzuweisen.[944]

Der Rechtsprechung zufolge genügt für ein Feststellen der Zahlungseinstellung, dass der Schuldner entweder einen überwiegenden Teil seiner fälligen Verbindlichkeiten[945] oder aber nur eine Forderung tatsächlich nicht mehr zahlt, wenn letztere von beträchtlicher Höhe ist.[946] Besonders aussagekräftig ist für die Feststellung einer Zahlungseinstellung die ausdrückliche Erklärung des Schuldners, zahlungsunfähig zu sein oder die Wahl der umschreibenden Formulierung, mangels liquider Mittel nicht zahlen zu können.[947] Fehlt es an einer solchen Aussage, müssen, neben auftretender Zahlungsverzögerungen des Schuldners, weitere Umstände hinzukommen, aufgrund derer mit ausreichender Sicherheit von fehlender Liquidität des Schuldners auszugehen ist.[948] Wesentlich ist, dass die Umstände ein solches Gewicht erreichen, dass sie mit der vorgenannten ausdrücklichen Erklärung des Schuldners, er sei zahlungsunfähig, vergleichbar sind.[949] Als Beispiele für derartige Faktoren nennt der BGH einerseits bestehende Mahn- und Vollstreckungsverfahren, die bei Zahlungsverzögerungen den Druck auf das Schuldnerunternehmen erhöhen.[950] Andererseits kann auch das Ausbleiben von

941 *Brinkmann*, in: K. Schmidt/Uhlenbruck, GmbH in Krise, Restrukturierung und Insolvenz, § 14, Rn. 14.41; *Harz/Bornmann/Conrad/Ecker*, NZI 2015, 737; *Hölken*, DZWIR 2022, 132 (III. 2.); *Salm-Hoogstraeten*, in: Braun, InsO, § 17, Rn. 35.

942 BGH, Urt. v. 6.5.2021 – IX ZR 72/20, BGHZ 230, 28–49 = NJW 2021, 2651–2657, juris Rn. 24; BGH, Urt. v. 15.3.2012 – IX ZR 239/09, NZI 2012, 416–418, juris Rn. 18.

943 BGH, Urt. v. 28.6.2022 – II ZR 112/21, ZIP 2022, 1606–1608, juris Rn. 13 f.

944 BGH, Urt. v. 28.6.2022 – II ZR 112/21, ZIP 2022, 1606–1608, juris Rn. 14; BGH, Urt. v. 28.4.2022 – IX ZR 48/21, NJW 2022, 2411–2415, juris Rn. 18; BGH, Urt. v. 18.7.2013 – IX ZR 143/12, NZI 2013, 932–934, juris Rn. 7.

945 BGH, Urt. v. 6.5.2021 – IX ZR 72/20, BGHZ 230, 28–49 = NJW 2021, 2651–2657, juris Rn. 15; BGH, Urt. v. 12.10.2017 – IX ZR 50/15, NJW 2018, 396–398, juris Rn. 12.

946 BGH, Urt. v. 6.5.2021 – IX ZR 72/20, BGHZ 230, 28–49 = NJW 2021, 2651–2657, juris Rn. 25; BGH, Urt. v. 30.6.2011 – IX ZR 134/10, NJW 2011, 589–592, juris Rn. 10; BGH, Urt. v. 20.12.2007 – IX ZR 93/06, NZI 2008, 231–233, juris Rn. 21.

947 BGH, Urt. v. 6.5.2021 – IX ZR 72/20, BGHZ 230, 28–49 = NJW 2021, 2651–2657, juris Rn. 41; BGH, Urt. v. 9.6.2016 – IX ZR 174/15, NZI 2016, 736–739, juris Rn. 27.

948 BGH, Urt. v. 6.5.2021 – IX ZR 72/20, BGHZ 230, 28–49 = NJW 2021, 2651–2657, juris Rn. 41; konkretisierend BGH, Urt. v. 28.4.2022 – IX ZR 48/21, ZInsO 2022, 1498–1504, juris Rn. 42, in Bezug auf das Zahlungsverhalten des Schuldners gegenüber einem Sozialversicherungsträger.

949 BGH, Urt. v. 6.5.2021 – IX ZR 72/20, BGHZ 230, 28–49 = NJW 2021, 2651–2657, juris Rn. 41. Für eine abstrakte Gewichtung der Beweisanzeichen s. *Hiebert*, ZInsO 2022, 1660 (1662 f.).

950 BGH, Urt. v. 6.5.2021 – IX ZR 72/20, BGHZ 230, 28–49 = NJW 2021, 2651–2657, juris Rn. 42; BGH, Urt. v. 21.1.2016 – IX ZR 32/14, NZI 2016, 222–224, juris Rn. 15; BGH, Urt. v. 8.1.2015 – IX ZR 203/12, NZI 2015, 369–372, juris Rn. 23.

Zahlungen gegenüber solchen Gläubigern, die essenziell für die Fortführung des Geschäfts sind, ausschlaggebend sein.[951] Ebenso kann ein rechtsmissbräuchliches Einlegen aussichtsloser Rechtsbehelfe, das nur dazu dient fällige Zahlungen nach hinten zu verschieben, in dem Wissen, dass dieser Zeitraum nicht ausreicht, um die fehlenden liquiden Mittel herbeizuschaffen, als Indiz für eine Zahlungseinstellung sprechen.[952] Der BGH betont aber mehrfach, dass sich trotz der genannten Fallgruppen ein schematisches Vorgehen verbietet und Einzelfallbetrachtungen durchzuführen sind.[953]

Wenn die eingetretene Zahlungseinstellung nachgewiesen ist, wird deren Fortdauer auch nach dem Inkrafttreten des SanInsFoG grundsätzlich vermutet.[954] Dies ist von besonderer Bedeutung im Anfechtungsrecht, da nach Feststellung einer Zahlungseinstellung, auch zu einem späteren Zeitpunkt vorgenommene Zahlungen angefochten werden konnten, solange der Schuldner das Begleichen seiner Verbindlichkeiten im allgemeinen nicht wieder aufgenommen hatte.[955] Diese vormals bestehende allumfassende Vermutung wird durch die neuere Rechtsprechung des BGH eingeschränkt. Die Stärke und Dauer der Vermutung hängen nun von dem Ausmaß der Zahlungsunfähigkeit ab.[956] Sofern die Vermutung der Zahlungseinstellung also auf der Nichtzahlung einer vergleichsweise niedrigen Verbindlichkeit beruht, kann der Insolvenzverwalter zu einem späteren Zeitpunkt nicht zwingend weiterhin von einer Zahlungseinstellung ausgehen.[957] Der Insolvenzverwalter muss dann in einem Anfechtungsprozess darlegen und beweisen, dass die Zahlungsunfähigkeit auch in diesem späteren Zeitpunkt noch vorlag.[958] Je höher die Zahlungsrückstände und damit auch die Deckungslücke ist, desto

951 BGH, Urt. v. 6.5.2021 – IX ZR 72/20, BGHZ 230, 28–49 = NJW 2021, 2651–2657, juris Rn. 42; BGH, Urt. v. 9.6.2016 – IX ZR 174/15, NZI 2016, 736–739, juris Rn. 24; BGH, Urt. v. 6.12.2012 – IX ZR 3/12, NZI 2013, 140–145, juris Rn. 23; BGH, Urt. v. 8.10.2009 – IX ZR 173/07, NZI 2009, 847–849, juris Rn. 14. Weitere einzubeziehende Aspekte finden sich in BGH, Urt. v. 3.3.2022 – IX ZR 78/20, BGHZ 233, 70–107 = ZIP 2022, 589–602, juris Rn. 86–88.

952 BGH, Urt. v. 25.2.2016 – IX ZR 109/15, NJW 2016, 1168–1171, juris Rn. 15; BGH, Urt. v. 6.5.2021 – IX ZR 72/20, BGHZ 230, 28–49 = NJW 2021, 2651–2657, juris Rn. 27; *Rüppell*, DB 2021, 2141 (2142), Anm. zu BGH, Urt. v. 6.5.2021 – IX ZR 72/20.

953 BGH, Urt. v. 6.5.2021 – IX ZR 72/20, BGHZ 230, 28–49 = NJW 2021, 2651–2657, juris Rn. 42; bestätigt durch BGH, Urt. v. 10.02.2022 – IX ZR 148/19, NZI 2022, 397–400, juris Rn. 23.

954 BGH, Urt. v. 6.5.2021 – IX ZR 72/20, BGHZ 230, 28–49 = NJW 2021, 2651–2657, juris Rn. 43.

955 *Thole*, GmbHR 2022, R52.

956 BGH, Urt. v. 6.5.2021 – IX ZR 72/20, BGHZ 230, 28–49 = NJW 2021, 2651–2657, juris Rn. 44.

957 *Thole*, GmbHR 2022, R52.

958 *Hain*, jurisPR-InsR 17/2021, Anm. 1 B., D., Anm. zu BGH, Urt. v. 6.5.2021 – IX ZR 72/20; *Thole*, GmbHR 2022, R52; mit Kritik an der Rechtsprechung *Thole*, ZRI 2021, 609 (614); *N. Schmidt*, ZInsO 2021, 1714 (1716); weiter konkretisiert durch BGH, Urt. v. 10.2.2022 – IX ZR 148/19, NZI 2022, 397–400, juris Rn. 19, der eine sekundäre Darlegungslast des Insolvenzverwalters verlangt. Das bedeutet der Anfechtungsgegner muss lediglich den Beweis führen, dass eine Zahlungswiederaufnahme des Schuldners möglich war.

aussichtsloser sind die zukünftigen Entwicklungen des Unternehmens.[959] Desto eher ist aber auch von einer nachhaltigen Zahlungseinstellung auszugehen und damit eine anhaltende Zahlungsunfähigkeit anzunehmen.[960]

bb) Abgrenzung zur Zahlungsstockung

Die Zahlungsunfähigkeit ist von bloßer Zahlungsstockung zu unterscheiden.[961] Der BGH hat für die Abgrenzung zur lediglich vorliegenden Zahlungsstockung eine sogenannte »relevante Liquiditätslücke« definiert und geht demzufolge dann von Zahlungsunfähigkeit aus, wenn eine kritische Unterdeckungsquote von 10 % oder mehr erreicht ist, die eine Frist von zwei bis drei Wochen überschritten hat.[962] Diese Fristlänge orientiert sich an dem zeitlichen Rahmen, den eine kreditwürdige Person benötigt, um sich die notwendigen liquiden Mittel zu leihen[963] und verfolgt den Zweck, eine verfrühte Insolvenzantragspflicht und damit einhergehende Haftungsansprüche zu verhindern.[964] Kann der Schuldner in dieser Zeit ausreichend liquide Mittel beschaffen, sodass die in diesem Zeitraum bestehenden und entstehenden[965] Verbindlichkeiten zu mehr als 90 % gedeckt werden, liegt bloße Zahlungsstockung vor und das Unternehmen ist grundsätzlich noch zahlungsfähig.[966] Ein Insolvenzeröffnungsgrund besteht nicht. Ausnahmsweise liegt dem BGH zufolge auch bei einer Unterdeckung von 10 % über den Drei-Wochen-Zeitraum hinaus keine Zahlungsunfähigkeit vor, wenn mit an Sicherheit grenzender Wahrscheinlichkeit die Liquiditätslücke zumindest fast voll-

959 BGH, Urt. v. 6.5.2021 – IX ZR 72/20, BGHZ 230, 28–49 = NJW 2021, 2651–2657, juris Rn. 46; *Hain*, jurisPR-InsR 17/2021 Anm. 1 B., Anm. zu BGH, Urt. v. 6.5.2021 – IX ZR 72/20.

960 BGH, Urt. v. 6.5.2021 – IX ZR 72/20, BGHZ 230, 28–49 = NJW 2021, 2651–2657, juris Rn. 46; *Hain*, jurisPR-InsR 17/2021 Anm. 1 B., Anm. zu BGH, Urt. v. 6.5.2021 – IX ZR 72/20.

961 *Drukarczyk*, in: MüKo, InsO, § 18, Rn. 20; *Wolfer*, in: BeckOK, InsO, § 17, Rn. 13.

962 Grundsatzurteil BGH, Urt. v. 24.05.2005 – IX ZR 123/04, BGHZ 163, 123–148 = ZIP 2005, 1426–1431, juris Rn. 13, 29; in ständiger Rechtsprechung zuletzt bestätigt durch BGH, Urt. v. 19.12.2017 – II ZR 88/16, BGHZ 217, 129–153 = ZIP 2018, 283–290, juris Rn. 10, 32. Die Ansicht des BGH kritisierend *K. Schmidt/Herchen*, in: K. Schmidt, InsO, § 17, Rn. 25 f.

963 BGH, Urt. v. 24.05.2005 – IX ZR 123/04, BGHZ 163, 123–148 = ZIP 2005, 1426–1431, juris Rn. 13; *Mock*, in: Uhlenbruck, InsO, Band 1, § 17, Rn. 28.

964 *Ampferl/Kilper*, NZI 2018, 191 (192), Anm. zu BGH, Urt. v. 19.12.2017 – II ZR 88/16. Zu den Haftungsansprüchen *Ampferl/Kilper*, in: Beck/Depré/Ampferl, § 2, Rn. 23.

965 Vormals war umstritten, ob auch die erst innerhalb der drei Wochen nach dem Stichtag fällig werdenden Verbindlichkeiten bei der Beurteilung von Zahlungsunfähigkeit mit einzubeziehen sind. Dies hat der BGH unter Darlegung der bis dahin vertretenen Meinungen und einer ausführlichen Begründung nun bejaht: BGH Urt. v. 19.12.2017 – II ZR 88/16, BGHZ 217, 129–153 = NJW 2018, 1089–1095, juris Rn. 33–59.

966 *Ampferl/Kilper*, NZI 2018, 191 (193), Anm. zu BGH, Urt. v. 19.12.2017 – II ZR 88/16; vgl. *Brinkmann*, in. K. Schmidt/Uhlenbruck, GmbH in Krise, Restrukturierung und Insolvenz, § 14, Rn. 14.32.

ständig geschlossen wird und den Gläubigern ein Abwarten nach den besonderen Umständen des Einzelfalls zumutbar ist.[967]

b) Beseitigung durch Sanierungsmaßnahmen

Der BGH geht grundsätzlich davon aus, dass auch die Zahlungsunfähigkeit eines Unternehmens nachhaltig beseitigt werden könne.[968] Er verlangt diesbezüglich eine »optimistische [...] Einschätzung«.[969] Es bleibt offen, welche Anforderungen an eine optimistische Einschätzung zur nachhaltigen Beseitigung der Zahlungsunfähigkeit zu stellen sind. Der BGH nimmt im Zusammenhang mit der Vorsatzanfechtung gem. § 133 InsO eine pflichtwidrige Handlung der Geschäftsführung an, wenn sie weiß oder zumindest billigend in Kauf nehme, die Gläubiger auch zu einem »späteren Zeitpunkt« nicht vollständig befriedigen zu können.[970] Einen konkreten Zeitraum nennt der BGH dagegen nicht.[971] Sofern die Gläubiger keinen oder nur wenig Druck auf den Schuldner ausüben und die Sanierungsmaßnahmen ausreichend Aussicht auf Erfolg versprechen, soll bei Zahlungsunfähigkeit auch ein Zeitraum von mehr als drei Wochen zugrunde gelegt werden können.[972] Dabei ist problematisch, dass § 15a Abs. 1 S. 2 Alt. 1 InsO eine strenge drei-Wochen-Frist zur Insolvenzantragstellung bei Zahlungsunfähigkeit vorschreibt. Denn daraus folgen Abgrenzungsprobleme zwischen der Insolvenzanfechtung nach § 133 InsO und der Geschäftsführerhaftung wegen verspäteter Insolvenzantragstellung aus § 15b InsO.[973] Die Geschäftsführung könnte danach zwar über die drei-Wochen-Frist der Insolvenzantragstellung hinaus ohne Gläubigerbenachteilungsvorsatz i.S.d. § 133 InsO Zahlungen vornehmen und damit rechtmäßig handeln, würde sich aber zeitgleich wegen genau dieser Zahlungen wegen Insolvenz-

967 BGH, Urt. v. 24.5.2005 – IX ZR 123/04, BGHZ 163, 123–148 = ZIP 2005, 1426–1431, juris Rn. 27, 31.

968 BGH, Urt. v. 6.5.2021 – IX ZR 72/20, BGHZ 230, 28–49 = NJW 2021, 2651–2657, juris Rn. 47.

969 BGH, Urt. v. 3.3.2022 – IX ZR 78/20, BGHZ 233, 70–107 = ZIP 2022, 589–602, juris Rn. 23, 75; BGH, Urt. v. 6.5.2021 – IX ZR 72/20, BGHZ 230, 28–49 = NJW 2021, 2651–2657, juris Rn. 46.

970 BGH, Urt. v. 6.5.2021 – IX ZR 72/20, BGHZ 230, 28–49 = NJW 2021, 2651–2657, juris Rn. 36.

971 Den konkreten Zeitraum offenlassend BGH, Urt. v. 6.5.2021 – IX ZR 72/20, BGHZ 230, 28–49 = NJW 2021, 2651–2657, juris Rn. 47; auch im neueren Urteil wird hierfür kein konkreter zeitlicher Rahmen festgelegt, aber eine Negativabgrenzung vorgenommen: BGH, Urt. v. 3.3.2022 – IX ZR 78/20, BGHZ 233, 70–107 = ZIP 2022, 589–602, juris Rn. 21, der Zeitraum richte sich nicht nach der Insolvenzantragspflicht; zustimmend *Schneider*, DB 2022, 1051 (1055), die eine abstrakte starre Obergrenze ablehnt, weil sich eine solche aufgrund der zu berücksichtigenden Umstände des Einzelfalls verbiete.

972 BGH, Urt. v. 6.5.2021 – IX ZR 72/20, BGHZ 230, 28–49 = NJW 2021, 2651–2657, juris Rn. 36, 47; *Ellers*, DB 2021, 2678 (2681).

973 *Commandeur/Utsch*, NZG 2021, 1208 (1210); *Schneider*, DB 2022, 1051.

verschleppung nach § 15b Abs. 1, 3 InsO haftbar oder gem. § 15a Abs. 4 InsO sogar strafbar machen.[974]

aa) Rechtsprechung

Dem BGH zufolge ergibt sich aus den §§ 15a, b InsO keine zeitliche Beschränkung für den Schuldner im Hinblick auf die Beurteilung der künftigen Befriedigung seiner Gläubiger.[975] Die Drei-Wochen-Frist des § 15a Abs. 1 S. 2 InsO sei nicht zugrunde zu legen. Dies begründet er mit den unterschiedlichen Schutzkonzepten der Insolvenzanfechtung nach § 133 InsO und den Haftungsvorschriften der §§ 15a, b InsO.[976] Während die §§ 15a, b InsO Pflichten des Schuldners gegenüber den Organen und der Gesamtgläubigerschaft beschreiben und daran anknüpfende Haftungsfolgen normieren, ist § 133 InsO auf die Interessen einzelner Gläubiger gerichtet, die wiederum mit den Interessen der Gesamtheit der Gläubiger divergieren können.[977] Eine Zahlung, die nach §§ 15a, b InsO unzulässig ist, müsse also nicht zwingend auch mit einem Benachteiligungsvorsatz einhergehen und deswegen zu einer Insolvenzanfechtung nach § 133 InsO führen.[978] Denn der Verschleppungsvorsatz der §§ 15a, b InsO sei ein Gefährdungsvorsatz, bei dessen Realisierung nicht zwangsläufig auch ein Schädigungsvorsatz in Bezug auf die Gläubigerbenachteiligung aus § 133 InsO angenommen werden könne.[979]

Nach dem Urteil des BGH vom 6.5.2021 bleibt offen, wie lange der Zeitraum zur Beseitigung der Zahlungsunfähigkeit sein darf, um die Frage nach dem Benachteiligungsvorsatz des Schuldners i.S.d. § 133 InsO noch zu verneinen. Einziger Anknüpfungspunkt ist hierfür in der Rechtsprechung des BGH die Formulierung, dass nach »optimistische[r] Einschätzung« des Schuldners eine Sanierung seines zahlungsunfähigen Unternehmens Aussicht auf Erfolg habe.[980] Was der BGH hierunter versteht, hat

974 *Ellers*, DB 2021, 2678 (2681); *Gehrlein*, WuB 2022, 224 (225 f.), Anm. zu BGH, Urt. v. 3.3.2022 – IX ZR 78/20; *Gehrlein*, ZInsO 2022, 905 (907); *Linsenbarth/Kliebisch*, ZIP 2022, 512 (515 f.).

975 BGH, Urt. v. 3.3.2022 – IX ZR 78/20, BGHZ 233, 70–107 = ZIP 2022, 589–602, juris Rn. 27. Zustimmend *Hacker*, NZI 2022, 385 (396), Anm. zu BGH Urt. v. 3.3.2022 – IX ZR 78/20; *Klinck*, ZIP 2022, 1357 (1361). Entsprechendes hat der BGH im Urt. v. 3.3.2022 – IX ZR 53/19, NJW 2022, 1457–1461, juris Rn. 19, auch für die Überschuldung festgehalten. Dies kritisierend *Gehrlein*, ZInsO 2022, 905 (906 f.).

976 BGH, Urt. v. 3.3.2022 – IX ZR 78/20, BGHZ 233, 70–107 = ZIP 2022, 589–602, juris Rn. 30.

977 BGH, Urt. v. 3.3.2022 – IX ZR 78/20, BGHZ 233, 70–107 = ZIP 2022, 589–602, juris Rn. 30; *Schneider*, DB 2022, 1051 (1055).

978 BGH, Urt. v. 3.3.2022 – IX ZR 78/20, BGHZ 233, 70–107 = ZIP 2022, 589–602, juris Rn. 30; *Klinck*, ZIP 2022, 1357 (1361); *Hacker*, NZI 2022, 385 (396), Anm. zu BGH Urt. v. 3.3.2022 – IX ZR 78/20.

979 BGH, Urt. v. 3.3.2022 – IX ZR 78/20, BGHZ 233, 70–107 = ZIP 2022, 589–602, juris Rn. 30; *Ellers*, DB 2021, 2678 (2682).

980 BGH, Urt. v. 6.5.2021 – IX ZR 72/20, BGHZ 230, 28–49 = NJW 2021, 2651–2657, juris Rn. 46; BGH, Urt. v. 3.3.2022 – IX ZR 78/20, BGHZ 233, 70–107 = ZIP 2022, 589–602, juris Rn. 23, 75; BGH, Urt. v. 28.4.2022 – IX ZR 48/21, ZInsO 2022, 1498–1504, juris Rn. 15.

er in dem Urteil vom 6.5.2021 teilweise näher konkretisiert und in späteren Urteilen weiter ausgeformt.

So sei maßgeblich auf das Verhalten der Gläubiger abzustellen.[981] Dem BGH zufolge sei der Zeitraum zu lang, wenn der Schuldner eine Zeitspanne wählt, die im Widerspruch zum Verhalten der übrigen Gläubiger stehe.[982] Ein solches Verhalten sei beispielsweise in den bereits oben erwähnten und von den Gläubigern geführten Mahn- und Vollstreckungsverfahren zu sehen, wodurch Letztere den Druck auf den Schuldner stark erhöhten. Durch dieses Verhalten signalisierten die Gläubiger eine geringere oder sogar keine Mitwirkungsbereitschaft am Erhalt des Unternehmens.[983] Ein Sanierungsverfahren als Maßnahme einer Krisenbewältigung sei dann schon gar nicht als Option in Betracht zu ziehen. Weitere Anzeichen für eine sich zuspitzende Krisensituation und einer damit gleichzeitig einhergehenden Verkürzung des Zeitraums seien Lieferstopps und die Schließung von Kreditlinien.[984]

Aus gerichtlicher Perspektive muss die Einschätzung der geschäftsführenden Person auf objektiven Anhaltspunkten beruhen, die ex ante eine optimistische Einschätzung zur Beseitigung der Krisenursachen rechtfertigen.[985] Von einer möglichen erfolgreichen Sanierung könne selbst bei einer optimistischen Einschätzung der Unternehmenslage dann nicht mehr gesprochen werden, wenn aus Sicht des Schuldners ein Insolvenzverfahren unabwendbar sei und er sogar damit rechne, dass andere Gläubiger zeitnah einen zulässigen und begründeten Insolvenzantrag stellen könnten.[986] In diesem Fall ist der Zeitraum für mögliche Sanierungsbemühungen der Geschäftsführung auf null reduziert. Sie muss, um pflichtgemäß zu handeln, Insolvenzantrag stellen.

Wenn die geschäftsführende Person dagegen annehme, dass die Krise nur zeitweilig bestehe und bereits initiierte Schritte zur Bewältigung der Krisenursachen Erfolg versprechen, könne in dem hierfür einkalkulierten Zeitraum eine Insolvenzanfechtung ausgeschlossen sein.[987] Mit diesen Formulierungen macht der BGH indirekt deutlich, dass von dem Schuldner ein Tätigwerden geschuldet ist. Für die optimistische Einschätzung genügt eine theoretische Analyse der Erfolgsaussichten nicht. Die Geschäftsführung muss bereits konkrete Maßnahmen zumindest in die Wege leiten. Zum Beispiel müsste sie eine Sanierungsberaterin oder einen Sanierungsberater mit der Prüfung oder

981 BGH, Urt. v. 6.5.2021 – IX ZR 72/20, BGHZ 230, 28–49 = NJW 2021, 2651–2657, juris Rn. 47.

982 BGH, Urt. v. 6.5.2021 – IX ZR 72/20, BGHZ 230, 28–49 = NJW 2021, 2651–2657, juris Rn. 47; bestätigt durch BGH, Urt. v. 3.3.2022 – IX ZR 78/20, BGHZ 233, 70–107 = ZIP 2022, 589–602, juris Rn. 23; BGH, Urt. v. 28.4.2022 – IX ZR 48/21, ZInsO 2022, 1498–1504, juris Rn. 15.

983 *Thole*, ZRI 2021, 609 (612).

984 *Hölken*, DZWIR 2022, 132 (II. 1.).

985 BGH, Urt. v. 3.3.2022 – IX ZR 78/20, BGHZ 233, 70–107 = ZIP 2022, 589–602, juris Rn. 75.

986 BGH, Urt. v. 3.3.2022 – IX ZR 78/20, BGHZ 233, 70–107 = ZIP 2022, 589–602, juris Rn. 26.

987 BGH, Urt. v. 3.3.2022 – IX ZR 78/20, BGHZ 233, 70–107 = ZIP 2022, 589–602, juris Rn. 26.

Erstellung eines erfolgsversprechenden Sanierungskonzepts beauftragt haben.[988] Die konkrete Umsetzung erster Schritte bedürfte es dagegen noch nicht.[989]

Im Ergebnis legt die Rechtsprechung bei der Beurteilung des dem Schuldner zur Verfügung stehenden Zeitraums keine konkrete Frist fest. Sie bestimmt stattdessen Faktoren, wie beispielsweise dem erwartbaren Verhalten der Gläubiger, anhand derer die Zeitspanne für Sanierungsbemühungen im Einzelfall zu bestimmen ist.[990]

bb) Literatur

Die Literatur wendet im Rahmen der Insolvenzanfechtung nach § 133 InsO die Fristen der Insolvenzantragspflichten aus § 15a Abs. 1 S. 2 InsO an und begrenzt den Zeitraum für Sanierungsbemühungen bei Zahlungsunfähigkeit auf drei Wochen.[991] Wenn die Geschäftsleitung vorsätzlich gegen § 15a InsO verstoße und trotz erkannter eingetretener Insolvenz keinen Antrag auf Eröffnung des Insolvenzverfahrens innerhalb des vorgegebenen zeitlichen Rahmens stelle und weitere Zahlungen unter Verstoß gegen § 15b InsO vornehme, sei es widersprüchlich gleichzeitig einen Benachteiligungsvorsatz nach § 133 InsO abzulehnen.[992] Durch die in § 15b InsO normierte Haftung der Geschäftsführung müsse ihr bewusst sein, dass Zahlungen nach diesem Zeitraum für die übrigen Gläubiger benachteiligend sind.[993] Insofern müssen die Tatbestände parallel laufen. Sanierungsbemühungen bei Zahlungsunfähigkeit sind bei pflichtgemäßem Verhalten dann kaum noch möglich.

Die Literatur kritisiert die Formulierungen der »optimistischen Einschätzung«,[994] ebenso wie die »noch nicht so weit fortgeschrittene«[995] Krise und die Nichtbefriedigung der Gläubiger »zu einem späteren Zeitpunkt«[996] stark. Die Formulierungen führen zu Rechtsunsicherheiten.[997] Letztere wiederum seien in Bezug auf die erhebliche Gefahr der Insolvenzverschleppung für die Geschäftsführung nicht zu rechtfertigen. Insbesondere die Voraussetzung der »noch nicht so weit fortgeschrittenen« Krise sei

988 BGH, Urt. v. 3.3.2022 – IX ZR 78/20, BGHZ 233, 70–107 = ZIP 2022, 589–602, juris Rn. 80; *Gehrlein*, ZInsO 2022, 905 (910).

989 BGH, Urt. v. 3.3.2022 – IX ZR 78/20, BGHZ 233, 70–107 = ZIP 2022, 589–602, juris Rn. 79 f.

990 BGH, Urt. v. 3.3.2022 – IX ZR 78/20, BGHZ 233, 70–107 = ZIP 2022, 589–602, juris Rn. 25 f., 75.

991 *Gehrlein/Pape*, ZInsO 2021, 2061 (2066); *Jakobs/Kruth*, DStR 2022, 1385 (1391 f.); *N. Schmidt*, ZInsO 2021, 1714 (1716). Im Ergebnis so auch *Thole*, ZRI 2021, 609 (612).

992 *Bork*, ZRI 2021, 1033 (1042); *Gehrlein*, ZInsO 2022, 1481 (1482).

993 *Gehrlein*, ZInsO 2022, 1481 (1482).

994 BGH, Urt. v. 6.5.2021 – IX ZR 72/20, BGHZ 230, 28–49 = NJW 2021, 2651–2657, juris Rn. 46; BGH, Urt. v. 3.3.2022 – IX ZR 78/20, BGHZ 233, 70–107 = ZIP 2022, 589–602, juris Rn. 23, 75.

995 BGH, Urt. v. 6.5.2021 – IX ZR 72/20, BGHZ 230, 28–49 = NJW 2021, 2651–2657, juris Rn. 36.

996 BGH, Urt. v. 6.5.2021 – IX ZR 72/20, BGHZ 230, 28–49 = NJW 2021, 2651–2657, juris Rn. 36.

997 *Bork*, EWiR 2021, 467 (468), Anm. zu BGH Urt. v. 6.5.2021 – IX ZR 72/20; *Bork*, ZRI 2021, 1033 (1033, 1042); *Gehrlein*, ZInsO 2022, 905 (906 f.); *Maier*, ZInsO 2021, 2005 (2010); *Thole*, ZRI 2021, 609 (611, 615).

irreführend, da sich die Frage der Insolvenzanfechtung nach § 133 Abs. 1 S. 1 InsO überhaupt erst stelle, wenn Zahlungsunfähigkeit vorliege.[998] *Thole* rät von einer Differenzierung innerhalb des zwingenden Insolvenzantragstellungsgrunds der Zahlungsunfähigkeit, in eine weniger weit fortgeschrittene und eine weiter fortgeschrittenen Zahlungsunfähigkeit, ab.[999] *Gehrlein* schlägt bei konkret absehbarer Wiedererlangung von Zahlungsfähigkeit eine Frist von drei Monaten vor.[1000] Er verlangt aber gleichzeitig, dass währenddessen die Vorschriften der §§ 15 a, b InsO und § 133 InsO einheitlich nicht anwendbar seien, denn nur so sei die Geschäftsleitung vor einer Normenkollision geschützt.[1001] Andere schlagen als Orientierung für den Schuldner teilweise eine Spanne von drei bis sechs Monaten vor.[1002] Danach bliebe, wie vom BGH gefordert, ausreichend Entscheidungsspielraum für Einzelfälle.[1003]

cc) Stellungnahme

Der Meinung in der Literatur, die bei einem vorsätzlichen Verstoß gegen §§ 15a, b InsO einen Gleichlauf der zeitlichen Fristen mit § 133 InsO annimmt, ist zuzustimmen. Entgegen einigen Stimmen ist der Zeitraum für Sanierungsbemühungen aber nicht auf drei bis sechs Monate auszuweiten, sondern streng an den drei Wochen des § 15a Abs. 1 S. 2 InsO zu orientieren.

Die Rechtssicherheit ist zum einen nur dann gewährleistet, wenn die Haftungstatbestände der Geschäftsführung im Zeitpunkt der Zahlungsunfähigkeit die gleichen rechtlichen Verpflichtungen normieren.[1004] Das wäre nicht der Fall, wenn § 15a InsO Zahlungen nach der drei-Wochen-Frist verbietet, wohingegen solche Zahlungen nach § 133 InsO weiterhin erlaubt sein sollen. Indem der BGH argumentiert, die §§ 15a, b InsO und der § 133 InsO würden unterschiedliche Schutzkonzepte verfolgen, weil erstere regeln unter welchen tatbestandlichen Voraussetzungen die Geschäftsführung für Pflichtverletzungen oder Masseverkürzungen hafte, während zweitere die Interessenkollision zwischen dem einzelnen Gläubiger und der Gesamtheit der Gläubiger ausgleichen soll,[1005] verkennt er, dass die Haftung für Masseverkürzungen wiederum den Sinn und Zweck hat, die Interessen der Gläubigergesamtheit[1006] zu schützen und die Schutzkonzepte damit im Ergebnis gerade nicht verschiedenartig sind. Die Rechtsprechung geht ausschließlich auf die Unterschiede der Schutzkonzepte von §§ 15a, b

998 *Thole*, ZRI 2021, 609 (611).

999 *Thole*, ZRI 2021, 609 (611); a.A. *Bork*, ZRI 2021, 1033 (1042), der zwischen einer weniger schlimmen und einer schlimmen Zahlungsunfähigkeit differenziert.

1000 *Gehrlein*, WuB 2022, 224 (226), Anm. zu BGH, Urt. v. 3.3.2022 – IX ZR 78/20; a.A. *Schultz*, ZInsO 2022, 1434 (1441), wonach der für die Sanierungsbemühungen zur Verfügung stehende Zeitraum im Grundsatz keinerlei Beschränkungen unterliege.

1001 *Gehrlein*, WuB 2022, 224 (226), Anm. zu BGH, Urt. v. 3.3.2022 – IX ZR 78/20.

1002 *Gehrlein/Pape*, ZInsO 2021, 2061 (2065). Wohl zustimmend *Raupach*, in: BeckOK, InsO, § 133, Rn. 19.2; *Schneider*, DB 2022, 1051 (1055).

1003 *Schneider*, DB 2022, 1051 (1055).

1004 *Gehrlein*, WuB 2021, 362 (365), Anm. zu BGH, Urt. v. 6.5.2021 – IX ZR 72/20.

1005 BGH, Urt. v. 3.3.2022 – IX ZR 78/20, BGHZ 233, 70–107 = ZIP 2022, 589–602, juris Rn. 30 f.

1006 *Gehrlein*, ZInsO 2022, 1481 (1484); *K. Schmidt/Herchen*, in: K. Schmidt, InsO, § 15b, Rn. 3.

InsO und § 133 InsO ein und missachtet, dass die Gemeinsamkeiten zwischen den Vorschriften überwiegen. Alle drei Normen haben als Ziel den Schutz der Gläubigerschaft. § 133 InsO schützt die chancengleiche Befriedigung der anderen Gläubiger und will die Masse mehren. §§ 15a, b InsO schützen die künftige Insolvenzmasse zugunsten der Insolvenzgläubiger und wollen die Masse erhalten. Sowohl bei § 15b InsO als auch bei § 133 InsO kann der Vorsatz mit der Begründung von erfolgsversprechenden Sanierungsaussichten abgelehnt werden. Aufgrund dieser Gemeinsamkeiten überzeugt es, die Frist für die Sanierungsbemühungen einheitlich zu begrenzen.

Die Auffassung der Rechtsprechung überzeugt in Bezug auf die Rechtssicherheit zum anderen auch insofern nicht, als dass sich der Zeitraum für die Sanierungsbemühungen bei Zahlungsunfähigkeit an dem Gläubigerverhalten orientieren solle. Dies führt in der Praxis zu keiner rechtssicheren Entscheidungsgrundlage. Denn es ist problematisch, wie das Verhalten der einzelnen Gläubiger auszulegen und in der Gesamtschau zu bewerten ist, um nachzuweisen, inwiefern der Anfechtungsgegner von dem Verhalten der anderen Gläubiger Kenntnis hatte.[1007] Konsequenterweise müssten Verhaltensänderungen der Gläubiger dann spiegelbildlich zu Fristverlängerungen oder -verkürzungen für Sanierungsbemühungen der Geschäftsleitung führen.[1008] Unter dieser Unbeständigkeit würde die Aussagekraft eines einmal aufgestellten Sanierungskonzepts erheblich leiden. Um den Anforderungen der Rechtsprechung gerecht zu werden, müsste der einmal kalkulierte Sanierungsplan laufend überwacht und im Hinblick auf das aktuelle Verhalten der Gläubiger kontinuierlich angepasst werden.[1009] Außerdem ist das Verhalten der Gläubiger oftmals bedingt durch die Krisenkommunikation der Geschäftsleitung des zahlungsunfähigen Unternehmens. Wenn die Geschäftsleitung die Gläubiger überzeugen kann, dass die Schuldendeckungsfähigkeit zeitnah wiederhergestellt werde, sind die Erfolgsaussichten, dass die Gläubiger von der Durchsetzung ihrer Forderungen absehen, höher. Dadurch senkt sich wiederum der Vollstreckungsdruck für die Gesellschaft. Dies geschieht aber nicht durch einen objektiven Eigenantrieb der Gläubiger, sondern nur mittelbar durch die in der Kommunikation der Geschäftsleitung liegende Anreizsetzung.[1010] Es wäre ein Zirkelschluss, nun aus diesem Verhalten der Gläubiger Rückschlüsse auf den Zeitraum für Sanierungsbemühungen des Unternehmens zu ziehen.

Die Gefahr in dieser Rechtsprechung besteht außerdem in einer Anreizsetzung für die Geschäftsleitung länger abzuwarten und noch eine Sanierung zu versuchen, sodass das Risiko von Insolvenzverschleppungen zunimmt.[1011] Die in §§ 15 a, b InsO der Geschäftsführung angedrohte Haftung enthält nämlich neben der Schutzfunktion zuguns-

1007 *Thole*, ZRI 2021, 609 (612).

1008 *Jakobs/Kruth*, DStR 2022, 1385 (1392); *Maier*, ZInsO 2021, 2005 (2007), halten es für kaum justiziabel den Zeitraum für Sanierungen am Verhalten der Gläubiger auszurichten, weil er dann von Zufälligkeiten abhänge.

1009 *Maier*, ZInsO 2021, 2005 (2007), der in diesem Zusammenhang von einer »Zeitraumüberprüfungsobliegenheit« spricht und auf S. 2010 überspitzt fragt »Vorsatzanfechtung goes Fortführungsprognose?«.

1010 Vgl. *Gehrlein/Pape*, ZInsO 2021, 2061 (2065).

1011 *Gehrlein*, ZInsO 2022, 1481 (1482).

ten der Gläubiger gleichzeitig eine Druckfunktion zulasten der Geschäftsführung.[1012] Diese Haftung bleibt zwar grundsätzlich bestehen, sodass sich die Geschäftsführung auch weiterhin mit einer erheblichen Haftungsgefahr konfrontiert sieht. Die Wertung des Gesetzgebers würde aber unterlaufen, wenn über die Insolvenzantragstellungsfrist hinaus mit den Wertungen des § 133 InsO weitere Sanierungsmaßnahmen möglich sind. Ein Sanierungskonzept, das Insolvenzantragspflichten und die diesbezüglich laufenden Fristen missachtet, sodass es nur unter Verstoß des § 15a InsO umgesetzt werden kann, ist von vornherein untauglich.[1013] Im Ergebnis hat sich der Sanierungszeitraum deswegen an den kurzen Fristen des § 15a InsO zu orientieren.

III. Beschluss der Gesellschafterversammlung

Liegt das pflichtwidrige Verhalten der Geschäftsleitung innerhalb des gerade näher festgelegten Zeitraums, kann eine Haftung dennoch ausgeschlossen sein, wenn eine Enthaftungsmöglichkeit eingreift. Eine solche könnte auf einem Beschluss der Gesellschafterversammlung beruhen, sofern das pflichtwidrige Verhalten diesen umsetzt. Da Weisungen beziehungsweise Beschlüsse der Gesellschafterversammlung bei drohender Zahlungsunfähigkeit grundsätzlich unbeachtlich sind,[1014] kann sich die Geschäftsleitung auch nicht bei Vorliegen eines, von dem Restrukturierungsrecht als unbeachtlich einzuordnenden, Gesellschafterbeschlusses von der Haftung befreien. Ein Gesellschafterbeschluss ist ab dem Zeitpunkt der drohenden Zahlungsunfähigkeit nur in eng umgrenzten Fällen beachtlich.[1015] So zum Beispiel, wenn der Geschäftsleitung im Rahmen des § 1 Abs. 1 S. 2 StaRUG bei der konkreten Sanierungsmaßnahme ein Handlungsspielraum zusteht. Er wäre dementsprechend beachtlich und würde die Geschäftsleitung bei seiner Befolgung von einer Haftung befreien, wenn dieser Sanierungsmaßnahmen beinhaltete, die sich an dem hier vertretenen 5-Stufen-Modell ausrichteten.

1012 OLG Hamburg, Urt. v. 9.11.2018 – 11 U 136/17, ZIP 2019, 416–420, juris Rn. 82; *Haas*, in: Noack/Servatius/Haas, GmbHG, § 64, Rn. 6 f., zum § 64 GmbHG a.F., der in § 15b InsO n.F. aufgegangen ist.

1013 *Jakobs/Kruth*, DStR 2022, 1385 (1391 f.).

1014 *Goetker*, in: Flöther, StaRUG, § 1, Rn. 110, nimmt eine Unbeachtlichkeit von Weisungen nur bei Veranlassung von rechtswidrigem Verhalten an. Das liege insbesondere dann vor, »wenn nach dem Willen der Gesellschafter entweder gar keine geeigneten Bestandssicherungsmaßnahmen ergriffen werden sollen oder [nur] solche Maßnahmen, die ihrerseits mit einer erheblichen Bestandsgefährdung einhergehen, da hierdurch die Vorgaben von § 1 verletzt würden und diese in Umsetzung von Art. 19 RRL nicht nur im Verbandsinteresse, sondern auch im Interesse der übrigen Interessenträger aufgestellt wurden.« Siehe insgesamt zur Unbeachtlichkeit von Gesellschafterbeschlüssen bei drohender Zahlungsunfähigkeit Kapitel 2 insbesondere ab S. 123.

1015 So auch in Bezug auf § 43 Abs. 1 S. 2 StaRUG *Brünkmans*, ZInsO 2021, 125 (128); *Fritz*, in: Mönning, Betriebsfortführung, § 45, Rn. 58; *Kuleisa*, in: HambKomm, StaRUG, § 43, Rn. 30.

IV. Business Judgement Rule

Zu einer Haftungsmilderung käme es auch, wenn auf Entscheidungen der Geschäftsleitung nach § 1 Abs. 1 StaRUG die Business Judgement Rule Anwendung fände. Dies ist umstritten.[1016] Die Business Judgement Rule ist in § 93 Abs. 1 S. 2 AktG normiert. Danach liegt eine Pflichtverletzung nicht vor, wenn das Vorstandsmitglied der Aktiengesellschaft bei einer unternehmerischen Entscheidung vernünftigerweise annehmen durfte, auf der Grundlage angemessener Informationen zum Wohle der Gesellschaft zu handeln. Fast wortlautidentisch fand sich eine solche Formulierung auch in § 2 Abs. 1 S. 2 StaRUG-RegE[1017]:

»Eine Pflichtverletzung liegt nicht vor, wenn der Geschäftsleiter vernünftigerweise davon ausgehen durfte, auf der Grundlage angemessener Informationen die Interessen der Gläubiger zu wahren.«

Dieser wurde in der Endfassung aber, wie bereits erwähnt,[1018] gestrichen, sodass fraglich ist, ob der Geschäftsleitung trotzdem ein Haftungsfreiraum über die Business Judgement Rule bei Entscheidungen nach § 1 Abs. 1 StaRUG zustehen soll. Grundsätzlich findet nach überwiegender Ansicht § 93 Abs. 1 S. 2 AktG auf alle Entscheidungen der GmbH-Geschäftsführung entsprechende Anwendung.[1019]

1. Voraussetzungen

Die Privilegierung der Business Judgement Rule setzt eine rechtmäßige unternehmerische Entscheidung voraus, die die Geschäftsleitung aufgrund einer angemessenen Informationsgrundlage[1020] trifft.[1021] Die Entscheidung ist insbesondere dann rechtmäßig,

1016 Einen Beurteilungsspielraum der Geschäftsleitung annehmend: *Ehret*, in: Braun, StaRUG, § 1, Rn. 6; *A. Guntermann*, Geschäftsleiterverantwortung, S. 248 f., ohne explizit auf § 1 Abs. 1 StaRUG abzustellen; *Hoffmann*, WM 2021, 429 (432); *Reifeld*, NZI-Beilage 2023, 12 (15); *Skauradszun/Amort*, DB 2021, 1317 (1323); *Thole*, BB 2021, 1347 (1348). Ablehnend *Brinkmann*, KTS 2021, 303 (312 f.); *Brinkmann*, ZRI 2024, 781 (785). *Jungmann*, ZRI 2021, 209 (228), kritisiert die mit § 93 Abs. 1 S. 2 AktG vergleichbare Formulierung in dem damaligen § 2 Abs. 1 S. 2 StaRUG-RegE stark (»gedankenlose Verballhornung«). Er lehnt die Anwendbarkeit der Business Judgement Rule ab, wenn die Geschäftsleitung verpflichtet ist, vorrangig oder ausschließlich die Gläubigerinteressen zu wahren. Das Gesetz solle keine Anreize setzen, risikoneutrales Handeln zu fördern. Uneindeutig *Flöther/Wilke*, ZRI 2023, 1029 (1033), die die Anwendbarkeit der Business Judgement Rule ablehnen, aber trotzdem einen Beurteilungs- und Ermessensspielraum anerkennen. Im Restrukturierungsverfahren die Anwendbarkeit der Business Judgement Rule ablehnend *Hölck*, in: HdB zum neuen SanierungsR, Rn. 1750.

1017 *Tresselt/Glöckler*, NWB 2021, 80 (85), bezeichneten den Satz als *Restructuring Judgement Rule*.

1018 Siehe dazu oben auf S. 106.

1019 Siehe dazu bereits oben S. 77 mit den Nachweisen in Fn. 514.

1020 Siehe dazu ausführlich bei *Hübert*, Sorgfaltskonforme Prognosen, S. 420–423.

1021 *Beurskens*, in: Noack/Servatius/Haas, GmbHG, § 43, Rn. 35–37; *Fleischer*, in: MüKo, GmbHG, § 43, Rn. 95; *Goetker*, in: Flöther, StaRUG, § 1, Rn. 106; *Pöschke*, in: BeckOK, GmbHG, § 43, Rn. 107, 109.

wenn sie sich am Wohl der Gesellschaft orientiert. Das unbestimmte Tatbestandsmerkmal »Wohl der Gesellschaft« beschreibt das Interesse der Gesellschaft an langfristiger Entwicklung des Unternehmenswerts, an Fortbestand und nachhaltiger Wertschöpfung.[1022] Bei rechtlich gebundenen Entscheidungen findet die Business Judgement Rule dagegen keine Anwendung.[1023] Eine »unternehmerische« Entscheidung liegt vor, wenn sie von einem ökonomischen Prognoseelement geprägt ist.[1024] Rechtliche Unsicherheiten genügen nicht.[1025] Eine solche rechtliche Unsicherheit wäre beispielsweise die höchstrichterlich noch nicht geklärte Rechtsfrage, ob die Anzeige eines Restrukturierungsvorhabens nur wirksam ist, wenn die Geschäftsführung im Vorhinein einen zustimmenden Gesellschafterbeschluss eingeholt hat.

Die Business Judgement Rule erfasst ebenfalls solche Entscheidungen der Geschäftsleitung nicht, bei denen sie sich zwischen rechtmäßigem und rechtswidrigem Verhalten entscheiden muss.[1026] Denn rechtswidriges Verhalten fällt grundsätzlich nicht unter die Privilegierung. Der Gesetzgeber will mit der Business Judgement Rule Entscheidungen der Geschäftsleitung privilegieren, die mit einer ökonomischen Prognoseunsicherheit verbunden sind.[1027] Eine solche Prognoseunsicherheit wird grundsätzlich auch für den Zeitraum der drohenden Zahlungsunfähigkeit bejaht.[1028]

2. Anwendbarkeit auf § 1 Abs. 1 S. 1 StaRUG

Zutreffend wird die Anwendbarkeit der Business Judgement Rule in Bezug auf die Pflicht nach § 1 Abs. 1 S. 1 StaRUG verneint.[1029] Bei dieser Pflicht zur fortlaufenden Überwachung von Entwicklungen, welche den Fortbestand der juristischen Person gefährden können, handelt es sich um eine Rechtspflicht, sodass der Geschäftsleitung kein unternehmerisches Ermessen hinsichtlich des »ob« der Einrichtung zusteht.[1030] Damit liegen die Voraussetzungen der Business Judgement Rule für die Pflicht aus § 1 Abs. 1 S. 1 StaRUG nicht vor.[1031]

1022 BT-Drs. 15/5092, S. 11; *Fleischer*, in: BeckOGK, AktG, § 93, Rn. 101; *Hoffmann*, WM 2021, 429 (432); *Koch*, AktG, § 93, Rn. 51.

1023 *Beurskens*, in: Noack/Servatius/Haas, GmbHG, § 43, Rn. 35; *Fleischer*, in: MüKo, GmbHG, § 43, Rn. 96; *Kleindiek*, in: Lutter/Hommelhoff, GmbHG, § 43, Rn. 27; *Pöschke*, in: BeckOK, GmbHG, § 43, Rn. 106.

1024 *Altmeppen*, GmbHG, § 43, Rn. 18; *Beurskens*, in: Noack/Servatius/Haas, GmbHG, § 43, Rn. 36; *Fleischer*, in: MüKo, GmbHG, § 43, Rn. 97.

1025 *DJT*, Beschlüsse der Abteilung Wirtschaftsrecht des 70. DJT, N 62, die den Vorschlag einer Erweiterung der Business Judgement Rule auf rechtliche Unsicherheiten abgelehnt hat; *Fleischer*, in: MüKo, GmbHG, § 43, Rn. 99.

1026 *Brinkmann*, KTS 2021, 303 (312 f.).

1027 *Beurskens*, in: Noack/Servatius/Haas, GmbHG, § 43, Rn. 36.

1028 Vgl. *Scholz*, ZIP 2021, 219 (224); vgl. *Thole*, BB 2021, 1347 (1348).

1029 *Kühne/Lienhard*, SanB 2020, 144 (145); *Kunz*, in: Neues RestrukturierungsR, § 3, Rn. 19; *Reifeld*, NZI-Beilage 2023, 12 (15).

1030 *Kühne/Lienhard*, SanB 2020, 144 (145).

1031 *Brinkmann*, ZRI 2024, 781 (785); *Goetker*, in: Flöther, StaRUG, § 1, Rn. 106; *Hölzle*, FS Gehrlein, 261 (266 f.); *Mock*, in: BeckOK, StaRUG, § 1, Rn. 38; *Wolgast*, in: Wolgast/Grauer, StaRUG, § 1, Rn. 43.

3. Anwendbarkeit auf § 1 Abs. 1 S. 2 StaRUG

Für eine Anwendung der Business Judgement Rule im Anwendungsbereich des § 1 Abs. 1 S. 2 StaRUG spricht ErwG 70 RRL.[1032] Dem zufolge müsse gewährleistet sein, dass Unternehmensleitungen nicht davon abgehalten werden, vertretbare Geschäftsentscheidungen zu treffen oder vertretbare wirtschaftliche Risiken einzugehen, vor allem wenn dies die Aussichten auf eine Restrukturierung potentiell bestandsfähiger Unternehmen verbessert. Solange es verschiedene, ex ante geeignete Maßnahmen gibt, die fortbestandsgefährdenden Entwicklungen abzuwenden, hat die Geschäftsführung ein Ermessen, welche Maßnahme sie wählt. Die Wahl der Gegenmaßnahme wird nicht schon dadurch untauglich, dass sie ex post scheitert und die fortbestandsgefährdenden Entwicklungen nicht beseitigen kann.[1033] Anders als im »klassischen« Anwendungsbereich der Business Judgement Rule, der Geschäftsentscheidungen in einem gut laufenden Geschäftsbetrieb erfasst, ist der Entscheidungsspielraum durch den Zweck der Vermeidung der Insolvenz determiniert.[1034] Die Geschäftsleitung hat Maßnahmen zu unterlassen, die geeignet sind, die angelegte Gefährdung der Gläubigerinteressen weiter zu vertiefen.[1035] In einem Haftungsprozess kann das Gericht die Entscheidung der Geschäftsleitung genauer überprüfen als bei rein unternehmerischen Entscheidungen, obwohl die Geschäftsleitung eine Einschätzungsprärogative hat.[1036] Die Auswahl und Durchführung von Maßnahmen zur Bestandssicherung ist eine unternehmerische Entscheidung, die typischerweise mit einem ökonomischen Prognoseelement versehen ist, sodass der Anwendungsbereich des § 93 Abs. 1 S. 2 AktG grundsätzlich vorliegt.

Bei der Pflicht der Geschäftsleitung nach § 1 Abs. 1 S. 2 StaRUG, also der Auswahl der geeigneten Gegenmaßnahmen, sobald sie fortbestandsgefährdende Entwicklungen erkannt habe, besteht für die Mitglieder der Geschäftsleitung ein unternehmerisches Ermessen.[1037] Denn bei drohender Zahlungsunfähigkeit stehen der Geschäftsleitung noch verschiedene Gegenmaßnahmen zur Sanierung des Unternehmens zur Verfügung. Grundsätzlich privilegiert der Gesetzgeber damit Entscheidungen der Geschäftsleitung nach § 1 Abs. 1 S. 2 StaRUG durch die Anwendbarkeit der Business Judgement Rule.[1038]

1032 *Goetker*, in: Flöther, StaRUG, § 1, Rn. 106; *Schmittmann*, Haftung von Organen, Rn. 350.

1033 *Thole*, BB 2021, 1347 (1348).

1034 *Brinkmann*, KTS 2021, 303 (313).

1035 *Bea/Dressler*, NZI 2021, 67 (68).

1036 *Brinkmann*, KTS 2021, 303 (313).

1037 BT-Drs. 19/24181, S. 104; *Bea/Dressler*, NZI 2021, 67 (68), denen zufolge sich die Abwägungsparameter im Rahmen des Tatbestandsmerkmals »Wohl der Gesellschaft« mit dem Fortschreiten der Krise allerdings zugunsten der Gläubigerinteressen verschieben; *Gleißner/Nickert/Nickert*, DB 2023, 1489 (1495); *Hölzle*, FS Gehrlein, 261 (263, 267); *Kunz*, in: Neues RestrukturierungsR, § 3, Rn. 20; *Mock*, in: BeckOK, StaRUG, § 1, Rn. 54; *Reifeld*, NZI-Beilage 2023, 12 (15); vgl. *Skauradszun/Amort*, DB 2021, 1317 (1321); *Thole*, BB 2021, 1347 (1348); *Tresselt/Lochmann*, in: HambKomm, StaRUG, § 1, Rn. 10.

1038 Vgl. *Bea/Dressler*, NZI 2021, 67 (68 f.); *Fritz*, in: Mönning, Betriebsfortführung, § 45, Rn. 82, 90 f.; *Gleißner/Nickert/Nickert*, DB 2023, 1489 (1495); *Goetker*, in: Flöther, StaRUG, § 1, Rn. 106; vgl. *Hölzle*, FS Gehrlein, 261 (267); *Hölzle*, ZIP 2023, 2498 (2500); *Mock*, in: BeckOK, StaRUG, § 1, Rn. 54; *Reifeld*, NZI-Beilage 2023, 12 (15); *Skauradszun/Amort*, DB 2021, 1317 (1324); *Thole*, BB 2021, 1347 (1348); a.A. *Brinkmann*, ZRI 2024, 781 (785 f.); *Termath*, Der »shift of duties« bei wahrscheinlicher Insolvenz, S. 247.

Die Geschäftsleitung muss alle verfügbaren rechtlichen und tatsächlichen Informationsquellen vor ihrer Entscheidung nutzen, um die Vor- und Nachteile einer geschäftlichen Gegenmaßnahme bei drohender Zahlungsunfähigkeit richtig abzuwägen.[1039] Sie hat insbesondere die mit diesen verbundenen Risiken zu betrachten.[1040] Für die Anwendung der Business Judgement Rule ist deswegen eine valide Informationsbasis, das heißt ein wirksames Überwachungssystem nach § 1 Abs. 1 S. 1 StaRUG, Voraussetzung.[1041] Nur wenn die Geschäftsleitung die rechtlichen Regelungen bei unternehmerischen Entscheidungen einhält, liegen die Grundbedingungen für eine Privilegierung nach der Business Judgement Rule vor.[1042] Wenn die Geschäftsleitung schon kein Früherkennungssystem einrichtet oder dieses bei der Entscheidung nicht berücksichtigt, findet die Business Judgement Rule keine Anwendung.[1043] Eine weitere Einschränkung der Business Judgement Rule folgt mit dem Fortschreiten der fortbestandsgefährdenden Entwicklungen. Denn dann verkleinert sich der Handlungsspielraum der Geschäftsleitung.[1044] Spiegelbildlich dazu muss sich auch der Anwendungsbereich der Business Judgement Rule verkleinern, weil die ökonomischen Prognoseunsicherheiten abnehmen. Mit Zuspitzung der Krise wird zudem eine Zahlungsunfähigkeit der Gesellschaft und damit eine materielle Insolvenz immer eindeutiger sein.

Grundsätzlich kann die Business Judgement Rule auch Entscheidungen der Geschäftsleitung privilegieren, die ein Nicht-Tätigwerden zum Gegenstand haben, zum Beispiel ein bestimmtes Geschäft nicht abzuschließen. Im Rahmen der Entscheidungen des § 1 Abs. 1 S. 2 StaRUG gilt dies allerdings nicht. Dieser spricht ausdrücklich vom »[E]rgreifen« geeigneter Gegenmaßnahmen. In dem Nichtstun oder der Entscheidung »einfach weiterzumachen«, ist kein Ergreifen von Gegenmaßnahmen zu sehen, sodass ein solches Unterlassen bestandssichernder Maßnahmen der Geschäftsleitung nicht von der Business Judgement Rule gedeckt sein kann. Ebenfalls sind solche Entscheidungen der Geschäftsleitung nicht durch die Business Judgement Rule privilegiert, die entgegen § 1 Abs. 1 S. 2 StaRUG bestandsgefährdendes und spekulatives Verhalten beinhalten.[1045]

V. Zwischenfazit

Die Geschäftsleitung verhält sich pflichtwidrig i.S.d. § 1 Abs. 1 S. 1 StaRUG, wenn sie einerseits gar kein Früherkennungssystem einrichtet, das fortbestandsgefährdende Entwicklungen erkennt. Das gilt für die Geschäftsleitung von GmbHs aller Größen.

1039 BGH, Beschl. v. 14.7.2008 – II ZR 202/07, ZIP 2008, 1675–1677, zitiert nach juris Rn. 11; *Gleißner/Nickert/Nickert*, DB 2023, 1489 (1493).

1040 BGH, Beschl. v. 14.7.2008 – II ZR 202/07, ZIP 2008, 1675–1677, juris Rn. 11; *Gleißner/Nickert/Nickert*, DB 2023, 1489 (1493).

1041 *Bea/Dressler*, NZI 2021, 67 (68); *Krüger*, Insolvenzbezogene Pflichten, S. 275.

1042 Insofern spricht die Literatur von einem »strikten Legalitätsprinzip«, *Gleißner/Nickert/Nickert*, DB 2023, 1489 (1493).

1043 Vgl. *Gleißner/Nickert/Nickert*, DB 2023, 1489 (1493).

1044 Vgl. *Bea/Dressler*, NZI 2021, 67 (68); *Hölzle*, FS Gehrlein, 261 (268); *Mock*, in: BeckOK, StaRUG, § 1, Rn. 54.

1045 *Goetker*, in: Flöther, StaRUG, § 1, Rn. 107.

Die Geschäftsleitung haftet andererseits aber auch dann, wenn sie ein solches Früherkennungssystem zwar formal eingerichtet hat, dieses aber nicht in der Lage ist rechtzeitig bei fortbestandsgefährdenden Entwicklungen anzuschlagen, sodass die Geschäftsleitung auf den Eintritt der drohenden Zahlungsunfähigkeit nicht reagieren kann.

Im Rahmen der Pflicht aus § 1 Abs. 1 S. 2 StaRUG haftet die Geschäftsleitung in jedem Fall, wenn sie gar keine Gegenmaßnahmen trifft. Wenn sie Gegenmaßnahmen einleitet, ist zwischen der inhaltlichen und der zeitlichen Eignung zu unterscheiden. Für die Konkretisierung der Anforderungen an die inhaltliche Eignung der Sanierungsmaßnahmen ist auf die Ausführungen des BGH zu dem ernsthaften und erfolgsversprechenden Sanierungsversuch im Rahmen der Rechtsprechung zu § 133 InsO zurückzugreifen. Danach ist ein Sanierungsversuch erfolgsversprechend, wenn das zugrundeliegende Konzept die Ausgangslage des Schuldners objektiv zutreffend erfasst und auf einer tragfähigen Prognose beruht.

In zeitlicher Hinsicht steht der Geschäftsleitung für die Sanierungsmaßnahmen in erster Linie der Zeitraum der drohenden Zahlungsunfähigkeit zur Verfügung, also die Monate 24 bis 13 vor dem Eintritt der Zahlungsunfähigkeit. Das ergibt sich aus einem Zusammenspiel der §§ 29 Abs. 1, 32 Abs. 3 HS 1, 33 Abs. 2 S. 1 Nr. 1 StaRUG. Aus der Begründung des Gesetzgebers zum Regierungsentwurf des StaRUG lässt sich dagegen entnehmen, dass auch im Zeitpunkt der Überschuldung eine Sanierung zumindest nach dem StaRUG möglich sein soll. In diesem Fall kann die Geschäftsleitung bei der zweistufigen Prüfung des Überschuldungstatbestands aufgrund der ganz überwiegend erfolgreichen Aussichten eines StaRUG-Verfahrens eine positive Fortführungsprognose annehmen, sodass ein Nichtvorliegen der Überschuldung fingiert wird und die Voraussetzungen des § 29 Abs. 1 StaRUG wieder vorliegen.

Problematischer ist der Zeitraum für Sanierungsversuche bei Zahlungsunfähigkeit. Der BGH geht zwar grundsätzlich davon aus, dass auch die Zahlungsunfähigkeit nachhaltig beseitigt werden könne. Entgegen einiger Stimmen steht dafür aber richtigerweise nur der sehr kurze Zeitraum der Insolvenzantragstellungspflicht aus § 15a Abs. 1 S. 2 InsO von drei Wochen zur Verfügung. Aus der Rechtsprechung zu § 133 InsO ist keine Verlängerung des Zeitraums für Sanierungsbemühungen auf drei bis sechs Monate bei Zahlungsunfähigkeit abzuleiten.

Die Geschäftsleitung kann sich grundsätzlich nicht durch einen Beschluss der Gesellschafterversammlung von einer Haftung befreien, weil diese bei drohender Zahlungsunfähigkeit in der Regel unbeachtlich sind. Nur ausnahmsweise ist ein solcher von der Geschäftsleitung zu beachten, wenn bei der Ausgestaltung der Sanierungsmaßnahme nach § 1 Abs. 1 S. 2 StaRUG ein Handlungsspielraum besteht oder der Beschluss Maßnahmen zum Nachteil der Gesellschafterinteressen vorsieht.

Der Haftungsfreiraum der Business Judgement Rule findet wegen der Rechtspflicht hinsichtlich des »obs« der Einrichtung und den konkreten Vorgaben bezüglich des »wies« der Umsetzung keine Anwendung auf die Pflicht der Geschäftsleitung zur Einrichtung eines Überwachungssystems aus § 1 Abs. 1 S. 1 StaRUG. Auf Entscheidungen der Geschäftsleitung nach § 1 Abs. 1 S. 2 StaRUG ist die Business Judgement Rule aufgrund des ErwG 70 RRL dagegen anwendbar. Mit dem Fortschreiten der Krise verkleinert sich der Handlungsspielraum der Geschäftsleitung und spiegelbildlich dazu auch der Anwendungsbereich der Business Judgement Rule.

B. Haftungstatbestände

Für eine angemessene Umsetzung des Art. 19 lit. c RRL durch den nationalen Gesetzgeber müssten die bestehenden Haftungstatbestände die zuvor genannten Pflichtverletzungen abdecken. Sie müssten gewährleisten, dass vorsätzliches oder grob fahrlässiges Verhalten der Geschäftsleitung, das die Bestandsfähigkeit des Unternehmens gefährdet, vermieden wird. Aufgrund der Ausführungen im Bericht des Ausschusses für Recht und Verbraucherschutz, dass etwaige entstandene Haftungslücken durch die gesellschaftsrechtlichen Haftungsnormen aufgefangen werden,[1046] ist in erster Linie auf die zivilrechtlichen Haftungstatbestände abzustellen.[1047] Bei den zivilrechtlichen Haftungstatbeständen ist zwischen der Innenhaftung der Geschäftsleitung gegenüber der Gesellschaft und der Außenhaftung gegenüber den Gläubigern zu unterscheiden.

I. Außenhaftung

Für die Außenhaftung der Geschäftsleitung sind im Zivilrecht vor allem die vorvertrags-, vertrags- und deliktsrechtlichen Haftungstatbestände relevant.

1. culpa in contrahendo, §§ 280 Abs. 1, 311 Abs. 3 BGB

Nach richtlinienkonformer Auslegung des § 1 Abs. 1 S. 1 StaRUG besteht für alle Unternehmen, insbesondere auch für kleinste und kleine GmbHs, die Geschäftsleitungspflicht, ein vollständiges Überwachungssystem einzurichten, um fortbestandsgefährdende Entwicklungen zu erkennen. Es handelt sich dabei um eine Pflicht der Geschäftsleitung gegenüber der Gesellschaft und ihrer Gesellschafter. Die Informationen, die ein solches Überwachungssystem sammelt, stehen nur der Geschäftsleitung zur Verfügung und werden nicht veröffentlicht. Deswegen begründet die Pflicht nach S. 1 keinen haftungsrechtlich relevanten Vertrauenstatbestand für Dritte, dass juristische Personen eine Krisenfrüherkennung durchführen.[1048] Eine vorvertragliche Haftung aus §§ 280 Abs. 1, 311 Abs. 3 BGB besteht, wenn die Geschäftsleitung einen Dritten unter Verwendung unrichtiger Risikomanagementunterlagen zu Vermögensdispositionen veranlasst.[1049] Ähnliches gilt für die Pflicht aus § 1 Abs. 1 S. 2 StaRUG. Der Umstand, dass die Geschäftsleitung geeignete Gegenmaßnahmen zur Abwehr fortbestandsgefährdender Entwicklungen ergreift, führt als solches nicht zu einer vorvertraglichen Haftung aus §§ 280 Abs. 1, 311 Abs. 3 BGB. Erst dann, wenn die Geschäftsleitung unrichtige Angaben zu den Erfolgsaussichten einer Sanierung gegenüber Dritten

1046 BT-Drs. 18/25353, S. 6.

1047 Die strafrechtlichen Haftungstatbestände der §§ 263, 266 und 283 StGB bleiben deswegen außer Betracht.

1048 *Mock*, in: BeckOK, StaRUG, § 1, Rn. 47; *Wolgast*, in: Wolgast/Grauer, StaRUG, § 1, Rn. 46; generell eine Außenhaftung ablehnend *Hölzle*, Praxisleitfaden SanInsFoG, § 1, Rn. 23 f.; a.A. *Hölzle*, FS Gehrlein, 261 (279 f.).

1049 *Rieger/Schmitz*, in: Nerlich/Römermann, StaRUG, § 1, Rn. 47. In diesem Fall kann dann auch eine Haftung aus § 826 BGB bestehen. Siehe dazu ausführlich unten ab S. 192.

äußert und diese aufgrund dessen Sanierungsbeiträge leisten, kommt eine Haftung aus §§ 280 Abs. 1, 311 Abs. 3 BGB in Betracht.

2. Vertragsrechtliche Restrukturierungsverschleppungshaftung

In Bezug auf die Pflicht aus § 1 Abs. 1 S. 2 StaRUG zur rechtzeitigen Ergreifung geeigneter Gegenmaßnahmen, sobald die Geschäftsleitung fortbestandsgefährdende Entwicklungen erkennt, werden verschiedene Haftungstatbestände diskutiert. In Teilen der Literatur wird, angelehnt an die Insolvenzverschleppungshaftung, die Einführung einer Restrukturierungsverschleppungshaftung vorgeschlagen.[1050] Neben einer deliktsrechtlichen Restrukturierungsverschleppungshaftung[1051] erwägt insbesondere *Hölzle* eine vertragsrechtliche Restrukturierungsverschleppungshaftung der Geschäftsleitung gegenüber den Gläubigern aus §§ 280 Abs. 1, 241 Abs. 2 BGB.[1052] Aus § 1 Abs. 1 StaRUG folge eine Pflicht der Geschäftsleitung auf die Mitberücksichtigung der Gläubigerinteressen, deren Verletzung zu einer vertraglichen Nebenpflichtverletzung des § 241 Abs. 2 BGB führe, die einen Schadensersatzanspruch des § 280 Abs. 1 BGB rechtfertige.[1053] Der Schaden der Restrukturierungs-Neugläubiger sei kausal, weil sie mit den betreffenden Forderungen Gläubiger geworden seien, nachdem der Schuldner bei pflichtgemäßem Handeln längst geeignete Gegenmaßnahmen hätte einleiten müssen.[1054] Es gehe dann um den Ausgleich des negativen Interesses, weil es bei ordnungsgemäßer Pflichterfüllung im Verhältnis zum Restrukturierungs-Neugläubiger überhaupt nicht zu dem Forderungsausfall gekommen wäre.[1055] Die vertragsrechtliche Restrukturierungsverschleppungshaftung sei keine Erfolgshaftung, sondern eine Haftung für die sachgerechte Auswahl der geeigneten Sanierungsmittel, ihre ordnungsgemäße Umsetzung und die entsprechende Dokumentation.[1056] Der Anspruch sei begründet, wenn sich die Erreichbarkeit des Sanierungsziels auf Grundlage eines sachgerechten, den Anforderungen der Rechtsprechung genügenden Sanierungskonzepts als überwiegend wahrscheinlich darstelle.[1057] In Abgrenzung zu einem Anspruch aus § 823 Abs. 2 BGB i.V.m. § 1 Abs. 1 StaRUG[1058] bestünde der Anspruch nicht im individuellen Gläubigerinteresse, sondern im Gesamtgläubigerinteresse.[1059]

Das überzeugt nicht. Die von der RRL vorgegebene gebührende Berücksichtigung der Gläubigerinteressen aus Art. 19 lit. a RRL bei Geschäftsleitungsentscheidungen rechtfertigt keinen vertragsrechtlichen Schadensersatzanspruch der Gläubiger gegen die Geschäftsleitung außerhalb des Restrukturierungsrahmens. § 1 StaRUG, der die Anforderungen des Art. 19 lit. a RRL umsetzt, sieht keine Wahrung des Gesamtgläubigerinteresses im Sinne einer vorrangigen Berücksichtigung vor. Der Gesetzgeber hat

1050 *Hölzle*, FS Gehrlein, 261 (279).
1051 Siehe dazu sogleich ab S. 187.
1052 *Hölzle*, FS Gehrlein, 261 (279).
1053 *Hölzle*, FS Gehrlein, 261 (278).
1054 *Hölzle*, FS Gehrlein, 261 (280).
1055 *Hölzle*, FS Gehrlein, 261 (282).
1056 *Hölzle*, FS Gehrlein, 261 (282).
1057 *Hölzle*, FS Gehrlein, 261 (280).
1058 Siehe dazu sogleich ab S. 187.
1059 *Hölzle*, FS Gehrlein, 261 (282).

sich wegen zu hoher Haftungsrisiken für die Geschäftsleitung im Zeitpunkt der drohenden Zahlungsunfähigkeit gegen ein Außenhaftungskonzept direkt gegenüber den Gläubigern entschieden.[1060] Im Zeitpunkt der drohenden Zahlungsunfähigkeit soll die Sanierung des Unternehmens im Vordergrund stehen. Die Annahme einer vertragsrechtlichen Restrukturierungshaftung stünde weder im Einklang mit der Streichung der §§ 2, 3 StaRUG-RegE. Noch entspricht dies dem Willen des Gesetzgebers, dass etwaige entstehende Haftungslücken durch das Gesellschaftsrecht zu schließen sind. Nach § 1 Abs. 1 StaRUG und den europarechtlichen Vorgaben der RRL ist die Sanierung des Unternehmens vorrangiges Ziel der Geschäftsleitung. Erst nachgeordnet ist die Frage zu beantworten, zu wessen Lasten die Sanierung erfolgt. Wenn aber gar nicht eindeutig ist, wessen Interesse § 1 StaRUG vorrangig schützt, dann kann die Geschäftsleitung auch nur für einen Schaden gegenüber der Gesellschaft haften, wenn sie nicht rechtzeitig geeignete Sanierungsmaßnahmen einleitet.

3. § 823 Abs. 2 BGB i.V.m. § 15a InsO

Als deliktsrechtliche Haftung der Geschäftsleitung gegenüber den Gläubigern ist zunächst an die sog. Insolvenzverschleppungshaftung aus § 823 Abs. 2 BGB i.V.m. § 15a InsO zu denken.[1061] § 15a InsO ist ein Schutzgesetz i.S.d. § 823 Abs. 2 BGB.[1062] Die neueste Rechtsprechung wendet den Anspruch auf Schäden von Neugläubigern sogar dann an,[1063] wenn die Geschäftsführung vor dem Eintritt des Schadens aus der Gesellschaft ausgeschieden ist und die durch ihre Amtspflichtverletzung geschaffene, verschleppungsbedingte Gefahrenlage im Zeitpunkt der Schadensentstehung noch fortbesteht.[1064] Die Schutzgesetzeigenschaft des § 15a InsO wird vor allem mit dem Willen des MoMiG-Gesetzgebers begründet, der inzident davon ausgegangen sei, dass die Altgläubiger ihren Quotenschaden und Neugläubiger ihren Vertragsanschlussscha-

1060 *Hirte*, Plenarprotokoll 19/202 v. 17.12.2020, S. 25400. Auch § 3 StaRUG-RegE sah eine Innenhaftung der Geschäftsleitung gegenüber der Gesellschaft vor.

1061 *Hölzle*, in: MHLS, GmbHG, InsO, § 15a, Rn. 53; *Servatius*, in: Henssler/Strohn, GesR, B., Rn. 176; *Wagner*, in: MüKo, BGB, § 823, Rn. 180.

1062 BGH, Urt. v. 16.12.1958 – VI ZR 245/57, BGHZ 29, 100–107 = NJW 1959, 623, juris Rn. 9, 12 – noch zu § 64 GmbHG a.F.; BAG, Urt. v. 20.3.2014 – 8 AZR 45/13, NJW 2014, 2669–2672, juris Rn. 32; *Arnold*, in: Henssler/Strohn, GesR, InsO, § 15a, Rn. 16; *Haas*, in: Noack/Servatius/Haas, GmbHG, § 64, Rn. 211; *Klöhn*, in: MüKo, InsO, § 15a, Rn. 140; *K. Schmidt*, InsO, § 15a, Rn. 33; *Wolfer*, in: BeckOK, InsO, § 15a, Rn. 30; a.A. *Altmeppen*, GmbHG, Anh. § 60, Rn. 149, der § 15b Abs. 4 InsO für die speziellere Haftungsnorm hält; ähnlich *Altmeppen/Wilhelm*, NJW 1999, 673 (679), denen zufolge die Gesellschaft Schutzsubjekt sei und ein Gläubigerschutz nur mittelbar bestehe.

1063 Grundlegend zur Anwendung der Insolvenzverschleppungshaftung auch auf Neugläubiger BGH, Urt. v. 16.12.1958 – VI ZR 245/57, BGHZ 29, 100–107 = NJW 1959, 623, juris Rn. 11, das sich noch auf den § 64 GmbHG a.F. bezog.

1064 BGH, Urt. v. 23.7.2024 – II ZR 206/22, ZIP 2024, 1899–1909, juris Rn. 79; a.A. *K. Schmidt/Herchen*, in: K. Schmidt, InsO, § 15a, Rn. 39, wenden hingegen den Anspruch aus culpa in contrahendo aus §§ 280 Abs. 1, 311 Abs. 2 BGB an; ebenso *Altmeppen*, NZG 2016, 521 (527).

den ersetzt verlangen könnten.[1065] § 15a InsO soll die Vermögensinteressen der Alt- und Neugläubiger vor den Gefahren, die sich aus der Fortführung einer materiell insolventen Gesellschaft ergeben, schützen.[1066] Die Insolvenzantragspflicht soll insolvenzreife Gesellschaften mit beschränktem Haftungsfond von dem Geschäftsverkehr zum Schutz der Gläubiger fernhalten.[1067] Sie dient der Verwirklichung des § 1 S. 1 InsO, also der gemeinschaftlichen Befriedigung der Gläubiger durch eine Verwertung des Schuldnervermögens.

Die Höhe des Schadens bestimmt sich danach, ob es sich um einen Altgläubiger oder einen Neugläubiger handelt. Altgläubiger sind diejenigen, die bereits vor dem Eintritt der materiellen Insolvenz schuldrechtliche Beziehungen zur späteren Insolvenzschuldnerin unterhielten.[1068] Neugläubiger sind dagegen diejenigen, die nach dem Eintritt der Insolvenzantragspflicht mit der bereits materiell insolventen Schuldnerin kontrahieren.[1069] Neugläubiger können den Ersatz ihres vollen negativen Interesses verlangen, wohingegen die Altgläubiger auf den Ersatz des Quotenschadens begrenzt sind.[1070] Die Insolvenzverschleppungshaftung setzt, neben der fahrlässigen Unkenntnis der Geschäftsleitung von den Insolvenzgründen, die Insolvenzantragspflicht voraus. Die Insolvenzantragspflicht des § 15a Abs. 1 S. 2 InsO setzt wiederum materielle Insolvenz, also Zahlungsunfähigkeit oder Überschuldung voraus. Drohende Zahlungsunfähigkeit genügt nicht.[1071] Eine Außenhaftung der Geschäftsleitung gegenüber den Gläubigern aus § 823 Abs. 2 BGB i.V.m. § 15a InsO ist deswegen im Zeitraum der drohenden Zahlungsunfähigkeit mangels materieller Insolvenz nicht gegeben.[1072]

4. § 823 Abs. 2 BGB i.V.m. § 1 Abs. 1 StaRUG

Da die Insolvenzverschleppungshaftung aus § 823 Abs. 2 BGB i.V.m. § 15a Abs. 1 InsO den Zeitraum der drohenden Zahlungsunfähigkeit nicht erfasst und gleichzeitig die Maßnahmen des Stabilisierungs- und Restrukturierungsgesetzes nur in diesem Zeitraum Anwendung finden, diskutiert die Literatur[1073] die Schaffung einer deliktsrechtlichen Restrukturierungsverschleppungshaftung gem. § 823 Abs. 2 BGB i.V.m. § 1 Abs. 1 StaRUG. Demnach mache sich die Geschäftsleitung wegen einer Restruktu-

1065 Mit diesem Argument *Klöhn*, in: MüKo, InsO, § 15a, Rn. 140, unter Verweis auf BT-Drs. 16/6140, S. 55; a.A. *Schädlich*, Objektive und subjektive Voraussetzungen der Insolvenzantragspflicht, S. 217–228; differenzierend *Weiß*, Insolvenzspezifische Geschäftsführerhaftung, S. 144–147, 151–153, der die Schutzgesetzeigenschaft des § 15a InsO nur für die Neugläubiger annimmt.

1066 *Klöhn*, in: MüKo, InsO, § 15a, Rn. 144; *Wagner*, FS K. Schmidt, 1665 (1672). Ausnahmsweise wird das Vermögen hier deliktsrechtlich geschützt, siehe im Allgemeinen dazu *Canaris*, JZ 1993, 649 (651).

1067 *Wolfer*, in: BeckOK, InsO, § 15a, Rn. 30.

1068 *Leithaus*, in: Andres/Leithaus, InsO, § 15a, Rn. 11; *Wolfer*, in: BeckOK, InsO, § 15a, Rn. 32.

1069 *Leithaus*, in: Andres/Leithaus, InsO, § 15a, Rn. 11; *Wolfer*, in: BeckOK, InsO, § 15a, Rn. 33.

1070 *Klöhn*, in: MüKo, InsO, § 15a, Rn. 151; *Wolfer*, in: BeckOK, InsO, § 15a, Rn. 32, 33a.

1071 BAG, Urt. v. 20.3.2014 – 8 AZR 45/13, NJW 2014, 2669–2672, juris Rn. 32.

1072 *Brinkmann*, KTS 2021, 303 (307).

1073 *Hölzle*, FS Gehrlein, 261 (276 f.); *Skauradszun/Amort*, DB 2021, 1317 (1325–1327).

rierungsverschleppung haftbar, wenn sie keine geeigneten Gegenmaßnahmen bei drohender Zahlungsunfähigkeit einleite.[1074] Es handele sich um eine Haftung durch Unterlassen.[1075] Dafür müssten bessere Sanierungsalternativen zur Verfügung gestanden haben, die später nicht mehr zur Verfügung stehen. Trete beispielsweise materielle Insolvenz ein, seien Maßnahmen des Restrukturierungsrahmens nicht mehr möglich.[1076] Dadurch entstünde den Gläubigern ein Schaden, der im Insolvenzverfahren durch den Insolvenzverwalter als Gesamtschaden über § 823 Abs. 2 BGB i.V.m. § 1 Abs. 1 StaRUG geltend zu machen sei, vgl. § 92 InsO.[1077] Voraussetzung für einen Anspruch aus § 823 Abs. 2 BGB i.V.m. § 1 Abs. 1 StaRUG ist die Schutzgesetzeigenschaft des § 1 Abs. 1 StaRUG zugunsten der Gläubiger.

a) Voraussetzungen für die Einordnung einer Norm als Schutzgesetz

Dem BGH zufolge ist eine Norm als Schutzgesetz i.S.d. § 823 Abs. 2 BGB einzuordnen, wenn sie zumindest auch dazu dienen soll, eine einzelne Person oder einzelne Personenkreise gegen die Verletzung eines bestimmten Rechtsguts zu schützen.[1078] Es komme nicht auf ihre Wirkung an, sondern auf ihren Inhalt und Zweck sowie darauf, ob der Gesetzgeber bei Erlass des Gesetzes gerade einen Rechtsschutz zugunsten von Einzelpersonen oder bestimmten Personenkreisen gewollt oder zumindest mitgewollt habe.[1079] Es genüge nicht, dass der Individualschutz nur einen objektiven Regelungsreflex darstelle, er muss gerade im Aufgabenbereich der Norm liegen.[1080]

b) Individualschutz der Gläubiger in § 1 Abs. 1 StaRUG?

Im Gegensatz zur überwiegenden Anerkennung der Schutzgesetzeigenschaft des § 15a InsO und auch des § 15b InsO ist die Schutzgesetzeigenschaft des § 1 Abs. 1 StaRUG umstritten.[1081] Teilweise wird sie in Bezug auf die Gläubiger aus der gleichgelagerten

1074 *Flöther/Wilke*, ZRI 2023, 1029 (1032); *Skauradszun/Amort,* DB 2021, 1317 (1323).

1075 *Skauradszun/Amort*, DB 2021, 1317 (1324).

1076 *Skauradszun/Amort*, DB 2021, 1317 (1324).

1077 Allgemein zur Geltendmachung durch den Insolvenzverwalter *Hölzle*, FS Gehrlein, 261 (282).

1078 BGH, Urt. v. 13.3.2018 – II ZR 158/16, BGHZ 218, 80–96 = NZG 2018, 625–629, juris Rn. 14; BGH, Urt. v. 13.12.2011 – XI ZR 51/10, BGHZ 192, 90–118 = NJW 2012, 1800–1807, juris Rn. 21; BGH, Urt. v. 27.11.1963 – V ZR 201/61, BGHZ 40, 306–312 = WM 1964, 206–209, juris Rn. 1.

1079 BGH, Urt. v. 13.3.2018 – II ZR 158/16, BGHZ 218, 80–96 = NZG 2018, 625–629, juris Rn. 14; BGH, Urt. v. 13.12.2011 – XI ZR 51/10, BGHZ 192, 90–118 = NJW 2012, 1800–1807, juris Rn. 21; BGH, Urt. v. 27.11.1963 – V ZR 201/61, BGHZ 40, 306–312 = WM 1964, 206–209, juris Rn. 1.

1080 BGH, Urt. v. 13.3.2018 – II ZR 158/16, BGHZ 218, 80–96 = NZG 2018, 625–629, juris Rn. 14; vgl. BGH, Urt. v. 13.12.2011 – XI ZR 51/10, BGHZ 192, 90–118 = NJW 2012, 1800–1807, juris Rn. 21; vgl BGH, Urt. v. 27.11.1963 – V ZR 201/61, BGHZ 40, 306–312 = WM 1964, 206–209, juris Rn. 1.

1081 Befürwortend: *Hölzle*, FS Gehrlein, 261 (276 f.); *Hölzle*, Praxisleitfaden SanInsFoG, § 1, Rn. 27; *Mock*, in: BeckOK, StaRUG, § 1, Rn. 48, in Bezug auf die Pflicht aus § 1 Abs. 1 S. 1 StaRUG. Ablehnend: *Brinkmann*, ZRI 2024, 781 (788); *Hirte*, in: Uhlenbruck, InsO,

höchstrichterlichen Rechtsprechung zu § 15a InsO[1082] gezogen.[1083] Diese Ansicht missachtet die Folgen der im Gesetzgebungsprozess vorgenommenen Streichung der § 2, 3 StaRUG-RegE und verkennt die erheblichen Unterschiede zwischen § 1 Abs. 1 StaRUG und § 15a InsO. § 1 StaRUG setzt Art. 19 lit. a RRL um. Letzterer sieht auch eine gebührende Berücksichtigung der Gläubigerinteressen vor.[1084]

aa) Folgen der Streichung der §§ 2, 3 StaRUG-RegE

Der Einordnung von § 1 Abs. 1 StaRUG als Schutzgesetz i.S.d. § 823 Abs. 2 BGB steht entgegen, dass der Gesetzgeber den in §§ 2, 3 StaRUG-RegE ursprünglich vorgesehenen Gläubigerschutz ab drohender Zahlungsunfähigkeit in die beschlossene Gesetzesfassung nicht aufgenommen hat. §§ 2, 3 StaRUG-RegE sahen die Wahrung der Gesamtheit der Gläubigerinteressen durch die Geschäftsleitung ab drohender Zahlungsunfähigkeit und damit den Schutz eines bestimmten Personenkreises vor. § 2 StaRUG-RegE wäre daher als Schutzgesetz einzuordnen gewesen. Der Gesetzgeber hat mit der Streichung zum Ausdruck gebracht, dass er den Schutz der §§ 2, 3 StaRUG-RegE nicht gewollt hat und dieser auch nicht in gleichem Maße in § 1 StaRUG hineinzulesen[1085] ist. § 1 Abs. 1 StaRUG fängt den Haftungsmaßstab des § 3 StaRUG-RegE nicht vollständig auf, weil die Geschäftsleitung nicht mehr den Pflichten des § 2 StaRUG-RegE unterliegt, auf die sich die Haftung des § 3 StaRUG-RegE bezogen hat. § 1 Abs. 1 StaRUG normiert allenfalls einen reflexartigen Gläubigerschutz. Dieser war aber nicht Intention des Gesetzgebers, sodass die Anforderungen einer Schutzgesetzeigenschaft abzulehnen sind.[1086]

Außerdem wollte der Gesetzgeber, dass der Rechtsanwender etwaige durch die Streichung der §§ 2, 3 StaRUG-RegE entstandene Haftungslücken durch gesellschaftsrechtliche Haftungsnormen – und nicht deliktsrechtliche – auffängt.[1087] Die Einordnung des § 1 StaRUG als Schutzgesetz i.S.d. § 823 Abs. 2 BGB würde die im Gesell-

StaRUG, § 1, Rn. 28; *Rieger/Schmitz*, in: Nerlich/Römermann, StaRUG, § 1, Rn. 45; *Sander*, ZHR 2024, 8 (44); *J. Schmidt*, in: MüKo, StaRUG, § 1, Rn. 78; *Singer*, Vorinsolvenzlicher Restrukturierungsrahmen, S. 379, der allgemein in Bezug auf das StaRUG von einer fehlenden adäquaten Pflichtengrundlage als Schutzgesetz ausgeht; *Skauradzun/Amort*, DB 2021, 1317 (1326 f.); *Goetker*, in: Flöther, StaRUG, § 1, Rn. 121–123; *Mock*, in: BeckOK StaRUG, § 1, Rn. 57, in Bezug auf die Pflicht aus § 1 Abs. 1 S. 2 StaRUG; *Thole*, in: Jacoby/Thole, StaRUG, § 1, Rn. 46; *Wolgast*, in: Wolgast/Grauer, StaRUG, § 1, Rn. 47.

1082 Siehe dazu oben S. 186 f. und die Nachweise in Fn. 1062.

1083 *Mock*, in: BeckOK StaRUG, § 1, Rn. 48, in Bezug auf § 1 Abs. 1 S. 1 StaRUG; *K. Schmidt/Schluck-Amend*, in: K. Schmidt/Uhlenbruck, GmbH in Krise, Restrukturierung und Insolvenz, § 2, Rn. 2.7; a.A. *Skauradzun/Amort*, DB 2021, 1317 (1326), die dieses Argument für die Schutzgesetzeigenschaft ebenfalls in Betracht ziehen, die Schutzgesetzeigenschaft aber im Ergebnis verneinen.

1084 Siehe dazu ausführlich in Kapitel 2 ab S. 87.

1085 A.A. *Hölzle*, FS Gehrlein, 261 (277).

1086 *Wolgast*, in: Wolgast/Grauer, StaRUG, § 1, Rn. 47.

1087 Mit diesem Argument *Skauradzun/Amort*, DB 2021, 1317 (1326); a.A. *Hölzle*, FS Gehrlein, 261 (277), dem zufolge diese Argumentation eine deliktsrechtliche Verantwortung nicht ausschließe.

schafts- und Restrukturierungsrecht vorgesehene Innenhaftung der Geschäftsleitung im Widerspruch zum Willen des Gesetzgebers auf eine Außenhaftung ausweiten.[1088] Der Gesetzgeber hat sich im Restrukturierungsrecht bewusst gegen eine Außenhaftung entschieden und den noch im RegE verwendeten Wortlaut ausdrücklich abgeändert. Er hat die dort im Restrukturierungsrecht noch vorgesehene Außenhaftung in § 45 StaRUG-RegE in eine Innenhaftung umgewandelt. Dieser Wille des Gesetzgebers würde unterlaufen werden, wenn über § 823 Abs. 2 BGB i.V.m. § 1 Abs. 1 StaRUG nun doch, sogar vor der Anzeige eines Restrukturierungsvorhabens eine Außenhaftung der Geschäftsleitung gegenüber den Gläubigern in Betracht kommt.[1089] Das würde außerdem einen systemwidrigen Bruch zwischen einer etwaigen Haftung aus § 43 Abs. 2 GmbHG[1090] im Gesellschaftsrecht und der Haftung aus § 43 Abs. 1 S. 2 StaRUG im Restrukturierungsrecht bedeuten, die beide eine Innenhaftung vorsehen. Der Gesetzgeber hat sich insgesamt gegen eine Außenhaftung in Bezug auf die Wahrung der Gläubigerinteressen bei drohender Zahlungsunfähigkeit ausgesprochen. In diesem Stadium sollen die Gläubiger nicht die Möglichkeit haben Einzelansprüche gegen die Geschäftsleitung geltend zu machen, die zur Folge haben, dass die Geschäftsleitung nicht mehr in der Lage ist, das Unternehmen zu führen. Allein § 57 StaRUG normiert eine Außenhaftung für den Fall, dass die Geschäftsleitung aufgrund vorsätzlicher oder fahrlässig unrichtiger Angaben eine Stabilisierungsanordnung erwirkt. Hierbei handelt es sich um einen abgrenzbaren Tatbestand, der nur auf die Stabilisierungsanordnung zugeschnitten und nicht so weitreichend wie die vorrangige Berücksichtigung der Gläubigerinteressen ist. Die Haftungstatbestände können so nicht miteinander verglichen werden und es kann nicht insgesamt das Bedürfnis einer Außenhaftung angenommen werden.

bb) Unterschiede zwischen § 15a InsO und § 1 Abs. 1 StaRUG

Die Unterschiede zwischen § 15a InsO und § 1 Abs. 1 StaRUG verdeutlichen dieses Ergebnis. § 1 Abs. 1 StaRUG verfolgt als vorrangiges Ziel die Sanierung des Unternehmens, indem erstens die Geschäftsleitung frühzeitig fortbestandsgefährdende Entwicklungen erkennt, um das Unternehmen zweitens durch das Ergreifen von Gegenmaßnahmen zu erhalten und seine Bestandsfähigkeit sicher- und wiederherzustellen. Das frühzeitige Erkennen fortbestandsgefährdender Entwicklungen und das Ergreifen geeigneter Gegenmaßnahmen dienen dagegen nicht vorrangig dem Schutz der Gläubiger. Dieser ist vielmehr Folge des Erkennens fortbestandsgefährdender Entwicklungen und der daran anschließenden Wiederherstellung der Rentabilität des Unternehmens.

Der Gesetzgeber hat die Pflicht des § 1 Abs. 1 StaRUG als eine solche gegenüber der Gesellschaft und nicht gegenüber Dritten ausgestaltet.[1091] § 1 Abs. 1 StaRUG ist daher von dem Umfang der Pflichten eher mit § 43 Abs. 1 GmbHG und § 91 Abs. 2

1088 *Goetker*, in: Flöther, StaRUG, § 1, Rn. 122 f.; *Skauradszun/Amort*, DB 2021, 1317 (1326); vgl. *Thole*, in: Jacoby/Thole, StaRUG, § 1, Rn. 46; vgl. *Thole*, ZEuP 2023, 710 (722 f.), Anm. zu UK Supreme Court vom 5. Oktober 2022 (»Sequana«).

1089 In diese Richtung auch *Fritz*, in: Mönning, Betriebsfortführung, § 45, Rn. 98; *Sander*, ZHR 2024, 8 (44); *Schlöder*, Shift of Fiduciary Duties, S. 71.

1090 Siehe dazu sogleich ausführlich ab S. 198.

1091 Vgl. BT-Drs. 19/24181, S. 103; *Skauradzun/Amort*, DB 2021, 1317 (1326).

AktG vergleichbar als mit der Insolvenzantragspflicht aus § 15a InsO.[1092] Weder § 91 Abs. 2 AktG noch § 43 Abs. 1 GmbHG wird die Funktion eines Schutzgesetzes zugesprochen.[1093] Bei der Verletzung von Pflichten nach § 1 Abs. 1 StaRUG ist nicht sofort klar, ob und in welchem Umfang die Geschäftsleitung Rechte von Gläubigern oder eben auch anderer Beteiligter verletzt.[1094] Im Gegensatz dazu riskiert die Geschäftsleitung bei verspäteter Insolvenzantragstellung die weitere Verringerung der Insolvenzmasse, die unmittelbar zulasten der Gläubiger nach § 1 S. 1 InsO zu einem geringeren Verwertungserlös führt. Bei einer Verletzung der Insolvenzantragstellungspflicht aus § 15a Abs. 1 S. 2 InsO ist demnach klar, dass sie in erster Linie die Befriedigungsaussichten der Gläubiger verletzt. Die Ausrichtung der Norm auf das Gläubigerinteresse ist eindeutig.

Die Geschäftsleitung ist nach § 1 Abs. 1 S. 2 StaRUG im ersten Schritt zu einer Sanierung des Unternehmens verpflichtet. Erst im zweiten Schritt stellt sich für die Geschäftsleitung die Frage, zu wessen Lasten die Sanierung gehen soll. § 1 Abs. 1 S. 2 StaRUG ist demnach weniger Schutzregelung als eine Bestimmung der Handlungspflicht der Geschäftsleitung zugunsten der Gesellschaft selbst. Der Schutz des Gläubigerinteresses ist keine wesentliche Inhaltsbestimmung der Norm.

Die Geschäftsleitung hat im Rahmen ihrer Pflicht aus § 1 Abs. 1 StaRUG die Gläubigerinteressen innerhalb des Abwägungsprozesses auf der zweiten Stufe im Hinblick auf die zu treffende Sanierungsmaßnahme lediglich einzubeziehen. Dabei kann dieser Abwägungsprozess auch zu dem Ergebnis kommen, dass sich die konkrete Sanierung, die im Vordergrund der Geschäftsleitungspflicht steht, zulasten der Gläubigerinteressen auswirkt. Das heißt, § 1 Abs. 1 StaRUG verfolgt keinen vorrangigen unmittelbaren Gläubigerschutz,[1095] wohl aber einen reflexartigen mittelbaren Gläubigerschutz.[1096] Dieser äußert sich darin, dass bei Vorliegen von drohender Zahlungsunfähigkeit für die Anzeige eines Restrukturierungsvorhabens kein zustimmender Gesellschafterbeschluss erforderlich und ein entgegenstehender Beschluss für die Geschäftsleitung unbeachtlich ist. In Bezug auf die Anzeige des Restrukturierungsvorhabens treten entgegenstehende Gesellschafterinteressen in den Hintergrund. Allein aus der Unbeachtlichkeit von Weisungen, worin sich die Mitberücksichtigung der Gläubigerinteressen äußert, ist kein Individualschutz der Gläubiger aus § 1 Abs. 1 StaRUG abzuleiten. Denn Sanierungsentscheidungen können im Ergebnis auch zulasten der Gläubigerinteressen ausfallen. Der Schutz der Gläubiger erschöpft sich in der Mitberücksichtigung ihrer Interessen in dem von der Geschäftsleitung zu berücksichtigenden, hier vertretenen, 5-Stufen-Modell. § 1 StaRUG ist damit kein Schutzgesetz.[1097] Dieses Ergebnis

1092 *Desch/Hochdorfer*, in: RestrukturierungsR, § 6, Rn. 9, Fn. 16.

1093 BGH, Urt. v. 13.4.1994 – II ZR 16/93, BGHZ 125, 366–382 = NJW 1994, 1801, juris Rn. 23; *Rieger/Schmitz*, in: Nerlich/Römermann, StaRUG, § 1, Rn. 46; *Skauradzun/Amort*, DB 2021, 1317 (1327); *Spindler*, in: MüKo, AktG, § 91, Rn. 94; wohl auch *J. Schmidt*, in: MüKo, StaRUG, § 1, Rn. 78.

1094 *Hirte*, in: Uhlenbruck, InsO, StaRUG, § 1, Rn. 28.

1095 A.A. *Sander*, ZHR 2024, 8 (44), dem zufolge ein Teilausschnitt von § 1 StaRUG einen unmittelbaren Schutz der Gläubigerinteressen gewährleistet.

1096 So auch *Schlöder*, Shift of Fiduciary Duties, S. 71.

1097 So auch *Termath*, Der »shift of duties« bei wahrscheinlicher Insolvenz, S. 253.

entspricht den Vorgaben der RRL, weil sie keine zwingende vorrangige Berücksichtigung der Gläubigerinteressen bei drohender Zahlungsunfähigkeit vorschreibt.

5. § 823 Abs. 1 BGB

Die Gläubiger werden in aller Regel keinen Anspruch gegen die Geschäftsleitung aus § 823 Abs. 1 BGB wegen einer Verletzung des § 1 Abs. 1 StaRUG haben.[1098] Die Verletzung von § 1 Abs. 1 S. 1 StaRUG führt in der Regel nur zu reinen Vermögensschäden,[1099] die nicht von § 823 Abs. 1 BGB geschützt sind. Zwar ist auch eine Verletzung der Mitgliedschaft der Gesellschafter als absolut geschütztes Rechtsgut denkbar. Dafür fehlt es aber in aller Regel an einem mitgliedschaftsbezogenen Eingriff der Geschäftsleitung.[1100] Ein Anspruch der Gläubiger aus § 823 Abs. 1 BGB gegen die Geschäftsleitung wegen einer Verletzung der Pflichten aus § 1 Abs. 1 StaRUG scheitert damit regelmäßig bereits an einem tauglichen Rechtsgut. Ansprüche der Gesellschafter würden bei der Verletzung der Mitgliedschaft an einem mitgliedschaftsbezogenen Eingriff ebenso scheitern.

6. § 826 BGB

Ein Anspruch der Gläubiger gegen die Geschäftsleitung aus § 826 BGB ist grundsätzlich denkbar. An diesen Anspruch sind allerdings hohe Beweisanforderungen zu stellen, da der Vorwurf gegen die Geschäftsleitung oft ein Unterlassen betreffen wird.[1101] Eine Außenhaftung der Geschäftsleitung soll ausnahmsweise gem. § 826 BGB möglich sein, wenn ihre Handlung eine vorsätzlich sittenwidrige Schädigung darstellt.[1102] Diese Außenhaftung durchbricht das Haftungssystem zwischen Gesellschafts- und Restrukturierungsrecht nicht, weil sie nur eine Ausnahme in Missbrauchskonstellationen darstellt. Bei vorsätzlich sittenwidrigen Schädigungen kann sich die Geschäftsleitung nicht auf eine gebührende Mitberücksichtigung der Gläubigerinteressen berufen. Die ordnungsgemäße Umsetzung des Art. 19 lit. a RRL erfordert in solchen Missbrauchsfällen eine Außenhaftung der Geschäftsleitung auch schon vor der Anzeige eines Restrukturierungsvorhabens, wenn ein vorsätzlicher und sittenwidriger Verstoß gegen § 1 StaRUG vorliegt. Der Anspruch ist beispielsweise dann zu bejahen, wenn die Geschäftsleitung unter Verwendung unrichtiger Risikomanagementunterlagen einen Dritten zu Vermögensdispositionen veranlasst.[1103] Da der Anspruch aus § 826 BGB das Innenhaftungskonzept von Gesellschafts- und Restrukturierungsrecht durchbricht und nur in vorsätzlichen Missbrauchskonstellationen Anwendung findet, setzt § 826 BGB

1098 *Mock*, in: BeckOK, StaRUG, § 1, Rn. 49; vgl. *Skauradszun/Amort*, DB 2021, 1317 (1326); a.A. *Hölzle*, FS Gehrlein, 261 (276 f.); *Fritz*, in: Mönning, Betriebsfortführung, § 45, Rn. 95.

1099 *Mock*, in: BeckOK, StaRUG, § 1, Rn. 49; wohingegen *Goetker*, in: Flöther, StaRUG, § 1, Rn. 124, zufolge in Sanierungssituationen insbesondere auch dingliche (Sicherungs-) Rechte, Anwartschaftsrechte, der Besitz und Anteilseignerrechte betroffen sein können.

1100 *Mock*, in: BeckOK, StaRUG, § 1, Rn. 49.

1101 *Mock*, in: BeckOK, StaRUG, § 1, Rn. 50.

1102 *Sander*, ZHR 2024, 8 (44).

1103 *Rieger/Schmitz*, in: Nerlich/Römermann, StaRUG, § 1, Rn. 47.

für sich genommen Art. 19 lit. c RRL nicht angemessen um. Denn nach Art. 19 lit. c RRL sollen die nationalen Vorschriften auch grob fahrlässiges Verhalten der Geschäftsleitung sanktionieren.

7. Vertrag mit Schutzwirkung zugunsten Dritter

Weiter ist ein Anspruch der Gläubiger gegen die Geschäftsleitung aus dem Institut des Vertrags mit Schutzwirkung zugunsten Dritter denkbar.[1104] Dem ersten Anschein nach könnte der Vertrag zwischen Geschäftsleitung und Gesellschaft Schutzwirkung zugunsten der Gläubiger entfalten. Voraussetzungen für den Vertrag mit Schutzwirkung zugunsten Dritter sind – knapp zusammengefasst – die Leistungsnähe des Dritten, das Interesse des Gläubigers an dessen Einbeziehung, die Erkennbarkeit des geschützten Personenkreises für den Schuldner und die Schutzbedürftigkeit des Dritten.[1105]

Auf den ersten Blick scheinen die Voraussetzungen gegeben zu sein. So könnte man annehmen, die Gläubiger der Gesellschaft kämen unproblematisch mit der geschuldeten Leistung der Geschäftsleitung in Berührung, wenn sie ordnungsgemäß ihre Pflichten erfüllte und in Angelegenheiten der Gesellschaft die Sorgfalt eines ordentlichen Geschäftsmannes anwendete. Aufgabe der Geschäftsleitung ist in erster Linie die Führung des Unternehmens. Wenn die Geschäftsleitung ihre Pflichten also ordnungsgemäß erfüllt, führt sie die Gesellschaft bestenfalls solvent und die Gesellschaft befriedigt die Forderungen ihrer Gläubiger zum Fälligkeitszeitpunkt.[1106] Die Gläubiger der Gesellschaft kommen erst recht mit der geschuldeten Leistung der Geschäftsleitung in Berührung, wenn die Geschäftsleitung das Unternehmen sanieren muss und die Gläubiger Sanierungsbeiträge leisten. In der Regel besteht dann die Hoffnung, dass die Geschäftsleitung das Unternehmen erfolgreich saniert und wieder rentabel führen kann, sodass sie die Ansprüche der Gläubiger wieder voll befriedigt. Wenn die Entscheidung der Geschäftsleitung, das Unternehmen sei sanierungsfähig, unzutreffend ist und die Gesellschaft die Ansprüche der Gläubiger trotz der Sanierungsbeiträge nicht erfüllen kann, sind die Gläubiger unmittelbar von den Geschäftsleitungsentscheidungen betroffen. Die Geschäftsleitung kann in diesem Fall die Rechtsgüter der Dritten beeinträchtigen. Die Leistungsnähe eines Dritten könnte deshalb anzunehmen sein. Die Gesellschaft müsste weiter ein Interesse am Schutz der Gläubiger haben. Gläubiger der Gesellschaft können sehr heterogen[1107] sein, insofern kann auch das Interesse am Schutz der Gläubiger der Gesellschaft variieren. Wenn es sich beispielsweise um einen Hauptlieferanten handelt, hat die Gesellschaft ein großes Interesse am Schutz des Dritten, weil nur so der Geschäftsbetrieb aufrechterhalten werden kann. Dasselbe gilt für eine wichtige Kreditgeberin des Unternehmens. In diesem Fall ist auch die Gläubigernähe zu bejahen. Wenn es sich dagegen um einen unbedeutenden Kleinst-

1104 A.A. (allerdings ohne Begründung) *Mock*, in: BeckOK, StaRUG, § 1, Rn. 47.

1105 BGH, Urt. v. 6.5.2008 – XI ZR 56/07, BGHZ 176, 281–301 = ZIP 2008, 1222–1228, juris Rn. 27; *Göbel/Harig*, NZI 2019, 492; *Gottwald*, in: MüKo, BGB, § 328, Rn. 185–192.

1106 In diese Richtung auch BGH, Urt. v. 6.6.1994 – II ZR 292/91, BGHZ 126, 181–201 = ZIP 1994, 1103–1112, juris Rn. 16, wonach die Geschäftsleitung die Interessen der Gläubiger am wirksamsten fördere, wenn sie die Geschäfte so führe, dass das Unternehmen floriere.

1107 Siehe dazu bereits oben S. 85 f. mit den Nachweisen in Fn. 562.

Zulieferanten handelt, der keine wesentlichen Bestandteile liefert, ist die Gläubigernähe abzulehnen. Für die Geschäftsleitung müsste darüber hinaus der geschützte Personenkreis erkennbar sein, denn er muss sein Haftungsrisiko ausreichend kalkulieren und versichern können.[1108] Die Geschäftsleitung führt die Geschäfte der Gesellschaft und muss deswegen kraft Amtes einen Überblick zumindest über die wichtigsten Vertragspartner haben. Insofern können die Gläubiger als geschützter Personenkreis für die Geschäftsleitung erkennbar sein. Auch die Schutzbedürftigkeit kann grundsätzlich gegeben sein, da Situationen denkbar sind, in denen Dritte ohne einen Haftungsanspruch dastehen.

Auf den zweiten Blick bestehen dennoch Zweifel am Vorliegen der Voraussetzungen, insbesondere an der der Leistungsnähe. Mit der Geschäftsleitungspflicht aus § 1 Abs. 1 S. 1 StaRUG, also das fortlaufende Überwachen von Entwicklungen, welche den Fortbestand der juristischen Person gefährden können, kommen die Gläubiger tatsächlich erst einmal gar nicht in Berührung. Insofern trägt die vorgenannte Argumentation zur Leistungsnähe des Dritten nicht wirklich. Der Pflichtenrahmen unterscheidet sich maßgeblich von demjenigen bei Beraterverträgen, in denen die Rechtsprechung regelmäßig einen Vertrag mit Schutzwirkung zugunsten der Gläubiger annimmt. Die Rechtsprechung nimmt bei Verträgen eine Schutzwirkung an, bei denen der Auftraggeber bei einer Person, die über eine besondere, vom Staat anerkannte Sachkunde verfügt, ein Gutachten oder eine gutachterliche Äußerung bestellt, um davon gegenüber einem Dritten Gebrauch zu machen.[1109] Darunter fallen etwa öffentlich bestellte Sachverständige, Wirtschaftsprüfer, Steuerberater und Abschlussprüfer.[1110] Das Gutachten soll dem Dritten gegenüber Vertrauen erwecken und Beweiskraft besitzen.[1111] Es handelt sich also in der Regel um eine Prüfungsleistung, deren Ergebnis in einem Gutachten oder zumindest schriftlich festgehalten wird. Die Pflicht aus § 1 Abs. 1 S. 1 StaRUG ist eine Dauerpflicht der Geschäftsleitung zur laufenden Überwachung der finanziellen Situation, ohne dass hierzu ein schriftliches Gutachten erfolgen muss.

Auch bei der Pflicht aus § 1 Abs. 1 S. 2 StaRUG geht es nicht um eine Sachexpertise im oben genannten Sinne, die in vergleichbarer Weise zum Gebrauch gegenüber einem bestimmten Dritten dienen soll.[1112] Sobald die Geschäftsleitung fortbestandsgefährdende Entwicklungen erkennt, hat sie geeignete Gegenmaßnahmen zu ergreifen. Eine Unterrichtung der Gläubiger muss nicht zwangsläufig stattfinden. Die Geschäftsleitung ist auch nicht dazu verpflichtet, in diesem Zeitpunkt eine etwaige finanzielle Schieflage zu veröffentlichen. Die Gläubiger erlangen demnach von dem Eintritt der

1108 *Göbel/Harig*, NZI 2019, 492; *Gottwald*, in: MüKo, BGB, § 328, Rn. 191.

1109 BGH, Urt. v. 2.4.1998 – III ZR 245/96, BGHZ 138, 257–266 = ZIP 1998, 826–829, juris Rn. 9; BGH, Urt. v. 26.11.1986 – IVa ZR 86/85, MDR 1987, 477–478, juris Rn. 32; BGH, Urt. v. 2.11.1983 – IVa ZR 20/82, ZIP 1984, 70–73, jurs Rn. 17.

1110 BGH, Urt. v. 2.4.1998 – III ZR 245/96, BGHZ 138, 257–266 = ZIP 1998, 826–829, juris Rn. 9, 11; vgl. BGH, Urt. v. 26.11.1986 – IVa ZR 86/85, MDR 1987, 477–478, juris Rn. 32.

1111 BGH, Urt. v. 2.4.1998 – III ZR 245/96, BGHZ 138, 257–266 = ZIP 1998, 826–829, juris Rn. 9; BGH, Urt. v. 26.11.1986 – IVa ZR 86/85, MDR 1987, 477–478, juris Rn. 32.

1112 Vgl. so auch: BGH, Urt. v. 2.4.1998 – III ZR 245/96, BGHZ 138, 257–266 = ZIP 1998, 826–829, juris Rn. 11.

drohenden Zahlungsunfähigkeit in der Regel keine Kenntnis. Außerdem besteht bei dem Zeitpunkt der drohenden Zahlungsunfähigkeit erst die Gefahr, dass die Gesellschaft Gläubigerforderungen in 24 Monaten nicht mehr befriedigen kann. Die Gläubiger erlangen regelmäßig erst dann von der drohenden Zahlungsunfähigkeit Kenntnis, wenn die Geschäftsleitung bezüglich einer außergerichtlichen Sanierung mit ihnen ins Gespräch kommt oder sie ein Restrukturierungsvorhaben anzeigt, in dem die Rechte der Gläubiger gestaltet werden sollen. Die Erkenntnis von dem Eintritt fortbestandsgefährdender Entwicklungen dient also nur als Entscheidungsgrundlage für die Geschäftsleitung. Sie dient nicht als Entscheidungsgrundlage für Dritte. Sofern sich die Geschäftsleitung für Sanierungsmaßnahmen entscheidet und Gläubiger einbezieht, sind Letztere schutzbedürftig. Dann werden sie aber auch durch Vorschriften im StaRUG, wie beispielsweise das Schlechterstellungsverbot nach § 64 StaRUG, geschützt.

§ 1 Abs. 1 StaRUG selbst begründet dagegen keinen haftungsrechtlich relevanten Tatbestand, der es ermöglicht, die Gläubiger über die Rechtsfigur des Vertrags mit Schutzwirkung zugunsten Dritter in den Dienstleitungsvertrag mit der Gesellschaft einzubeziehen.

8. Zwischenfazit

Die im Zivilrecht verankerten Außenhaftungstatbestände setzen die Vorgaben der RRL aus Art. 19 lit. c RRL nicht um. Eine Haftung aus §§ 280 Abs. 1, 311 Abs. 3 BGB scheitert daran, dass die Pflichten aus § 1 Abs. 1 StaRUG in aller Regel keinen haftungsrechtlich relevanten Vertrauenstatbestand für Dritte begründen. Nur ausnahmsweise dann, wenn die Geschäftsleitung den Dritten unrichtige Risikomanagementunterlagen vorlegt oder unrichtige Angaben zu den Erfolgsaussichten von Sanierungsmaßnahmen äußert und die Dritten daraufhin Vermögensdispositionen treffen, kommt eine Haftung aus §§ 280 Abs. 1, 311 Abs. 3 BGB in Betracht. Das genügt für eine Umsetzung des Art. 19 lit. c RRL nicht. Ebenso lässt sich über §§ 280 Abs. 1, 241 Abs. 2 BGB keine vertragsrechtliche Restrukturierungsverschleppungshaftung konstruieren. Denn der deutsche Gesetzgeber hat sich, im Einklang mit den Vorgaben des Art. 19 lit. a RRL, vor der Anzeige eines Restrukturierungsvorhabens und bei Vorliegen von drohender Zahlungsunfähigkeit gegen eine vorrangige Berücksichtigung der Gläubigerinteressen entschieden. Ein Anspruch aus § 823 Abs. 2 BGB i.V.m. § 15a InsO setzt materielle Insolvenz voraus. Art. 19 lit. c RRL knüpft dagegen an die drohende Zahlungsunfähigkeit an, sodass auch dieser Anspruch die RRL nicht umsetzt. Für einen Anspruch der Gläubiger gegen die Geschäftsleitung aus § 823 Abs. 1 BGB fehlt es schon an einem tauglichen Rechtsgut, weil die Norm reine Vermögensschäden nicht erfasst. Bei einem Anspruch der Gesellschafter wegen einer Verletzung des Mitgliedschaftsrechts fehlt es regelmäßig an einem mitgliedschaftsbezogenen Eingriff der Geschäftsleitung. Der Anspruch aus § 826 BGB durchbricht zwar das Innenhaftungskonzept des Gesellschafts- und Restrukturierungsrechts und erlaubt einen Anspruch der Gläubiger gegen die Geschäftsleitung wegen einer Verletzung der Pflichten aus § 1 Abs. 1 StaRUG. Hierbei handelt es sich aber nur um vorsätzliche und missbräuchliche Verletzungen, sodass der Anspruch Art. 19 lit. c RRL nicht vollständig umsetzt. Für die Anwendbarkeit des Instituts des Vertrags mit Schutzwirkung zugunsten Dritter fehlt es vor allem an der Leistungsnähe des Dritten.

II. Innenhaftung

Als Innenhaftungstatbestände kommen eine Fortwirkung des nicht Gesetz gewordenen § 3 StaRUG-RegE auf die Pflichten aus § 1 StaRUG, eine Vorwirkung des restrukturierungsrechtlichen Haftungstatbestands des § 43 StaRUG auf den Zeitraum der drohenden Zahlungsunfähigkeit sowie eine Haftung über § 43 Abs. 2 GmbHG i.V.m. § 1 Abs. 1 StaRUG in Betracht. Es kann dabei um die Haftung der Geschäftsleitung für Schäden der Gesellschaft bzw. ihrer Gesellschafter und der Haftung für Schäden der Gläubiger gehen. Beide Schäden werden bei der Innenhaftung jeweils von der Gesellschaft gegenüber der Geschäftsleitung geltend gemacht.

1. Keine Fortwirkung des § 3 StaRUG-RegE

Der Haftungstatbestand des § 3 StaRUG-RegE[1113] wurde in die Endfassung nicht übernommen. Er bezog sich auf die Pflichten des § 2 StaRUG-RegE. Der in § 2 Abs. 1 StaRUG-RegE vorgesehene Gläubigerschutz, sprich die vorrangige Berücksichtigung der Gläubigerinteressen ab drohender Zahlungsunfähigkeit, wurde ebenfalls nicht Gesetz.[1114] Der Rechtsgedanke des § 3 StaRUG-RegE, der auf eine vorrangige Berücksichtigung der Gläubigerinteressen gerichtet war, kann in der Endfassung nicht fortgelten. Es widerspräche dem Willen des Gesetzgebers eine Haftung wegen der Verletzung der vorrangigen Gläubigerinteressen anzunehmen, wenn eine solche Pflicht gar nicht mehr besteht.[1115] Damit kann die Haftung aus § 3 StaRUG-RegE in der Endfassung des StaRUG nicht fortwirken und ist nicht auf einen Pflichtverstoß der Geschäftsleitung aus § 1 Abs. 1 StaRUG anzuwenden.

2. Keine Restrukturierungsrechtliche Haftung, § 43 Abs. 1 S. 2 StaRUG analog

Nach § 43 Abs. 1 S. 1 StaRUG hat die Geschäftsleitung die Pflicht darauf hinzuwirken, dass der Schuldner die Restrukturierungssache mit der Sorgfalt eines ordentlichen und gewissenhaften Geschäftsleiters betreibt und die Interessen der Gesamtheit der Gläubiger wahrt. Nach § 43 Abs. 1 S. 2 StaRUG soll die Geschäftsleitung für die Verletzung der Pflicht nach Abs. 1 S. 1 dem Schuldner in der Höhe des den Gläubigern entstandenen Schadens haften. Eine Verletzung der Pflichten aus § 1 Abs. 1 StaRUG könnte eine Haftung aus § 43 Abs. 1 S. 2 StaRUG begründen, wenn dieser auf den Zeitraum vor der Anzeige einer Restrukturierungssache bei Vorliegen von drohender Zahlungsunfähigkeit analoge Anwendung findet.

Dabei ist zunächst der Tatbestand der Norm dergestalt zu konkretisieren, dass es nicht entscheidend auf das Merkmal der Interessen der Gläubigergesamtheit ankommt. Erstens ist dieses Merkmal bei wortlautgetreuer Anwendung widersprüchlich, weil die

1113 Ausführlich zum Umfang der Haftung aus § 3 StaRUG-RegE *Brinkmann*, ZIP 2020, 2361 (2364 f.).

1114 Siehe dazu in Kapitel 2 ab S. 106.

1115 *Skauradszun/Amort*, DB 2021, 1317 (1325); *Scholz*, ZIP 2021, 219 (220); vgl. *Thole*, BB 2021, 1347 (1349).

Gläubiger höchst unterschiedliche Interessen haben.[1116] Vor allem trifft die Geschäftsleitung jedoch primär die Pflicht, das Unternehmen zu erhalten. Dies folgt aus der an der Richtlinie orientierten Auslegung aus § 1 Abs. 1 S. 2 StaRUG. Es wäre widersprüchlich, wenn die Geschäftsleitung vor Einleitung des Restrukturierungsverfahrens in einem höheren Maße dem Erhalt des Unternehmens verpflichtet wäre als im Restrukturierungsverfahren selbst. Zwischen § 1 Abs. 1 S. 2 StaRUG und § 43 Abs. 1 S. 2 StaRUG besteht daher nach hier vertretener Auffassung im Ergebnis ein inhaltlicher Gleichlauf.[1117]

Nichtsdestotrotz ist der Anwendungsbereich der Norm auf den Zeitraum eines angezeigten Restrukturierungsverfahrens beschränkt.[1118] Einer in zeitlicher Hinsicht analogen Anwendung der Norm stehen die fehlende Planwidrigkeit[1119] und der Wortlaut der Vorschrift entgegen. Der Gesetzgeber hat die Streichung des § 3 StaRUG-RegE damit begründet, dass etwaige dadurch entstandene Schutzlücken durch die gesellschaftsrechtlichen – nicht restrukturierungsrechtlichen – Haftungsregelungen aufgefangen werden.[1120] Der Gesetzgeber hat sich ausdrücklich dagegen entschieden, die Geschäftsleitung vor der Restrukturierungsanzeige und ab dem Eintritt von drohender Zahlungsunfähigkeit einer Haftung nach dem StaRUG zu unterwerfen.[1121] Er hat sich außerdem bewusst gegen eine Wahrung der Gesamtheit der Gläubigerinteressen ab dem Eintritt der drohenden Zahlungsunfähigkeit entschieden. Der Gesetzgeber hat erkannt, dass durch die Streichung des § 3 StaRUG-RegE möglicherweise Schutzlücken entstehen könnten, diese sollen aber durch gesellschaftsrechtliche Haftungsnormen aufgefangen werden. Damit kann dem Gesetzgeber kein Versehen bezüglich einer Regelungslücke unterstellt werden. Es fehlt an der Planwidrigkeit.[1122]

Der Gesetzgeber hat mit der Aufteilung des Gesetzes (Teil 1: Krisenfrüherkennung und Krisenmanagement und Teil 2: Stabilisierungs- und Restrukturierungsrahmen) eine Abgrenzung der Pflichten und der Haftung der Geschäftsleitung vor der Anzeige eines Restrukturierungsvorhabens von denen ab dem Vorliegen einer Restrukturierungssache zum Ausdruck gebracht. § 43 Abs. 1 S. 2 StaRUG meint mit »Verletzung

1116 *Hohenlohe*, Pflicht zur Wahrung der Gläubigerinteressen, S. 27–37 legt deswegen für die »Interessen der Gesamtheit der Gläubiger« nach § 43 Abs. 1 S. 1 StaRUG einen klaren und eindeutig bestimmbaren Haftungsmaßstab fest und beschränkt das Gläubigerinteressen auf den gemeinsamen Nenner des Rückzahlungsinteresses.

1117 Siehe dazu bereits oben S. 135.

1118 So auch *Schlöder*, Shift of Fiduciary Duties, S. 71 f.; in einem anderen Kontext aber mit demselben Ergebnis *Termath*, Der »shift of duties« bei wahrscheinlicher Insolvenz, S. 276.

1119 So auch *Schlöder*, Shift of Fiduciary Duties, S. 72.

1120 BT-Drs. 19/25353, S. 6.

1121 Gegen eine Anwendung des § 43 Abs. 1 S. 2 StaRUG vor der Anzeige des Restrukturierungsvorhabens auch *Sander*, ZHR 2024, 8 (43); *Skauradszun/Amort*, DB 2021, 1317 (1325). Ohne auf die Planwidrigkeit abzustellen, aber ebenfalls eine Anwendbarkeit des § 43 Abs. 1 StaRUG außerhalb des Restrukturierungsverfahrens ablehnend *Rokas*, FS Paulus, 619 (621, 624); a.A. *Kuntz*, ZIP 2021, 597 (610).

1122 *Hölzle*, FS Gehrlein, 261 (276); *Korch*, GmbHR 2021, 793 (798, Rn. 20); *Skauradszun/Amort*, DB 2021, 1317 (1325); *Westpfahl*, FS Paulus, 754 (760).

dieser Pflicht« ausschließlich ein Verstoß gegen den § 43 Abs. 1 S. 1 StaRUG.[1123] § 43 Abs. 1 StaRUG spricht ausdrücklich von einer Restrukturierungssache. Das Vorliegen einer Restrukturierungssache setzt gem. § 31 Abs. 1, Abs. 3 StaRUG eine Anzeige voraus. § 43 Abs. 1 S. 2 StaRUG ist wegen des eindeutigen Wortlauts auf den Zeitraum vor der Anzeige einer Restrukturierungssache damit nicht analog anzuwenden.[1124]

3. Organschaftliche Haftung, § 43 Abs. 2 GmbHG

Gem. § 43 Abs. 2 GmbHG haftet die Geschäftsführung, welche ihre Obliegenheiten verletzt, der Gesellschaft solidarisch für den entstandenen Schaden. Zu den Obliegenheiten zählen alle durch Gesetz, Satzung oder Beschluss der Gesellschafterversammlung vorgegebenen Pflichten.[1125] § 1 Abs. 1 StaRUG ist eine durch Gesetz vorgegebene Pflicht der Geschäftsleitung, sodass eine Verletzung dieser Pflicht unter den Haftungstatbestand des § 43 Abs. 2 GmbHG fällt.[1126] Es handelt sich um einen organschaftlichen Schadensersatzanspruch, den die Gesellschaft im Innenverhältnis zur Geschäftsleitung geltend macht.[1127] Voraussetzung des Anspruchs ist neben der Pflichtverletzung und dem Verschulden der Geschäftsführung, ein ersatzfähiger Schaden der GmbH, dessen Art und Umfang sich nach den §§ 249 ff. BGB bestimmt.[1128] Das Ver-

1123 *Goetker*, in: Flöther, StaRUG, § 43, Rn. 38; *Scholz*, ZIP 2021, 219 (225); vgl. *Skauradszun/Amort*, DB 2021, 1317 (1325);

1124 *Brinkmann*, KTS 2021, 303 (308); *Seibt*, in: Seibt/Westpfahl, StaRUG, § 1, Rn. 62; *Skauradszun/Amort*, DB 2021, 1317 (1325); in diese Richtung auch *Korch*, GmbHR 2021, 793 (798, Rn. 20); a.A. *Leschke*, Regulierung von Geschäftsleiteropportunismus, S. 271, der innerhalb und außerhalb der Rechtshängigkeit eines Restrukturierungsvorhabens gleiche Anforderungen an das Verhalten der Geschäftsleitung stellt; *Smid*, ZInsO 2021, 117 (120), der eine Schadensersatzpflicht direkt aus § 43 StaRUG auch annimmt, wenn die Geschäftsleitung pflichtwidrig das Verfahren verspätet einleitet.

1125 Vgl. *Kleindiek*, in: Lutter/Hommelhoff, GmbHG, § 43, Rn. 12; vgl. *Paefgen*, in: HCL, GmbHG, § 43, Rn. 49; *Ziemons*, in: MHLS, GmbHG, § 43, Rn. 59.

1126 *Brinkmann*, ZRI 2024, 781 (785); *Brünkmans*, ZInsO 2021, 1 (3); *Brünkmans*, ZInsO 2021, 125 (126); *Commandeur/Römer*, NZG 2022, 491 (493); *Desch/Hochdorfer*, in: RestrukturierungsR, § 6, Rn. 9; *Brinkmann*, KTS 2021, 303 (310); *Flöther/Wilke*, ZRI 2023, 1029 (1032); *Fritz*, in: Mönning, Betriebsfortführung, § 45, Rn. 89; *Hölzle*, FS Gehrlein, 261 (277); *Jähne*, NWB Sanieren 2021, 316 (317); *Reifeld*, NZI-Beilage 2023, 12 (15); *J. Schmidt*, in: MüKo, StaRUG, § 1, Rn. 76; *K. Schmidt/Schluck-Amend*, in: K. Schmidt/Uhlenburck, GmbH in Krise, Restrukturierung und Insolvenz, § 2, Rn. 2.7; *Singer*, Vorinsolvenzlicher Restrukturierungsrahmen, S. 381; allgemein zur Anwendbarkeit des § 43 Abs. 2 GmbHG; *Skauradszun/Amort*, DB 2021, 1317 (1325); *Thole*, in: Jacoby/Thole, StaRUG, § 1, Rn. 42; *Thole*, BB 2021, 1347 (1348); *Wiedeck/Huber/Kranzfelder*, DB 2021, 2880 (2881); *Wolgast*, in: Wolgast/Grauer, StaRUG, § 1, Rn. 41.

1127 *Reifeld*, NZI-Beilage 2023, 12 (15).

1128 *Fleischer*, in: MüKo GmbHG, § 43, Rn. 316; vgl. *Klöhn*, in: Bork/Schäfer, GmbHG, § 43, Rn. 57; vgl. *Verse*, in: Scholz, GmbHG, § 43, Rn. 297; *Ziemons*, in: MHLS, GmbHG, § 43, Rn. 449.

schulden erfasst sowohl fahrlässige als auch vorsätzliche Verstöße der Geschäftsleitung gegen die Pflichten aus § 1 Abs. 1 StaRUG.[1129]

a) Problem des Nachweises des Schadens

Der Schadensbegriff der §§ 249 ff. BGB beruht auf der sog. Differenzhypothese.[1130] Nach § 249 Abs. 1 BGB ist der Zustand herzustellen, der ohne das schädigende Ereignis bestehen würde. Der Schaden ist die Differenz zwischen dem hypothetischen Vermögensstand ohne das schädigende Ereignis und dem tatsächlich gegebenen Vermögensstand.[1131] Die oben genannten Pflichtverletzungen beruhen überwiegend auf einem Unterlassen der Geschäftsleitung. Das heißt die bestehende Vermögenslage der Gesellschaft ist mit der hypothetischen Vermögenslage, die bestünde, wenn die Geschäftsleitung ein Überwachungssystem eingerichtet und rechtzeitig geeignete Gegenmaßnahmen ergriffen hätte, zu vergleichen. Die Gesellschaft müsste also beweisen, dass eine Sanierung nach einer der Abwägungsstufen[1132] möglich und erfolgsversprechend gewesen wäre. Grundsätzlich kann dafür auf die Durchführung einer Restrukturierungssache abgestellt werden, weil die §§ 2, 7 StaRUG Gestaltungsmöglichkeiten vorsehen, die das Nettovermögen erhöhen können.[1133] Auf die Anzeige eines Restrukturierungsvorhabens kommt es nicht an, weil sie noch nicht zu einer Vermögensdifferenz führt.[1134] Die Gesellschaft müsste beweisen, dass ein bestimmter Restrukturierungsplan durch die Planbetroffenen tatsächlich angenommen und durch das Gericht bestätigt worden wäre, um daraus die Vermögensdifferenz zu berechnen.[1135] Ein Schadensnachweis unter Zugrundlegung eines hypothetischen Sanierungsverlaufs ist äußerst schwierig.[1136] Weder für den Schaden als solches noch für die haftungsausfüllende Kausalität gilt eine Beweislastumkehr,[1137] sodass

1129 *Pöschke*, in: BeckOK, GmbHG, § 43, Rn. 286; *Ziemons*, in: MHLS, GmbHG, § 43, Rn. 407.

1130 BGH, Urt. v. 18.2.2008 – II ZR 62/07, ZIP 2008, 736–738, juris Rn. 8; *Drescher*, Haftung des GmbH-Geschäftsführers, Rn. 354; *Fleischer*, in: MüKo, GmbHG, § 43, Rn. 316; *Schnorbus*, in: Rowedder/Pentz, GmbHG, § 43, Rn. 70; *Verse*, in: Scholz, GmbHG, § 43, Rn. 297.

1131 BGH, Urt. v. 5.2.2015 – IX ZR 167/13, NJW 2015, 1373–1375, juris Rn. 7; *Flume*, in: BeckOK, BGB, § 249, Rn. 37; *Oetker*, in: MüKo, BGB, § 249, Rn. 18.

1132 Siehe dazu in Kapitel 2 ab S. 130.

1133 *Skauradszun/Amort*, DB 2021, 1317 (1325).

1134 *Skauradszun/Amort*, DB 2021, 1317 (1325).

1135 *Fritz*, in: Mönning, Betriebsfortführung, § 45, Rn. 92; *Hölzle*, FS Gehrlein, 261 (277); *Skauradszun/Amort*, DB 2021, 1317 (1325).

1136 *Brinkmann*, KTS 2021, 303 (310); vgl. *Brinkmann*, ZRI 2024, 781 (787); *Rieger/Schmitz*, in: Nerlich/Römermann, StaRUG, § 1, Rn. 39; vgl. *L. M. Guntermann*, WM 2021, 214 (218); *Hoffmann*, WM 2021, 429 (430). So bereits zu § 3 StaRUG-RegE *Brinkmann*, ZIP 2020, 2361 (2364). Ähnliche Beweisschwierigkeiten ergeben sich auch, wenn man einen Anspruch der Gesellschafter gegen die Geschäftsleitung aus § 823 Abs. 2 BGB i.V.m. § 1 Abs. 1 S. 1 StaRUG geltend macht. Siehe dazu *Brinkmann*, ZRI 2024, 781 (789).

1137 *Beurskens*, in: Noack/Servatius/Haas, GmbHG, § 43, Rn. 79; *Fleischer*, in: MüKo, GmbHG, § 43, Rn. 337; a.A. *Ziemons*, in: MHLS, GmbHG, § 43, Rn. 471.

die prozessuale Durchsetzung des § 43 Abs. 2 GmbHG i.V.m. § 1 Abs. 1 StaRUG kaum Erfolg verspricht.[1138]

b) Beweislastumkehr

Teile der Literatur erwägen deswegen eine Beweislastumkehr zugunsten der Anspruchsteller.[1139] Sie berufen sich auf ErwG 71 S. 1 RRL.[1140] Daraus lasse sich ableiten, dass die RRL einen effektiven Rechtsschutz der Gläubiger erfordere, den das aktuelle gesellschaftsrechtliche Haftungskonzept aufgrund der Komplexität des Schadensnachweises nicht gewährleiste. Für eine richtliniengemäße Umsetzung bedürfe es deswegen einer Beweislastumkehr. Diese könne an die Beweislastumkehr bei einem ärztlichen Heilangriff angelehnt werden, man müsse nur auf das Erfordernis des Schutzes von Leben und Gesundheit verzichten.[1141] Tatbestandsmäßig wäre dann ein grob fahrlässiges Übersehen der Krisensymptome.[1142] Danach genüge es, dass der Anspruchsteller, hier die Gesellschaft, die einen Schaden der Gläubiger geltend macht, einen Vermögensausfall und eine denkbare rechtzeitige Rechtstrukturierungsmöglichkeit darlegt, bei deren Umsetzung der Schaden nicht eingetreten wäre.[1143] Es käme nicht darauf an, auf welche der Stufen eine Sanierung möglich gewesen, wie konkret sie umgesetzt oder ob dieser Restrukturierungsplan angenommen[1144] worden wäre. Sondern es genüge, dass der Anspruchsteller überhaupt darlegt, dass eine Sanierung vorher grundsätzlich möglich war. Die Geschäftsleitung als Anspruchsgegner könne sich nur dann entlasten, wenn sie darlegt und eventuell beweist, dass die Annahme des Restrukturierungsplans keine Aussicht auf Erfolg gehabt hätte oder der Schaden auch so eingetreten wäre.[1145]

Eine solche Beweislastumkehr ist unter den Vorgaben des Art. 19 lit. c RRL hingegen nicht erforderlich.[1146] § 43 Abs. 2 GmbHG erfasst die Pflichtverletzungen aus § 1 Abs. 1 StaRUG. Bei ordnungsgemäßer Einhaltung der Pflichten aus § 1 Abs. 1 StaRUG kann die Geschäftsleitung eine Gefährdung der Bestandsfähigkeit des Unternehmens erkennen und entgegensteuern. Der Haftungstatbestand stellt sicher, dass die Geschäftsleitung dies auch tatsächlich tut. Die Anforderungen der RRL aus Art. 19 lit. c RRL, nämlich die »Notwendigkeit vorsätzliches oder fahrlässiges Verhalten zu vermeiden«, erfordern dagegen keine darüber hinausgehende Beweislastumkehr für den Schadensnachweis.

1138 *Reifeld*, NZI-Beilage 2023, 12 (15); *Skauradszun/Amort*, DB 2021, 1317 (1325).

1139 *Brinkmann*, KTS 2021, 303 (311); *Hölzle*, FS Gehrlein, 261 (278); a.A. *Fritz*, in: Mönning, Betriebsfortführung, § 45, Rn. 95.

1140 *Brinkmann*, KTS 2021, 303 (311), dort fälschlicherweise als ErwG 76 zitiert; *Hölzle*, FS Gehrlein, 261 (278, Fn. 111), dort fälschlicherweise als ErwG 72 zitiert. Den Paraphrasierungen zufolge stellen beide Autoren auf ErwG 71 ab.

1141 *Brinkmann*, KTS 2021, 303 (311); *Brinkmann*, ZRI 2024, 781 (787).

1142 *Brinkmann*, KTS 2021, 303 (311).

1143 *Hölzle*, FS Gehrlein, 261 (278).

1144 *Hölzle*, FS Gehrlein, 261 (279).

1145 *Hölzle*, FS Gehrlein, 261 (278 f.).

1146 Auch grundsätzlich gegen eine Beweislastumkehr aber mit anderen Argumenten *Schlöder*, Shift of Fiduciary Duties, S. 169.

III. Zusammenspiel aus Pflichtenbindung und Haftung

Insgesamt ergibt sich daraus ein Zusammenspiel aus Pflichtenbindung und Haftung, welches der Geschäftsleitung große Spielräume bei der Sanierung von Unternehmen einräumt und damit dem Ziel der RRL entspricht.

Die Geschäftsleitung treffen zwei weitreichende Pflichten aus § 1 Abs. 1 S. 1 und S. 2 StaRUG. Die Geschäftsleitung muss ein umfängliches Überwachungssystem einführen und muss ab dem Zeitpunkt drohender Zahlungsunfähigkeit geeignete Gegenmaßnahmen ergreifen, um den Bestand des Unternehmens zu sichern. Bei der Sanierung des Unternehmens unterliegt die Geschäftsführung darüber hinaus der Pflicht, die Interessen der Beteiligten abzuwägen und ein Sanierungskonzept zu wählen, welches diese Interessen berücksichtigt. Dabei kippt eine zunächst stärkere Berücksichtigung der Gesellschafterinteressen mit dem Voranschreiten der Krise immer stärker zugunsten der Gläubiger. Diese Interessensabwägung hat nur für solche Sanierungskonzepte zu erfolgen, die überhaupt den Bestand des Unternehmens sichern können.

Mit dieser Pflicht korrespondiert ein weitreichender Spielraum der Geschäftsleitung. Dieser Spielraum entsteht einerseits durch eine Weisungsfreiheit der Geschäftsleitung, soweit Weisungen und Beschlüsse der Gesellschafter Sanierungen zu blockieren versuchen. Darüber hinaus entsteht der Handlungsspielraum durch das hier vertretene Haftungskonzept. Durch den Verzicht auf eine als Außenhaftung konzipierte Restrukturierungsverschleppungshaftung beschränkt sich die Haftung grundsätzlich auf einen Anspruch der Gesellschaft gegenüber der Geschäftsleitung aus § 43 Abs. 2 GmbHG.

Man mag diesem Ansatz vorwerfen, er schütze individuelle Beteiligte, insbesondere die Belange der Gesellschafter nicht hinreichend. Richtig ist, dass die Haftung der Geschäftsleitung gegenüber Gesellschaftern sehr zurückgedrängt ist. Setzt die Geschäftsleitung ein Sanierungskonzept einer zu hohen Stufe um, obwohl ein gesellschafterschonenderes Konzept möglich gewesen wäre, folgt daraus nur ein Anspruch der Gesellschaft, wenn diese durch das andere Sanierungskonzept besser stünde. Ein Anspruch der einzelnen Gesellschafter folgt daraus nur ausnahmsweise in den Fällen des § 826 BGB. Dadurch entsteht zumindest praktisch ein gewisser haftungsfreier Raum der Geschäftsleitung. Dieser Freiraum der Geschäftsleitung ist jedoch nur Konsequenz der Ziele und Wertungen der RRL und des uneindeutigen Verhaltens des deutschen Gesetzgebers. Man mag sie rechtspolitisch nicht für überzeugend halten.

Die hier vertretene Ansicht führt dazu, dass die Geschäftsleitung tatsächlich Freiraum hat, um den Bestand des Unternehmens zu sichern. Das steht im Einklang mit dem Ziel der RRL, die Sanierung bestandsfähiger Unternehmen zu erleichtern. Darüber hinaus ist dieses Modell auch dazu geeignet, in der Praxis einen angemessenen Ausgleich der beteiligten Interessen zu finden. Denn vor allem soll eine Blockade in Fällen vermieden werden, in denen eine Sanierung vernünftig ist und eine Vielzahl der Beteiligten auch bereit ist, zu einer Sanierungslösung beizutragen. In einem solchen Fall braucht die Geschäftsleitung die nötige Freiheit, um Sanierungslösungen zu entwerfen, die die Interessen aller zustimmenden Beteiligten aufnimmt und die Blockade der ablehnenden Gläubiger überwinden kann.

C. Abberufung der Geschäftsleitung

Im Zeitpunkt der drohenden Zahlungsunfähigkeit kann außerdem für die Geschäftsleitung die Gefahr einer Abberufung oder Kündigung durch die Gesellschafter bevorstehen.[1147] Die Abberufung in Form des Widerrufs der Bestellung nach § 38 GmbHG ist ein Instrument der Gesellschafter, um gegen eine eigenmächtig und entgegen dem Gesellschaftsinteresse handelnde Geschäftsführung vorzugehen.[1148] Grundsätzlich können die Gesellschafter diese dann abberufen, wenn sie sich über entgegenstehende Weisungen der Gesellschafter hinwegsetzt, vgl. §§ 45, 46 Nr. 5 GmbHG.[1149] Im Fall des Vorliegens von drohender Zahlungsunfähigkeit darf sich die Geschäftsführung allerdings über entgegenstehende Weisungen der Gesellschafter hinwegsetzen.[1150] Sie ist gegenüber den Gesellschaftern nicht mehr gem. § 37 Abs. 1 GmbHG weisungsgebunden.[1151] Die allgemeinen gesellschaftsrechtlichen Regelungen werden aufgeweicht. Das hat an sich jedoch keine Konsequenzen für das Recht der Gesellschafter zur Abberufung der Geschäftsleitung. Sie sind weiterhin zur Abberufung oder Kündigung befugt.[1152]

Die Abberufung der Geschäftsleitung kann jedoch zweckmäßig ins Leere laufen. Die Gesellschafter würden sie nur deshalb abberufen wollen, um die Anzeige eines Restrukturierungsvorhabens durch eine neu eingesetzte Geschäftsführung zurücknehmen zu lassen. Die neue Geschäftsführung unterliegt jedoch der gleichen Pflichtenbindung aus § 1 Abs. 1 S. 2 StaRUG, die sich auch auf § 43 StaRUG auswirkt.[1153] Diese hat daher zu diesem Zeitpunkt den Bestand der Gesellschaft und dabei im obengenannten Sinne die Interessen der Beteiligten zu wahren. Ist eine Rücknahme der Anzeige entweder nicht mit der Sorgfalt eines ordentlichen und gewissenhaften Geschäftsleiters vereinbar oder widerspricht dem Erhalt des Unternehmens, ist eine Rücknahme der

1147 *Brinkmann*, KTS 2021, 303 (323); *Fritz*, in: Mönning, Betriebsfortführung, § 45, Rn. 86; vgl. *Haas/Göb*, NZI 2020, 200 (201); *Hirte*, in: Uhlenbruck, InsO, StaRUG, § 1, Rn. 31; *Flöther/Wilke*, ZRI 2023, 1029 (1038); *Zehlicke/Krafczyk*, ZRI 2023, 520 (523), Anm. zu AG Hamburg, Beschl. v. 17.3.2023 – 61c RES 1/23. *Rieger/Schmitz*, in: Nerlich/Römermann, StaRUG, § 1, Rn. 40. *Pospiech/Noack*, NJW-Spezial 2021, 207 (207 f.), zufolge bestehen unter der aktuellen Rechtslage erhebliche Rechtsunsicherheiten bezüglich des Weisungs- und Abberufungsrechts der Gesellschafter.

1148 *Brinkmann*, KTS 2021, 303 (323); vgl. *Brünkmans*, ZInsO 2021, 1 (3).

1149 *Flöther/Wilke*, ZRI 2023, 1029 (1037).

1150 Vergleiche dazu Kapitel 2 ab S. 123. So auch *Hohenlohe*, Pflicht zur Wahrung der Gläubigerinteressen, S. 206.

1151 Siehe dazu Kapitel 2 ab S. 123; a.A. *Goetker*, in: Flöther, StaRUG, § 43, Rn. 54; *Scholz*, ZIP 2021, 219 (223).

1152 So auch *Schlöder*, Shift of Fiduciary Duties, S. 166, der aber nicht erkennt, dass die neue Geschäftsleitung denselben Pflichten wie die alte Geschäftsleitung unterliegt. Vgl. mit einem anderen Ausgangspunkt *Brinkmann/Schluck-Amend*, in: K. Schmidt/Uhlenbruck, GmbH in Krise, Restrukturierung und Insolvenz, § 10, Rn. 10.50; *Korch*, ZIP 2020, 446 (449), hält für eine Suspendierung des Abberufungsrechts im Vorfeld der Insolvenz eine mit § 276a Abs. 1 InsO vergleichbare Regelung für erforderlich; *Seibt/Harf*, ZIP 2024, 2309 (2311).

1153 Siehe dazu bereits oben S. 135 und S. 197.

Anzeige des Restrukturierungsvorhabens auch durch die neue Geschäftsführung nicht haftungsfrei möglich.[1154]

D. Ergebnis Kapitel 3

Je später die Geschäftsleitung die fortbestandsgefährdenden Entwicklungen erkennt, umso höhere Anforderungen werden einerseits an die inhaltliche Eignung der Sanierungsbemühungen gestellt und umso geringer ist andererseits der zur Verfügung stehende zeitliche Horizont. Sofern ein den Anforderungen der Rechtsprechung genügender Sanierungsversuch vorsatzausschließend im Rahmen des Tatbestands des § 133 InsO wirkt, muss dies aufgrund der Einheit der Rechtsordnung auch für die verschiedenen Haftungstatbestände gelten, wenn eine Verletzung des § 1 Abs. 1 S. 2 StaRUG infrage steht. Zeitlich stehen der Geschäftsleitung in erster Linie die Monate 24 bis 13 vor dem Eintritt der Zahlungsunfähigkeit, sprich die drohende Zahlungsunfähigkeit, für Sanierungsbemühungen zur Verfügung. Wenn bereits Überschuldung eingetreten ist, ein Sanierungsversuch also in den Monaten 12 bis einschließlich 1 vor dem Eintritt der Zahlungsunfähigkeit liegt, erfordert dies besonderen Begründungsaufwand und höhere Erfolgsaussichten für die Sanierungsbemühungen.

Die Anforderungen der RRL aus Art. 19 lit. c RRL erfüllt das StaRUG nicht durch die Außenhaftungstatbestände. Allerdings haftet die Geschäftsleitung im Innenverhältnis gegenüber der Gesellschaft bei Pflichtverletzungen nach § 1 Abs. 1 StaRUG aus § 43 Abs. 2 GmbHG. Dieser gesellschaftsrechtliche Haftungstatbestand kann den gewollten Schutz der RRL trotz Streichung des § 3 StaRUG-RegE auffangen.[1155]

1154 Vgl. in eine ähnliche Richtung *Zehlicke/Krafczyk*, ZRI 2023, 520 (523), Anm. zu AG Hamburg, Beschl. v. 17.3.2023 – 61c RES 1/23 – »ein neu bestellter Geschäftsführer [kann] sich durch die Rücknahme entgegen den Interessen der Gläubigergesamtheit schadensersatzpflichtig machen«.

1155 So auch *Termath*, Der »shift of duties« bei wahrscheinlicher Insolvenz, S. 254.

Zusammenfassung

Die GmbH-Geschäftsführung ist nach § 1 Abs. 1 S. 1 StaRUG zur Krisenfrüherkennung und nach § 1 Abs. 1 S. 2 StaRUG zum Krisenmanagement verpflichtet.

Die Vorgaben der RRL, auf deren Umsetzung das StaRUG beruht, lösten in Bezug auf die Einrichtung einer Krisenfrüherkennungspflicht für die Geschäftsleitung in Deutschland nur einen geringen Umsetzungsbedarf aus. Das nationale Recht sah schon vor Inkrafttreten des StaRUG eine Vielzahl an Pflichten vor, die der Geschäftsführung das rechtzeitige Erkennen einer Krise ermöglichen sollten. § 1 Abs. 1 S. 1 StaRUG bündelt diese verstreuten Pflichten. Die RRL sah auch die Normierung einer Pflicht für die Geschäftsleitung vor, ein Überwachungssystem einzurichten. Diesen Umsetzungsbedarf hat der deutsche Gesetzgeber nicht umfänglich erfüllt.

Zwar war schon vor Inkrafttreten des StaRUG in § 91 Abs. 2 AktG eine Pflicht zur Einrichtung eines Überwachungssystems normiert. Diese Pflicht betraf aber erst einmal ausdrücklich nur die Aktiengesellschaften. Aus der Begründung des Gesetzgebers zur Einführung der Norm ist zu entnehmen, dass § 91 Abs. 2 AktG auf Gesellschaften, die mit einer Aktiengesellschaft vergleichbar sind, ausstrahlt. Darunter können auch GmbHs fallen, aber nur dann, wenn sie eine Größe und Komplexität erreichen, die der einer Aktiengesellschaft entsprechen. § 91 Abs. 2 AktG strahlte deshalb nicht auf kleinere GmbHs aus.[1156]

Der Gesetzgeber ging in der Gesetzesbegründung zum StaRUG irrtümlicherweise davon aus, dass auch schon vor dessen Inkrafttreten für alle GmbHs eine Pflicht zur Einrichtung eines Überwachungssystems bestand.[1157]

Der unerfüllte Umsetzungsbedarf der RRL ist durch richtlinienkonforme Auslegung zu schließen.[1158] Die RRL berücksichtigt die Besonderheiten von KMUs zu großen Unternehmen. Sie bringt aber gleichzeitig in Art. 19 lit. b RRL zum Ausdruck, dass alle Unternehmen, unabhängig von ihrer Größe, Schritte einleiten sollen, um eine Insolvenz abzuwenden. Für die Geschäftsleitung von kleineren GmbHs folgt daher aus der richtlinienkonformen Auslegung des § 1 Abs. 1 S. 1 StaRUG die Pflicht zur Einrichtung eines Überwachungssystems.

Für die konkrete Ausgestaltung eines Überwachungssystems sind insbesondere die Erkenntnisse der Betriebswirtschaft heranzuziehen.[1159]

In Bezug auf die Pflicht zur Krisenfrüherkennung ist dem Gesetzgeber im Hinblick auf drei Aspekte ein Nachbesserungsbedarf zu empfehlen.[1160] Erstens sollte der Gesetzgeber die Pflicht zur Einrichtung eines Überwachungssystems für alle Gesellschaften ausdrücklich in den Wortlaut des § 1 Abs. 1 S. 1 StaRUG aufnehmen. Das beseitigt die letzten Rechtsunsicherheiten in Bezug auf die Ausstrahlungswirkung

1156 Siehe dazu ab S. 43.
1157 Siehe dazu ab S. 48.
1158 Siehe dazu S. 49.
1159 Siehe dazu ab S. 8.
1160 Siehe dazu ab S. 54.

des § 91 Abs. 2 AktG. Zweitens sollte der Staat den Zugang zu Frühwarnsystemen nach den Vorgaben der RRL konkretisieren. Drittens sollte der Gesetzgeber den Begriff »Krise« aufgrund der Unschärfe des Begriffs, der wechselvollen Geschichte und der uneinheitlichen Verwendung im StaRUG durch die Formulierungen »frühzeitige Identifizierung von drohender Zahlungsunfähigkeit« und »eingetretene drohende Zahlungsunfähigkeit« ersetzen.

Im Gegensatz zu § 1 Abs. 1 S. 1 StaRUG verändert die Krisenmanagementpflicht aus § 1 Abs. 1 S. 2 StaRUG die Pflichten der GmbH-Geschäftsführung erheblich.

Vor der Geltung des StaRUG war die Pflichtenbindung der Geschäftsführung bis zu dem Eintritt der materiellen Insolvenz des Unternehmens am Willen der Gesellschafter orientiert. Auch zum Zeitpunkt der drohenden Zahlungsunfähigkeit war die Geschäftsführung von deren Willen abhängig, wenn es darum ging, das Unternehmen zu sanieren.[1161] Zudem war die Geschäftsführung von den Beschlüssen der Gesellschafterversammlung weisungsabhängig. Ab dem Zeitpunkt der materiellen Pflichtenbindung kippte diese einseitig am Willen der Gesellschafter orientierte Bindung zugunsten der Gläubiger.

§ 1 Abs. 1 S. 2 StaRUG bricht diese trennscharfe Abgrenzung auf und ordnet einen neuen Maßstab an, an dem sich die Handlungen der Geschäftsleitung zu messen haben. Die ausschließliche Berücksichtigung der Gesellschafterinteressen als alleiniger Handlungsmaßstab der Geschäftsleitung gilt nun nicht mehr bis zum Zeitpunkt der materiellen Insolvenz. Er findet seine zeitliche Grenze mit dem Eintritt der drohenden Zahlungsunfähigkeit. Bis zum Zeitpunkt der drohenden Zahlungsunfähigkeit muss die Geschäftsführung den Willen der Gesellschafter verwirklichen. Ab dem Zeitpunkt der drohenden Insolvenz gilt dies nun nicht mehr. Jedoch ist auch die bestmögliche Verwirklichung der Gläubigerinteressen nicht der alleinige Maßstab, an dem die Geschäftsleitung ihre Handlungen ab dem Zeitpunkt der drohenden Zahlungsunfähigkeit ausrichten muss. Das StaRUG verlegt also nicht einfach die Pflichtenbindung der Insolvenzordnung zeitlich auf den Zeitpunkt der drohenden Zahlungsunfähigkeit vor. Vielmehr bestimmt für den Zeitraum ab drohender Zahlungsunfähigkeit bis zur materiellen Insolvenz ein neuer Maßstab die Pflichtenbindung der Geschäftsleitung. Dieser ist zweistufig organisiert.

Auf erster Stufe und damit als vorrangiges Ziel der Geschäftsleitung steht der Erhalt des Unternehmens.[1162] Die Geschäftsleitung dient daher nicht vorrangig den Interessen der Gesellschafter oder der Gläubiger, sondern dem objektiven Erhalt des bestandsfähigen Unternehmens. Das ergibt sich aus einem Zusammenspiel der an der RRL orientierten Auslegung von § 1 Abs. 1 S. 2 StaRUG und einer Auslegung der Genese und Historie der Norm. Europarechtlich gefordert und auch national gesetzgeberisches Ziel des StaRUG ist es, die rechtlichen Rahmenbedingungen für Sanierungen in der wirtschaftlichen Krise eines Unternehmens zu verbessern. Gerade die RRL gibt keine genauen Vorgaben vor, wenn es darum geht, welche Rollen die jeweiligen privaten Beteiligten im Sanierungsprozess haben sollen. Sie entscheidet nicht, ob die Sanierung gläubiger- oder gesellschafterfreundlich zu erfolgen hat und wer umgekehrt mit seiner Rechtsposition die maßgeblichen Lasten der Sanierung tragen soll.[1163] Wenn die

1161 Siehe dazu ab S. 70, insbesondere S. 81 f.
1162 Siehe dazu ab S. 128.
1163 Siehe dazu ab S. 93.

RRL die Rolle der privaten Beteiligten zum Gegenstand hat, geht es einmal darum, dass die Mitgliedstaaten einen Mindeststandard nicht unterschreiten, wenn es um den Schutz der Rechte der Beteiligten geht. Darüber hinaus betont die RRL, dass Einzelne oder ganze Interessensgruppen die Sanierung nicht ohne Weiteres verhindern oder verzögern sollen. Denn die Vorteile der Sanierung von bestandsfähigen Unternehmen sind laut Richtlinie vor allem volkswirtschaftlicher Natur. Es geht um Vorteile für die Wirtschaft als Ganzes und nicht um die Vorteile für spezifische, private Beteiligte. Damit verschließt sich die RRL keinem Restrukturierungsrecht, welches die Gläubigerinteressen oder die Gesellschafterinteressen stärker gewichtet. Es verschließt sich aber einem Restrukturierungsrecht, welches, aus welchen Gründen auch immer, der Sanierung von bestandsfähigen Unternehmen im Wege steht. Daraus folgt schon europarechtlich, dass die Geschäftsleitung bei der Einleitung und Durchführung sinnvoller Sanierungsmaßnahmen nicht an einen Beschluss der Gesellschafter gebunden sein kann, der der Sanierung zuwiderläuft. Aus einer europarechtlich geprägten Auslegung von § 1 Abs. 1 S. 2 StaRUG folgt daher, dass Beschlüsse der Gesellschafterversammlung unwirksam und für die Geschäftsleitung unbeachtlich sind, wenn ihre Umsetzung die Sanierung des Unternehmens verzögern oder verhindern würde.[1164]

Aus der Genese des Gesetzes folgt darüber hinaus, dass § 1 Abs. 1 S. 2 StaRUG der Geschäftsleitung nicht aufgibt, die Gläubigerinteressen vorrangig zu berücksichtigen. Denn § 2 StaRUG-RegE sah eine entsprechende Pflichtenbindung der Geschäftsleitung vor. Aufgrund dessen Streichung ist es nicht möglich, § 1 Abs. 1 S. 2 StaRUG dergestalt auszulegen, dass die Geschäftsleitung ab drohender Zahlungsunfähigkeit vorrangig den Gläubigerinteressen dienen soll. Das steht im Einklang mit den Vorgaben der RRL. Diese verfolgt im Grundsatz einen interessenpluralistischen Ansatz.[1165]

Die Geschäftsleitung hat ihre Maßnahmen daher vorrangig am Erhalt des Unternehmens auszurichten und genießt daraus folgend einen Entscheidungsspielraum bei der Auswahl der konkreten Sanierungsmaßnahme. Sofern nur ein taugliches Sanierungskonzept besteht, muss die Geschäftsleitung dieses verfolgen und umsetzen, ganz gleich, ob dies zulasten der Gesellschafter geht oder nicht.

Erst wenn mehrere Sanierungskonzepte in Bezug auf den Erhalt des Unternehmens ungefähr den gleichen Erfolg versprechen, muss die Geschäftsleitung auf zweiter Stufe eine Auswahl zwischen ihnen treffen. Wenn mehrere gleichtaugliche Konzepte bestehen, muss die Geschäftsleitung dasjenige auswählen, welches die geringsten Eingriffe in die Rechte der Gesellschafter erfordert.[1166] Da mit dem Voranschreiten der Krise immer größere Sanierungsmaßnahmen notwendig werden und Gläubiger und Dritte immer weniger bereit für eigene einvernehmliche Sanierungsmaßnahmen sind, kippt diese Pflichtenbindung mit der Zeit von einer eher gesellschafterfreundlichen zu einer eher gläubigerfreundlichen Ausrichtung. Je jünger und unbeschwerlicher die Krise des Unternehmens noch ist, desto eher muss die Geschäftsleitung ein gesellschafterfreundliches Sanierungskonzept suchen und umsetzen. Je vorangeschrittener und tiefer die Krise ist, desto eher muss die Geschäftsleitung ein gläubigerfreundliches Konzept suchen und umsetzen.

1164 Siehe dazu ab S. 123.
1165 Siehe dazu ab S. 92.
1166 Siehe dazu ab S. 130.

Die GmbH-Geschäftsleitung hat die Sanierungsmaßnahme anhand eines 5-Stufen-Modells auszuwählen.[1167] Das Modell orientiert sich an einem schrittweisen Übergang von einer vorrangigen Berücksichtigung der Gesellschafterinteressen zu einer vorrangigen Ausrichtung auf das Gläubigerinteresse. Dieser Übergang beginnt mit dem Eintritt der drohenden Zahlungsunfähigkeit und endet mit dem Eintritt der materiellen Insolvenz. Die Geschäftsleitung hat sich ab drohender Zahlungsunfähigkeit zunächst für diejenige Sanierungsmaßnahme zu entscheiden, die die geringstmögliche Eingriffsintensität in die Rechte der Gesellschafter bei einer bestmöglichen Sanierungsaussicht für den Erhalt der Gesellschaft gewährleistet.[1168] Die Geschäftsleitung muss auf Stufe 1 die außergerichtlichen Sanierungsmöglichkeiten ausschöpfen. Die Stufen 2 bis 4 erfassen die Sanierungsinstrumente des StaRUG. Die Geschäftsleitung verhält sich pflichtgemäß, wenn sie auch innerhalb einer restrukturierungsrechtlichen Sanierung diejenigen Instrumente wählt, die die geringste Eingriffsintensität für die Gesellschafter darstellen. Sie hat zuerst einen Restrukturierungsplan umzusetzen, der nur die Gläubigerforderungen gestaltet und die Anteilsinhaber nicht mit in den Plan einbezieht. Wenn ein solcher Restrukturierungsplan keine Aussicht auf Erfolg hat, sind auf Stufe 3 alle Sanierungsmaßnahmen nach dem StaRUG möglich bis auf eine. Dazu zählen insbesondere die Streichung von Sonder- und Mitgliedsrechten der Gesellschafter, eine vereinfachte Kapitalherabsetzung, eine Kapitalherabsetzung ohne Bezugsrechtsausschluss und das Ausscheiden eines Minderheitsgesellschafters. Erst auf Stufe 4 ist es der Geschäftsleitung möglich, im Restrukturierungsplan das Ausscheiden aller Gesellschafter vorzusehen. Wenn sowohl eine außergerichtliche als auch eine restrukturierungsrechtliche Sanierung scheitern oder keine Aussicht auf Erfolg versprechen, kann die Geschäftsleitung auf Stufe 5 einen Insolvenzantrag stellen. Hierfür benötigt sie allerdings auch weiterhin bei drohender Zahlungsunfähigkeit einen mit 3/4-Mehrheit gefassten zustimmenden Gesellschafterbeschluss.[1169] In aller Regel wird sich die Fortbestandsgefährdung des Unternehmens zu diesem Zeitpunkt aber derart zugespitzt haben, dass nicht mehr nur noch drohende Zahlungsunfähigkeit vorliegt, sondern bereits Überschuldung oder Zahlungsunfähigkeit eingetreten ist. Zu diesem Zeitpunkt stehen ohnehin die Gläubigerinteressen im Vordergrund und die Geschäftsleitung ist zur Insolvenzantragstellung verpflichtet. Auf einen Gesellschafterbeschluss kommt es dann nicht mehr an.

Dieses Modell kennt keinen harten *shift of fiduciary duties* zu einem festen Zeitpunkt. Damit bietet der neue Pflichtenmaßstab weniger Rechtsklarheit, als wenn es eine harte Grenze gäbe, ab welcher die Geschäftsleitung die Interessen einer bestimmten Gruppe, wie beispielsweise die der Gläubiger, zu wahren hätte. Das Konzept spiegelt aber am ehesten die tatsächlichen Umstände eines Unternehmens in der Krise wider und eröffnet der Geschäftsleitung einen wirksamen Handlungsspielraum. Dadurch wird der Pflichtenmaßstab den Vorgaben der Richtlinie gerecht, die Sanierung von bestandsfähigen Unternehmen zu fördern.

Vor allem kommt es zu einer echten Entscheidung zwischen den Interessen der Gläubiger und der Gesellschafter nur, wenn es mehrere vielversprechende Konzepte gibt, um die Sanierung umzusetzen. Oftmals werden die Möglichkeiten zur Sanierung

1167 Siehe dazu ab S. 132.
1168 Siehe dazu S. 130.
1169 Siehe dazu S. 136.

sowieso begrenzt sein. Dann geht es darum, die Sanierungsmaßnahmen, die die höchste Erfolgswahrscheinlichkeit bieten, mit den willigen Gesellschaftern und Gläubigern umzusetzen, um den Widerstand der unwilligen Gläubiger und Gesellschafter überwinden zu können.

Die GmbH-Geschäftsleitung verhält sich den Anforderungen des § 1 Abs. 1 StaRUG entsprechend pflichtgemäß, wenn sie insbesondere ernsthaft ein schlüssiges und erfolgsversprechendes Sanierungskonzept nach dem 5-Stufen-Modell erarbeitet. Aufgrund der Einheit der Rechtsordnung ist für die Auslegung eines schlüssigen und erfolgsversprechenden Sanierungskonzepts auf die Ausführungen des BGH im Zusammenhang mit dem Tatbestand der Insolvenzanfechtung nach § 133 InsO zurückzugreifen.[1170] Das Sanierungskonzept ist geeignet, wenn es die Ausgangslage des Schuldners objektiv zutreffend erfasst, auf einer tragfähigen Prognose beruht und in den Anfängen umgesetzt ist. Für die inhaltliche Eignung ist es unerheblich, dass die Sanierung im Ergebnis scheitert. Allerdings darf eine etwaige Mithilfe Dritter zumindest nicht äußerst fraglich oder gar nicht erreichbar sein.

In zeitlicher Hinsicht stehen der GmbH-Geschäftsleitung insbesondere die Monate 24 bis 13 vor dem Eintritt der Zahlungsunfähigkeit zur Verfügung. Ausnahmsweise sind auch die Monate 12 bis 1 vor dem Eintritt der Zahlungsunfähigkeit erfasst. Das ist aber nur dann der Fall, wenn die Geschäftsleitung darlegen kann, dass die Durchführung eines Restrukturierungsverfahrens mit ganz überwiegender Wahrscheinlichkeit Aussicht auf Erfolg hat, sodass die Fortbestehensprognose im Rahmen der Überschuldungsprüfung positiv ausfällt. Das erfordert einen erhöhten Begründungsaufwand.

Da bei drohender Zahlungsunfähigkeit Gesellschafterbeschlüsse, die die Gläubigerinteressen nicht berücksichtigen, unbeachtlich sind, kann sich die Geschäftsleitung hierdurch nicht von einer Haftung befreien. Dagegen sind die Gesellschafterbeschlüsse ausnahmsweise beachtlich und wirken für die Geschäftsleitung haftungsbefreiend, wenn für die Gegenmaßnahmen ein Handlungsspielraum besteht und der Beschluss die Anforderungen des 5-Stufen-Modells wahrt. Der Haftungsfreiraum der Business Judgement Rule findet auf § 1 Abs. 1 S. 1 StaRUG keine Anwendung. Auf die Pflicht aus § 1 Abs. 1 S. 2 StaRUG dagegen schon.

In Bezug auf die zivilrechtlichen Haftungstatbestände, auf die es wegen der Gesetzesbegründung des nationalen Gesetzgebers maßgeblich ankommt, ist zwischen den Innenhaftungs- und den Außenhaftungstatbeständen zu unterscheiden. Die Außenhaftungstatbestände können die Anforderungen des europäischen Gesetzgebers aus Art. 19 lit. c RRL nicht angemessen umsetzen.[1171] § 826 BGB ist die einzige Anspruchsgrundlage, deren Voraussetzungen bei einem Verstoß gegen § 1 Abs. 1 StaRUG grundsätzlich vorliegen können. Sie behandelt aber nur vorsätzliche, missbräuchliche Verletzungen und ist damit enger als die notwendig zu erfüllenden Vorgaben des Art. 19 lit. c RRL.[1172] Ein deliktsrechtlicher Haftungsanspruch aus § 823 Abs. 2 BGB i.V.m. § 1 Abs. 1 StaRUG scheitert an der Schutzgesetzeigenschaft des § 1 Abs. 1 StaRUG.[1173]

Die Vorgaben des Art. 19 lit. c RRL kann dagegen der Innenhaftungstatbestand des § 43 Abs. 2 GmbHG erfüllen. Die Geschäftsleitung haftet gegenüber der Gesellschaft

1170 Siehe dazu ab S. 162.
1171 Siehe dazu ab S. 184.
1172 Siehe dazu S. 192.
1173 Siehe dazu ab S. 187.

wegen vorsätzlicher und fahrlässiger Verstöße gegen die Pflichten aus § 1 Abs. 1 StaRUG aus § 43 Abs. 2 GmbHG. Einer Beweislastumkehr für den Schadensnachweis bedarf es für eine angemessene Umsetzung des Art. 19 lit. c RRL nicht. Weitere Innenhaftungstatbestände kommen nicht in Betracht.

Zuletzt haben die Gesellschafter für den Fall, dass die Geschäftsleitung trotz entgegenstehendem Gesellschafterbeschluss rechtmäßig ein Restrukturierungsvorhaben anzeigt, zwar das Recht, die Geschäftsleitung aus diesem Grund abzuberufen. Die Abberufung kann jedoch zweckmäßig ins Leere laufen, weil die neue Geschäftsleitung auch der Pflichtenbindung aus §§ 1 Abs. 1 S. 2, 43 StaRUG unterliegt.[1174]

1174 Siehe dazu S. 202 f.

Abkürzungen

a.A.	anderer Ansicht
Abb.	Abbildung
Abl.	Arbeitsblatt
Abs.	Absatz
AcP	Archiv für die civilistische Praxis
a.E.	am Ende
AEUV	Vertrag über die Arbeitsweise der Europäischen Union
a.F.	alte Fasssung
AG	Aktiengesellschaft
AktG	Aktiengesetz
Alt.	Alternative
Anm.	Anmerkung
Art.	Artikel
Aufl.	Auflage
BB	Betriebs-Berater
BBK	NWB Rechnungswesen (Zeitschrift)
BC	Zeitschrift für Bilanzierung, Rechnungswesen und Controlling
BCG	Boston Consulting Group
Begr.	Begründer
Beschl.	Beschluss
BGB	Bürgerliches Gesetzbuch
BGBl.	Bundesgesetzblatt
BGH	Bundesgerichtshof
BGHZ	Entscheidungen des Bundesgerichtshofs in Zivilsachen
BilMoG	Bilanzrechtsmodernisierungsgesetz
BT-Drs.	Bundestagsdrucksache
BVerfG	Bundesverfassungsgericht
BVerfGE	Entscheidungen des Bundesverfassungsgerichts
BWA	Betriebswirtschaftliche Auswertung
BWL	Betriebswirtschaftslehre
bzw.	beziehungsweise
CCZ	Corporate Compliance Zeitschrift
COVInsAG	COVID-19-Insolvenzaussetzungsgesetz
DB	Der Betrieb (Zeitschrift)
DCGK	Deutschen Corporate Governance Kodex
DIIR	Deutsches Institut für Interne Revision
DJT	Deutscher Juristentag
DRIT	Deutscher Restrukturierungs- und Insolvenzgerichtstag
DrittelbG	Drittelbeteiligungsgesetz
DStR	Deutsches Steuerrecht
DZWiR	Deutsche Zeitschrift für Wirtschafts- und Insolvenzrecht
EBOR	European Business Organization Law Review

e.V.	eingetragener Verein
ErwG	Erwägungsgrund
ESUG	Gesetz zur weiteren Erleichterung der Sanierung von Unternehmen
EU	Europäische Union
EUInsVO	Verordnung des Europäischen Parlaments und des Rates über Insolvenzverfahren
EUV	Vertrag über die Europäische Union
EuZW	Europäische Zeitung für Wirtschaftsrecht
EWiR	Entscheidungen zum Wirtschaftsrecht
f.	folgende(r/s)
ff.	fortfolgende
FD-InsR	Fachdienst Insolvenzrecht (Zeitschrift)
FISG	Gesetz zur Stärkung der Finanzmarktintegrität
Fn.	Fußnote
FS	Festschrift
FüPoG	Gesetz für die gleichberechtigte Teilhabe von Männern und Frauen an Führungspositonen in der Privatwirtschaft und im öffentlichen Dienst
GesR	Gesellschaftsrecht
gem.	gemäß
GG	Grundgesetz
GmbH	Gesellschaft mit beschränkter Haftung
GmbHG	GmbH-Gesetz
GmbHR	GmbHRundschau, Zeitschrift für Gesellschafts-, Unternehmens- und Steuerrecht
GRCh	Charta der Grundrechte der Europäischen Union
GWR	Gesellschafts- und Wirtschaftsrecht
HdB	Handbuch
HGB	Handelsgesetzbuch
Hrsg.	Herausgeber(in)
HS	Halbsatz
IDW	Institut der Wirtschaftsprüfer in Deutschland e.V.
InsO	Insolvenzordnung
i.S.d.	im Sinne des
i.V.m.	in Verbindung mit
jurisPR-InsR	juris PraxisReport Insolvenzrecht
JuS	Juristische Schulung (Zeitschrift)
JZ	JuristenZeitung
KAGB	Kapitalanlagegesetzbuch
Kap.	Kapitel
KontraG	Gesetz zur Kontrolle und Transparenz im Unternehmensbereich
KMU	kleine und mittlere Unternehmen
KSI	Krisen-, Sanierungs- und Insolvenzberatung (Zeitschrift)
KSzW	Kölner Schrift zum Wirtschaftsrecht
KTS	Konkurs, Treuhand, Sanierung. Zeitschrift für Insolvenzrecht
KWG	Kreditwesengesetz

LG	Landgericht
lit.	litera
LkSG	Lieferkettensorgfaltspflichtengesetz
M&A	Mergers and Acquisitions MoMiG – Gesetz zur Modernisierung des GmbH-Rechts und zur Bekämpfung von Missbräuchen
MaRisk	Mindestanforderungen an das Risikomanagement
Mio.	Millionen
MüKo	Münchener Kommentar
m.w.N.	mit weiteren Nachweisen
n.F.	neue Fassung
NJW	Neue Juristische Wochenschrift
Nr.	Nummer
NVersZ	Neue Zeitschrift für Versicherung und Recht
NVwZ	Neue Zeitschrift für Verwaltungsrecht
NWB	Neue Wirtschafts-Briefe
NZG	Neue Zeitschrift für Gesellschaftsrecht
NZI	Neue Zeitschrift für Insolvenz- und Sanierungsrecht
OLG	Oberlandesgericht
PS	Prüfungsstandard
RefE	Referentenentwurf
RegE	Regierungsentwurf
RFamU	Recht der Familienunternehmen (Zeitschrift)
Rn.	Randnummer(n)
RRL	Restrukturierungsrichtlinie
s.	siehe
S.	Satz/Seite
SanB	Der Sanierungsberater (Zeitschrift)
SanInsFog	Gesetz zur Fortentwicklung des Sanierungs- und Insolvenzrechts
SanInsKG	Gesetz zur vorübergehenden Anpassung sanierungs- und insolvenzrechtlicher Vorschriften zur Abmilderung von Krisenfolgen
SE	Societas Europaea (europäische Aktiengesellschaft)
sog.	sogenannt
StaRUG	Unternehmensstabilisierungs- und -restrukturierungsgesetz
StV	Strafverteidiger (Zeitschrift)
SpuRt	Zeitschrift für Sport und Recht
Stbg	Die Steuerberatung (Zeitschrift)
SWOT	Strengths, Weaknesses, Opportunities und Threats
u.a.	unter anderem
UAbs.	Unterabsatz
Urt.	Urteil
v.	vom
Var.	Variante
VAG	Versicherungsaufsichtsgesetz

Verf.	Verfasser(in)
vgl.	vergleiche
WM	Wertpapier-Mitteilungen
WPg	Die Wirtschaftsprüfung (Zeitschrift)
WpHG	Wertpapierhandelsgesetz
WuB	Entscheidungsanmerkungen zum Wirtschafts- und Bankrecht
ZEuP	Zeitschrift für Europäisches Privatrecht
ZfKE	Zeitschrift für KMU und Entrepreneurship
ZfRM	Zeitschrift für Risikomanagement
ZGR	Zeitschrift für Unternehmens- und Gesellschaftsrecht
ZHR	Zeitschrift für das gesamte Handelsrecht und Wirtschaftsrecht
ZInsO	Zeitschrift für das gesamte Insolvenzrecht
ZIP	Zeitschrift für Wirtschaftsrecht
zit.	zitiert
ZPO	Zivilprozessordnung
ZRI	Zeitschrift für Restrukturierung und Insolvenz

Literatur

Adolff, Johannes — Der Rangrücktritt zur Vermeidung der Insolvenz, in: Festschrift für Hans-Jürgen Hellwig zum 70. Geburtstag, herausgegeben von Michael Hoffmann-Becking, Peter Hommelhoff, Friedrich Graf von Westphalen, S. 433–443.

Altmeppen, Holger — Die Auswirkungen des KonTraG auf die GmbH, ZGR 1999, S. 291–313.

Altmeppen, Holger — Masseschmälernde Zahlungen, NZG 2016, S. 521–527.

Altmeppen, Holger — Gesetz betreffend die Gesellschaften mit beschränkter Haftung, Kommentar, 11. Auflage, München 2023 (zit.: *Altmeppen*, GmbHG).

Altmeppen, Holger/ Wilhelm, Jan — Quotenschaden, Individualschaden und Klagebefugnis bei der Verschleppung des Insolvenzverfahrens über das Vermögen der GmbH, NJW 1999, S. 673–681.

Ampferl, Hubert/ Kilper, Raik — Anm. zu BGH, Urt. v. 19.12.2017 – II ZR 88/16, NZI 2018, S. 191–197.

Andres, Dirk/ Grund, Andreas — Die Flucht vor deutschen Insolvenzgerichten nach England – Die Entscheidungen in dem Insolvenzverfahren Hand Brochier Holdings Ltd., NZI 2007, S. 137–143.

Andres, Dirk/ Leithaus, Rolf — Insolvenzordnung Kommentar, 4. Auflage, München 2018 (zit.: *Bearbeiter*, in: Andres/Leithaus, InsO).

Arens, Stephan — Das SanInsFoG – Änderungen im Pflichtenregime für Geschäftsleiter, GWR 2021, S. 64–68.

d'Avoine, Marc/ Michels, Paul — Krisenfrüherkennung – die neue (alte) Pflicht für Geschäftsführer, NZI 2022, S. 1–7.

Balthasar, Helmut — Allgemeine Zugangsvoraussetzungen zu den Restrukturierungsinstrumenten, NZI-Beilage 2021, S. 18–22.

Baschnagel, Markus — Restructuring Support Agreements – Ein taugliches Mittel, das StaRUG-Verfahren zu organisieren?, Berlin 2023.

Bauer, Joachim — Die GmbH in der Krise – Praxis-, Rechts- und Haftungsfragen der Unternehmenssanierung, Insolvenzgesellschaftsrecht, 7. Auflage, München 2022 (zit.: *Bauer*, GmbH in der Krise).

Baumbach, Adolf/ Hueck, Alfred (Hrsg.) — Beck'sche Kurz-Kommentare, Gesetz betreffend die Gesellschaften mit beschränkter Haftung, 22. Auflage, München 2019 (*Bearbeiter*, in: Baumbach/Hueck, GmbHG, 22. Aufl. 2019).

Baumert, Andreas J. — Restrukturierungsrecht trifft auf Prozess- und Gesellschaftsrecht – Zugleich Besprechung von LG Nürnberg-Fürth NZI 2023, 966, NZI 2023, S. 952–955.

Baumert, Andreas J. — Anm. zu AG Hamburg, Beschl. v. 17.3.2023 – 61c RES 1/23, FD-InsR 2023, 458448.

Bayat, Güray — Gläubigerinteressen bei drohender Zahlungsunfähigkeit – Anstatt Geschäftsleiterhaftung jetzt Staatshaftung?, ZRI 2023, S. 385–400.

Bayer, Walter — Der Missbrauch der Vertretungsmacht unter besonderer Berücksichtigung des Handels- und Gesellschaftsrechts, in: Festschrift für Eberhard Vetter zum 70. Geburtstag, herausgegeben von Barbara Grunewald, Jens Koch, Jörgen Tielmann, Köln 2019, S. 51–78.

Bayer, Walter — Anm. zu AG Hamburg, Beschl. v. 17.3.2023 – 61c RES 1/23, GmbHR 2023, S. 916–921.

Bayer, Walter/ Hommelhoff, Peter/ Kleindiek, Detlef/ Lutter, Marcus (Hrsg.): — Lutter/Hommelhoff, GmbH-Gesetz Kommentar, 16. Auflage, Köln 2004 (zit.: *Bearbeiter*: in: Lutter/Hommelhoff, GmbHG, 16. Aufl. 2004).

Bayer, Walter/ Hommelhoff, Peter/ Kleindiek, Detlef (Hrsg.) — Lutter/Hommelhoff, GmbH-Gesetz Kommentar, 21. Auflage, Köln 2023 (zit.: *Bearbeiter*, in: Lutter/Hommelhoff, GmbHG).

Bea, Sylwia Maria — Distressed M&A-Transaktionen und neue Stakeholderanalysen im Kontext des StaRUG, SanB 2021, S. 51–57.

Bea, Sylwia Maria/ Dressler, Maximilian — Business Judgement Rule versus Gläubigerschutz? – Praktische Erwägungen zur Organhaftung im Kontext des StaRUG, NZI 2021, S. 67–71.

Beck, Matthias — Sanierung und Krisenstadium, WPg 2009, S. 264–272.

Beck, Siegfried/ Depré, Peter/ Ampferl, Hubert (Hrsg.) — Praxis der Sanierung und Insolvenz – Ein Handbuch für die Beteiligten und ihre Berater, 4. Auflage, München 2023 (zit.: *Bearbeiter*, in: Beck/Depré/Ampferl).

Beissenhirtz, Volker — Der Blick hinter die Glaskugel – Gedanken zur Risiko- und Krisenfrüherkennung in mittelständischen Unternehmen, ZInsO 2020, S. 1673–1688.

Bender, Stephanie/ Koch, Philipp — Vorsicht ist besser als Nachsicht – Krisenfrüherkennung und -management nach § 1 StaRUG und die Rolle der Warenkreditversicherung, Die VersicherungsPraxis 2023, S. 3–6.

Berg, Cai — Korruption in Unternehmen und Risikomanagement nach § 91 Abs. 2 AktG, AG 2007, S. 271–278.

Berger, Thomas/ Ernst, Dietmar/ Gleißner, Werner/ Hofmann, Kay H./ Meyer, Matthias/ Schneck, Ottmar/ Ulrich, Patrick/ Vanini, Ute — Die Prüfung von Risikomanagementsystemen und die Defizite des IDW Prüfungsstandards 340, DB 2021, S. 2709–2714.

Bernsau, Georg/ Beyer, Hans — Sanieren mit dem StaRUG: von der Regelung einer finanziellen Schieflage bis zur Durchsetzung eines Gesellschafterwechsels – ein Praxisbericht, BB 2022, S. 1090–1096.

Bialluch, Martin	Ausstrahlungswirkungen im Unternehmensrecht, Tübingen 2020.
Bieg, Thorsten/ Borchardt, Peter-Alexander/ Frind, Frank (Hrsg.)	Unternehmenssanierung und Betriebsfortführung, München 2021 (zit.: *Bearbeiter*, in: Unternehmenssanierung und Betriebsfortführung).
Bieg, Thorsten/ Hölzle, Gerrit	Anforderungen an die Fortbestehensprognose und an Sanierungskonzepte im Lichte der neueren BGH-Rechtsprechung – Herausforderungen für die Praxis – Zugleich Besprechung der Urteile des BGH vom 13.7.2021 – II ZR 84/20 (Air Berlin) und BGH vom 3.3.2022 – IX ZR 78/20 (Q-Cells), ZIP 2022, S. 2419–2427.
Binder, Jens-Hinrich	Requiescant in pace? – Eine Nachlese zu §§ 2, 3 StaRUG-E, in: Prozess als Wirklichkeit des Rechts, Festschrift für Stefan Smid zum 65. Geburtstag, herausgegeben von Klaus Pannen, Susanne Riedemann, Mark Zeuner, S. 469–481.
Birnbreier, Friedrich	Sorgfaltspflichten der Geschäftsleitung während der Vornahme von Restrukturierungsmaßnahmen, NZI-Beilage 2021, S. 25–27.
Birnbreier, Friedrich	Die Organpflichten in Restrukturierungsverfahren – Zur Richtlinie (EU) 2019/1023 des Europäischen Parlaments und des Rates v. 20.6.2019, NZI-Beilage 2019, S. 35–36.
Bitter, Georg	Sanierung in der Insolvenz – Der Beitrag von Treue- und Aufopferungspflichten zum Sanierungserfolg, ZGR 2010, S. 147–200.
Bitter, Georg	Geschäftsleiterhaftung in der Insolvenz – Alles neu durch SanInsFoG und StaRUG?, ZIP 2021, S. 321–336.
Blasche, Sebastian	Individualisierung sowie Über- und Unterschreitung des Unternehmensgegenstandes, DB 2011, S. 517–522.
Bochmann, Christian/ Scheller, Johannes/ Prütting, Jens (Hrsg.)	Münchener Handbuch des Gesellschaftsrechts, Band 9, Recht der Familienunternehmen, 6. Auflage, München 2021 (zit.: *Bearbeiter*, in: MHdB IX).
Bockslaff, Klaus	Die eventuelle Verpflichtung zur Errichtung eines sicherungstechnischen Risikomanagements durch das KonTraG, NVersZ 1999, S. 104–110.
Böckenförde, Björn	Unternehmenssanierung, 2. Auflage, Stuttgart 1996.
Bork, Reinhard	Grundfragen des Restrukturierungsrechts – Prolegomena zu einer Reform des deutschen Insolvenzrechts, ZIP 2010, S. 397–413.
Bork, Reinhard	Pflichten der Geschäftsführung in Krise und Sanierung, ZIP 2011, S. 101–109.
Bork, Reinhard	Anmerkung zu BGH, Urt. v. 6.5.2021 – IX ZR 72/20, EWiR 2021, S. 467–468.
Bork, Reinhard	Neue Grundfragen des Restrukturierungsrechts, ZRI 2021, S. 345–361.

Bork, Reinhard	Vom derzeitigen Stand des Insolvenzanfechtungsrechts, ZRI 2021, S. 1033–1043.
Bork, Reinhard/ Hölzle, Gerrit (Hrsg.)	Handbuch Insolvenzrecht, 3. Auflage, Köln 2024 (zit.: *Bearbeiter*, in: Bork/Hölzle, HdB Insolvenzrecht).
Bork, Reinhard/ Roth, Herbert (Hrsg.)	Stein, Kommentar zur Zivilprozessordnung, Band 3, §§ 148–270, 24. Auflage, Tübingen 2024 (zit.: *Bearbeiter*, in: Stein, ZPO).
Bork, Reinhard/ Schäfer, Carsten (Hrsg.)	Kommentar zum GmbH-Gesetz, 5. Auflage, Köln 2022 (zit.: Bearbeiter, in: Bork/Schäfer, GmbHG).
Brackmann, Susann/ Holze, Alina	Gesellschafter- und Aktionärsbeteiligung in der Restrukturierung, ZRI 2024, S. 143–145.
Brandes, Stephan/ Rabenau, Ela	Früherkennung und Bewältigung bestandsgefährdender Risiken im Unternehmen, ZIP 2021, S. 2374–2380.
Brandes, Stephan/ Rabenau, Ela	Früherkennung und Bewältigung bestandsgefährdender Risiken im Unternehmen, ZIP 2021, S. 2566–2572.
Braun, Andrea	Die vorinsolvenzliche Sanierung von Unternehmen – Ein Vorschlag für ein neues Restrukturierungsverfahren unter Berücksichtigung der englischen Arrangements, Baden-Baden 2015.
Braun, Eberhard (Hrsg.)	Kommentar zur Insolvenzordnung, 10. Auflage, München 2024 (zit.: *Bearbeiter*, in: Braun, InsO).
Braun, Eberhard (Hrsg.)	Kommentar zum StaRUG – Unternehmensstabilisierungs- und -restrukturierungsgesetz, München 2021 (zit.: *Bearbeiter*, in: Braun, StaRUG).
Breithaupt, Joachim/ Ottersbach, Jörg H. (Hrsg.)	Kompendium Gesellschaftsrecht – Formwahl – Gestaltung – Muster für die Praxis, München 2010 (zit.: *Bearbeiter*, in: Kompendium GesR).
Buck-Heeb, Petra	Aufklärung über Innenprovisionen, unvermeidbarer Rechtsirrtum und die Überlagerung durch Aufsichtsrecht – Zugleich Besprechung von BGH vom 3.6.2014 = WM 2014, 1382, WM 2014, S. 1601–1605.
Bulgrin, Gerrit M.	Die strategische Insolvenz, Tübingen 2016.
Bundesanstalt für Finanzdienstleistungsaufsicht (BaFin)	Rundschreiben 06/2024, Mindestanforderungen an das Risikomanagement – MaRisk, abrufbar unter: https://www.bafin.de/SharedDocs/Downloads/DE/Rundschreiben/dl_rs_06_2024_MaRisk_pdf_BA.pdf;jsessionid=57F96CB5E3EDD55BA5F405E2988B4DC5.internet012?__blob=publicationFile&v=3 (letzter Abruf am: 18.12.2024).
Bundesministerium der Finanzen und Bundesministerium der Justiz und für Verbraucherschutz	Referentenentwurf eines Gesetzes zur Stärkung der Finanzmarktintegrität, abrufbar unter: https://www.bundesfinanzministerium.de/Content/DE/Gesetzestexte/Gesetze_Gesetzesvorhaben/Abteilungen/Abteilung_VII/19_Legislaturperiode/2021-06-10-FISG/1-Referentenentwurf.pdf?__blob=publicationFile&v=1 (letzter Abruf am: 18.12.2024).

Bundesministerium der Justiz Frühwarnsysteme nach § 101 StaRUG, Stand: 19.10.2023, abrufbar unter: https://www.bmj.de/DE/themen/wirtschaft_finanzen/schulden_insolvenz/fruehwarnsysteme/fruehwarnsysteme.html (letzter Abruf am: 18.12.2024).

Bundesministerium für Arbeit und Soziales INQA – Neue Qualität der Arbeit, abrufbar unter: https://www.bmas.de/DE/Arbeit/Digitalisierung-der-Arbeitswelt/Austausch-mit-der-betrieblichen-Praxis/INQA/inqa-neue-qualitaet-der-arbeit.html (letzter Abruf am: 18.12.2024).

Bundesministerium für Wirtschaft und Energie GründerZeiten 13, Krisenmanagement, 01/2021, abrufbar unter: https://www.bmwk.de/Redaktion/DE/Publikationen/Gruenderzeiten/infoletter-gruenderzeiten-nr-13-krisenmanagement.pdf?__blob=publicationFile&v=1 (letzter Abruf am 18.12.2024).

Bundesministerium für Wirtschaft und Klimaschutz Existenzgründungsportal des BMWK, Checkliste: Signale für eine Strategiekrise, Stand Mai 2024, abrufbar unter: https://existenzgruendungsportal.de/Redaktion/DE/Downloads/DE/Checklisten-Uebersichten/Krisenvorbeugung-Krisenmanagement/01-check-Signale-Strategiekrise.pdf?__blob=publicationFile (letzter Abruf am: 18.12.2024).

Bundesministerium für Wirtschaft und Klimaschutz Existenzgründungsportal des BMWK, Kurskorrektur: Neun Wege aus der Strategiekrise, Stand Mai 2024, abrufbar unter: https://existenzgruendungsportal.de/Redaktion/DE/Downloads/DE/Checklisten-Uebersichten/Krisenvorbeugung-Krisenmanagement/04-uebersicht-Kurskorrektur.pdf?__blob=publicationFile (letzter Abruf am: 18.12.2024).

Bundesministerium für Wirtschaft und Klimaschutz Existenzgründungsportal des BMWK, Früherkennung, Stand: 19.9.2014, abrufbar unter: https://existenzgruendungsportal.de/_noch_neu_einordnen/DE/Unternehmen-fuehren/Herausforderungen-meistern/Frueherkennung/inhalt.html (letzter Abruf am: 18.12.2024).

Bundesministerium für Wirtschaft und Klimaschutz Existenzgründungsportal des BMWK, Strategiekrise v. 19.9.2014, abrufbar unter: https://existenzgruendungsportal.de/_noch_neu_einordnen/DE/Unternehmen-fuehren/Herausforderungen-meistern/Strategiekrise/inhalt.html (letzter Abruf am 18.12.2024).

Brinkmann, Moritz Die Gesellschafterversammlung in der Krise, in: Recht und Gesetz, Festschrift für Ulrich Seibert zum 65. Geburtstag, hrsg. von Alfred Bergmann, Michael Hoffmann-Becking, Ulrich Noack, Köln 2019, S. 165–179.

Brinkmann, Moritz Die Haftung der Geschäftsleiter in der Krise nach dem Gesetz zur Fortentwicklung des Sanierungs- und Insolvenzrechts (SanInsFoG), in: Gesellschaftsrecht in der Diskussion 2020, herausgegeben von der Gesellschaftsrechtlichen Vereinigung, Band 26, Köln 2020, S. 93–121 (zit.: *Brinkmann*, in: Gesellschaftsrecht in der Diskussion 2020).

Brinkmann, Moritz Die Haftung der Geschäftsleiter in der Krise nach dem Gesetz zur Fortentwicklung des Sanierungs- und Insolvenzrechts (SanInsFoG), ZIP 2020, S. 2361–2369.

Brinkmann, Moritz — Die Solvenzsicherungspflicht der Geschäftsleiter – Zur Haftungs- und Organisationsverfassung der juristischen Person nach dem StaRUG, KTS 2021, S. 303–325.

Brinkmann, Moritz — Erforderlichkeit eines Gesellschafterbeschlusses für Einleitung von Restrukturierungsverfahren, Anm. zu LG Berlin, Beschl. v. 31.5.2023 – 100 O 18/23, EWiR 2023, S. 597–598.

Brinkmann, Moritz — Die Solvenzsicherungs- und Krisenaufklärungspflicht der Geschäftsleiter, ZRI 2024, S. 781–790.

Brünkmans, Christian — Geschäftsleiterpflichten und Geschäftsleiterhaftung nach dem StaRUG und dem SanInsFoG, ZInsO 2021, S. 1–21.

Brünkmans, Christian — Geschäftsleiterpflichten und Geschäftsleiterhaftung nach dem StaRUG und dem SanInsFoG – Nachtrag zu ZInsO 2021, 1 ff., ZInsO 2021, S. 125–131.

Buth, Andrea K./ Hermanns, Michael (Hrsg.) — Handbuch Restrukturierung, Sanierung und Insolvenz, 4. Auflage, München 2014 (*Bearbeiter*, in: Buth/Hermanns, HdB Restrukturierung, Sanierung, Insolvenz, 4. Aufl. 2014).

Buth, Andrea K./ Hermanns, Michael (Hrsg.) — Handbuch Restrukturierung, Sanierung und Insolvenz, 5. Auflage, München 2022 (*Bearbeiter*, in: Buth/Hermanns, HdB Restrukturierung, Sanierung, Insolvenz).

Calliess, Christian/ Ruffert, Matthias (Hrsg.) — EUV/AEUV – Das Verfassungsrecht der Europäischen Union mit Europäischer Grundrechtecharta, Kommentar, 6. Auflage, München 2022 (zit.: *Bearbeiter*, in: Calliess/Ruffert, AEUV).

Campos Nave, Susana — Handlungspflichten von Unternehmenslenkern und Beratern im Rahmen des § 102 StaRUG – Haftungsvermeidung nach der neues Gesetzeslage, NWB Sanieren 2021, S. 14–19.

Canaris, Claus-Wilhelm — Die Haftung für fahrlässige Verletzungen der Konkursantragspflicht nach § 64 GmbHG, JZ 1993, S. 649–652.

Canaris, Claus-Wilhelm — Grundrechte und Privatrecht – eine Zwischenbilanz, Berlin 1999.

Claussen, Carsten P./ Korth, H.-Michael — Anforderungen an ein Risikomanagementsystems aus der Sicht des Aufsichtsrates, in: Festschrift für Marcus Lutter zum 70. Geburtstag, hrsg. von Uwe H. Schneider, Peter Hommelhoff, Karsten Schmidt, Wolfram Timm, Barbara Grunewald, Tim Drygala, Köln 2000, S. 327–341.

Commandeur, Anja/ Römer, Alexander — Aktuelle Entwicklungen im Insolvenzrecht – Rechte und Pflichten der Geschäftsleiter bei Insolvenzreife, NZG 2022, S. 491–493.

Commandeur, Anja/ Utsch, Guido — Aktuelle Entwicklungen im Insolvenzrecht – Neuausrichtung der Vorsatzanfechtung gem. § 133 InsO, NZG 2021, S. 1208–1210.

Conradi, Jörg/ Schader, Thomas — Frühwarnsysteme außerhalb der BWA – Mit wenigen Schritten ein aussagekräftiges Frühwarnsystem einrichten, NWB 2021, S. 116–118.

Cranshaw, Friedrich L./ Portisch, Wolfgang — Paradigmen des Unternehmensstabilisierungs- und -restrukturierungsgesetzes (StaRUG) nach dem Regierungsentwurf aus Gläubigersicht – Teil 1, ZInsO 2020, S. 2561–2579.

Cranshaw, Friedrich L./ Portisch, Wolfgang — Paradigmen des Unternehmensstabilisierungs- und -restrukturierungsgesetzes (StaRUG) nach dem Regierungsentwurf aus Gläubigersicht – Teil 2, ZInsO 2020, S. 2617–2630.

Crone, Andreas/ Werner, Henning (Hrsg.) — Modernes Sanierungsmanagement – Drei Sanierungsoptionen im Überblick: Außergerichtliche Sanierung, StaRUG und Insolvenz als Sanierungsinstrument, 7. Auflage, München 2024 (zit.: *Bearbeiter*, in: Crone/Werner, Modernes Sanierungsmanagement).

Crone, Andreas/ Kreide, Raoul — Maßnahmen zur Liquiditätssicherung und ihre bilanziellen Effekte – Teil 2: Maßnahmen der Innenfinanzierung, NWB Sanieren 2022, S. 302–305.

Cullberg, Johan — Krise als Entwicklungschance, Gießen 2008.

Dahl, Michael/ Taras, Raul — Folgen fehlender Vertretungsmacht bei Anzeige nach § 31 StaRUG, Anm. zu AG Hamburg, Beschl. v. 17.3.2023 – 61c RES 1/23, NJW-Spezial 2023, S. 439.

Dammann, Reinhard — *Par condicio creditorum:* Grundregel und Ausnahmen in modernen Restrukturierungsverfahren, in: Verbindungslinien im Recht, Festschrift für Christoph G. Paulus zum 70. Geburtstag, herausgegeben von Katharina de la Durantaye, David Paulus, Ignacio Tirado, Jay Westbrook, Wolfgang Zenker, München 2022, S. 135–147.

Deppenkemper, Gunter — Der präventive Restrukturierungsrahmen: Schweizer Taschenmesser oder zahnloser Tiger?, ZIP 2020, S. 595–606.

Derleder, Peter/ Knops, Kai-Oliver/ Bamberger, Heinz-Georg (Hrsg.) — Handbuch zum deutschen und europäischen Bankrecht, 2. Auflage, Berlin 2009 (zit.: *Bearbeiter*, in: Derleder/Knops/Bamberger, HdB Bankrecht).

Desch, Wolfram — Der neue Stabilisierungs- und Restrukturierungsrahmen nach dem Regierungsentwurf StaRUG in der Praxis, BB 2020, S. 2498–2512.

Desch, Wolfram — Das neue Restrukturierungsrecht – Praxisfragen des StaRUG, München 2021 (zit.: Bearbeiter, in: RestrukturierungsR).

Deutscher Corporate Governance Kodex — DCGK in der Fassung vom 28. April 2022, abrufbar unter: https://www.dcgk.de//files/dcgk/usercontent/de/download/kodex/220627_Deutscher_CoCorpora_Governance_Kodex_2022.pdf (letzter Abruf am: 18.12.2024).

Deutsches Institut für angewandtes Insolvenzrecht e.V. — Stresstest für Unternehmer, abrufbar unter: https://diai.org/services/unternehmer-stresstest/ (letzter Abruf am: 18.12.2024).

Dicken, André/ Fehrenbacher, Oliver/ Hennrichs, Joachim/ Kleindiek, Detlef/ Watrin, Christoph (Hrsg.) — beck-online.GROSSKOMMENTAR, Bilanzrecht, München 2024 (zit.: *Bearbeiter*, in: Beck-BilKomm, HGB).

Doebert, Arno/ Krüger, Helge — Die strategische Gestaltung von Restrukturierungsplänen – Zugleich erste Erfahrungen aus der StaRUG-Praxis, NZI 2021, S. 614–619.

Doster, Florian — Ist die Anzeige nach § 31 StaRUG ein konstitutives Element für die Begründung einer positiven Fortführungsprognose nach § 19 Abs. 2 S. 1 InsO, ZRI 2023, S. 645–652.

Dreher, Meinrad — Ausstrahlungen des Aufsichtsrechts auf das Aktienrecht – Unter besonderer Berücksichtigung des Risikomanagement, ZGR 2010, S. 496–542.

Dreher, Meinrad/ Hoffmann, Jens — Die Wirksamkeitsprüfung durch den Prüfungsausschuss nach § 107 Abs. 3 S. 2 AktG – Internes Kontrollsystem, Risikomanagementsystem und Governancesystem, ZGR 2016, S. 445–504.

Drenckhan, Helke — Gläubigerschutz in der Krise der GmbH, Baden-Baden 2006.

Drescher, Ingo — Die Haftung des GmbH-Geschäftsführers, 8. Auflage, Köln 2019.

Drygala, Tim/ Drygala, Anja — Wer braucht ein Frühwarnsystem? – Zur Ausstrahlungswirkung des § 91 Abs. 2 AktG, ZIP 2000, S. 297–305.

Dürig, Günter/ Herzog, Roman/ Scholz, Rupert (Hrsg.) — Grundgesetz Kommentar, 104. Lieferung April 2024, München 2024 (zit.: *Bearbeiter*, in: Dürig/Herzog/Scholz, GG).

Duplois, Marcel — Die Beeinflussung aktienrechtlicher Corporate Governance durch das Bankaufsichtsrecht – Eine Untersuchung unter besonderer Berücksichtigung der Vorstandsvergütung, Baden-Baden 2017.

Early Warning Europe — About Early Warning Europe, abrufbar unter: https://www.earlywarningeurope.eu/about/early-warning-europe-network/early-warning-europe (letzter Abruf am: 18.12.2024).

Early Warning Europe — Dyzo, Belgium, abrufbar unter: https://www.earlywarningeurope.eu/about/best-practices/dyzo (letzter Abruf am: 18.12.2024).

Early Warning Europe — Early Warning Denmark.dk, abrufbar unter: https://www.earlywarningeurope.eu/about/best-practices/early-warning-denmark (letzter Abruf am: 18.12.2024).

Eckelt, Florian — Der präventive Restrukturierungsrahmen – Europäische Vorgaben und Umsetzungsspielräume für die EU-Mitgliedstaaten, Baden-Baden 2020.

Eckert, Rainer — Das StaRUG – ein Spatenstich statt eines großen Wurfs?, in: Prozess als Wirklichkeit des Rechts, Festschrift für Stefan Smid zum 65. Geburtstag, herausgegeben von Klaus Pannen, Susanne Riedemann, Mark Zeuner, S. 484–497.

Eckert, Rainer/ Holze, Alina/ Ippen, Gerrit — StaRUG aus dem Gleichgewicht? – Verfehlung des Ziels der rechtzeitigen Einleitung von Sanierungsmaßnahmen, NZI 2021, S. 153–157.

Ederer, Franz — Kennzahlen zur Unternehmenssteuerung: Checkliste für deren Einführung – Teil 2: Woher kommen die Daten und welche Kennzahlen sind besonders relevant?, BC 2010, S. 196–203.

Eidenmüller, Horst Strategische Insolvenz: Möglichkeiten, Grenzen, Rechtsvergleichung, ZIP 2014, S. 1197–1205.

Eidenmüller, Horst Die Restrukturierungsempfehlung der EU-Kommission und das deutsche Restrukturierungsrecht, KTS 2014, S. 401–422.

Eisenhardt, Ulrich Zum Weisungsrecht der Gesellschafter in der nicht mitbestimmten GmbH, in: Strafrecht, Unternehmensrecht, Anwaltsrecht, Festschrift für Gerd Pfeiffer zum Abschied aus dem Amt als Präsident des Bundesgerichtshofes, herausgegeben von Otto Friedrich Freiherr von Gamm, Peter Raisch, Klaus Tiedemann, Köln 1988, S. 839–852.

Ellers, Holger Zur Neuausrichtung der Vorsatzanfechtung (§ 133 InsO) und ihre Folgen für die Praxis – Zugleich Besprechung des BGH-Urteils vom 06.05.2021 – IX ZR 72/20, DB 2021, S. 1598, DB 2021, S. 2678–2684.

Ellers, Holger Gesellschaftsrechtliche Anforderungen an die Einleitung eines StaRUG-Verfahrens – Ein Überblick über die Rspr. zur Zuständigkeit der Geschäftsleitungsorgane für die Einleitung eines StaRUG-Verfahrens und deren Schranken, DB 2024, S. 1053–1058.

Exler, Markus W./ Ehrentraut, Kurt Strategische Krisenfrüherkennung bei Start-ups – Ergebnisse einer Expertenbefragung decken eklatante Defizite auf, KSI 2020, S. 231–235.

Exler, Markus W./ Werner, Henning Frühwarnindikatoren gemäß der EU-Richtlinie zum präventiven Restrukturierungsrahmen – Notwendigkeit und Aufbau eines Frühwarnsystems für KMU, KSI 2020, S. 53–60.

Fehrenbach, Markus Die Beteiligung der Gesellschafter beim Eigenantrag der Gesellschaft auf Eröffnung des Insolvenzverfahrens, ZIP 2020, S. 2370–2377.

Fiege, Stefanie Risikomanagement- und Überwachungssystem nach KonTraG – Prozess, Instrumente, Träger, Wiesbaden 2006.

Fischer, Felix B./ Habermann, Florian/ Burger, Anton A. Corporate Social Performance und Insolvenzwahrscheinlichkeit – Implikationen für die Sanierungspraxis, KSI 2021, S. 279–282.

Fischer, Jan-Benedikt Ausstrahlungswirkungen im Recht: Anforderungen an Compliance und Risikomanagement im Bankaufsichts- und Aktienrecht, Berlin 2018.

Fischer, Jan-Benedikt/ Schuck, Jonas Die Einrichtung von Corporate Governance-Systemen nach dem FISG, NZG 2021, S. 534–541.

Fisher, Roger/ Ury, William Getting To Yes – Negotiating Agreement Without Giving In, 3. Auflage, New York 2011.

Fleege-Althoff, Fritz Die Notleidende Unternehmung, Erster Band: Krankheitserscheinungen und Krankheitsursachen, Stuttgart 1930.

Fleischer, Holger Risikomanagement im Querschnitt der Disziplinen – Betriebswirtschaftslehre – Aktienrecht – Bankaufsichtsrecht – Lieferkettenrecht, AG 2022, S. 377–389.

Fleischer, Holger/ Goette, Wulf (Hrsg.) Münchener Kommentar zum GmbHG, Band 1, §§ 1–34, 4. Auflage, München 2022 (zit.: *Bearbeiter*, in: MüKo, GmbHG).

Fleischer, Holger/ Goette, Wulf (Hrsg.) Münchener Kommentar zum GmbHG, Band 2, §§ 35–52, 4. Auflage, München 2023 (zit.: *Bearbeiter*, in: MüKo, GmbHG).

Flöther, Lucas F. (Hrsg.) Sanierungsrecht – Einführung zur Richtlinie der Europäischen Kommission über präventive Restrukturierungsrahmen, München 2019 (*Bearbeiter*, in: SanierungsR).

Flöther, Lucas F. (Hrsg.) StaRUG, Kommentar zum Unternehmensstabilisierungs- und -restrukturierungsgesetz, München 2021 (zit.: *Bearbeiter*, in: Flöther, StaRUG).

Flöther, Lucas F./ Wilke, Anna K. Neue Zugangshürde zum StaRUG – Der Gesellschafter als Sanierungsbremse? – Zugleich Besprechung AG Hamburg, Beschl. v. 17.3.2023 – 61c RES 1/23, ZRI 2023, 519 nebst Nichtabhilfebeschluss v. 17.4.2023, sowie die zugehörige Beschwerdeentscheidung LG Hamburg, Beschl. v. 20.4.2023 – 304 T 15/23, ZRI 2023, 1025 und AG Nürnberg, Beschl. v. 21.6.2023 – RES 397/23, ZRI 2023, 629, ZRI 2023, S. 1029–1044.

Florstedt, Tim Sanierung durch Konsens heute – Herausforderungen für das Recht der Unternehmenssanierung durch Distressed Debt Investing, KTS 2023, S. 51–103.

Fölsing, Philipp Die Zähmung des Widerspenstigen im Suhrkamp-Fall: Schutzschirmverfahren bei Gesellschafterstreit, ZInsO 2013, S. 1325–1332.

Frege, Michael C. Grundlagen und Grenzen der Sanierungsberatung, NZI 2006, S. 545–552.

Fridgen, Alexander/ Geiwitz, Arndt/ Göpfert, Burkard Beck'scher Online-Kommentar Insolvenzordnung, 37. Edition, Stand: 1.11.2024 (zit.: *Bearbeiter*, in: BeckOK, InsO).

Frind, Frank EU-Restrukturierungsrichtlinie: Der insolvenzrechtliche Überschuldungstatbestand als notwendiges »Frühwarnsystem« bei der nationalen Umsetzung, BB 2021, S. 2381–2387.

Frind, Frank Ist »Waffengleichheit« zwischen den Planbetroffenen im StaRUG-Verfahren notwendig und herstellbar?, ZRI 2024, S. 410–416.

Frings, Stefan Wie die Krise zur Chance wird – So boostern Unternehmen ihre Performance, SanB 2022, S. 7–10.

Fritz, Daniel Friedemann/ Scholtis, Lorenz Anregungen für eine mutige und praxistaugliche Umsetzung der Restrukturierungsrichtlinie, BB 2019, S. 2051–2057.

Fuhrmann, Lambertus/ Heinen, Alexander/ Schilz, Lukas Die gesellschaftsrechtlichen Aspekte des StaRUG – Drei Fragen an die Restrukturierungsanzeige nach § 31 I StaRUG, NZG 2021, S. 684–692.

Gehrlein, Markus Grenzen der Geschäftsführungsbefugnisse – Stichentscheid bei Dissens innerhalb des Geschäftsführungsorgans?, WM 2018, S. 1865–1872.

Gehrlein, Markus	Das Gesetz über den Stabilisierungs- und Restrukturierungsrahmen für Unternehmen (StaRUG) – ein Überblick, BB 2021, S. 66–81.
Gehrlein, Markus	Rechte der Gesellschafter im Restrukturierungsverfahren, BB 2022, S. 1096–1101.
Gehrlein, Markus	Anmerkung zu BGH, Urt. v. 3.3.2022 – IX ZR 78/20, WuB 2022, S. 224–227.
Gehrlein, Markus	Anmerkung zu BGH, Urt. v. 6.5.2021 – IX ZR 72/20, WuB 2021, S. 362–365.
Gehrlein, Markus	Die Neujustierung der Vorsatzanfechtung (§ 133 InsO), ZInsO 2022, S. 905–912.
Gehrlein, Markus	Das Ärgernis der Insolvenzverschleppung, ZInsO 2022, S. 1481–1488.
Gehrlein, Markus	Einleitung eines StaRUG-Verfahrens aus eigener Machtvollkommenheit der Geschäftsführer?, ZRI 2024, S. 737–745.
Gehrlein, Markus/ Born, Manfred/ Simon, Stefan (Hrsg.)	GmbHG, Gesetz betreffend die Gesellschaften mit beschränkter Haftung, Kommentar, 6. Auflage, Hürth 2024 (zit.: *Bearbeiter*, in: Gehrlein/Born/Simon).
Gehrlein, Markus/ Pape, Gerhard	Das Indiz der Zahlungsunfähigkeit zum Nachweis der subjektiven Voraussetzungen der Vorsatzanfechtung: Eine unendliche Geschichte, ZInsO 2021, S. 2061–2069.
Geißler, Markus	Begrenzungen bei der Weisungsbindung des GmbH-Geschäftsführers, GmbHR 2009, S. 1071–1076.
Giesen, Kristian	Krisenfrüherkennung für Unternehmen nach § 1 StaRUG – Beratungsmöglichkeiten für Steuerberater, NWB Sanieren 2021, S. 296–301.
Girotto, Frank/ Czernay, Christian	Externer Sachverstand und betriebswirtschaftliche Expertise im Kontext des StaRUG, NZI-Beilage 2021, S. 66–69.
Gleißner, Werner	Risikomanagement, KonTraG und IDW PS 340, WPg 2017, S. 158–164.
Gleißner, Werner/ Haarmeyer, Hans	StaRUG: Auswirkungen auf Risikomanagement und den Weg zu Restrukturierung & Sanierung, ZInsO 2024, S. 173–177.
Gleißner, Werner/ Kamarás, Endre/ Wolfrum, Marco	Risikotragfähigkeit eines Unternehmens – Messung nach § 1 StaRUG und Anforderungen an eine Risikomanagementsoftware, ZfRM 2021, S. 116–119.
Gleißner, Werner/ Nickert, Anne/ Nickert, Cornelius	Die Auswirkungen des § 1 StaRUG auf die Aktiengesellschaft, DB 2023, S. 1489–1498.
Gleißner, Werner/ Nickert, Cornelius/ Romeike, Frank	Lücken im IDW-Prüfungsstandard 340 – Gesetzliche Anforderungen an das Risikomanagement aus StaRUG gehen weit über KonTraG hinaus, BOARD 2024, S. 21–24.
Gleißner, Werner/ Stein, Wolker/ Wiedemann, Arnd	Krisen- und Risikomanagementsystem im Mittelstand – von der gesetzlichen Pflicht zur betriebswirtschaftlichen Kür, ZfKE 2022, S. 197–211.

Göbel, Martin/ Harig, Florian — Vertrag mit Schutzwirkung zugunsten Dritter in der Sanierungsberatung, NZI 2019, S. 492–496.

Götker, Uwe — Der Geschäftsführer in der Insolvenz der GmbH, Köln 1999.

Goette, Wulf/ Goette, Maximilian — Die GmbH – Darstellung anhand der Rechtsprechung des BGH, 3. Auflage, München 2019 (zit.: *Goette/Goette*, GmbH).

Goette, Wulf/ Habersack, Mathias/ Kalss, Susanne (Hrsg.) — Münchener Kommentar zum Aktiengesetz, Band 2, §§ 76–117, 6. Auflage, München 2023 (zit.: *Bearbeiter*, in: MüKo, AktG).

Goette, Wulf/ Habersack, Mathias/ Kalss, Susanne (Hrsg.) — Münchener Kommentar zum Aktiengesetz, Band 3, §§ 118–178, 6. Auflage, München 2024 (zit.: *Bearbeiter*, in: MüKo, AktG).

Gottwald, Peter/ Haas, Ulrich — Insolvenzrechts-Handbuch, 6. Auflage, München 2020 (zit.: *Bearbeiter*, in: Gottwald/Haas, Insolvenzrechts-HdB).

Grabitz, Eberhard/ Hilf, Meinhard/ Nettesheim, Martin (Hrsg.) — Das Recht der Europäischen Union, Band 1, EUV/AEUV, 82. Ergänzungslieferung – Stand Mai 2024, München 2024 (*Bearbeiter*, in: GHN, Recht der EU, AEUV).

Grau, Jörg/ Pohlmann, Ulrich/ Radunz, Isabell — Erste Praxiserfahrung mit dem StaRUG – Zugleich Besprechung von AG Hamburg, NZI 2021, 544, NZI 2021, S. 522–527.

Greeve, Jork Christoph — Die grenzüberschreitende Restrukturierung von Kapitalgesellschaften – Eine Untersuchung der Richtlinie (EU) 2019/1023 aus der Perspektive des Internationalen Privat- und Verfahrensrechts, Tübingen 2023.

Grigoleit, Hans Christoph — Aktiengesetz Kommentar, 2. Auflage, München 2020.

Groß, Paul J. — Erkennen und Bewältigen von Unternehmensschieflagen, WPg-Sonderheft 2003, S. 128–141.

Groß, Paul J. — Zur Beurteilung der »handelsrechtlichen Fortführungsprognose« durch den Abschlussprüfer, WPg 2010, S. 119–137.

Grottel, Bernd/ Justenhoven, Petra/ Kliem, Bernd/ Schubert, Wolfgang J. — Beck'scher Bilanz-Kommentar: Handels- und Steuerbilanz: §§ 238–339, 342–342r HGB, 14. Auflage, München 2024.

Gsell, Beate/ Krüger, Wolfgang/ Lorenz, Stephan/ Reymann, Christoph (Hrsg.) — beck-online. GROSSKOMMENTAR BGB, Stand: 1.11.2023, München 2023 (zit.: *Bearbeiter*, in: BeckOGK, BGB).

Guntermann, Anabel — Geschäftsleiterverantwortung bei wahrscheinlicher Insolvenz, Baden-Baden 2021.

Guntermann, Lisa Marleen — StaRUG: Neuausrichtung der Geschäftsleiterpflichten bei drohender Zahlungsunfähigkeit?, WM 2021, S. 214–220.

Gutmann, Torsten — Aktuelle betriebswirtschaftliche Fragen in Krise und Insolvenz – Januar bis Juni 2023, NZI 2023, S. 654–659.

Haas, Sebastian/ Schmidt, Marcel — Die BWA in Rating – notwendige Informationen und Modifikationen, DStR 2017, S. 1840–1843.

Haas, Ulrich	Geschäftsführerhaftung und Gläubigerschutz – Unternehmerische Verhaltenspflichten des GmbH-Geschäftsführers zum Schutz Dritter, München 1997.
Haas, Ulrich	Insolvenzantragsrecht und -pflicht in der GmbH insbesondere des »faktischen Geschäftsführers« nach neuem Recht, DStR 1998, S. 1359–1363.
Haas, Ulrich	Reform des gesellschaftsrechtlichen Gläubigerschutzes, Gutachten E für den 66. Deutschen Juristentag, in: Verhandlungen des 66. Deutschen Juristentages, Band I, Gutachten, München 2006.
Haas, Ulrich	Die Umsetzung des präventiven Restrukturierungsrahmens an der Schnittstelle zwischen Insolvenz- und Gesellschaftsrecht, Festschrift zu Ehren von Godehard Kayser, herausgegeben von Reinhard Bork, Dietmar Grupp, Bruno M. Kübler, Köln 2019, S. 309–336.
Haas, Ulrich/ Göb, Marc Alexander	Die Unternehmensleiterpflichten nach der EU-Restrukturierungsrichtlinie, NZI 2020, S. 200–202.
Habersack, Mathias/ Casper, Matthias/ Löbbe, Marc (Hrsg.)	GmbHG Großkommentar, Band II, 3. Auflage, Tübingen 2020 (zit.: *Bearbeiter*, in: HCL, GmbHG).
Hachenburg, Max (Hrsg.)	Gesetz betreffend die Gesellschaften mit beschränkter Haftung (GmbHG), Großkommentar, Zweiter Band, §§ 13–52, 7. Auflage, Berlin 1979 (zit.: *Bearbeiter*, in: Hachenburg, GmbHG, 7. Aufl. 1979).
Hacker, Maximilian	Anm. zu BGH, Urt. v. 3.3.2022 – IX ZR 78/20, NZI 2022, S. 395–397.
Hacker, Maximilian/ Weber, Dominic	Das StaRUG (Unternehmensstabilisierungs- und -restrukturierungsgesetz) ist in Kraft!, WPg 2021, S. 258–265.
Haffa, Dietmar	StaRUG: Unternehmenskrisen identifizieren und kommunizieren – Erfolgsentscheidende Faktoren einer vorinsolvenzlichen Restrukturierung, NWB 2021, S. 92–94.
Haghani, Sascha	Krisenfrüherkennung im Unternehmen mittels Frühwarnsystem, NZI-Beilage 2021, S. 15–17.
Hain, Ansgar	Anm. zu BGH, Urt. v. 6.5.2021 – IX ZR 72/20, jurisPR-InsR 17/2021 Anm. 1.
Harig, Florian/ Fauser, Markus	Krisenfrüherkennung in Familienunternehmen, RFamU 2022, S. 456–459.
Harig, Florian	Anm. zu AG Hamburg, Beschl. v. 17.3.2023 – 61c RES 1/23, EWiR 2023, S. 406–408.
Harmann, Thomas	Der Weg zum präventiven Restrukturierungsrahmen – Frühwarnsysteme und Zugangsbestimmungen, ZInsO 2019, S. 1701–1715.
Harz, Michael/ Bornmann, Martina/ Conrad, Günther/ Ecker, Tobias	Zahlungsunfähigkeit, drohende Zahlungsunfähigkeit und Überschuldung – eine Betrachtung aus wirtschaftsforensischer Praxis, NZI 2015, S. 737–743.

Hau, Wolfgang/ Poseck, Roman (Hrsg.)	Beck'scher Online-Kommentar BGB, 71. Edition, Stand: 1.8.2024, München 2024 (zit.: *Bearbeiter*, in: BeckOK, BGB).
Heidel, Thomas (Hrsg.)	NomosKommentar Aktienrecht und Kapitalmarktrecht, 6. Auflage, Baden-Baden 2024 (zit.: *Bearbeiter*, in: NK-AktKapMarktR).
Henckel, Wolfram/ Gerhardt, Walter (Hrsg.)	Jaeger, Insolvenzordnung, Großkommentar, Erster Band, §§ 1–55, Berlin 2004 (zit.: *Bearbeiter*, in: Jaeger, InsO).
Henke, Anja	Erfolgsmuster des Turnarounds – Wie das Wachstum aus der Krise heraus gelingt, KSI 2021, S. 213–218.
Henneberg, Fabian	Gläubigerrechte in der Unternehmenssanierung, Köln 2019.
Henssler, Martin/ Strohn, Lutz (Hrsg.)	Beck'sche Kurz-Kommentare, Gesellschaftsrecht, 6. Auflage, München 2024 (zit.: *Bearbeiter*, in: Henssler/Strohn, GesR).
Herberger, Maximilian/ Martinek, Michael/ Rüßmann, Helmut/ Weth, Stefan/ Würdinger, Markus (Gesamt-Hrsg.)	juris PraxisKommentar BGB, Band 2.1 – Schuldrecht, §§ 241–432, 10. Auflage, Saarbrücken 2023 (zit.: *Bearbeiter*, in: juris-PK-BGB).
Herding, Franz Bernhard/ Krafczyk, Jonah	Die Einbeziehung der Anteilseigner bei der Anzeige des Restrukturierungsvorhabens im »kritischen« und »idealen« Restrukturierungsfenster – Zugleich Besprechung AG Nürnberg v. 21.6.2023 – RES 397/23, ZRI 2023, 629, ZRI 2023, S. 750–759.
Hermanns, Michael	Frühwarnsysteme nach dem Richtlinienvorschlag der EU-Kommission zur präventiven Restrukturierung – Kennzahlen versus individuelle Gutachten, ZInsO 2018, S. 2273–2280.
Herweg, Christian/ Wirth, Maximilian	Der Restrukturierungsplan – Kernstück der präventiven Sanierung, DB 2021, S. 886–892.
Hess, Harald (Hrsg.)	Sanierungshandbuch, 6. Auflage, München 2013.
Heß, Henrik	Die Restrukturierung des Insolvenzrechts – Eine Analyse des Richtlinienentwurfs COM(2016) 723 final, Baden-Baden 2019.
Hiebert, Olaf	Insolvenzanfechtung nach § 133 InsO – Eine Arbeitshilfe zur praktischen Umsetzung der neuen BGH-Rechtsprechung 2022, ZInsO 2022, S. 1660–1665.
Hillebrand, Werner	Das Früherkennungs- und Überwachungssystem bei Kapitalgesellschaften – Erfordernis und Mindestanforderungen aus juristischer und betriebswirtschaftlicher Sicht, Düsseldorf 2005.
Hirte, Heribert	Plenarprotokoll 19/202 v. 17.12.2020, Deutscher Bundestag, S. 25499–25400.
Hirte, Heribert/ Vallender, Heinz (Hrsg.)	Uhlenbruck Kommentar Insolvenzordnung, Band 1, 15. Auflage, München 2019 (zit.: *Bearbeiter*, in: Uhlenbruck, InsO, Band 1).
Hirte, Heribert/ Vallender, Heinz (Hrsg.)	Uhlenbruck Kommentar Insolvenzordnung, Band 2 (EuInsVO, SanInsKG (früher COVInsAG), StaRUG), 16. Auflage, München 2023 (zit.: *Bearbeiter*, in: Uhlenbruck, InsO, Band 2).

Höhn, Reinhard — Die Geschäftsleitung der GmbH – Organisation, Führung und Verantwortung – Kontrolle durch Aufsichtsrat und Beirat, 2. Auflage, Köln 1995.

Hölken, Helge — Andauernd schleppendes Zahlungsverhalten, (oktroyierte) Zahlungsvereinbarungen und Ratenzahlungsversagen im Insolvenzanfechtungsrecht, DZWIR 2022, S. 132–143.

Hölters, Wolfgang/ Weber, Markus (Hrsg.) — Aktiengesetz – Kommentar, 4. Auflage, München 2022 (zit.: *Bearbeiter*, in: Hölters/Weber, AktG).

Hölzle, Gerrit — Unternehmenssanierung außerhalb der Insolvenz – Überlegungen zu einem Sanierungsvergleichsgesetz, NZI 2010, S. 207–214.

Hölzle, Gerrit — Der Insolvenzantrag als Sanierungsoption – auch gegen den Willen von Gesellschaftern? – Entscheidungszuständigkeiten und Organkompetenzen in der Krise, ZIP 2013, S. 1846–1851.

Hölzle, Gerrit — Zur Umsetzung des präventiven Restrukturierungsrahmens in Deutschland – Ein GEsetz zur BEreitstellung eines Restrukturierungsverfahrens (GeBeR) – Wie ein Name zum Programm werden kann, ZIP 2020, S. 585–595.

Hölzle, Gerrit — Praxisleitfaden SanInsFoG – Restrukturierung vor und in der Insolvenz, 3. Auflage, Köln 2021.

Hölzle, Gerrit — Zur Begründung und Ausgestaltung einer Restrukturierungsverschleppungshaftung, Festschrift für Markus Gehrlein zum 65. Geburtstag, herausgegeben von Georg Bitter, Hans Haarmeyer, Gerhard Pape, Köln 2022, S. 261–283.

Hölzle, Gerrit — Nachhaltige Sanierung im Anwendungsbereich der §§ 15a, b InsO, ZIP 2023, S. 2498–2508.

Hoffmann, Guido — Unternehmerische Leitungsentscheidungen in der (Corona-)-Krise, WM 2021, S. 429–441.

Hoffmann-Becking, Michael — Zur rechtlichen Organisation der Zusammenarbeit im Vorstand der AG, ZGR 1998, S. 497–519.

Hofmann, Matthias — Der Restrukturierungsplan nach der EU-Restrukturierungsrichtlinie – Grundlagen und Einsatzbereiche, SanB 2020, S. 98–103.

Hohenlohe, Justus Leander — Die Pflicht zur Wahrung der Gläubigerinteressen nach § 43 Absatz 1 Satz 1 StaRUG, Baden-Baden 2025.

Hommelhoff, Peter — Unternehmensführung in der mitbestimmten GmbH, ZGR 1978, S. 119–155.

Hommelhoff, Peter — Die OECD-Principles on Corporate Governance – ihre Chancen und Risiken aus dem Blickwinkel der deutschen corporate governance-Bewegung, ZGR 2001, S. 238–267.

Hommelhoff, Peter — Risikomanagement im GmbH-Recht, in: Festschrift für Otto Sandrock zum 70. Geburtstag, hrsg. von Klaus Peter Berger/ Werner F. Ebke/Siegfried Elsing/Bernhard Großfeld/Gunther Kühne, Heidelberg 2000, S. 373–383.

Hoppe, Nancy — Zulässige Reichweite von Restrukturierungsplänen nach StaRUG bis hin zum Ausschluss von Anteilseignern Besprechung von AG Charlottenburg – Restrukturierungsgericht, Beschluss vom 4.1.2024 – 36s RES 6525/23 – Spark Networks SE, DZWIR 2024, 406, DZWIR 2024, S. 358–362.

Hopt, Klaus J. — Aktionärskreis und Vorstandsneutralität, ZGR 1993, S. 534–566.

Hopt, Klaus J./ Kumpan, Christoph — Governance in börsennotierten und anderen bedeutenden Aktiengesellschaften – Vorstand und Aufsichtsrat auf dem Prüfstand nach dem Finanzmarktintegritätsstärkungsgesetz (FISG), AG 2021, S. 129–140.

Huber, Ulrich — Zum Aktienerwerb durch ausländische Tochtergesellschaften, in: Festschrift für Konrad Duden zum 70. Geburtstag, herausgegeben von H.-M. Pawlowski, Günther Wiese, Günther Wüst, München 1977, S. 137–171.

Hübert, Ivens Henrique — Sorgfaltskonforme Prognosen und Pflichten der Geschäftsleiter im Vorfeld der Insolvenz – Ein Beitrag mit rechtsvergleichenden Bezügen, Baden-Baden 2018.

Institut der Wirtschaftsprüfer in Deutschland e.V. (Hrsg.) — IDW Prüfungsstandard: Die Beurteilung der Fortführung der Unternehmenstätigkeit im Rahmen der Abschlussprüfung (IDW PS 270 n.F. (10.2021)), Stand: 29.10.2021.

Institut der Wirtschaftsprüfer in Deutschland e.V. (Hrsg.) — IDW Prüfungsstandard: Feststellung und Beurteilung von Fehlerrisiken und Reaktionen des Abschlussprüfers auf die beurteilten Fehlerrisiken (IDW PS 261 n.F.), Band I, Stand: 15.9.2017.

Institut der Wirtschaftsprüfer in Deutschland e.V. (Hrsg.) — IDW Standard: Anforderungen an Sanierungskonzepte (IDW S 6), Band V, Stand: 22.6.2023.

Institut der Wirtschaftsprüfer in Deutschland e.V. (Hrsg.) — Fragen und Antworten: Zur Erstellung und Beurteilung von Sanierungskonzepten nach IDW S 6 (F & A zu IDW S 6), Band V, Stand: 16.5.2018.

Institut der Wirtschaftsprüfer in Deutschland e.V. (Hrsg.) — Neufassung des IDW Prüfungsstandards: Die Prüfung des Risikofrüherkennungssystems (IDW PS 340 n.F. (01.2022)), Band I, Stand: 10.01.2022.

Institut der Wirtschaftsprüfer in Deutschland e.V. (Hrsg.) — Sanierung und Insolvenz – Rechnungslegung und Beratung in der Unternehmenskrise, 2. Auflage, Düsseldorf 2022 (zit.: *Bearbeiter*, in: Sanierung und Insolvenz).

Jähne, Ina — Haftungsrisiken für Geschäftsführer im Spannungsfeld der Beraterhaftung – Unter Berücksichtigung von § 1 StaRUG, NWB Sanieren, S. 316–320.

Jakobs, Carsten/ Kruth, Claus-Peter — Der Bedeutungsverlust der Vorsatzanfechtung gemäß § 133 InsO infolge der jüngsten BGH-Rechtsprechung – Eine Bestandsaufnahme, DStR 2022, S. 1385–1392.

Jakobs, Carsten/ Kruth, Claus-Peter — Die Vorsatzanfechtung gemäß § 133 InsO – eine aktualisierte Bestandsaufnahme der neueren BGH-Rechtsprechung, DStR 2024, S. 2490–2496.

Jakobus, Philipp Die Vorstandspflicht zum Risikomanagement – Eine juristische und ökonomische Betrachtung zu § 91 Abs. 2 AktG, Baden-Baden 2014.

Jacoby, Florian Der Missbrauch der Vertretungsmacht bei Prozesshandlungen, in: Prozessrecht, Zwangsvollstreckungsrecht, Insolvenzrecht, Festschrift für Ekkehard Becker-Eberhard zum 75. Geburtstag, hrsg. v. Christian Berger, Burkhard Boemke, Hans Friedhelm Gaul, Lutz Haertlein, Bettina Heiderhoff, Eberhard Schilken, München 2022, S. 229–238.

Jacoby, Florian/ Thole, Christoph (Hrsg.) StaRUG, Unternehmensstabilisierungs- und -restrukturierungsgesetz Kommentar, München 2023 (zit.: *Bearbeiter*, in: Jacoby/ Thole, StaRUG).

Jürgensen, Justus Pflichten und Haftung des Geschäftsführers einer GmbH bei Sanierungsmaßnahmen im Vorfeld der Insolvenz, Berlin 2019.

Jungmann, Carsten Die Business Judgement Rule – ein Institut des allgemeinen Verbandsrechts? – Zur Geltung von § 93 Abs. 1 S. 2 AktG außerhalb des Aktienrechts, in: Festschrift für Karsten Schmidt zum 70. Geburtstag, herausgegeben von Georg Bitter, Marcus Lutter, Hans-Joachim Priester, Wolfgang Schön, Peter Ulmer, Köln 2009, S. 831–855.

Jungmann, Carsten Die Ausrichtung der Pflichten von Gesellschaftsorganen an den Interessen der Residualberechtigten, ZRI 2021, S. 209–231.

Kaiser, Max Die Instrumente des § 29 StaRUG – Lehren aus den präventiven Restrukturierungsverfahren Englands und der U.S.A. für eine Reform des deutschen Rechts, Baden-Baden 2024.

Kamprad, Balduin Kapitalersetzende Gesellschafterdarlehen im Konkurs und Vergleich der GmbH in der rechtspolitischen Diskussion, GmbHR 1975, S. 54–57.

Kayser, Godehard/ Thole, Christoph (Hrsg.) Heidelberger Kommentar, Insolvenzordnung, 11. Auflage, Heidelberg 2023 (zit.: *Bearbeiter*, in: Kayser/Thole, InsO).

Kebekus, Frank/ Zenker, Wolfgang Business Judgement Rule und Geschäftsleiterermessen – auch in Krise und Insolvenz?, in Festschrift für Georg Maier-Reimer zum 70. Geburtstag, herausgegeben von Barbara Grunewald und Harm Peter Westermann, München 2010, S. 319–343.

Kettelhake, Philipp/ Hahn, Wiebke Verankerung von Compliance im internen Kontrollsystem, CCZ 2022, S. 42–44.

Kießling, Axel/ Kießling, Erik Kontrolle durch Interne Revision in Kreditinstituten – Aufsichtsrechtliche Anforderungen und deren gesellschaftsrechtliche Relevanz; WM 2003, S. 513–523.

Kleindiek, Detlef Geschäftsführerhaftung in der Krise, in: Festschrift für Uwe H. Schneider zum 70. Geburtstag, herausgegeben von Ulrich Burgard, Walther Hadding, Peter O. Mülbert, Michael Nietsch, Reinhard Welter, Köln 2011, S. 617–631.

Kleindiek, Detlef Insolvenzantrag wegen drohender Zahlungsunfähigkeit und Gesellschafterentscheid, in: Festschrift für Karsten Schmidt zum 80. Geburtstag – Band 1, herausgegeben von Katharina Boele-Woelki, Florian Faus, Matthias Jacobs, Thilo Kuntz, Anne Röthel, Karsten Thorn und Birgit Weitemeyer, München 2019, S. 655–670.

Klinck, Fabian Die Vorsatzanfechtung im Wertungssystem der Insolvenzanfechtung, ZIP 2022, S. 1357–1367.

Klöhn, Lars Interessenkonflikte zwischen Aktionären und Gläubigern der Aktiengesellschaft im Spiegel der Vorstandspflichten– Ein Beitrag zur Leitungsaufgabe des Vorstands gemäß § 76 AktG, ZGR 2008, S. 110–158.

Klöhn, Lars/ Franke, Julian Grund- und Gegenwartsfragen des Sanierungsrechts – Ein Beitrag zu der europäischen Restrukturierungsrichtlinie und dem deutschen SanInsFoG, ZEuP 2022, S. 44–81.

Kluth, David/ Harder, Phillip-Boie/ Harig, Florian/ Kunz, Daniel Das neue Restrukturierungsrecht – Unternehmensrestrukturierung durch StaRUG und Eigenverwaltung, Baden-Baden 2022 (zit.: Bearbeiter, in: Neues RestrukturierungsR).

Knops, Kai-Oliver/ Bamberger, Heinz Georg/ Lieser, Jens (Hrsg.) Recht der Sanierungsfinanzierung, 2. Auflage, Berlin 2019 (zit.: *Bearbeiter*, in: Recht der Sanierungsfinanzierung).

Koch, Jens Kommentar zum Aktiengesetz, 18. Auflage, München 2024.

Köhler, Richard/ Küpper, Hans-Ulrich/ Pfingsten, Andreas Handwörterbuch der Betriebswirtschaft, Stuttgart 2007 (zit.: *Bearbeiter*, in: Handwörterbuch der Betriebswirtschaft).

Köstens, Uwe Risikofrüherkennung als Instrument der Krisenprävention, SanB 2020, S. 118–119.

Korch, Stefan Sanierungsverantwortung von Geschäftsleitern – Krisenpflichten im Lichte des Art. 19 der Restrukturierungsrichtlinie, ZGR 2019, S. 1050–1081.

Korch, Stefan Restrukturierungsgesellschaftsrecht – Zur Überformung des Gesellschaftsrechts durch den StaRUG-Regierungsentwurf, NZG 2020, S. 1299–1303.

Korch, Stefan Die Rolle der Gesellschafter im künftigen Restrukturierungsverfahren, ZIP 2020, S. 446–453.

Korch, Stefan Insolvenzverwalterhaftung für unternehmerische Entscheidungen – Zugleich Besprechung BGH v. 12.3.2020 – IX ZR 125/17, ZIP 2020, 1080, ZIP 2020, S. 1596–1600.

Korch, Stefan Restrukturierungshaftung der Geschäftsleiter nach dem StaRUG, GmbHR 2021, S. 793–800.

Kort, Michael Vorstandshandeln im Spannungsverhältnis zwischen Unternehmensinteresse und Aktionärsinteresse, AG 2012, S. 605–610.

Kranz, Christopher Die Rescue Culture in Großbritannien, Köln 2017.

Kranz, Christopher/ Kirschner, Simon	Zur Notwendigkeit er vorherigen Einholung eines Gesellschafterbeschlusses für ein StaRUG-Verfahren – Besprechung der Entscheidungen des OLG Stuttgart vom 21.08.2024 und 28.10.2024 – 20 U 30/24, DB 2025, S. 1331–1336.
Krüger, Helge	Insolvenzbezogene Pflichten von Unternehmensleitung und Beratern nach der sog. Restrukturierungsrichtlinie RL (EU) 2019/1023 und dem StaRUG, Berlin 2023.
Krüger, Wolfgang/ Rauscher, Thomas (Hrsg.)	Münchener Kommentar zur Zivilprozessordnung mit Gerichtsverfassungsgesetz und Nebengesetzen, Band 1, §§ 1–354, 6. Auflage, München 2020 (zit.: *Bearbeiter*, in: MüKo, ZPO).
Krystek, Ulrich	Unternehmungskrisen – Beschreibung, Vermeidung und Bewältigung überlebenskritischer Prozesse in Unternehmungen, Wiesbaden 1987.
Krystek, Ulrich/ Evertz, Derik	Betriebswirtschaftliche Aspekte der präventiven Restrukturierung, DB 2020, S. 2361–2368.
Kübler, Bruno M./ Bork, Reinhard/ Prütting, Hanns (Hrsg.)	HRI I, Handbuch Restrukturierung vor der Insolvenz – Restrukturierung nach dem Stabilisierung- und Restrukturierungsrahmen, Köln 2023 (zit.: *Bearbeiter*, in: Kübler/Bork/Prütting, HRI I).
Kühne, Matthias/ Lienhard, Frank	Ausgestaltung eines Risikofrüherkennungssystems gemäß § 1 StaRUG und die Haftungsfolgen für die Geschäftsleitung, SanB 2020, S. 144–149.
Kümpel, Jeremias	Zum (schwierigen) Verhältnis zwischen den am Schuldner beteiligten Personen und dem Restrukturierungsbeauftragten, KTS 2024, S. 265–292.
Kümpel, Jeremias	Mehrstimmrechtsaktien im Stabilisierungs- und Restrukturierungsrahmen, AG 2024, S. 426–434.
Kuntz, Thilo	Geltung und Reichweite der Business Judgement Rule in der GmbH, GmbHR 2008, S. 121–128.
Kuntz, Thilo	§§ 2, 3 StaRUG-E: Gesetzlich verordnete *bad corporate governance*, ZIP 2020, S. 2423.
Kuntz, Thilo	Geschäftsleiterhaftung bei drohender Zahlungsunfähigkeit nach StaRUG, ZIP 2021, S. 597–611.
Kuss, Ehrenfried	Rechtliche Aspekte der Sanierung für die Unternehmensleitung und den Sanierungsberater, WPg 2009, S. 326–339.
Lange, Christian/ Swierczok, Artur M.	Neues aus Brüssel: Der finale Text der Restrukturierungsrichtlinie lässt grüßen!, BB 2019, S. 514–520.
Langenbucher, Katja	Aktien- und Kapitalmarktrecht: ein Studienbuch, 5. Auflage, München 2022 (zit.: *Langenbucher*, Aktien- und Kapitalmarktrecht).
Langenbucher, Katja/ Bliesener, Dirk H./ Spindler, Gerald (Hrsg.)	Bankrechts-Kommentar, 3. Auflage, München 2020 (zit.: *Bearbeiter*, in: LBS, Bankrechts-Kommentar).

Leinekugel, Rolf — Anmerkung zu OLG München, Urt. v. 21.3.2013 – 23 U 3344/12, GmbHR 2013, S. 594–596.

Leinekugel, Rolf/ Skauradszun, Dominik — Geschäftsführerhaftung bei eigenmächtig gestelltem Insolvenzantrag wegen bloß drohender Zahlungsunfähigkeit – Das Spannungsfeld zwischen Sanierungspflicht und Insolvenzantragspflicht, GmbHR 2011, S. 1121–1128.

Leschke, Julian — Regulierung von Geschäftsleiteropportunismus zulasten der Gläubiger in der Krise – Ökonomische und rechtsvergleichende Einsichten vor dem Hintergrund des StaRUG, Baden-Baden 2025.

Leuering, Dieter/ Rubner, Daniel — Überwachung des GmbH-Geschäftsführers durch die Gesellschafter, NJW-Spezial 2024, S. 15–16.

Lieder, Jan — Trennung und Abstraktion im Recht der Stellvertretung, JuS 2014, S. 393–397.

Lieder, Jan — Missbrauch der Vertretungsmacht und Kollusion, JuS 2014, S. 681–686.

Lieder, Jan — Kapitalmaßnahmen im Restrukturierungsplan nach dem StaRUG, in: Prozess als Wirklichkeit des Rechts, Festschrift für Stefan Smid zum 65. Geburtstag, herausgegeben von Klaus Pannen, Susanne Riedemann, Mark Zeuner, S. 534–560.

Lieder, Jan/ Wernert, Lukas — Der Teilgewinnabführungsvertrag im Recht der GmbH, NZG 2020, S. 361–369.

Liedl, Florian — Absoluter oder relativer Vorrang von Gläubigerklassen im Restrukturierungsrecht, Berlin 2022.

Linsenbarth, Martin/ Kliebisch, René — Nichts neues zur Anfechtung im Insolvenzrecht. Anwendbarkeit der Indiz- und Vermutungswirkung bei Anfechtung wegen vorsätzlicher Gläubigerbenachteiligung?, ZIP 2021, S. 512–521.

Litzenberger, Gabriel Jakob — Sanierungspflichten in der Krise von AG und GmbH, Frankfurt am Main 2014.

Lohse, Andrea — Unternehmerisches Ermessen – Zu den Aufgaben und Pflichten von Vorstand und Aufsichtsrat, Tübingen 2005.

Looft, Markus — »Shift of Fiduciary Duties« durch das StaRUG?, Baden-Baden 2024.

Lück, Wolfgang — Der Umgang mit unternehmerischen Risiken durch ein Risikomanagementsystem und durch ein Überwachungssystem – Anforderungen durch das KonTraG und Umsetzung in der betrieblichen Praxis, DB 1998, S. 1925–1930.

Lüdicke, Jochen/ Sistermann, Christian (Hrsg.) — Unternehmensteuerrecht, Gründung – Finanzierung – Umstrukturierung – Übertragung – Liquidation, 2. Auflage, München 2018 (zit.: *Bearbeiter*, in: Lüdicke/Sistermann, UnternehmensteuerR).

Lüke, Wolfgang — Eröffnung strategischer Insolvenzen und gesellschaftsrechtliche Konflikte, KTS 2019, S. 261–288.

Madaus, Stephan Schutzschirme für streitende Gesellschafter? Die Lehre aus dem Suhrkamp-Verfahren für die Auslegung des neuen Insolvenzrechts, ZIP 2014, S. 500–508.

Madaus, Stephan Zustand und Perspektiven der Eigenverwaltung in Deutschland, KTS 2015, S. 115–142.

Madaus, Stephan Restrukturierungsverfahren mit Insolvenzprinzipien und Insolvenzverfahren mit Restrukturierungsziel? Eine Betrachtung der Grundannahmen des Insolvenz- und Restrukturierungsrechts, in: Festschrift für Klaus Wimmer, herausgegeben von Angelika Wimmer-Amend, Christoph G. Paulus, Baden-Baden 2017, S. 446–474.

Madaus, Stephan Europäische Ideen für einen präventiven Restrukturierungsrahmen und Handlungsspielräume für das deutsche Recht, in: Unternehmensrestrukturierung im Umbruch?! – Europäische und internationale Herausforderungen, herausgegeben von Werner F. Ebke, Christopher Seagon, Michael Blatz, Baden-Baden 2017, S. 43–70.

Madaus, Stephan Einstieg in die ESUG-Evaluation – Für einen konstruktiven Umgang mit den europäischen Ideen für einen präventiven Restrukturierungsrahmen, NZI 2017, S. 329–334.

Madaus, Stephan Leaving the Shadows of US Bankruptcy Law: A Proposal to Divide the Realms of Insolvency and Restructuring Law, EBOR 2018, S. 615–647.

Madaus, Stephan Erkenntnisse aus der ESUG-Evaluation für die Richtlinienumsetzung: Wie passt ein präventiver Restrukturierungsrahmen in das deutsche Recht? – Zur Richtlinie (EU) 2019/1023 des Europäischen Parlaments und des Rates v. 20.6.2019, NZI-Beilage 2019, S. 59–61.

Madaus, Stephan Anmerkung zu LG Berlin, Beschl. v. 31.5.2023 – 100 O 18/23, NZI 2023, S. 928–932.

Madaus, Stephan/ Klockenbrink, Ulrich/ Meier, Nicola Rebecca Anm. zu OLG Stuttgart, Beschl. v. 21.8.2024 – 20 U 30 /24, NZI 2024, S. 832–840.

Maier, Klaus BGH IX ZR 72/20: Erste praktische Anmerkungen zur Neuausrichtung der Rechtsprechung des IX. Senats, ZInsO 2021, S. 2005–2010.

Mennicke, Petra Zum Weisungsrecht der Gesellschafter und der Folgepflicht des GF in der mitbestimmungsfreien GmbH, NZG 2000, S. 622–626.

Merkt, Hanno Compliance und Risikofrüherkennung in kleinen und mittleren Unternehmen, ZIP 2014, S. 1705–1714.

Meyer, Susanne Vorrang des Insolvenzrechts vor dem Gesellschaftsrecht? – Überlegungen zur Position des Minderheitsgesellschafters im Schutzschirmverfahren, ZInsO 2013, S. 2361–2369.

Meyer-Löwy, Bernd/ Pickerill, Carl N. — Versperrt das Gesellschaftsrecht den rechtzeitigen Weg in die Sanierung? – Eine Betrachtung zu den Auswirkungen des § 18 InsO auf den Konflikt zwischen Unternehmenserhaltungspflichten und frühzeitigen Sanierungsmaßnahmen, GmbHR 2013, S. 1065–1075.

Meyer-Pries, Lars — Die BWA als betriebswirtschaftliches Auswertungsinstrument, Stbg 2015, S. 405–418.

Michalke, Regina — Untreue – neue Vermögensbetreuungspflichten durch Compliance-Regeln, StV 2011, S. 245–251.

Michalski, Lutz/ Heidinger, Andreas/ Leible, Stefan/ Schmidt, Jessica (Hrsg.) — Kommentar zum Gesetz betreffend die Gesellschaften mit beschränkter Haftung, Band 1, §§ 1–34 GmbHG, 4. Auflage, München 2023 (zit.: *Bearbeiter*, in: MHLS, GmbHG).

Michalski, Lutz/ Heidinger, Andreas/ Leible, Stefan/ Schmidt, Jessica (Hrsg.) — Kommentar zum Gesetz betreffend die Gesellschaften mit beschränkter Haftung, Band 2, §§ 35–88 GmbHG, EGGmbHG, 4. Auflage, München 2023 (zit.: *Bearbeiter*, in: MHLS, GmbHG).

Mock, Sebastian — Anm. zu AG Hamburg, Beschl. v. 17.3.2023 – 61c RES 1/23, NZI 2023, S. 584–586.

Mock, Sebastian — Das Finanzierungsrecht der Gesellschafter und die drohende Zahlungsunfähigkeit (§ 18 InsO), ZRI 2024, S. 1026–1031.

Mock, Sebastian — (Einseitige) Bezugsrechtsgewährung in Restrukturierungsplänen – Restrukturierungsübernahmerecht ante portas?, NZG 2024, S. 769–772.

Mönning, Rolf-Dieter (Hrsg.) — Betriebsfortführung in Restrukturierung und Insolvenz, 4. Auflage, Köln 2023 (zit.: *Bearbeiter*, in: Mönning, Betriebsfortführung).

Mohamed, Jean — Eine Polithistorie zum Gläubigerinteresse in der Gesellschaft nach SanInsFoG, ZInsO 2021, 1262–1267.

Mohaupt, Jessica — Geschäftsleiterpflichten in der Unternehmenskrise – Entwicklung eines Drei-Phasen-Modells zur Berücksichtigung von Gesellschafter- und Gläubigerinteressen, Baden-Baden 2017.

Morgen, Christoph (Hrsg.) — Präventive Restrukturierung – Kommentar und Handbuch zur europäischen Richtlinie über präventive Restrukturierungsrahmen, Köln 2019 (zit.: *Bearbeiter*, in: Präventive Restrukturierung).

Morgen, Christoph (Hrsg.) — StaRUG, Kommentar zum Gesetz über den Stabilisierung- und Restrukturierungsrahmen für Unternehmen, 2. Auflage, Köln 2022 (zit.: *Bearbeiter*, in: Morgen, StaRUG).

Morgen, Christoph/ Arends, Daniel/ Schierhorn, Robin — Sanierungsmittel der Wahl – Insolvenzplan nach InsO n.F. oder Restrukturierungsplan nach StaRUG?, ZRI 2021, S. 305–313.

Mülbert, Peter O./ Wilhelm, Alexander — Tiefe Einschnitte in das Gesellschaftsrecht, in: Börsen-Zeitung Nr. 204 vom 23.10.2020, S. 10.

Müller, Hans-Friedrich Entrechtung der Gesellschafter im Insolvenzverfahren – Anmerkungen zum Fall Suhrkamp, DB 2014, S. 41–46.

Müller, Hans-Friedrich Sanierung nach der geplanten EU-Restrukturierungs-Richtlinie – Eine Analyse aus gesellschaftsrechtlicher Perspektive, ZGR 2018, S. 56–87.

Müller, Hans-Friedrich Die Umsetzung der EU-Richtlinie über präventive Restrukturierungsrahmen – Kritische Anmerkungen zum StaRUG-RegE, ZIP 2020, S. 2253–2259.

Müller, Rainer Krisenmanagement in der Unternehmung – Vorgehen, Maßnahmen und Organisation, 2. Auflage, Frankfurt am Main 1986.

Mulert, Martin/ Steiner, Jan-Mark Gesellschaftsrechtlich zulässige Regelungen im Insolvenz- und Restrukturierungsplan, NZG 2021, S. 673–683.

Musielak, Hans-Joachim/ Voit, Wolfgang (Hrsg.) Kommentar Zivilprozessordnung mit Gerichtsverfassungsgesetz, 21. Auflage, München 2024 (zit.: *Bearbeiter*, in: Musielak/ Voit, ZPO).

Nerlich, Jörg/ Römermann, Volker (Hrsg.) Kommentar zur Insolvenzordnung, Stand: Januar 2024, 49. Ergänzungslieferung, München 2024 (zit.: *Bearbeiter*, in: Nerlich/Römermann).

Nickert, Anne/ Nickert, Cornelius Früherkennungssystem zur Krisenfrüherkennung nach dem StaRUG, GmbHR 2021, S. 401–411.

Nickert, Anne/ Nickert, Cornelius Pflicht zur Krisenfrüherkennung (auch) für Insolvenzverwalter?, ZInsO 2023, S. 1797–1805.

Nickert, Cornelius Die Berechnung des Sicherheitspuffers in der insolvenzrechtlichen Prognose und bei der Beurteilung des Bestandsgefährdung, KTS 2021, S. 183–223.

Noack, Ulrich/ Servatius, Wolfgang/ Haas, Ulrich (Hrsg.) Beck'sche Kurz-Kommentare, Gesetz betreffend die Gesellschaften mit beschränkter Haftung, 23. Auflage, München 2022 (zit.: *Bearbeiter*, in: Noack/Servatius/Haas, GmbHG).

Nonnenmacher, Rolf Abschlußprüfung und wirtschaftliche Lage des Unternehmens, Festschrift für Hermann Clemm zum 70. Geburtstag, Rechnungslegung – Warum und wie, herausgegeben von Wolfgang Ballwieser, Adolf Moxter, Rolf Nonnenmacher, München 1996, S. 261–285.

Obersteiner, Ralph P. Einführung einer allgemeinen Pflicht zur Unternehmensplanung für haftungsbeschränkte Unternehmen durch das StaRUG, abrufbar unter: https://www.bdu.de/fachthemenportal/restrukturierung/einfuehrung-einer-allgemeinen-pflicht-zur-unternehmensplanung-fuer-haftungsbeschraenkte-unternehmen-durch-das-starug/ (letzter Abruf am 18.12.2024).

Oppenländer, Frank/ Trölitzsch, Thomas (Hrsg.) Praxishandbuch der GmbH-Geschäftsführung, 3. Auflage, München 2020 (zit.: *Bearbeiter*, in: Oppenländer/Trölitzsch, PraxisHdB GmbH-Geschäftsführung).

Ott, Nicolas Anwendungsbereich der Business Judgement Rule aus Sicht der Praxis – Unternehmerische Entscheidungen und Organisationsermessen des Vorstands, ZGR 2017, S. 149–173.

Pajonk, Frank-Gerald/ Poloczek, Stefan/ Schmitt, Thomas Klaus — Der psychiatrische Notfall – Abgrenzung zu Psychotraumatologie und Krise, Notfall & Rettungsmedizin 2000, S. 363–370.

Pannen, Klaus/ Riedemann, Susanne/ Smid, Stefan (Hrsg.) — StaRUG, Kommentar zum Unternehmensstabilisierungs- und -restrukturierungsgesetz, München 2021 (zit.: *Bearbeiter*, in: Pannen/Riedemann/Smid, StaRUG).

Paulus, Christoph G. — Frühwarnsysteme, NZI 2020, S. 659–662.

Paulus, Christoph G. — Anm. zu AG Dresden, Beschl. v. 9.8.2023 – 572 RES 1/23, EWiR 2023, S. 728–729.

Paulus, Christoph G./ Dammann, Reinhard (Hrsg.) — European Preventive Restructuring – Directive (EU) 2019/1023 – Article-by-Article Commentary, München 2021 (zit.: *Bearbeiter*, in: European Preventive Restructuring).

Piekenbrock, Andreas — Die Zukunft der Überschuldung als Insolvenzeröffnungsgrund und beim präventiven Restrukturierungsrahmen – Zur Richtlinie (EU) 2019/1023 des Europäischen Parlaments und des Rates v. 20.6.2019, NZI-Beilage 2019, S. 47–48.

Piekenbrock, Andreas — Die Zukunft der Überschuldung als Insolvenzeröffnungsgrund und beim präventiven Restrukturierungsrahmen, in: Ebke/ Seagon/Piekenbrock (Hrsg.), Überschuldung: Quo vadis?, S. 13–22.

Pluta, Maximilian/ Konen, Philip — Die Anzeige eines Restrukturierungsverfahrens (§ 33 StaRUG) – Voraussetzungen und typisierte Anwendungsfälle, SanB 2020, S. 149–155.

Poertzgen, Christoph — Insolvenzverschleppung in Zeiten von COVInsAG, StaRUG und SanInsFoG – Anmerkungen aus der Perspektive von Geschäftsführers und Vorständen, ZInsO 2020, S. 2509–2520.

Porsch, Johannes — Die Qualifikation der Aufsichtsratsmitglieder – Allgemeine Anforderungen im Lichte der Ausstrahlung branchenspezifischer Regelungen, Berlin 2018.

Pospiech, Lutz/ Noack, Michelle — Krisenpflichten und Haftung des Geschäftsleiters nach dem StaRUG, NJW-Spezial 2021, S. 207–208.

Pott, Christiane/ Heilmann, Melina/ Freches, Fabian — Auswirkungen des FISG auf die Corporate Governance von Unternehmen, BB 2021, S. 1835–1837.

Prinz, Ulrich/ Kahle, Holger (Hrsg.) — Beck'sches Handbuch der Personengesellschaften, 5. Auflage, München 2020 (zit.: *Bearbeiter*, in: Prinz/Kahle, Beck'sches HdB Personengesellschaften).

Prinz, Ulrich/ Winkeljohann, Norbert (Hrsg.) — Beck'sches Handbuch der GmbH, Gesellschaftsrecht – Steuerrecht, 6. Auflage, München 2021 (zit.: *Bearbeiter*, in: Beck'sches HdB GmbH).

Proske, Stefan/ Streit, Georg — Rettende Restrukturierung durch Rechtsrahmen? Lob und Kritik zum Regierungsentwurf des StaRUG, NZI 2020, S. 969–975.

Punte, Jan-Henric M./ Klemens, Pelle — Kompetenzstreit in der GmbH – wer ist zuständig, wenn Gesellschaftsvertrag und Gesetz schweigen?, NZG 2021, S. 594–598.

Rauscher, Thomas/ Krüger, Wolfgang (Hrsg.) Münchener Kommentar zur Zivilprozessordnung, Band 1, §§ 1–354 ZPO, 6. Auflage, München 2020 (zit.: *Bearbeiter*, in: MüKo, ZPO).

Rauhut, Tilman Die Gesellschafter unter dem StaRUG, NZI-Beilage 2021, S. 52–54.

Reifeld, Robert Aktuelle Fragen zur Krisenfrüherkennung nach § 1 StaRUG, NZI-Beilage 2023, S. 12–15.

Rendels, Dietmar/ Zabel, Karsten/ Körner, Sandra Nur drohend zahlungsunfähig oder überschuldet? – Anforderungen an die Fortbestehensprognose nach SanInsFoG?, ZRI 2021, S. 653–667.

Rennar, Thomas Spezifische Frühwarnsysteme vorinsolvenzlicher Sanierung – Hinweis- und Warnpflichten nach dem StaRUG in- und außerhalb der Corona-Krise, NWB-BB 2021, S. 309–311.

Reul, Adolf/ Heckschen, Heribert/ Wienberg, Rüdiger (Hrsg.) Insolvenzrecht in der Gestaltungspraxis – Immobilien-, Gesellschafts-, Erb- und Familienrecht, 3. Auflage, München 2022 (zit.: *Bearbeiter*, in: InsolvenzR in der Gestaltungspraxis).

Reuter, Alexander »Krisenrecht« im Vorfeld der Insolvenz – das Beispiel der börsennotierten AG, BB 2003, S. 1797–1804.

Ristelhuber, Johannes Gläubigerinteresse versus Gesellschafterweisung – Das Weisungsrecht der Gesellschafter nach § 37 I GmbHG im Lichte der Regelungen des StaRUG, NZI 2021, S. 417–420.

Robert, Katharina Die Verantwortungsübernahme des Geschäftsführers für das Insolvenzrisiko der Gläubiger durch Inanspruchnahme im Regelinsolvenzverfahren, ZRI 2022, S. 669–677.

Römermann, Volker (Hrsg.) Münchener Anwaltshandbuch GmbH-Recht, 5. Auflage, München 2023 (zit.: *Bearbeiter*, in: MAH GmbH-Recht).

Rönnau, Thomas Untreue zu Lasten juristischer Personen und Einwilligungskompetenz der Gesellschafter, in: Grundlagen des Straf- und Strafverfahrensrechts, Festschrift für Knut Amelung zum 70. Geburtstag, herausgegeben von Martin Böse, Detlev Sternberg-Lieben, Berlin 2009, S. 247–268.

Rokas, Alexandros N. Art. 19 of the Restructuring Directive and its implementation in German and Greek Law, in: Verbindungslinien im Recht, Festschrift für Christoph G. Paulus zum 70. Geburtstag, herausgegeben von Katharina de la Durantaye, David Paulus, Ignacio Tirado, Jay Westbrook, Wolfgang Zenker, München 2022, S. 619–628.

Roßkothen, Carolin Die Haftung des GmbH-Geschäftsführers im Spannungsfeld zwischen Sanierungspflicht und Insolvenzantragspflicht, Münster 2015.

Roth, Myriam/ Hagmann-Steinbach, Christiane Geschäftsmodellinnovation zu Krisenbewältigung nach § 1 StaRUG – Einsatz von Geschäftsmodellanalysen im Rahmen der Krisenfrüherkennung, KSI 2022, S. 253–260.

Rowedder, Heinz/ Pentz, Andreas (Hrsg.) Gesetz betreffend die Gesellschaften mit beschränkter Haftung, Kommentar, 7. Auflage, München 2022 (zit.: *Bearbeiter*, in: Rowedder/Pentz, GmbHG).

Rüppell, Philipp — Anmerkung zu BGH, Urt. v. 6.5.2021 – IX ZR 72/20, DB 2021, S. 2141–2142.

Säcker, Franz Jürgen — Gesellschaftsrechtliche Grenzen spekulativer Finanztermingeschäfte – Überlegungen aus Anlass der Garantieerklärung der Bundesregierung für die Hypo Real Estate-Group, NJW 2008, S. 3313–3317.

Säcker, Franz Jürgen/ Rixecker, Roland/ Oetker, Hartmut/ Limperg, Bettina (Hrsg.) — Münchener Kommentar zum Bürgerlichen Gesetzbuch, Band 1, Allgemeiner Teil, §§ 1–240, 9. Auflage, München 2021 (zit.: *Bearbeiter*, in: MüKo, BGB).

Säcker, Franz Jürgen/ Rixecker, Roland/ Oetker, Hartmut/ Limperg, Bettina (Hrsg.) — Münchener Kommentar zum Bürgerlichen Gesetzbuch, Band 2, Schuldrecht – Allgemeiner Teil I, §§ 241–310, 9. Auflage, München 2022 (zit.: *Bearbeiter*, in: MüKo, BGB).

Säcker, Franz Jürgen/ Rixecker, Roland/ Oetker, Hartmut/ Limperg, Bettina (Hrsg.) — Münchener Kommentar zum Bürgerlichen Gesetzbuch, Band 3, Schuldrecht – Allgemeiner Teil II, §§ 311–432, 9. Auflage, München 2022 (zit.: *Bearbeiter*, in: MüKo, BGB).

Säcker, Franz Jürgen/ Rixecker, Roland/ Oetker, Hartmut/ Limperg, Bettina (Hrsg.) — Münchener Kommentar zum Bürgerlichen Gesetzbuch, Band 7, Schuldrecht – Besonderer Teil IV, §§ 705–853, Partnerschaftsgesellschaftsgesetz, Produkthaftungsgesetz, 9. Auflage, München 2021 (zit.: *Bearbeiter*, in: MüKo, BGB).

Sämisch, Henning — Früherkennung – der Schlüssel zur effektiven Krisenbewältigung, ZInsO 2021, S. 169–175.

Saenger, Ingo (Hrsg.) — Zivilprozessordnung – Familienverfahren, Gerichtsverfassung, Europäisches Verfahrensrecht, 10. Auflage, Baden-Baden 2023 (zit.: *Bearbeiter*, in: Saenger, ZPO).

Saenger, Ingo/ Al-Wraikat, Nadja — Insolvenzrecht versus Gesellschaftsrecht: Wer darf bei der GmbH wann den Schutzschirm eröffnen, NZG 2013, S. 1201–1206.

Sander, Volker — Die Pflichten des GmbH-Geschäftsführers in Krise und Insolvenz nach dem SanInsFoG, ZHR 2024, S. 8–59.

Sax, Stefan/ Swierczok, Artur M. — Das englische Scheme of Arrangement – ein taugliches Sanierungsinstrument für deutsche Unternehmen!, ZIP 2016, S. 1945–1951.

Schädlich, Jörg — Die objektiven und subjektiven Voraussetzungen der Insolvenzantragspflicht (§ 15a Abs. 1 InsO) – Die Manifestation der Insolvenzreife als Voraussetzung eines eingeschränkt-objektiven Sorgfaltspflichtmaßstabes bei der fahrlässigen Insolvenzantragspflichtverletzung, Hamburg 2012.

Schäfer, Carsten — Einbeziehung der Gesellschafter in ein vorinsolvenzliches Restrukturierungsverfahren – Empfehlungen zur Umsetzung der EU-Restrukturierungsrichtlinie (RR), ZIP 2019, S. 1645–1649.

Schäfer, Carsten — Einbeziehung der Gesellschafter in ein vorinsolvenzliches Restrukturierungsverfahren? – Empfehlungen zur Umsetzung der EU-Restrukturierungsrichtlinie, Festschrift zu Ehren von Godehard Kayser, herausgegeben von Reinhard Bork, Dietmar Grupp, Bruno M. Kübler, Köln 2019, S. 853–874.

Schäfer, Carsten — Zur Einbeziehung der Gesellschafter in ein vorinsolvenzliches Restrukturierungsverfahren nach dem Regierungsentwurf eines »StaRUG«, ZIP 2020, S. 2164–2168.

Schäfer, Carsten — Geschäftsleiterpflichten in der Krise: kein »shift of duties« aufgrund des StaRUG!, Festschrift für Markus Gehrlein zum 65. Geburtstag, herausgegeben von Georg Bitter, Hans Haarmeyer, Gerhard Pape, Köln 2022, S. 491–509.

Schäfer, Carsten — Keine exklusive Geschäftsleiter-Kompetenz zur Einleitung eines StaRUG-Verfahrens – Zugleich Besprechung OLG Stuttgart v. 21.8.2024 – 20 U 3024, ZRI 2024, 802, ZRI 2024, S. 881–887.

Schaefer, Hans/ Baumann, Diethelm — Compliance-Organisation und Sanktionen bei Verstößen, NJW 2011, S. 3601–3605.

Schäffler, Frank/ Stopper, Martin — Sport in der Krise: Pflichten für Geschäftsleiter und das neue außergerichtliche Restrukturierungsverfahren, SpuRt 2021, S. 134–140.

Schall, Alexander — Kapitalgesellschaftsrechtlicher Gläubigerschutz – Grund und Grenzen der Haftungsbeschränkung nach Kapitaldebatte, MoMiG und Trihotel, München 2009.

Scharpf, Paul — Die Sorgfaltspflichten des Geschäftsführers einer GmbH – Pflicht zur Einrichtung eines Risikomanagement- und Überwachungssystems aufgrund der geplanten Änderung des AktG auch für den GmbH-Geschäftsführer, DB 1997, S. 737–743.

Scheffler, Eberhard — Update zur Stärkung der Integrität der Rechnungslegung: RegE des Finanzmarktintegritätsgesetzes, AG 2021, R42–R43.

Scherer, Josef — Good Governance und ganzheitliches strategisches und operatives Management: Die Anreicherung des »unternehmerischen Bauchgefühls« mit Risiko-, Chancen- und Compliancemanagement, CCZ 2021, S. 201–211.

Schilha, Ralph/ Gaßner, Timm — Neue Corporate-Governence-Regeln für Vorstand und Aufsichtsrat durch das FISG, DB 2021, S. 1661–1663.

Schilken, Eberhard — Aktuelle Fragen zum Missbrauch der Vertretungsmacht, in: Prozessrecht, Zwangsvollstreckungsrecht, Insolvenzrecht, Festschrift für Ekkehard Becker-Eberhard zum 75. Geburtstag, hrsg. v. Christian Berger, Burkhard Boemke, Hans Friedhelm Gaul, Lutz Haertlein, Bettina Heiderhoff, Eberhard Schilken, München 2022, S. 501–516.

Schlöder, Christopher — Der *shift of fiduciary duties* in Großbritannien – Blaupause für das deutsche Recht oder systemfremde Globalpflicht?, ZIP 2023, S. 176–184.

Schlöder, Christopher — Shift of Fiduciary Duties, Tübingen 2024.

Schluck-Amend, Alexandra/ Faude, Georg — Pflicht zur Krisenfrüherkennung und zum Krisenmanagement nach § 1 StaRUG v. 22.2.2024, abrufbar unter: https://www.cmshs-bloggt.de/rechtsthemen/unternehmensrestrukturierung-nach-dem-starug/starug-saninfsfog-krisenfruherkennung-krisenmanagement/ (letzter Abruf am: 18.12.2024).

Schluck-Amend, Alexandra/ Walker, Thilo — Neue Haftungsrisiken für GmbH-Geschäftsführer durch Pflicht zur Erstellung eines Insolvenzplans?, GmbHR 2011, S. 375–381.

Schmidt, Andreas (Hrsg.) — Hamburger Kommentar zum Insolvenzrecht, 9. Auflage, Köln 2022 (zit.: *Bearbeiter*, in: HambKomm, InsO).

Schmidt, Andreas (Hrsg.) — Hamburger Kommentar zum Restrukturierungsrecht, 3. Auflage, Köln 2022 (zit.: *Bearbeiter*, in: HambKomm, StaRUG).

Schmidt, Frauke — Die Ausstrahlung aufsichtsrechtlicher Corporate Governance auf das Aktienrecht – Überlagerung in der Bankaktiengesellschaft, Entstehungsgeschichte und Perspektiven für die börsennotierte Aktiengesellschaft, Köln 2017.

Schmidt, Jessica — Gesellschaftsrecht: RestruktRL: StaRUG-Regierungsentwurf zur Umsetzung in Deutschland, EuZW 2020, S. 955.

Schmidt, Karsten — Konkursgründe und präventiver Gläubigerschutz – Ein Beitrag zur Diskussion um den Konkursgrund der Überschuldung, AG 1978, S. 334–340.

Schmidt, Karsten — Vom Konkursrecht der Gesellschaften zum Insolvenzrecht der Unternehmen, ZIP 1980, S. 233–238.

Schmidt, Karsten — Möglichkeiten der Sanierung von Unternehmen durch Maßnahmen im Unternehmens-, Arbeits-, Sozial- und Insolvenzrecht – Unternehmens- und insolvenzrechtlicher Teil, Gutachten D für den 54. Deutschen Juristentag, in: Verhandlungen des 54. Deutschen Juristentages, Band I, Gutachten, München 1982.

Schmidt, Karsten — Sinnwandel und Funktion des Überschuldungstatbestandes – Rechtspolitische Perspektiven der Verfahrenseröffnung im Insolvenzrecht, JZ 1982, S. 165–174.

Schmidt, Karsten — Konkursverschleppungshaftung und Konkursverursachungshaftung – Überlegungen zum Haftungsrecht der GmbH und der GmbH & Co., ZIP 1988, S. 1497–1507.

Schmidt, Karsten — Wege zum Insolvenzrecht der Unternehmen – Befunde, Kritik, Perspektiven, Köln 1990.

Schmidt, Karsten (Hrsg.) — Kommentar zur Insolvenzordnung, 20. Auflage, München 2023 (zit.: *Bearbeiter*, in: K. Schmidt, InsO).

Schmidt, Karsten/ Uhlenbruck, Wilhelm (Hrsg.) — Die GmbH in Krise, Restrukturierung und Insolvenz, 6. Auflage, Köln 2023 (zit.: *Bearbeiter*, in: K. Schmidt/Uhlenbruck, GmbH in Krise, Restrukturierung und Insolvenz).

Schmidt, Karsten/ Bayer, Walter/ Vetter, Jochen (Hrsg.) — Aktiengesetz Kommentar, I. Band, §§ 1–132, 5. Auflage, Köln 2024 (zit.: *Bearbeiter*, in: K. Schmidt/Lutter, AktG).

Schmidt, Nikolaus M. — Die Vorsatzanfechtung kommt nicht zur Ruhe – zugleich eine Besprechung des Urteils des BGH vom 6.5.2021 – IX ZR 72/20 (ZInsO 2021, 1627), ZInsO 2021, S. 1714–1716.

Schmidt, Thorben — Risikomanagement nach § 1 StaRUG als unüberwindliche Hürde – Eine Handreichung für die praktische Anwendung des § 1 Abs. 1 S. 1 StaRUG, NWB Sanieren 2022, S. 68–73.

Schmittmann, Jens	Haftung von Organen in Krise, Restrukturierung und Insolvenz, 4. Auflage, Köln 2022.
Schneider, Birgit	Weitere Konturierung der BGH-Rechtsprechung zur Vorsatzanfechtung – Zugleich Anmerkung zu den BGH-Urteilen vom 10.02.2022 – IX ZR 148/19, vom 24.02.2022 – IX ZR 150/20, vom 03.03.2022 – IX ZR 78/20 und IX ZR 53/19, DB 2022, S. 1051–1058.
Schneider, Steffen/ Linkert, Florian/ von Buchwaldt, Justus (Hrsg.)	Handbuch zum neuen Sanierungsrecht – Sanierung in der Bank- und Unternehmenspraxis seit Inkrafttreten des StaRUG, Heidelberg 2021 (zit.: *Bearbeiter*, in: HdB SanierungsR).
Schönfelder, Matthias	Die Bedeutung der Fortführungsprognose für das StaRUG-Verfahren – auf tosenden Wellen zwischen Skylla und Charybdis?, NZI 2022, S. 49–54.
Scholz, Franz (Hrsg.)	Kommentar zum GmbHG, Band II, §§ 35–52, 13. Auflage, Köln 2024 (zit.: *Bearbeiter*, in: Scholz, GmbHG).
Scholz, Franz (Hrsg.)	Kommentar zum GmbHG, Band III, §§ 53–88, 13. Auflage, Köln 2025 (zit.: *Bearbeiter*, in: Scholz, GmbHG).
Scholz, Philipp	Die Krisenpflichten von Geschäftsleitern nach Inkrafttreten des StaRUG, ZIP 2021, S. 219–231.
Schülke, Thilo	IDW-Standards und Unternehmensrecht – Zur Geltung und Wirkung privat gesetzter Regeln, Berlin 2014.
Schülke, Thilo	Überwindung der Krise: Die Restrukturierung mit dem neuen StaRUG – ein Überblick, DStR 2021, S. 621–626.
Schüppen, Matthias	Transaction-Boni für Vorstandsmitglieder der Zielgesellschaft: Business Judgement oder strafbare Untreue?, in: Strafrecht und Wirtschaftsstrafrecht – Dogmatik, Rechtsvergleich, Rechtstatsachen, Festschrift für Klaus Tiedemann zum 70. Geburtstag, Köln 2008, S. 749–766.
Schulz, Benedikt	Sanierungsgeschäftsführung in Krise und Eigenverwaltung – Kompetenzen und Haftung der GmbH-Geschäftsführung nach dem ESUG, Baden-Baden 2017.
Schulze-Osterloh, Joachim	Fortführungsprinzip und Stichtagsprinzip, DStR 2007, S. 1006–1010.
Schulte, Reinhard/ Wagenknecht, Maximilian	Risikomanagement bei Startups, ZfKE 2022, S. 243–252.
Schultz, Volker	Die Neuausrichtung der Rechtsprechung zur Vorsatzanfechtung – eine Zwischenbilanz, ZInsO 2022, S. 1434–1445.
Schulz, Dietmar	Haftungs- und Pflichtenregime für Geschäftsleiter in der Krise – Was bringt das SanInsFoG?, NZI 2020, S. 1073–1080.
Schweiger, Martin	Aktive Krisenpflichten im Recht der GmbH – Plädoyer für eine Erstreckung der Insolvenzantragspflicht auf die Gesellschafter der GmbH, Baden-Baden 2012.
Schwintowski, Hans-Peter	Das neue Frühwarnsystem nach § 1 StaRUG – Konzept – Funktionen – Zugang – Haftung, NZG 2021, S. 901–909.

Seagon, Christopher Ein Blick aus der Praxis auf die aktuelle Diskussion über die Abschaffung des Überschuldungstatbestandes, in: Ebke/Seagon/Piekenbrock, Überschuldung: Quo vadis?, S. 9–12.

Seibert, Ulrich Die Entstehung des § 91 Abs. 2 AktG im KonTraG – »Risikomanagement« oder »Frühwarnsystem«?, Festschrift für Gerold Bezzenberger zum 70. Geburtstag am 13. März 2000, herausgegeben von Harm Peter Westermann, Klaus Mock, Berlin 2000, S. 427–438.

Seibt, Christoph H. Krisenmanagement: Rechtsrahmen für Geschäftsleiterhandeln, BB 2019, S. 2563–2572.

Seibt, Christoph H./Bulgrin, Gerrit M. Strategische Insolvenz: Insolvenzplanverfahren als Gestaltungsinstrument zur Überwindung bestandsgefährdender Umstände, ZIP 2017, S. 353–362.

Seibt, Christoph H./Bulgrin, Gerrit M. Entwurf zum Unternehmensstabilisierungs- und Restrukturierungsgesetz (StaRUG) – Kritische Analyse aus gesellschaftsrechtlicher Sicht, DB 2020, S. 2226–2238.

Seibt, Christoph H./Harf, Alexandra StaRUG-Verfahrenseingang: Gesellschafterbeschluss und Treuepflichten – Zugleich Besprechung zu OLG Stuttgart, Beschl. v. 21.8.2024 – 20 U 30/24, ZIP 2024, 2218, ZIP 2024, S. 2309–2317.

Seibt, Christoph H./v. Treuenfeld, Antonia Gesellschafts- und kapitalmarktrechtliche Aspekte der EU-Restrukturierungsrichtlinie, DB 2019, S. 1190–1199.

Seibt, Christoph H./Westpfahl, Lars StaRUG Kommentar, Köln 2023 (zit.: *Bearbeiter*, in: Seibt/Westpfahl, StaRUG).

Sikora, Karl Krisenfrüherkennung und Krisenmanagement in der Praxis – Geschäftsleiterpflichten bei haftungsbeschränkten Unternehmen nach dem StaRUG, BBK 2023, S. 502–513.

Singer, Jan Vorinsolvenzlicher Restrukturierungsrahmen für Deutschland unter dem Einfluss der EU-Restrukturierungsrichtlinie – Das StaRUG und ein Alternativkonzept für einen echten Präventivrahmen, Baden-Baden 2022.

Skauradszun, Dominik Anteilsinhaberrechte im präventiven Restrukturierungsrahmen, NZG 2019, S. 761–765.

Skauradszun, Dominik Ein Umsetzungskonzept für den präventiven Restrukturierungsrahmen, KTS 2019, S. 161–192.

Skauradszun, Dominik Grundfragen zum StaRUG – Ziele, Rechtsnatur, Rechtfertigung, Schutzinstrumente, KTS 2021, S. 1–74.

Skauradszun, Dominik Die Vergleichsrechnung nach § 220 Abs. 2 InsO n.F., ZIP 2021, S. 1091–1095.

Skauradszun, Dominik/Amort, Matthias Krisenfrüherkennung und -management, Organkompetenzen und die Frage nach der Restrukturierungsverschleppungshaftung, DB 2021, S. 1317–1327.

Skauradszun, Dominik/Fridgen, Alexander (Hrsg.) BeckOK StaRUG, 14. Edition, Stand: 1.10.2024 (zit.: *Bearbeiter*, in: BeckOK, StaRUG).

Skauradszun, Dominik/ Harnack, Alana Julia — Restrukturierungswidrige Beschlüsse, ZGR 2023, S. 71–107.

Skauradszun, Dominik/ Harnack, Alana Julia — Prüfungsumfang des Restrukturierungsgerichts bei Anzeigen und Aufhebungen nach §§ 31, 33 StaRUG – Besprechung von AG Hamburg, Beschluss vom 17.3.2023 – 61c RES 1/23, DZWIR 2023, 545 sowie LG Hamburg, Beschluss vom 20.4.2023 – 304 T 15/23, DZWIR 2023, 544, DZWIR 2023, S. 511–521.

Smid, Stefan — Innen- und Außenhaftung des Geschäftsleiters bei Inanspruchnahme des Restrukturierungsrahmens durch die schuldnerische Gesellschaft nach § 43 StaRUG, ZInsO 2021, S. 117–124.

Spahlinger, Andreas — Die Rolle der Gesellschafter im Restrukturierungsverfahren – Gestaltungsspielräume des deutschen Gesetzgebers, Einflussmöglichkeiten, Chancen und Risiken für die Gesellschafter, NZI-Beilage 2019, S. 69–71.

Spiekermann, Olaf — Rechtliche Varianten der Unternehmenssanierung – Alternativen, Chance, Risiken, NJW 2022, S. 1775–1780.

Spliedt, Jürgen D. — Herrschaft und Haftung in der eigenverwaltenden GmbH, in: Festschrift für Heinz Vallender zum 65. Geburtstag, herausgegeben von Marie Luise Graf-Schlicker, Hanns Prütting und Wilhelm Uhlenbruck, Köln 2015, S. 613–637.

Ständige Deputation des Deutschen Juristentages (Hrsg.) — Verhandlungen des sechsundsechzigsten Deutschen Juristentages, Band II/2, Sitzungsberichte – Diskussion und Beschlussfassung, München 2006 (zit: *DJT*, Beschlüsse der Abteilung Wirtschaftsrecht des 66. DJT).

Ständige Deputation des Deutschen Juristentages (Hrsg.) — Verhandlungen des 70. Deutschen Juristentages, Band II/1, Sitzungsberichte – Referate und Beschlüsse, München 2015 (zit.: DJT, Beschlüsse der Abteilung Wirtschaftsrecht des 70. DJT).

Ständige Deputation des Deutschen Restrukturierungs- und Insolvenzgerichtstags (DRIT) — Bericht des Ausschusses »Drei Jahre StaRUG – Ladenhüter oder Shooting Star oder fehlt da noch was?« vom 22.8.2024, abrufbar unter https://insolvenzgerichtstag.de/wp-content/uploads/2024/09/DRIT-Abschlusspapier-StaRUG-final.pdf (letzter Abruf am: 18.12.2024).

Stahlschmidt, Jasper — Die Möglichkeiten des neuen Sanierungsrechts anhand eines Fallbeispiels, ZInsO 2021, S. 205–210.

Staudinger, Julius von (Begr.) — J. von Staudingers Kommentar zum Bürgerlichen Gesetzbuch mit Einführungsgesetz und Nebengesetzen, Buch 1: Allgemeiner Teil, §§ 164–240 (Stellvertretung, Zustimmung, Fristen, Verjährung, Selbsthilfe, Sicherheitsleistung), Berlin 2019 (zit.: *Bearbeiter*, in: Staudinger, BGB).

Stefan, Angelina — Unternehmensstresstest im Rahmen der Richtlinie über präventive Restrukturierungsrahmen, über Entschuldung und über Tätigkeitsverbote sowie über Maßnahmen zur Steigerung der Effizienz von Restrukturierungs-, Insolvenz- und Entschuldungsverfahren, ZInsO 2020, S. 933–940.

Steffan, Bernhard	Sicherung des Unternehmensbestands als erste Stufe der Sanierung, WPg 2009, S. 273–282.
Steffan, Bernhard/ Poppe, Janina/ Roller, Jonathan	StaRUG: Wie die Risikofrüherkennung und Liquiditätsplanung bei KMUs gestaltet werden kann, INDat-Report 2022, S. 46–55.
Steffan, Bernhard/ Poppe, Janina/ Roller, Jonathan	Die Unternehmensplanung im Spannungsfeld von Krisenfrüherkennung und Krisenmanagement nach § 1 StaRUG – Integrierte Planung als elementarer Bestandteil eines Krisenmanagementsystems, KSI 2022, S. 53–79.
Stilz, Eberhard/ Veil, Rüdiger (Hrsg.)	beck-online.GROSSKOMMENTAR, Aktiengesetz, Stand: 1.2.2024, München 2024 (zit.: *Bearbeiter*, in: BeckOGK, AktG).
Streit, Georg/ Kuthe, Thorsten/ Büssemaker, Arnold	Anm. zu AG Nürnberg, Beschl. v. 21.6.2023 – RES 397/23, AG 2023, S. R228-R230.
Stürner, Rolf/ Eidenmüller, Horst/ Schoppmeyer, Heinrich	Münchener Kommentar zur Insolvenzordnung, Band 1, 4. Auflage, München 2019 (zit.: *Bearbeiter*, in: MüKo, InsO).
Stürner, Rolf/ Eidenmüller, Horst/ Schoppmeyer, Heinrich (Hrsg.)	Münchener Kommentar zur Insolvenzordnung, Band 2, 4. Auflage, München 2019 (zit.: *Bearbeiter*, in: MüKo, InsO).
Stürner, Rolf/ Eidenmüller, Horst/ Schoppmeyer, Heinrich/ Madaus, Stephan (Hrsg.)	Münchener Kommentar StaRUG, München 2023 (zit.: *Bearbeiter*, in: MüKo, StaRUG).
Taube, Carl-Tessen	Die Anwendung der Business Judgement Rule auf den GmbH-Geschäftsführer, Berlin 2018.
Team U – Restart gGmbH	Die Lotsen aus der Krise, abrufbar unter: https://www.team-u.de (letzter Abruf am: 18.12.2024).
Team U – Restart gGmbH	FAQ, abrufbar unter: https://www.team-u.de/faq/ (letzter Abruf am: 18.12.2024).
Team U – Restart gGmbH	Krisenhilfe, abrufbar unter: https://www.team-u.de/krisenhilfe/ (letzter Abruf am: 18.12.2024).
Teerling, Jan/ Harnack, Klaus	Psychologische Aspekte der Krise – Mediationsanaloge Aushandlung bei StaRUG-Restrukturierung und Insolvenz, ZRI 2023, S. 1044–1052.
Termath, Famke	Der »shift of duties« bei wahrscheinlicher Insolvenz – Die Ausrichtung der Geschäftsleiterpflichten in GmbH und Aktiengesellschaft nach Inkrafttreten des StaRUG, Berlin 2025.
Tetzlaff, Christian	Drohende Zahlungsunfähigkeit – Geschäftsführer und Gesellschafter in der Zwickmühle? – Zu Haftungsrisiken für den Geschäftsführer bei Stellung eines Insolvenzantrages wegen drohender Zahlungsunfähigkeit, oder: Sind die Gesellschafter einem böswilligen Fremdgeschäftsführer ausgeliefert, ZInsO 2008, S. 137–143.

Thaten, Marlen — Die Ausstrahlung des Aufsichts- auf das Aktienrecht am Beispiel der Corporate Governance von Banken und Versicherungen – Zugleich ein Beitrag zur Koordination von Privat- und Öffentlichen Recht, Berlin 2016.

Thiele, Frank — Antrag auf Insolvenz in Eigenverwaltung der GmbH-Geschäftsführung und die Pflicht zur Einführung von Krisenüberwachungssystemen, ZInsO 2014, S. 1882–1893.

Thole, Christoph — Treuepflicht-Torpedo? Die gesellschaftsrechtliche Treuepflicht im Insolvenzverfahren – Zugleich Besprechung LG Frankfurt/M v. 10.9.2013 – 3-09 O 96/13, ZIP 2013, 1831 – Suhrkamp, ZIP 2013, S. 1937–1946.

Thole, Christoph — Der Richtlinienvorschlag zum präventiven Restrukturierungsrahmen, ZIP 2017, S. 101–112.

Thole, Christoph — Lehren aus der ESUG-Evaluation für die Umsetzung der Restrukturierungsrichtlinie – Zur Richtlinie (EU) 2019/1023 des Europäischen Parlaments und des Rates v. 20.6.2019, NZI-Beilage 2019, S. 61–65.

Thole, Christoph — Der Entwurf des Unternehmensstabilisierung- und restrukturierungsgesetzes (StaRUG-RefE), ZIP 2020, S. 1985–2000.

Thole, Christoph — Ausschuss für Recht und Verbraucherschutz, 19. Wahlperiode, Protokoll-Nr. 19/114 v. 25.11.2020, S. 14–15.

Thole, Christoph — Gesellschaftsrechtliche Maßnahmen in der Insolvenz, 3. Auflage, Köln 2020.

Thole, Christoph — Die Geschäftsleiterhaftung im StaRUG und nach § 15b InsO n.F., BB 2021, S. 1347–1354.

Thole, Christoph — Die »neue Ausrichtung« der Vorsatzanfechtung durch den BGH – Zugleich Besprechung BGH v. 6.5.2021 – IX ZR 72/20, ZRI 2021, 645, ZRI 2021, S. 609–615.

Thole, Christoph — Neuerungen des IDW S 11 bei der Beurteilung von Insolvenzeröffnungsgründen, GmbHR 2022, S. R52–R53.

Thole, Christoph — Ausgewählte Fragen aus drei Jahren StaRUG, ZRI 2024, S. 1006–1012.

Thole, Christoph — Anm. zu UK Supreme Court vom 5. Oktober 2022 (»Sequana«), ZEuP 2023, 710–723.

Thyssenkrupp AG — Erklärung zur Unternehmensführung, abrufbar unter: https://ucpcdn.thyssenkrupp.com/_binary/UCPthyssenkruppAG/de/unternehmen/management/corporate-governance/erklaerung-zur-unternehmensfuehrung.html/link-link-Erkl-rung-zur-Unternehmensf-hrung-2019_2020.pdf (letzter Abruf am: 18.12.2024).

Tilgner, Britta — Restrukturierung und Grundrechte, Hamburg 2021.

Tilgner, Britta — Grundrechtliche Fallstricke im StaRUG, NZI 2022, S. 761–765.

Timmermann, Alice/Ulrich, Patrick — Risikomanagement in Familienunternehmen – ein Überblick über bestehende rechtliche Anforderungen und deren organisatorische Implikation, DB 2024, S. 1289–1294.

Tresselt, Matthias/ Glöckler, Joachim — Gesellschafterrechte und Geschäftsführerpflichten – Kollision von Restrukturierungs- und Gesellschaftsrecht im präventiven Restrukturierungsrahmen (Teil 1), NWB Sanieren 2021, S. 80–87.

Tresselt, Matthias/ Glöckler, Joachim — Gesellschafterrechte und Geschäftsführerpflichten – Kollision von Restrukturierungs- und Gesellschaftsrecht im präventiven Restrukturierungsrahmen (Teil 2), NWB Sanieren 2021, S. 109–114.

Tresselt, Matthias/ Müller, Matthias J. — Die »Insolvency Judgement Rule« bei Stellung der Sanierungsanträge – Geschäftsführerpflichten und Gesellschafterrechte bei Beantragung der vorläufigen Eigenverwaltung und des »Schutzschirms«, KSzW 2015, S. 198–206.

Tresselt, Matthias/ Wernicke, Martin — Reichweite des Restrukturierungsplans – Möglichkeiten, Voraussetzungen und Grenzen der Gestaltung von Gesellschafterrechten durch den Restrukturierungsplan, NWB Sanieren 2024, S. 180–186.

Trips, Marco — Risikomanagement in der öffentlichen Verwaltung– Zur Möglichkeit der Einführung eines Risikomanagementsystems im öffentlichen Sektor, NVwZ 2003, S. 804–811.

Ulmer, Peter — Aktienrecht im Wandel – Entwicklungslinien und Diskussionsschwerpunkte, AcP 2002, S. 143–178.

Ulmer, Peter/ Habersack, Mathias/ Winter, Martin (Hrsg.) — Großkommentar zum GmbHG, Band II §§ 29–52, 1. Auflage, Tübingen 2006 (zit.: *Bearbeiter*, in: Ulmer/Habersack/Winter, GmbHG, 1. Aufl. 2006).

Urlaub, Jasmin — Fünf Praxisfälle für ein Restrukturierungsverfahren nach dem StaRUG, ZRI 2023, S. 997–1002.

Vallender, Heinz — Gefahren für den Insolvenzstandort Deutschland, NZI 2007, S. 129–137.

Vallender, Heinz — Aufgaben und Befugnisse des Restrukturierungsgerichts nach dem Gesetz über den Stabilisierungs- und Restrukturierungsrahmen für Unternehmen (Teil 1), ZInsO 2020, S. 2579–2587.

Vanini, Ute/ Rieg, Robert — Risikomanagement: Grundlagen – Instrumente – Unternehmenspraxis, 2. Auflage, Stuttgart 2021.

VARTA AG — Aktuelle Informationen zur Sanierung der VARTA AG, abrufbar unter: https://www.varta-ag.com/de/aktuelle-anlegerinformation2024 (letzter Abruf am: 18.12.2024).

Veil, Rüdiger — Krisenbewältigung durch Gesellschaftsrecht – Verlust des halben Kapitals, Pflicht zu ordnungsgemäßer Liquidation und Unterkapitalisierung, ZGR 2006, S. 374–397.

Veil, Rüdiger/ Baumann, Cornelius — Informationsasymmetrien bei der Restrukturierung nach dem StaRUG, ZIP 2022, S. 1301–1311.

Veit, Vivien — Die Geschäftsleitung in der Unternehmenskrise – warum psychologische Aspekte häufig den Turnaround erschweren, SanB 2022, S. 5–7.

Vorwerk, Volkert/ Wolf, Christian (Hrsg.) — Beck'scher Online-Kommentar ZPO, 54. Edition, Stand: 1.9.2024, München 2024 (zit.: *Bearbeiter*, in: BeckOK, ZPO).

Wachter, Thomas (Hrsg.) Kommentar zum Aktiengesetz, 4. Auflage, Köln 2022 (zit.: *Bearbeiter*, in: Wachter, AktG).

Wagner, Gerhard Grundfragen der Insolvenzverschleppungshaftung nach der GmbH-Reform, in: Festschrift für Karsten Schmidt zum 70. Geburtstag, herausgegeben von Georg Bitter, Marcus Lutter, Hans-Joachim Priester, Wolfgang Schön, Peter Ulmer, Köln 2009, S. 1665–1692.

Wanner, Timo Die GmbH in der Krise – Geschäftsführerverantwortlichkeit im Vorfeld der Insolvenz, Frankfurt am Main 2015.

Weber, Klaus (Hrsg.) Rechtswörterbuch, 33. Edition, Stand: 01.08.2024 (zit.: *Bearbeiter*, in: Rechtswörterbuch).

Wegener, Constantin Alexander Der Minderheitenschutz im Insolvenzplanverfahren – Zwischen verfassungsrechtlicher Notwendigkeit und Sanierungsgefährdung, Berlin 2020.

Wellerdt, Alexander Neue Corporate Governance Regeln für Vorstand und Aufsichtsrat – Auswirkungen des FISG, FüPoG II und LkSG sowie der Ansätze zur Sustainable Corporate Governance, ZIP 2022, S. 356–363.

Weilep, Holger Das Risikomanagementsystem als Führungssystem unter besonderer Berücksichtigung mittelständischer Unternehmen, Braunschweig 2008.

Weiß, André Torsten Insolvenzspezifische Geschäftsführerhaftung – Zahlungsverbote, Existenzvernichtung und Insolvenzverschleppung, Köln 2017.

Weitzmann, Jörn Die ESUG-Studie: Ordnungspolitische Weichenstellungsentscheidungen ante portas, BB 2019, S. 521–525.

Weitzmann, Jörn Ein Frühwarnsystem muss früh warnen, ZInsO 2019, S. 1627–1632.

Wertenbruch, Johannes Gesellschafterbeschluss für Insolvenzantrag bei drohender Zahlungsunfähigkeit, DB 2013, S. 1592–1596.

Westermann, Harm Peter Gesellschafter- und Geschäftsführerpflichten im Vorfeld der Insolvenz nach gegenwärtigem und künftigem Recht, DZWIR 2006, S. 485–494.

Westpfahl, Lars Wesentliche Elemente eines vorinsolvenzlichen Sanierungsregimes für Deutschland, ZRI 2020, S. 157–183.

Westpfahl, Lars StaRUG – Vorschläge zur Verbesserung des (allerdings bereits funktionsfähigen) Restrukturierungsrahmens, in: Verbindungslinien im Recht, Festschrift für Christoph G. Paulus zum 70. Geburtstag, herausgegeben von Katharina de la Durantaye, David Paulus, Ignacio Tirado, Jay Westbrook, Wolfgang Zenker, München 2022, S. 757–768.

Wicke, Hartmut Beck'sche Kompakt-Kommentare, Gesetz betreffend die Gesellschaften mit beschränkter Haftung, 5. Auflage, München 2024 (zit.: *Wicke*, GmbHG).

Wicke, Hartmut/ Bachmann, Gregor (Hrsg.) Münchener Handbuch des Gesellschaftsrechts, Band 3, Gesellschaft mit beschränkter Haftung, 6. Auflage, München 2023 (zit.: *Bearbeiter*, in: MHdB III).

Wiedeck, Carla/ Huber, Markus/ Kranzfelder, Katharina Geschäftsleiterhaftung nach Anzeige einer Restrukturierungssache gem. §§ 43, 57 StaRUG, DB 2021, S. 2880–2886.

Wiedemann, Herbert Gesellschafsrecht – Ein Lehrbuch des Unternehmens- und Verbandsrecht, Band I – Grundlagen, München 1980.

Wilke, Anna Katharina Restrukturierung und Insolvenz von Kommunen, Baden-Baden 2021.

Wilkens, Jochen Der präventive Restrukturierungsrahmen – Eine Bestandsaufnahme aus Sicht der Finanzgläubiger, WM 2021, S. 573–585.

Wöhe, Günter/ Döring, Ulrich/ Brösel, Gerrit Einführung in die Allgemeine Betriebswirtschaftslehre, 28. Auflage, München 2023 (zit.: *Wöhe*, Allgemeine BWL).

Wolgast, Matthias/ Grauer, Philipp StaRUG.Online Kommentar, 3. Auflage, November 2022, abrufbar unter: https://starug.online (letzter Abruf am: 18.12.2024).

Wolke, Thomas Risikomanagement, 3. Auflage, Berlin 2016.

Wollenhaupt, Maximilian Der Amtsermittlungsgrundsatz des Restrukturierungsgerichts nach dem StaRUG, Baden-Baden 2024.

Wollring, Moritz/ Quitzau, Frederik Plandispositive Geschäftsführerhaftung? – Die Entlastung von Geschäftsführern im Insolvenz- und Restrukturierungsplan, ZRI 2021, S. 616–628.

Wollring, Moritz/ Quitzau, Frederik Die Initiierung der präventiven Restrukturierung in der Praxis – Grundlagen, Besonderheiten und Stolpersteine, ZRI 2021, S. 785–798.

Wortberg, Sven Holzmüller und die Stellung eines Insolvenzantrags wegen drohender Zahlungsunfähigkeit, ZInsO 2004, S. 707–713.

Zehlicke, Philipp/ Krafczyk, Jonas Anm. zu AG Hamburg, Beschl. v. 17.3.2023 – 61c RES 1/23, ZRI 2023, S. 519–524.

Ziegenhagen, Andreas Sechs Monate StaRUG – Bewertung der ersten Rechtsprechung zur Anwendung des neues Restrukturierungsgesetzes, ZInsO 2021, S. 2053–2061.

Ziemons, Hildegard Die Haftung der Gesellschafter für Einflußnahmen auf die Geschäftsführung der GmbH, Köln 1996.

Ziemons, Hildegard/ Jaeger, Carsten/ Pöschke, Moritz (Hrsg.) Beck'scher Online-Kommentar GmbHG, 61. Edition, Stand: 01.8.2024, München 2024 (zit.: *Bearbeiter*, in: BeckOK, GmbHG).

Zöllner, Wolfgang GmbH und GmbH & Co KG in der Mitbestimmung, ZGR 1977, S. 319–354.

Zöllner, Wolfgang Zur Problematik der aktienrechtlichen Anfechtungsklage, AG 2000, S. 145–157.

Sachregister

KTS Schriften zum Insolvenzrecht

Herausgegeben von
Reinhard Bork und Rolf Stürner

Band 1
Insolvenzrecht im Umbruch
Analysen und Alternativen
Würzburger Arbeitstagung der Vereinigung der Zivilprozeßrechtslehrer zum Referentenentwurf einer Insolvenzordnung
Herausgegeben von Professor Dr. Dieter Leipold
1991. VIII, 287 Seiten. Kart. ISBN 3-452-21894-5

Band 2
Vertragliche Mobiliarsicherheiten im internationalen Insolvenzrecht
Von Dr. Daniela Favoccia
1991. XVI, 181 Seiten. Kart. ISBN 3-452-22196-2

Band 3
Betriebsveräußerungen im Konkurs
Von Dr. Rainer Laux
1993. XXII, 114 Seiten. Kart. ISBN 3-452-22510-0

Band 4
Hypothekenpfandbriefe und Beleihung in Frankreich
Von Professor Dr. Rolf Stürner
1994. XII, 80 Seiten. Kart. ISBN 3-452-22840-1

Band 5
Insolvenzanfechtung in Deutschland und Frankreich
Das neue Sach- und Kollisionsrecht (InsO und Loi n° 85-98)
Von Dr. Moritz v. Campe
1995. XXVIII, 468 Seiten. Kart. ISBN 3-452-23323-5

Band 6

Gegenseitige Verträge im internationalen Insolvenzrecht

Von Dr. Eberhard Schollmeyer, LL.M. (Emory Univ., Atlanta)

1997. XII, 249 Seiten. Kart. ISBN 3-452-23736-2

Band 7

Der Verbraucherkonkurs

Von Dr. Peter Krug

1997. X, 220 Seiten. Kart. ISBN 3-452-23927-6

Band 8

Der Ausgleich von Verteilungsfehlern in der Insolvenz

Von Dr. Peter Mohrbutter

1998. XIII, 204 Seiten. Kart. ISBN 3-452-23960-8

Band 9

Gläubigermitwirkung und Stimmverbote im neuen Insolvenzrecht

Von Dr. Carsten Pay Oelrichs

1999. XI, 140 Seiten. Kart. ISBN 3-452-24275-7

Band 10

Auswirkungen des inländischen Insolvenzverfahrens auf Schiedsverfahren und Schiedsabrede

Von Dr. Lucas F. Flöther

2001. X, 146 Seiten. Kart. ISBN 3-452-24861-5

Band 11

Das englische Insolvenzarbeitsrecht

Ein Vorbild für die deutsche Rechtsentwicklung?

Von Dr. Robert Schumacher

2001. XVII, 336 Seiten. Kart. ISBN 3-452-24919-0

Band 12

Die Bedeutung der §§ 92, 93 InsO für den Umfang der Insolvenz- und Sanierungsmasse

Von Dr. iur. Moritz Brinkmann

2002. XII, 213 Seiten. Kart. ISBN 3-452-25174-8

Band 13

Probleme der Nichtteilnahme am und im Insolvenzverfahren

Von Dr. iur. Ulf Birkenhauer

2002. X, 167 Seiten. Kart. ISBN 3-452-25183-7

Band 14

Litispendenz im Europäischen Insolvenzrecht

Von Dr. iur. Dr. phil. Sven Rugullis

2002. XI, 183 Seiten. Kart. ISBN 3-452-25186-1

Band 15

Die Haftung des vorläufigen Insolvenzverwalters

Von Dr. iur. Stefan Meyer

2003. XVI, 258 Seiten. Kart. ISBN 3-452-25479-8

Band 16

Die GmbH-Stammeinlageforderung in der Insolvenz

Unter besonderer Berücksichtigung der Reduzierbarkeit in Insolvenz- und Insolvenzplanverfahren

Von Dr. iur. Thilo Walker

2004. XII, 244 Seiten. Kart. ISBN 3-452-25649-9

Band 17

Die Rechtsnatur des Insolvenzplans

Von Dr. iur. Eike Happe

2004. XVII, 298 Seiten. Kart. ISBN 3-452-25662-6

Band 18

Grundpfandgläubiger und Unternehmensinsolvenz

Deutschland – England – Schottland

Von Dr. iur. Carsten Jungmann, LL.M. (Yale)

2004. XXIV, 464 Seiten. Kart. ISBN 3-452-25712-6

Band 19

Fortgesetzte Vermögensbewirtschaftung in der Insolvenz

Von Dr. iur. Karl Pobuda

2004. XIV, 368 Seiten. Kart. ISBN 3-452-25780-0

Band 20

Die Anordnung der Eigenverwaltung durch das Insolvenzgericht im Eröffnungsbeschluss

Von Dr. Volker Gulde

2005. XIV, 214 Seiten. Kart. ISBN 3-452-25543-3

Band 21

Die internationale Zuständigkeit im europäischen Insolvenzrecht

Von Dr. Nis Carstens

2005. X, 162 Seiten. Kart. ISBN 3-452-25967-6

Band 22

Die Insolvenz des Girokontoinhabers

Von Dr. Norbert Peschke

2005. XVIII, 304 Seiten. Kart. ISBN 3-452-25899-8

Band 23

Die Doppeltreuhand in der Insolvenz und Zwangsvollstreckung

Von Dr. Helge Hirschberger

2005. XII, 222 Seiten. Kart. ISBN 3-452-25987-0

Band 24

Der Insolvenzverwalter und die Überwindung der Massearmut

Von Dr. Dörte Busch

2005. XVIII, 228 Seiten. Kart. ISBN 3-452-25847-5

Band 25

Kollisionsrecht der Insolvenzanfechtung

Eine kritische Betrachtung der internationalprivatrechtlichen Lösungen des deutschen und des EG-Gesetzgebers

Von Dr. Jan Peter Klumb

2005. XVIII, 244 Seiten. Kart. ISBN 3-452-26121-2

Band 26

Europäische Insolvenzverwalter in Deutschland

Von Dr. Oliver Rossbach

2006. XX, 290 Seiten. Kart. ISBN 3-452-26122-O

Band 27

Die Auswahl und Bestellung des Insolvenzverwalters

Von Dr. Claus-Peter Kruth

2006. XVII, 331 Seiten. Kart. ISBN 3-452-26227-8

Band 28

Urheberrechtliche Nutzungsrechte in der Insolvenz

Von Dr. Andreas Klauze

2006. XV, 260 Seiten. Kart. ISBN 3-452-26226-X

Band 29

Aufrechnung durch das Finanzamt in der Insolvenz des Steuerpflichtigen

Von Dr. Enno Kinski

2006. XIV, 212 Seiten. Kart. ISBN 3-452-3-26371-1

Band 30

Die Lebensversicherung in der Insolvenz des Arbeitgebers

Zugleich ein Beitrag zur Erfüllungswahl und Erfüllungsablehnung

Von Dr. Godehard Kayser

2006. XI, 94 Seiten. Kart. ISBN 3-452-3-26409-2

Band 31

Sicherheitenpools der Lieferanten und Banken im Insolvenzverfahren

Von Dr. Susanne Berner

2006. XII, 182 Seiten. Kart. ISBN 3-452-3-26192-1

Band 32

Realisierung von Absonderungsrechten an Forderungen aus nichterfüllten Verträgen

Von Dr. Jörg Grau

2006. IX, 176 Seiten. Kart. ISBN 3-452-26482-3

Band 33

Die Stellung des Vollstreckungsgläubigers bei grenzüberschreitenden Insolvenzen in der EU

Dargestellt am Beispiel England – Deutschland

Von Dr. Stefan Stehle

2006. XVII, 383 Seiten. Kart. ISBN 3-452-26573-0

Band 34

Einwirkung des Insolvenzverfahrens auf schwebende Prozesse

Von Dr. Susann Rückert, LL.M.
2007. XII, 194 Seiten. Kart. ISBN 3-452-26681-1

Band 35

Die Bewältigung von Massenschäden nach U.S.-amerikanischem und deutschem Insolvenzrecht

Von Dr. Stephan Bauer
2007. XIII, 207 Seiten. Kart. ISBN 978-3-452-26685-9

Band 36

Vertragliche und umsatzsteuerliche Neuverbindlichkeiten des Schuldners in der Insolvenz

Von Dr. Ute Wagenknecht-Hose
2008. XVIII, 286 Seiten. Kart. ISBN 978-3-452-26989-8

Band 37

Der Sonderinsolvenzverwalter

Von Marc Schäfer
2009. XIV, 218 Seiten. Kart. ISBN 978-3-452-27059-7

Band 38

Wechselwirkungen bei der Insolvenz von Gesellschaft, Gesellschafter und Organwalter

Von Torsten Göcke
2009. XIV, 338 Seiten. Kart. ISBN 978-3-452-27121-1

Band 39

Die Insolvenzanfechtung im Dreieck

Von Ann-Kathrin Burchard
2009. XX, 364 Seiten. Kart. ISBN 978-3-452-27176-1

Band 40

Das Erbbaurecht in der Insolvenz

Von Kristina Pfennig
2010. XII, 248 Seiten. Kart. ISBN 978-3-452-27320-8

Band 41

Eingriffe in die Rechte von Anteilseignern im Insolvenzverfahren

Ausgliederung als Alternative zum Debt-Equity-Swap

Von Sophie Spetzler

2011. XI, 178 Seiten. Kart. ISBN 978-3-452-27617-9

Band 42

Die Konzerninsolvenz

Eine Lanze für ein modernes Insolvenzrecht

Von Alexander Verhoeven

2011. XI, 348 Seiten. Kart. ISBN 978-3-452-27598-1

Band 43

Das präventive Sanierungsverfahren als Teil eines reformierten Insolvenz- und Sanierungsrechts in Deutschland

Von Christoph Geldmacher

2012. XV, 366 Seiten. Kart. ISBN 978-3-452-27778-7

Band 44

Die Feststellung der Zahlungsunfähigkeit

Von Robert Brahmstaedt

2012. XVI, 242 Seiten. Kart. ISBN 978-3-452-27849-4

Band 45

Informationsansprüche des Insolvenzverwalters gegenüber der Finanzverwaltung

Von Simon Schaake

2014. XVI, 167 Seiten. Kart. ISBN 978-3-452-28177-7

Band 46

Die Anerkennung des Scheme of Arrangement in Deutschland

Von Carolin Kusche

2014. XV, 221 Seiten. Kart. ISBN 978-3-452-28200-2

Band 47

Nationale und internationale Aspekte des Restschuldbefreiungs-Tourismus

Eine Untersuchung der Hintergründe dieses Phänomens und der Rechtsfragen im Zusammenhang mit der Anerkennung einer ausländischen Restschuldbefreiung – Zugleich ein Beitrag zur Bestimmung des Mittelpunktes der hauptsächlichen Interessen natürlicher Personen, zum Umgang mit »forum shopping« im Europäischen Insolvenzrecht und zur ordre-public-Kontrolle im Internationalen Insolvenzrecht

Von Felix Fuchs

2015. XXXIV, 866 Seiten. Kart. ISBN 978-3-452-28220-0

Band 48

Die gesicherte Rechtsposition im Rahmen des § 91 InsO

Von Nicola Haller

2016. XV, 230 Seiten. Kart. ISBN 978-3-452-28688-8

Band 49

Der strategische Einsatz des Insolvenzplanverfahrens durch den Vorstand der Aktiengesellschaft

Von Karl-Friedrich Curtze

2016. XII, 126 Seiten. Kart. ISBN 978-3-452-28707-6

Band 50

Sanktion schuldnerseitiger Insolvenzverursachung durch Vermögensdispositionen

unter besonderer Berücksichtigung der §§ 283 Abs. 2, Abs. 4 Nr. 2, Abs. 5 Nr. 2 StGB, 823 Abs. 2, 826 BGB

Von Friedrich Graf von Spee

2016. XX, 334 Seiten. Kart. ISBN 978-3-452-28708-3

Band 51

Die Haftung der GmbH und ihres Geschäftsführers in der Eigenverwaltung

Von Ferdinand Cadmus

2016. XIII, 183 Seiten. Kart. ISBN 978-3-452-28733-5

Band 52

Die kalte Zwangsverwaltung

Von Johann-Friedrich Fleisch

2017. XIV, 166 Seiten. Kart. ISBN 978-3-452-28849-3

Band 53

Die Rescue Culture in Großbritannien

Eine ökonomische, vergleichende und internationalprivatrechtliche Analyse des Rechts der Unternehmenssanierung in Großbritannien und Deutschland

Von Christopher Kranz

2017. XV, 366 Seiten. Kart. ISBN 978-3-452-28848-6

Band 54

Schutz der Anteilsinhaber im Insolvenz- bzw. Insolvenzplanverfahren

Von Maximilian C. Schmetzer

2017. XIX, 328 Seiten. Kart. ISBN 978-3-452-28870-7

Band 55

Der gemeinsame Vertreter der Anleihegläubiger in der Krise des Emittenten

Von Marlene Ruf

2018. XVI, 234 Seiten. Kart. ISBN 978-3-452-29089-2

Band 56

Interessenkonflikte der Amtswalter im Gesellschafts-insolvenzverfahren

Von Jan-Philipp Praß

2018. XV, 255 Seiten. Kart. ISBN 978-3-452-29087-8

Band 57

Die Haftung des Insolvenzverwalters

Zur Frage der Regelung des § 93 Abs. 1 S. 2 AktG als Grundlage einer Insolvency Judgement Rule

Von Johannes Kirschey

2018. XVII, 234 Seiten. Kart. ISBN 978-3-452-29182-0

Band 58

Sicherungsübertragungen und besitzlose Pfandrechte im europäischen Insolvenzrecht

Unter besonderer Berücksichtigung des deutschen, englischen und französischen Rechts

Von Philipp Hartmann

2019. XIX, 284 Seiten. Kart. ISBN 978-3-452-29268-1

Band 59

Die Attraktivgerichtsstände des europäischen Insolvenzrechts

Eine Untersuchung der Regelungen des Art. 6 EuInsVO

Von Daniela U. J. Bramkamp

2019. XX, 533 Seiten. Kart. ISBN 978-3-452-29300-8

Band 60

Die Überschuldung der Personengesellschaft

Der Insolvenzgrund der Überschuldung und weshalb er für alle Gesellschaften gelten sollte

Von Karl-Thomas Stopp

2019. XIV, 222 Seiten. Kart. ISBN 978-3-452-29303-9

Band 61

Schiffsfonds in der Insolvenz

Unter besonderer Berücksichtigung des Internationalen Privatrechts, des Internationalen Insolvenzrechts und der Europäischen Insolvenzverordnung

Von Melina Agnes Kandziora

2019. XXII, 454 Seiten. Kart. ISBN 978-3-452-29318-3

Band 62

§§ 103 ff. InsO in der Doppelinsolvenz

Von Sebastian Zeyns

2019. XVI, 212 Seiten. Kart. ISBN 978-3-452-29496-8

Band 63

Das Zahlungsverbot und die Ersatzpflicht nach § 64 Satz 1 GmbHG

Von Nicolas Otte

2019. XIV, 218 Seiten. Kart. ISBN 978-3-452-29497-5

Band 64

Die Insolvenz der Arztpraxis

Von Leonie Sievers

2020. XIV, 202 Seiten. Kart. ISBN 978-3-452-29583-5

Band 65

Pre-Packaged Deals

Die Regulierung vorgeplanter, vorzeitiger Unternehmensverkäufe in der Insolvenz in England und Deutschland

Von Jasper Bothe

2020. XVI, 248 Seiten. Kart. ISBN 978-3-452-29687-0

Band 66

Einziehung, Abfindung und Haftung im Rahmen von § 34 GmbHG

Eine Analyse unter Berücksichtigung der insolvenzrechtlichen Perspektive

Von Barbara Quante

2020. XIV, 288 Seiten. Kart. ISBN 978-3-452-29688-7

Band 67

Die Bindung des Insolvenzverwalters an Schiedsvereinbarungen des Insolvenzschuldners im Rahmen nationaler Insolvenzverfahren

Anschluss oder Abkehr vom Dogma einer weitgehenden Bindung?

Von Kathrin Edingloh

2022. XII, 222 Seiten. Kart. ISBN 978-3-452-30117-8

Band 68

Die Suspektperioden des Art. 3 Abs. 1 EuInsVO 2015

Analyse und Bewertung der Neuregelung zur Verhinderung von betrügerischem und missbräuchlichem *forum shopping*

Von Charlotte Gremme

2022. XIV, 244 Seiten. Kart. ISBN 978-3-452-30176-5

Band 69

Insider im Insolvenzanfechtungsrecht

Von Bodo Pfündl

2023. XIV, 188 Seiten. Kart. ISBN 978-3-452-30310-3

Band 70

Grenzüberschreitende Insolvenzanfechtung der Rückgewähr eines Gesellschafterdarlehens

Von Shaya Stender

2024. XV, 198 Seiten. Kart. ISBN 978-3-452-30411-7

Band 71

Die Erfüllung und Sicherung von Altverbindlichkeiten in der Insolvenz

Von Florian Doster, LL.B.

2025. XVI, 228 Seiten. Kart. ISBN 978-3-452-30478-0

Band 72

Die Bargeschäftsausnahme gemäß § 142 InsO und die Vorsatzanfechtung

Von Stephan M. Schubert

2025. XIX, 481 Seiten. Kart. ISBN 978-3-452-30539-8

Band 73

Dauerschuldverhältnisse in der Insolvenz

Von Tobias David Hölzer

2025. XVIII, 317 Seiten. Kart. ISBN 978-3-452-30540-4

Band 74

Beeinträchtigung von Gläubigerforderungen durch Insolvenz- und Restrukturierungspläne

Von Philipp Schade

2025. XIII, 224 Seiten. Kart. ISBN 978-3-452-30618-0

Band 75

Krisenfrüherkennung und Krisenmanagement der GmbH-Geschäftsführung nach dem StaRUG

Von Lena Katharina Schade

2026. XIII, 252 Seiten. Kart. ISBN 978-3-452-30617-3

Carl Heymanns Verlag